怪異を読む・書く

木越治・勝又基　編

国書刊行会

怪異を読む・書く

目次

怪異を読む　7

怪異を読む

〈鉄輪〉の女と鬼の間
――現報に働く神慮をめぐる一考察

西村聡

はじめに

貴船の宮に通い詰める〈鉄輪〉[1]の女（前シテ）は、《自分を裏切った男に現報を与えよ》と祈願し続けている。そのかいあって、この夜社人（アイ）が霊夢を被り、女の参詣を待って神の告げを伝える。社人の被った霊夢によると、神は女の願いを《鬼になりたい》願いと受け止め、鬼神となる手立てを教える。女は《神が男に現報を与える》ことを願い、神は《女が男に現報を与える》ために鬼になることを選択させる。しかも、その選択は直接の示現ではなく、社人の夢想体験を介して伝達される。

この能には『平家物語』や『太平記』と一体化する『剣巻』からの「直接的な影響関係を認め得る」とされる。[2]『剣巻』では、女が貴船明神に七日参籠して《生きながら鬼となる》ことを願い、《妬ましく思う女を取り殺したい》と祈る。明神は女を哀れんで《姿を替えて宇治川に行き、三七日水に浸れば鬼になす》と示現する。女は喜んで都に帰り、①髪を巻き上げて五本の角を作り、②顔に朱を刷き、③身には丹を塗り、④頭に鉄輪を戴き、⑤その三本の足に結い付けた松明に火を灯し、⑥両端に火を灯した長松明を口にくわえる。これは女が自分で考え付いた鬼の扮装であり、走り出た女に行き合う人々は肝魂を失い、だれもが倒れ伏し死に入る。女は宇治川の水に浸った後に真の鬼（宇治の橋姫）となり、相手の女も裏切った男も、彼らの親類縁者たちをも、思うさまに取り殺す(3)。

このように語る『剣巻』とその影響を受けた〈鉄輪〉を比べると、右に要約した女の願いや神の示現、鬼の扮装（〈鉄輪〉は①⑥を除き、③を赤い衣を着るとする）だけを見ても、あるいは〈鉄輪〉の女が恨む相手を取り殺せなかった結果からも、〈鉄輪〉が『剣巻』を踏まえて、しかし『剣巻』とは異なる方向をめざしたことがうかがえる。本稿では、両者を折衷した奈良絵本『かなわ』(4)も参照して、〈鉄輪〉の演技・演出の強烈な印象にかすみがちな女の心と、その人間性に響き合う貴船の神の役割の変化に注目する。そして、ワキの陰陽師が安倍晴明ではなく単に「せいめい（清明・晴明）」と呼ばれる意味を考察する。

一　行動する〈鉄輪〉の女の自己分析

〈鉄輪〉の女は貴船の宮に丑の時参りをし続けている。その目的は、前述のとおり、《自分を裏切った男に現報を与えよ》と貴船の神に祈ることにある。ただ、丑の時参りをし始めた時は、男の裏切りやそれを見抜けなかった自分の迂闊さを悔やみ、思い詰める苦しさから逃れたくて行動を起こしたようであり（2段サシ）、丑の時参りの日数を重ねるにつれて恋慕も増さるらしい（2段次第）。そう述懐して、女は今夜も都から貴船の宮に歩みを運ぶ。女は男を恨みつつも、恨みに徹して目的を遂げようとはしていない。

この点、『剣巻』の女は嫉む相手を取り殺す覚悟に揺らぎがない。貴船の明神に明確な目的を持って参籠している。『かなわ』の女も丑の時参りを思い立った初日に、《妬ましく思う者（ども）に恨みをなしたい》、そのために《生きながら鬼となりたい》と祈誓する。『かなわ』の女は迷いなく通い続けて、満参の七日目にかんなぎ（社人）から霊夢を被ったと告げられる。明神は女の祈りを憐れみ、願いをかなえてやろうとする。鬼の扮装を神が具体的に指示するところは〈鉄輪〉に拠り（手に鉄杖を持ち、髪を七つに分け乱すことを加える）、宇治川の水に三七日浸る条件は『剣巻』を利用する。『剣巻』と『かなわ』における女の願いと明神の対応は、〈鉄輪〉に比べて単純明快である。

〈鉄輪〉の男が本妻（〈鉄輪〉の女）を離別し後妻を迎えたのは「この間」（最近）のことである（6段問答）。〈鉄輪〉の女が丑の時参りを始めたのはそれ以来と見てよいであろう。しかし、《不実な男》との夫婦仲は早くにこじれていて、〈鉄輪〉の女にしてみれば「年月」、積年の思いに沈む恨みが限界を超えたと感じられる（10段中ノリ地）。『剣巻』の女が殺意を抱く相手は、《不実な男》ではなく、新しく出現した後妻の方である（『剣巻』は本妻・後妻という言葉を使用しないが、『かなわ』は女が「うはなり」を妬ましく思うとする）。〈鉄輪〉の女にとっても後妻が妬ましくないはずはない。しかし、「この間」迎えられた後妻よりも、〈鉄輪〉の女の恨みは男に向かう。〈鉄輪〉の女はもともと《不実な男》などあてにはすまいと思っていた。にもかかわらず《不実な男》と契りを交わした結果が、「我からの心」と悔やまれる。男の心変わり、偽りの際限なさを、今頃嘆いても取り返しがつかない。男との関係は後妻の出現より当然早く、〈鉄輪〉の女の意識は男との出会いの頃にさかのぼる（2段サシ）。《不実な男》への不信感は時間をかけて固まった。あまりに物を妬む性格ゆえにためらいなく行動し、妬む相手（後妻）にねらいを定める『剣巻』とは対照的である。

丑の時参りの日数が重なるなかで、〈鉄輪〉の女が「恋衣」を着る、恋しさが募るというのは、きっぱり男を離れがたいことを意味する。〈鉄輪〉の女は丑の時参りをする道々、御菩薩池の水に沈み、市原野辺の草に露と消える、我が身の生きるかいのなさを思う（2段上ゲ哥）。〈鉄輪〉の女は男を忘れられないからこそ、離別されてこのまま生き続けることはできない。《生きながら鬼となりたい》というより、生きられないと思う時に《生きている間に男への現報を見たい》と願うのである。

二 〈鉄輪〉の女がすでに鬼であり、いまだ人間であること

丑の時参りをする〈鉄輪〉の女が社人に告げられた夢想の内容は、《女の祈誓は聞き届けられた、丑の時参りは今夜限りとせよ》、《鬼になりたいとの願いを実現するには自宅に帰り、①身に赤い衣を着、②顔に丹を塗り、③髪に鉄輪を戴き、④その三本の足に火を灯し、⑤怒る心を持て》というものであった。鬼の姿に扮装を替えるところは大略『剣巻』を踏まえ、『剣巻』が宇治川の水に三七日浸る条件に替えて、〈鉄輪〉の夢想では「怒る心」を必須とする。《男に現報を与える》には、神の手による鉄槌に任せず、〈鉄輪〉の女が鬼となり自分で成し遂げるしかない。その覚悟を確かめる示現であると考えられる。〈鉄輪〉の女の覚悟が決まれば、鬼の扮装に着替えることはたやすい（夢想に従う受動的な変身ではある）。直接示現を聞いた『剣巻』の女は、喜び勇んで都に帰る。〈鉄輪〉の女は社人には人違いであろうと受け流すが、社人は〈鉄輪〉の女の様子を恐れて退散する（3段問答）。〈鉄輪〉の女は自宅に帰って夢想のとおりにしようと覚悟を決める。たちまち顔色が変わり、美しい黒髪が逆立つ。

しかし、〈鉄輪〉の女が決めた覚悟とは、雷神でも裂けないという夫婦仲を裂かれた恨みに鬼となって、仲を自分で裂いた「憂き人」[5]（〈鉄輪〉の男）に思い知らせることである（4段上ゲ哥）。それができれば鬼になるかいがある。『剣巻』の女は後妻を取り殺そうとし、『かなわ』の女は憎い男を取り殺し、恨みを晴らそうとするが、〈鉄輪〉の女にとっては恨みを思い知らせることが男の命を奪うより優先される。

鬼となった〈鉄輪〉の女（後シテ）は、《自分につらく当たった人々に報いを見せてやろう》と述べて、男と後妻の枕元（実はワキの「せいめい」が祈禱する高棚）に近づく（8段サシ）。その時〈鉄輪〉の女は、《御身と契った当初は末永く心変わりはしないと思ったのに、どうして私を捨ててしまわれたのか》と敬語を交えながら恨む（9段（クドキ））。恐らく離別の際にも口にした恨み言のはずである。〈鉄輪〉の女は男に裏切られても、自分から男

を見限ることができない。《男に現報を与える》ため鬼となった今も、恋しさと恨めしさが交錯すると言い（9段ノリ地）、「執心の鬼」を自称する（10段中ノリ地）。男に非があるとしても、その一方的な執着は、「炎の赤き鬼」と現れた〈鉄輪〉の女自身、染殿后への恋に身を沈めた「水の青き鬼」、柿本紀僧正を連想するところがある（8段（一セイ）・ノリ地）。

男をにらむ視線や打ち杖を手にした構え、その形相や勢いは鬼以外の何物でもない。にもかかわらず、〈鉄輪〉の女の吐き出す言葉は人間の心を失っていない。丑の時参りする時の述懐と同じことの繰り返しに聞こえる。丑の時参りを決行すること自体がすでに異常であり、〈鉄輪〉の女は社人に人違いであろうとしらを切りながら、直後に⑤「怒る心」ひとつで黒髪を逆立てている。貴船の宮ではその場に恨む相手がいないだけのことであり、気配に恐れて走り去った社人が正視できていれば、笠を投げ捨てた〈鉄輪〉の女は早くも鬼の形相となっていたはずである。

もちろん、男と後妻の枕元に近づく〈鉄輪〉の女は、形相だけでなく振る舞いも鬼と化している。「せいめい」が祈禱する高棚には、本文上は男と後妻の名字を籠めた等身大の茅の人形が置かれ、実際の舞台では侍烏帽子を男の形代、鬘で後妻の形代とする（7段□）[6]。〈鉄輪〉の女はまず後妻の命を取ろうと、後妻の髪を絡め持ち、振り上げた笞（打ち杖）で打ち据える。《自分につらい思いをさせた因果は巡り合った。今になって後悔したか。さあ懲りよ、思い知れ》と荒々しい言動に及ぶ（10段中ノリ地）。先行する〈葵上〉の後妻《うわなり》打ち（六条御息所の怨霊が病床の葵上を襲う場面）を利用し、後場の見どころにするねらいは明白である。

自分につらい思いをさせた罪は男も後妻も同じであり、後妻には同情の余地もない。そして、何より後妻を取り殺す様を男に見せることが報いとなる。〈鉄輪〉の女は後妻に対して人間の心をかなぐり捨て、その凶暴な勢いを借りて、ことさら恨めしい《不実な男》にも襲いかかる。恨めしさと混じり合う恋しさ、人間的な迷いを脱けた瞬間、〈鉄輪〉の女は目の前に三十番神が立ちはだかることを知る（10段中ノリ地）。結果的に、〈鉄輪〉の女は男を取り殺すことができなかったが、執着を消すためになすべきことはなし尽くしたと見られる。

三　当代の「せいめい」と庶民の男女

男を守る祭壇（五色の幣を立て注連を張った高棚）に三十番神を勧請したのは、下京辺に住む男（ワキツレ）に祈禱を懇請された「せいめい」（ワキ）である。男はこのところ夢見が悪く、「せいめい」宅を訪れて原因を占わせようとする（5段名ノリ）。案内を乞う男が下京辺に住む者を名乗るのに対して、「せいめい」は名乗りもせず用件も聞かず、男が女の恨みを深く被り今夜の内にも命が危ないと見抜いてしまう。さらに、男の心当たりに《男が本妻を離別し、新妻を迎えた》事情があると聞き、男の命が尽きかけているのは《本妻が仏神に祈る数を積み重ねた結果》であり、「せいめい」の力では対処できない深刻な事態であると告げる（6段問答）。

「せいめい」宅を訪れる占いや祈禱の依頼主は必ずこの種の心配を抱えている。心配を解消してくれる人物は他にいないと分かっているから、対処できないと見放されても、恐怖におののく男は「せいめい」を頼るしかない。「せいめい」も、男に懇請されると前言を翻して、男の命を転じ替えることを請け負う（6段問答）。「せいめい」が全力で取り組む姿勢はその後の展開に明らかであるが、依頼主の運命を冷静に見通し、的確な処方を選ぶ経験が豊富な人らしく、「せいめい」の言動には少しも騒ぐところがなく、成算ありげにさえ見える。実際、「せいめい」は鬼の襲撃を退けることに成功している（10段中ノリ地）。

これほどの人物が男には「せいめい」と呼ばれている。〈鉄輪〉の諸注は「せいめい」を安倍晴明に置き換えて自明とする傾向が見受けられる。(7)「せいめい」自身が男に対して名乗らないのは、男が「せいめい」と知って訪ねて来たからである。しかし、観客に対してそれ以上の説明がないのは理由があると考えられる。「せいめい」の呼び名と彼が行うことは、だれにも陰陽師安倍晴明を連想させる。陰陽師安倍晴明の面影を利用したワキの作り方がされている。しかし、「せいめい」が安倍晴明その人であると、観客にとって舞台は時代劇であることになる。そういえば『剣巻』は《嵯峨天皇の御時、ある公卿の娘があまりに物を妬んで》と語り起こされる（男の素性は不明）。播磨守晴明の活躍は、女が鬼となり殺戮を繰り返す後のことであり、その部分は〈鉄輪〉に反映していない。両者を折衷した『かなわ』では、一条院の御代が源頼光と安倍晴明の活躍により安穏に守られているとして、その例証に女が鬼となる物語を取り上げる。女はある公卿の娘（『剣巻』を踏まえる）、男は下京辺の者（〈鉄輪〉を踏まえる）であり、時代を頼光・晴明の実在した平安中期に合わせている。

〈鉄輪〉の女は恐らくある公卿の娘ではなく、下京辺に住む男と釣り合う出自の女であろう。「下京には庶民の住居区としてのイメージがある」（新潮日本古典集成『謡曲集上』）。本妻が後妻を妬むことはいつの世にもある。妬むあまり後妻の髪をかきむしり組み合うことまで、「あやしの下衆ども」ならしかねない（『宝物集』巻第二）。六条御息所付きの青女房は、六条御息所ほどの身分で後妻打ちに及んではならないと制止している（能〈葵上〉）。庶民ならしかねないことを、六条御息所も『剣巻』の女（ある公卿の娘）もしてしまう。古くは藤原教通の乳母蔵人命婦もしたという後妻打ちは、室町期から江戸期にかけて庶民の習俗となる。[8]『剣巻』の影響を受けた上で、〈鉄輪〉の女をある公卿の娘とせず時代も特定しない意図は、〈鉄輪〉成立期（演能記録の初見は長享二年〈一四八八〉）の習俗を背景とすることに認められる。

同様に、丑の時参りの習俗（目的は呪詛に限らない）も、室町後期以降に用例が見いだされる（『剣巻』の女は丑の時参りではなく七日の参籠で示現を得た）[9]。早く徳江元正「能の女」（『藝能、能藝』三弥井書店、一九七六年）が指摘したとおり、「詞章だけを読むと、平安時代に設定されているが、（中略）丑の刻参りという背景も手伝うためか、非情に身近な、室町期あたりの社会相として考えられる」。そして、〈鉄輪〉の「詞章だけを読むと、平安時代に設定されてい」ないことにも気づく。〈鉄輪〉では平安時代に実在した安倍晴明の名を「せいめい」と朧化して、いかにも室町時代の庶民がしそうな現代劇に作り変えている。この生々しく刺激的な題材を、遠い昔の時代劇とする手はない。〈鉄輪〉の作者はそう確信したと思われる。

四　男女夫婦の語らいはだれが守ったか

後妻打ちをした〈鉄輪〉の女は、続いて《不実な男》に襲いかかる。枕と見えている高棚に近づいた瞬間、高棚の御幣に三十番神がいることを知る。三十番神は《魍魎鬼神は汚らわしい、出て行け》と〈鉄輪〉の女を責める。神々に責められて悪鬼の神通力は勢いを失い、《再来の時節を待つ》という声を残して退散する（10段中ノリ地）。男女夫婦の語らい（陰陽の道）に妨げをなす魍魎鬼神（7段ノット）は、「せいめい」の祈りが功を奏して排除されたことになる[10]。それは〈鉄輪〉の女と女が頼った貴船の神の敗北を意味するであろうか。

そもそも貴船の神は夫婦男女の語らいを守ろうと誓う神々の一つである（世阿弥作〈班女〉）。恋の成就を祈る人々は貴船や三輪、上賀茂・下鴨に残りなく祈誓する（『鼠の草子』）。和泉式部が男に忘れられた頃、貴船神社に参詣して、〈鉄輪〉（8段ノリ地）にも利用される蛍火の歌を詠んだところ、《そう思い詰めるな》という神詠が返って来たこと（『後拾遺集』巻第二十）が思い出される。この説話の流伝の末には、和泉式部と巫女の様子を物陰から見ていた男（藤原保昌）は、和泉式部の歌に感じて連れ帰り、夫婦の契りは深まったとされる（『沙石集』巻五末七・一二）。本来は和泉式部の歌徳説話であるが、貴船の神は夫婦間の悩みに感応すると信じられて、『沙石集』が書かれた頃には敬愛の祭りを行う巫女が配置されていた。『三国伝記』巻第一・二七話も同様であり、男女夫婦の仲を和らげると誓う貴船の神の評判は定着している。

和泉式部自身が何を求めて貴船神社に参詣したかは分からない。神詠によって《そう思い詰めるな》と慰撫されるだけでも参詣したかいはあろう。貴船の神は自分を頼る者に哀れみを垂れる。同じ時代の『栄花物語』巻第十二では、藤原頼通に三条天皇皇女が降嫁する動きのあった時、頼通室隆姫の乳母などが貴船の神に祈願して、頼通に物の怪（隆姫の父具平親王の御霊）が憑いたとされる。(11) 結局、頼通の父道長が法華経に祈り御霊に破談を約して、頼通は正気を取り戻す。降嫁は頼通の望むところではなく、乳母の呪詛は迷惑であったが、貴船明神が出現して騒ぎになった結果、夫婦仲の危機は回避されたと言える。

〈鉄輪〉では「せいめい」が男と後妻の男女夫婦の語らいを守る結果となった。《再来の時節を待つ》という捨て台詞は、《命を取るぞ》という脅し文句と同じく、鬼が口にして様になる照れ隠しぐらいに受け取る方がよい。捨て台詞の真意よりも、〈鉄輪〉の女が男と後妻を取り殺さずに済んだことに意味がある。貴船の神は〈鉄輪〉の女に鬼になる手立てを教えたが、『剣巻』の女と違い後妻を取り殺すことを祈ったわけではない。〈鉄輪〉の女は《男に現報を与える》ことを願い、男に死ぬほどの恐怖を与えて恨みを思い知らせることができた。

呪詛を察知した側は当然対策を講ずる。常に呪詛する側の思い通りにはならない。貴船の神の役割は一方的に決着をつけることではない。〈鉄輪〉の女に鬼になる手立てを教え、退散するまでのことをさせれば十分である。そうでないと、夫婦男女の語らいを守るどころか、その破壊者の印象が強まり、恋の成就など祈る者はいなくなる。

〈鉄輪〉の女も貴船の神も、男と後妻の仲を裂こうとして失敗したと見るべきではない。貴船の神にとっては、男と後妻の味方に「せいめい」が付く流れは織り込み済みであろう。〈鉄輪〉の女も男と自分の仲が裂かれたことを恨み、今更男と復縁できるとは思っていない。せめて《男に現報を与える》ために何をするか、貴船の神に祈った答えが鬼になることであった。〈鉄輪〉の女の男と後妻を取り殺す目的が明瞭なら、貴船の神も「せいめい」の守りを突破する方法を教える必要がある。貴船の神は〈鉄輪〉の女が望んだ以上の手出しをせず、〈鉄輪〉の女が鬼になることで三十番神の責めを被り、男と後妻の前から退散する道を選ばせたと考えられる。

このことに関連しては、石清水八幡宮に後妻（養女）の命を召し取りたまえと呪詛した本妻が、傍らに通夜する僧が語る夢の内容を聞いて改心する説話（『八幡愚童訓』乙）も思い合わされる。僧の夢では八幡神は取り計らいを武内の神にゆだね、武内の神は本妻の願いをかなえたならその罪により地獄に落ちようからと、貴船の神（白髪の老翁）とともに本妻の中柱を絶つことにする。(12) 果たして夫は俄に重病となり、一筋に念仏して死を迎える。その時本妻は夫が弥陀の来迎引接にあずかるであろうと思い、自らの罪業を除きたもう神慮に感謝して後妻ともども仏道に入る。呪詛の祈願に対してはこのような神慮が働く場合がある。

ちなみに三十番神とは「一箇月の三十日を一日の一神が交替で如法経守護の結番に当られるというものである」（福田晃『神道集説話の成立』三弥井書店、一九八四年）。その配列は守護の対象により幾通りもあり、多くは三十番神の中に貴船明神を含む（同書）。「せいめい」の唱える理屈では（7段ノット）、男女夫婦の語らいに妨げをなし、非業の命を取ろうとすることは、伝統や秩序に挑戦する所為に当たる。〈鉄輪〉の女に鬼になる手立てを教えた貴船の神は、三十番神に出動の要請があると予想したはずであるし、その日の三十番神に自ら居並ぶかどうかは定かでないにしても、鬼を鼓舞し続けて三人を破滅に導く役割に甘んじるとは思えない。むしろ、男女夫婦の語らいを守る誓いのために、〈鉄輪〉の女を鬼にしたと考えられる。

おわりに

貴船の神が〈鉄輪〉の女に教えた鬼になる手立ては、宇治川の水に三七日浸る条件が加わる『剣巻』に比べて、実行することが容易である。困難な条件を乗り越えた『剣巻』の女は、真の鬼（橋姫）となり殺戮を繰り返した。人形を相手に猛威をふるい、犠牲者を出さずに退散する〈鉄輪〉の女は、後シテが着用する面の呼称のとおり、鬼として〝生成《なまなり》〟（未熟・未完成）と言うべきであろう。〈鉄輪〉の女のように鬼の扮装をして「怒る心」を持つことなら、だれでもできる。それがただの仮装ではなく、「せいめい」が乗り出すほどの脅威となるのは、〈鉄輪〉の女が貴船の宮に丑の時参りをして神慮を背景とすることによる。

男は夢に不安を抱き、「せいめい」の占いに縮み上がる。男は「せいめい」が祈禱し、〈鉄輪〉の女が人形を襲う間、悪夢にうなされ汗みずくになりはしたであろう。男は取り殺される寸前で「せいめい」に救出される。死ぬほどの恐怖を記憶し続けて、『八幡愚童訓』の本妻・後妻のように、二人で仏道に入る未来が想像される。〈鉄輪〉の女も男を取り殺す寸前で、貴船の神を含む仏神の加護により、新たな罪を犯さずに済んだ。〈鉄輪〉の女は「怒る心」を放出して神慮に気づくことができれば、鬼の仮装を脱いで人間の心身を取り戻す可能性がある。貴船の神が〈鉄輪〉の女に〝生成〟の鬼となる道を選ばせた理由はそのあたりに認められる。[13]《再来の時節を待つ》こと自体、〈鉄輪〉の女はしなくなるはずである。

注

（1）以下、〈鉄輪〉の引用及び要約は、上掛リ古写本の堀池宗活本・伝観世小次郎信光筆謡本、下掛リ古写本の遊音抄等で異なりを確かめつつ、適宜平仮名に漢字を当てることとする。

（2）伊藤正義校注『新潮日本古典集成　謡曲集上』各曲解題（新潮社、一九八三年）。なお、〈鉄輪〉に関連する説話類については、同書及び小田幸子「作品研究「鉄輪」」（『観世』第五〇巻六号、一九八三年六月）参照。小田論文には諸本の異同や演出の歴史も詳述されている。

（3）長禄本（市古貞次校注・訳『完訳日本の古典　平家物語㈣』小学館、一九八九年四月）・慶長十五年古活字版（伊藤正義監修『磯馴帖　村雨篇』和泉書院、二〇〇二年）等、『剣巻』諸本に小異はあるが、ほぼこのように要約できる。

（4）横山重・松本隆信編『室町時代物語大成第三』（角川書店、一九七五年）・藤井隆編『御伽草子新集』（和泉書院、一九八八年）など所収。

（5）山崎有一郎「小書能を見る　16鉄輪」（『観世』第六〇巻第七号、一九九七年七月）は「神様も私ども夫婦の仲を割かれたのだ」、天野文雄ほか『能を読む④　信光と世阿弥以後――異類とスペクタクル』（角川学芸出版、二〇一三年）も「貴船の明神も夫婦の仲をお裂きになったのだ」という解釈をする。

（6）小田幸子「『鉄輪』の夫」（『銕仙』四五二、一九九七年四月）によれば烏帽子と鬘の両方を舞台に出すのは江戸初期以降のこと、中尾薫「観世元章の《鉄輪》――明和改正の実態とその影響」（『演劇学論叢』五、二〇〇二年十二月）は、侍烏帽子を置くことは観世元章が創始したとする。

（7）各種辞典・事典類や啓蒙書、謡本の解説、竹本幹夫『対訳でたのしむ　鉄輪』（檜書店、二〇〇〇年）、前掲注（5）『能を読む④　信光と世阿弥以後』など。なお、佐成謙太郎『謡曲大観第一巻』（明治書院、一九三〇年）には「晴明をただ陰陽師といふほどの意に用ゐたのであらう。」とし、横山萬里雄・表章校注『日本古典文学大系四一　謡曲集下』（岩波書店、一九六三年）は安倍晴明の名の借用、新潮日本古典集成『謡曲集上』は安倍晴明を連想させる陰陽師の名とする。これらの見解（「なお」以下）に従うべきであると考える。

（8）『日本史大事典第一巻』（平凡社、一九九二年）参照。

（9）たとえば能〈橋弁慶〉では、弁慶が北野へ丑の時参りをする途中、牛若と遭遇する。

（10）後シテが鬘を放り投げるからといって後妻が殺されたことにはならない。鬘は形代に過ぎない。

（11）小松和彦「能のなかの異界（11）貴船――『鉄輪』」（『観世』第七一巻第六号、二〇〇四年六月）は物の怪の正体を貴船明神とする。

（12）酒井紀美『夢語り・夢解きの中世』（朝日新聞社、二〇〇一年）に「この家の大黒柱である夫の命を絶ってしまう」意とする。

（13）室町中期以前成立（徳田和夫編『お伽草子事典』東京堂出版、二〇〇二年）の『貴船の本地』では、貴船明神は鞍馬の奥にある鬼国の娘とされる。

付記

＊本研究はＪＳＰＳ科研費17K02410の助成を受けたものです。

怪異の対談

西田耕三

「怪異の対談」と言っても、そのような怪談があるわけではない。偶然似た様相を呈している怪異を並べて、怪異の外延を世界の広がりに近づけてみようということである。

一　約束

『怪談登志男』[1]（寛延三年〈一七五〇〉刊）巻二「亡魂の舞踏」は次のような話である。

鉄砲洲、佃島、西本願寺の辺りは致景の地である。ここに岩崎氏という富有な武士が住んでいた。七十近くになっても堅固で、謡、仕舞をこよなく好んでいた。夕陽も西に傾く頃、この隠居所へ、小網町の彦兵衛という六十をこえた町人が久しぶりに訪ねて来た。岩崎氏とは若い時から親好が厚く、特に謡、舞の趣味を共にしていた。京都へあつらえていた舞扇を持って来たのである。その挨拶に、

されば其の頃御頼あそばしつる扇の事、心ならず道中の間違《ちがひ》にて、疾出来《とくでき》てはさふらひしが、幾《いく》たびか江戸へ下しては京へ帰り、今迄遅参《ちさん》におよび、御用事麁略《そりやく》に致したる様にて、千万気の毒《どく》に奉存候。若き時より老の今迄御憐《あはれみ》下され候御恩《おん》にそぶき、其苦《くる》しき病より猶切《せつ》なかりし処に、今日京都の荷物到着《にもつとうちやく》、御あつら

への御扇是を持参《ぢさん》し長く積《つも》る物がたり、御慰《なぐさみ》に申上且は御詫《わび》の為ながらと日はくれかゝり候へども、只今参
上仕候といと恐れ入たるさま、日ごろの活気《くわつき》と打てかへたり。

岩崎も、あなたは近頃病気と聞いていたが、無事でよかったと挨拶を返し、酒宴と舞になり、

扇の風ばら〳〵と、物すごき夜の、にはのあさぢふ、おもかげうつろう露もきへしが、はせをは破《やぶ》れて残《のこ》る
は、主人《あるじ》と酌取《しやくとり》し若侍、小坊主ばかり。こはふしぎやと障子《せうじ》を明《あけ》、縁頬《えんがは》より庭の隅《すみ》〳〵隈《くま》々をさがせど、彦
兵衛も陰《かげ》も形《かたち》もあらばこそ。

隈無く探せども彦兵衛の姿は見えないまま、夜が明けた。家中の人々が夕べの不思議を語り合っている所へ、彦兵衛の息子の藤七が例の扇を持ってやって来る。岩崎氏も驚き、昨夜受け取った扇を探すが、どこにもない。藤七に夕べのことを語ると、藤七は涙を流し、次のように語る。

今はつゝむべくもなし有体《ありてい》に申上侍らん。父彦兵衛は久々病気にてさふらひしが、次第に重《おも》う昨日身まかり
侍り。すでに末期《まつご》にいたる時、京都より荷物《にもつ》到着御扇出来の書状、日ごろたゞ此御用の延引《えんいん》に罷成候を、朝
暮苦労《くらう》仕候所、いまはの際《きは》に御扇出来と、聞《きく》とひとしく起直《おきなを》り、御扇を拝見し、逐一吟味《ちくいちぎんみ》をとげ、にこ〳〵
と打ゑみ、我死したりともまづ仏事供養《くやう》をさし置、是を持参し此通り殿様へ申上、平生等閑《へいせいなをざり》に打捨置《うちすておき》はいた
さねど、折ふし間違延引の段、くれ〴〵申て得さすべし。是第一の供養にて、我も仏果《ぶつくは》に到《いた》るべしと、申聞
て昨日暮時相果《はて》候。

岩崎氏も、夕べが彦兵衛との名残だったことを嘆き、父と同様に藤七にも出入りを許す。そして話は次のように彦兵衛の「実義」を称讃して終る。

人は皆信義《しんぎ》あつきこそ、人の人といふべし。いつはりかざれるべんぜつもの、りかうさいかくはありとも人
の道にはあらじかし。

以上は、死んでも約束を守ろうとする信義の話として、上田秋成の『雨月物語』「菊花の約」と同工である。森

銑三の「怪談」中の「乳母桜」を抜粋して引いておこう。これは亡霊となって約束を果たすのではなく、生き残る者たちに約束の履行を依頼するものである。

（三百年前、伊予の朝美村に住んでいた徳兵衛夫婦は村の西方寺の不動明王に申し子をして、器量のよい女の子をもうけてお露と名づけた。母乳が足りなかったので、お袖という乳母を雇い入れた。）

お露は大きくなるにつれて、たいそう美しい娘になりました。ところが、十五の歳に病にかかつて、医者も匙《さじ》を投げました。その時、お露を生みの子のやうにかはゆがつてゐた乳母のお袖は西方寺へ行つて、お嬢さまのために、熱心に不動さまに祈りました。三七日の間、日毎に行つては祈りました。そしてその満願の日に、お露はにはかに全快しました。

徳兵衛の家では大喜びでした。彼はこの嬉しい出来事に、知り合ひを招いて祝ひの筵を開きました。ところが、そのお祝ひの夜、乳母のお袖は不意に病に取りつかれました。そしてその明けの朝、お袖に附き添はせてあつた医者は、彼女の臨終を知らせました。

家中の者は、大きな悲しみの中に、お袖の床の辺に別れを告げに集りました。その時お袖は、人々に向つていひました。

「皆さま方の御存じないことを申し上げる時がまゐりました。わたしの願ひは聴いていただけたのでございます。わたしは不動さまに、お露さまのお身代りに死ぬのを許していただくやうに願ひました。そして特別のお許しが願へたのでございます。ですから皆さまは、わたしの死ぬのをお歎き下さるには及びませぬ。……けれども、一つだけお願ひがございます。わたしは不動さまに桜の樹をお礼のしるしとして西方寺の境内に差し上げることをお約束しました。今わたしは、自分でそこに、樹を植ゑることが出来ませぬ。どうかわたしに代つて、この誓ひを果して下さいませ。……さやうなれば、皆々さま、お露さまのおために、わたしはよろこんで死んで行つたとお思ひ下さいませ」

（葬いの後、お袖の両親はお袖の遺言の通りにした。桜は根づき、翌年の二月十六日、お袖の命日に花を咲かせ、その後二百五十年間、花を咲かせた。）

その花は、ほんのりとした薄桃色で、ちやうど乳汁《ちち》にうるほうた女の乳房のやうな色でしたので、それで人々はその樹のことを乳母桜といつて呼びました。

以上は、『森銑三著作集　続編』[2]第一六巻による。同書「編集後記」によると、雑誌『帝国民』大正八年四月号に刈谷新三郎の署名で「十六桜」とともに載る。そのときの副題は「ハーン氏の「怪談」から」だった。なお、『帝国民』大正八年二月号には、同じくハーンの「雪をんな」が掲載されていて、その末尾に「私の大好きな小泉八雲《ラフカデイオハーン》さんの、「怪談」の中の一篇を訳して見ました。但し、忠実な逐語訳ではなく、唯話の筋を書いたに過ぎません（刈谷生）」という「附記」が記されている。「乳母桜」も同様にハーンの『怪談』の翻訳であろう。森銑三はハーンが好きだった。『森銑三著作集　続編』第一五巻には「小泉八雲」が収録されている。

二　「葬られた秘密」

ここでハーンの「葬られた秘密」を振り返っておこう。昔、丹波国に稲村屋源助という富裕な町人がいた。お園というかわいく賢い娘がいた。父親はお園を京都へやって上品な芸ごとを仕込ませた。そして知り合いの長良屋に縁付かせた。四年後、一子を残してお園は病死した。

お園の葬式がすんだ晩、小さな息子《むすこ》が、おかあさんが帰ってきて、二階の部屋にいると言った。おかあさんは坊やを見てにっこりしたが、ものを言おうとしないので、こわくなって逃げだした、というのである。そこで、家の者が幾人か、二階の部屋へ行ってみると、小さな灯明《とうみよう》の光で、死んだお園の姿が見えた。お園は、自分の装身具や衣類がまだ入っている箪笥《たんす》の前に立っていた。頭と肩はひどく際だって見えたが、腰から下のほうは、しだいに薄れて見えなくなり、ぼんやりと鏡か何かにうつった姿のようであり、また水にうかんだ影のように透きとおっていた。

お園の姑は、お園は愛着を持っていた自分の持ち物を見に戻って来たのだろう、と考えた。翌朝、それらをすっかり寺へ運ばせ、お園の魂を鎮めようとした。しかし、お園はその後も毎晩帰って来て、簞笥をじっと見ていた。檀那寺の大玄和尚は事の真相を見届けることを約束した（以下はこの話の原拠とされる『新撰百物語』巻三「紫雲《しうん》たな引密夫《びくみつふ》の玉章《たまづさ》」である）。

和尚しばらくかんがへて後ほど参りようすを見とゞけ迷ひをはらし得さすべしと初夜すぐる比《ころ》たゞ一人長良《ながら》やに来《きた》られしに見れば一家《け》の詞《ことば》にちがハず亡者《まうじや》のすがた霞のごとく簞笥《たんす》のもとにあらハれて目をもはなさず簞笥をながめ涙をながしかなしむ有さま和尚始終をよく／＼見て亡者の体《てい》を考《かんがふ》るにひとつの願ひあるゆへなり暫《しばら》く此間《ま》の人をはらひ障子ふすまをたて切べしいかやうの事ありとも一人も来《きた》るべからず追付《おつつけ》しるしを見せ申さんと其身ハ亡者のすがたに向ひいよ／＼窺ひ居たりしが立あがり簞笥の中《うち》一々によくあらため顧れとも始にかはらずとても物の事に簞笥の下を引のくれバ不義の玉章《たまづさ》数十通ひとつに封じかくしたりこれぞ迷ひの種なるべしと幽霊にさしむかひ心やすく成仏《しやうぶつ》すべし此ふミ共は焼すてゝ人目にハ見せまじと約束かたき誓ひの言葉亡者のすがたハうれしげに合掌するぞと見へけるが朝日に霜のとくるがごとく消てかたちハなかりけり和尚ハ歓喜あさからず一門のこらず呼出し亡者はふたゝび来《きた》るまじ猶なき跡を弔《とふら》ふべしと立帰り彼《かの》ふミども仏前にて焼すつる煙《けふり》の中《うち》にまざ／＼と亡者は再び姿をあらハし大悟《たいご》知《ち》識《しき》の引導《いんどう》にて則ちたゞ今仏果《ぶつくハ》を得たりと紫雲《しうん》に乗じて飛されりと太元和尚《だいげんおしやう》の宗弟《しうてい》の物がたりぞと聞およぶ

これと似た話が、澤田瑞穂『中国の伝承と説話』(3)所収「東海筆記抄――兪曲園が記録した日本の異聞」に、「女房が遺した男の恋文」という題で載っている。澤田が兪曲園（一八二一―一九〇七）の『右台仙館筆記』一六巻の第一二巻目から訳したものである。引いておこう。

日本の某家の女房が病死した。半夜に急にガバッと起き上り、奥の部屋へ歩いてゆく。みな大いに驚き、さては生き返ったかと疑い、あるいは屍体の変化《へんげ》かとも思って、みなそのあとについていって様子を窺う。女房は奥の間にゆくと、一個の文箱《ふばこ》を抱いたまま倒れた。身体に触ってみると氷のように冷たく、口や鼻を調べても、まったく息の出入りがなく、生き返ったものではなかった。その箱をあけてみたが、さして珍しい物も見あたらなかったが、ただ一通の手紙がある。読んでみると、それは女房が生前に思う人があって、その手紙は惚れた男から女に送った恋文であることがわかった。女房は死んでも念が遺って、この手紙が箱にあるかぎり、他人に見られては困ると、自分で破り棄てようとしたのだが、力すでに及ばず、偶然にもその隠しごとを自分から暴《あば》くことになったとは、さても気の毒やら、おかしいやら。

澤田は「屍体が起立して歩き、あるいは人を襲うのは、中国では僵屍《きょうし》の怪異として知られているが（略）、この女房の場合はそんな凶厲なものではない。なにやら王朝期の短篇物語にでもありそうな、女ごころのあわれさを伝える話」と感想を記している。なお「東海筆記抄」の前書きの部分で澤田は次のように記している。文中「余」は兪曲園のこと。

各地の同好から送られてきた資料の中には、おもしろいことには日本の好事家から寄せられたものもある。巻十二には日本の異聞十三条が記録されているが、その第十三条の末にいう、「以上日本の諸事はみなその国人吉堂の録せしところに本づく。吉堂は姓は東海氏、名は復。海外に在りて曽て余が著せしところの書を読む。中国に至りて余に右台仙館筆記の作あるを知るに及び、この十数事を録し、余が門下の士王夢薇に託して余に転達す。因りてほぼ潤色を加へてこれを存す。余の詩に云ふところの、旧聞都《す》べて毫端《ふでさき》に向《お》いて写《か》き、異事兼ねて海外より求む、とは洵《まこと》に虚ならず」と。

同じく澤田の『鬼趣談義――中国幽鬼の世界』[4] 所収「僵屍変」によれば「死後に硬直したまま皮肉ともに腐爛しない屍体、または久しい歳月を経ても朽ちず枯骨にならない屍体、これを僵屍という。いわば天然のミイラである」と説明している。死人が起き出す話は日本の仏教説話にも間々見られるものである。「異事兼ねて海外より求む」という事情は、「異事」に夢や異時をふくめれば、説話伝播の原動力として普遍的なものと言えるだろう。「葬られた秘密」のうち、手紙の隠し場所とその探索に焦点を当てれば、よく知られたポーの「盗まれた手紙」が得られるだろう。ある貴婦人が所持する内密の手紙を大臣が盗む。その大臣の知性を察知したデュパンが、それを誰もが目にする紙差しに隠されているのを見出し、取り返す。

三　浮遊する話

次は西鶴の『西鶴諸国ばなし』(5) 巻一の「雲中《うんちう》の腕押《うでをし》」である。

　元和《げんわ》年中《ねんちう》に、大雪《あふゆき》ふつて、箱根《はこね》山の玉篠《たまさゝ》をうづみて、往来《ゆきき》の絶《たへ》て、十日計《ばかり》も馬《むま》も通《かよひ》なし。
　爰《こゝ》に鳥《とり》さへ通《かよ》はぬ峰《みね》に、庵《いをり》をむすび、短斎坊《たんさいぼう》といふ、木食《もくじき》ありしが、仏棚《ほとけだな》も、世を夢《ゆめ》のごとく暮《くら》して、百余《よ》歳《さい》になりぬ。常《つね》に十六むさしを、慰《なぐさみ》にさゝれけるに、有時《(ある)とき》奥《おく》山に、年《とし》かさねたる法師《ほうし》のきたつて、むさしの相手《あいて》になつてあそびける。其《その》ありさまを見るに、木葉《このは》をつらぬき肩《かた》に掛《かけ》、腰《こし》には藤《ふぢ》づるをまとひ、黒き皃《かほ》より眼《まなこ》ひかり、人間《にんげん》とはおもはれず。松《まつ》の葉《は》をむしり食物《しよくもつ》として、物いふ事まれにして、是程《ほど》よき友《とも》はなし。この法師こそ常陸坊海尊。海尊の昔語りが終わり、そこへやって来た猪俣の小平六と軍語り、そして、腕押《うでおし》の勝負が始まる。
　三時《とき》あまりももみあへば、短斎《たんさい》も中に立《たち》、両方へ力を付《つけ》て、かけ声雲中《うんちう》に、ひゞきわたつて、三人ながら姿をうしなひて、此勝負しつた人もなし。

この話に対談させたいのはアルゼンチンの作家J・L・ボルヘス（一八九九―一九八六）の「隠れた奇跡」(6) の冒頭である。

こうして神は百年のあいだ彼を死なせ、やがて蘇らせて、いった。「どれだけ汝はここにいたか?」「一日、あるいは一日の一部」と、彼は答えた。

『コーラン』Ⅱ二六一

一九三九年三月十四日の夜、プラーハのツェルトナーガッセ通りのアパートで、未完成の悲劇『仇敵たち』や『永遠性の弁護』、ヤーコプ・ベーメの間接的なユダヤ性にかんする調査書などの作者であるヤロミール・フラディークは、長いチェスの夢をみた。対局しているのは二人の個人ではなくて、ふたつの名家であり、勝負は何世紀も前に始まっていた。賞金額は忘れられ、誰もそれを口にすることができなかったけれども、莫大で、たぶん無限のものだというわさだった。駒と盤は秘密の塔にあった。ヤロミールは(夢のなかで)、対立する家族の一方の長男だった。いくつもの時計が引き延ばしえない一手の時間を告げていた。夢みている者は雨の降る砂漠を駆けていて、チェスの駒もルールも思いだせなかった。ここで目が覚めた。激しい雨と恐ろしい時計の音はやんだ。時どき命令の声で中断されるが、拍子を取った規則正しい物音が、ツェルトナーガッセから立ちのぼった。夜明けであり、第三帝国の武装した前衛がプラーハに乗りこみつつあったのだ。

「十六むさし」も「軍語り」も「腕押し」も「チェス」も、いつ果てるともしれぬ雰囲気の中で反復されている。想像が時と場所を超えて浮遊できるだけ浮遊するとこういう話になるのであろう。

四　鬼との対面

隠几子『古今奇異茅屋夜話《ぼうおくやわ》』(7)(宝暦五年〈一七五五〉刊)巻一「越後《ゑちご》の百姓鬼《おに》と同道する談」は鬼と出会う怪談であ

る。越後柏崎《かしはさき》に名《な》右衛門という者がいた。用事で二里ばかり脇へ出かけた。闇《やみ》夜だったが、星《ほし》月夜だったので、炬火《たいまつ》も灯《とも》さず、小《こ》歌《うた》交《まじ》りに行った。道の辺《ほとり》の田の畦《くろ》に大きさ兎《うさぎ》ほどのものがいて、眼だけが鏡《かゞみ》のように輝いていた。不思議なことだと思っているうちに、そろり〳〵と名右衛門の所へ近づき、両眼だけが丸盆《まるぼん》ほどになって体は見えなかった。名右衛門はあつと叫んで気絶してしまった。しばらくして正気になったが、我ながらくやしく、「己が心の迷《まよ》ひよりかゝる怪《あや》しき目を見たり、よしなき事に手間とりて大事の用を欠《かゝ》んとせし」と独《ひと》りつぶやきながら行くと、近辺の人と見えて、小さな風呂敷包みを肩にかけ、名右衛門と跡先になって歩く。名右衛門に呼びかけて、「あなたはどこへ行かれますか。私はこの先の大屋村の者ですが、狐にでも化かされたのか道がわからなくなりました。同道していただけませんか」。渡りに舟と名右衛門も悦び、さきほどの不思議などを語りつつ連れ立って行く。連れの男が「あなたの見られた化物の正体は見届けましたか」と聞きかかるので、名右衛門はもともと我慢の人間で、「正体は犬ほどと見届けましたが、生け捕ろうとする私の強《かう》気の風をくらって逃げうせました」と言う。連れの男は名右衛門の強い気性をほめそやし、

　頼母しき人を同道して、此夜《こよひ》の仕合此うへなしとほめそやされて、名右衛門なを〳〵勝《かつ》に乗《の》り我等《われら》と同道ある事は昔の武士の綱公時弁慶《つなきんときべんけい》などゝ同道せしとおほしめせと広《くわう》言張《は》りて行所に、件《くだん》の男ふりかへりて、若しもかやうの化物《もの》出てんはと白眼《にらみ》つけたる顔色《がんしょく》、忽ち以《い》前の姿を現し両眼ばかり赫々《かく〳〵》たり。何かはもつてたまるべき、其侭地上に倒れふしふたゝび正気は付ざりけり。扨名右衛門が妻子《さいし》どもは夜明れども宿《やど》へ帰らざれば早々心元なしとて惣領《りやう》の名《な》平《へい》、弟の名介二人して尋《たづね》行に、五六町わきの田の畦《あぜ》に泥《どろ》だらけになりて倒《たを》れ居たるを、さま〳〵に介《かい》抱して兄弟して負《お》ひ帰り、一日一夜ほどありて漸く正気になりけるにぞ。始《し》終《ぢう》の様《やう》子を物かたりて二度強気《かうき》を止めたりけり。

これはさまざまな要素を具備した典型的な江戸時代の怪談と言っていいだろう。これに対して、以下は怪談の理論である。

大坂懐徳堂の町人学者山片蟠桃《やまがたばんとう》の『夢ノ代』（8）巻十「無鬼上」に『晋書《しんじょ》』四十九「列伝《れつでん》」を引く。

《阮瞻《げんせん》、字《あざな》は千里。性、清虚寡《せいきよか》欲《よく》。（中略）瞻、素《もと》より無鬼論を執《と》り、物、能《よ》く難ずるなし。毎《つね》に自《みずか》ら謂《い》ふ、「この理以て幽明《ゆうめい》を弁正《べんせい》すべきに足る」と。忽《たちま》ち一客あり。名を通じ瞻に詣《いた》る。寒温畢《おわ》りて、聊《いささ》か名理《めいり》を談ず。客甚だ才弁あり。瞻、これと言ふ良《や》や久し。鬼神《きしん》の事に及び、反覆《はんぷく》甚だ苦しむ。客終《つい》に屈す。乃《すなわ》ち色を作《な》して曰く、「鬼神は古今の聖賢共に伝ふる所、君何ぞ独《ひと》り無きと言ふを得ん。即《すなわ》ち僕はこれ鬼なり」と。ここに於て変じて鬼形と為《な》る。須臾《しゅゆ》に消滅す。瞻、黙然、意色《いしょく》大いに悪し。後、歳余、病みて倉垣《そうえん》に卒《そつ》す。時に年三十。》

《阮修《げんしゅう》、字は宣子。易《えき》を好む。老いて善《よ》く清言《せいげん》す。嘗《かつ》て鬼神の有無を論ずる者あり。皆以て人死する者、鬼ありと。修、独り以て無しとして、曰く、「今鬼を見る者曰く、「生時の衣服を着る」と。もし人死して鬼あらば、衣服も鬼ありや」と。論者服す。（下略）》

この阮瞻、阮修の説話に関する蟠桃のきわめて合理的な批評は次の通りである。批評の勢いを重んじて原文通り引く。

唐太宗《たいそう》晋書ヲ修ム。コノ伝ヲ以テ見レバ、太宗及《および》史臣《ししん》モ亦《また》、ミナ鬼ヲ信ズルモノカ。シカルニ歴史ハ、モトヨリ古史ヨリシテ、妄談《もうだん》多キモノナレバ、コノ史ノミニアラズ。阮瞻ノ見識、年三十ニシテスデニ学成リテ鬼神ナシト云。ソノ見ル処高クシテ、心ヲ動カサヾルコト泰山《たいざん》ノゴトシ。ナンゾコノ客ニ迷ハン。コトニ歳余病《やみ》テ死ストイヘバ、鬼ノ所為《しょい》ニモアラズ。シカルニ此鬼ユヘニ、病ヲ得テ死シタルヤウニ書《かき》タルハ、作者ノ妄ナリ。又聖賢ノ伝フル処ノ鬼ト云モノハ陰陽不《いんようふ》測《そく》ヲ以テ云。〔聖賢ノ云《いう》所ノ鬼ニ形ナシ。〕コヽニ云《いう》鬼ハ悪鬼ヲサス。ソノ鬼形トナルト云モノ、〔コノ鬼形ト云モノハ、仏以後ノ画ニカキシヨリヲコル〕二角アル鬼面ナルベシ。コレニ恐ルヽ、瞻ニアラズ。況《いわん》ヤ亦《また》鬼形トナラザルヲヤ。決《ケツ》シテ人ノ鬼形トナルベキ理ナシ。又鬼ノ客トナリテ来ルノ理モナシ。コノ妄談ヲ伝ヘテ歴史ニシルス。ア、愚ナルカナ。コレ瞻ノ無鬼論ヲ作ルヲ憎ミテ、仏者ナドノ云出《いいいだ》シタルヲ、其マ、ニ書《しる》シタル也。ア、惜ムベシ、アタラ卓識《たくしき》ノ君子ノ徳ヲ汚《ケガ》スコトヲ。又コノ客ト問答ノ間ニ、傍ニ人アルヲ知ラザレバ、外ニ見タル人ナカルベシ。何ゾ瞻自《みず》カラコノ妄言ヲ吐《はか》ン。コレ死後ノ誣罔《ふもう》ナルコト以テ見ルベシ。修ノ云《いう》鬼ハ幽霊ヲサス。此モノ実ニ有《ある》ノ理ナシ。実ニアラバ裸形《ハダカ》ナルベシ。衣服ヲ着ルベキ理ナシ。ユヘニ衣服モ鬼カト難ズルナリ。カノ幽霊ヲ見タリト云モノ、ミナ画ニシルシ、人ノ説ヲ実トシテ、生時ノ姿ナリト云。白衣ヲ着ルハ、ソノ斂《レン》スル以後ノ姿ナリ。其衣服ハ土中ニアリ。又ハ後世仏法ワタリテ後ハ火葬多シ。シカレバ衣服モ五体モミナ火化シテ灰トナリヌ。ナンゾ〔其〕形アラン。常服・官服ヲ着タル幽霊ハ、其衣服ハ簞笥《たんす》ニアルベシ。何ゾ衣服モ持来《もちきた》リテ着《キ》ンヤ。ユヘニ衣服モ亦幽霊カト云ナリ。コレヲ以テ実ニ幽霊ナキヲシルベシ。実ニ見タリト云モノ、ミナ妄談ナリ。コノ無鬼論ト云モノ、ソノ書アリヤナキヤシラズ。伝ハラザルヲヲシムベシ。

（同前、ひらがなの振り仮名は、校注者の付したもの）

ちなみに山片蟠桃は「今世妖怪ヲ云コト、鬼ノコトトハハヤリヤミテ、天狗ノツカムト云コトハ間々アレドモ少シ。其外ハ狸《たぬき》・狐《きつね》ナリ。狐ヲ以テ最モ甚トス」と記している（『夢ノ代』第十一「無鬼下」廿四）。妖怪にも流行があるという認識である。

幸田露伴の「怪談」はさらに追及する。

晋に豪気な阮千里は無鬼論を著はしたが、其為におばけに出られたといふ。それより嵆叔夜が燭下に鬼を見た時、つくづくおばけを見据ゑた後、叔夜が蠟燭をフッと吹消して、「魑魅と光を争ふを恥づ」と云つたといふのは流石は叔夜だけに痛快で、夜暗におばけを見たら急に懐中電灯をパッとさせさうな人々より何程徹底した好い心を有つてゐる人だか知れない。然し「おばけ」を見たことは見たにされてゐる。同じ晋の代の阮宣子も無鬼論を立て、世に鳴つたのであるが、大阪の中井竹山門下で孔明と称せられた枡屋小右衛門（山片蟠桃のこと―引用者注）の無鬼論弁も畢竟晋の二阮に増すこと幾干も無く、たゞ古の幽霊話が多く左氏の妄に出づることを指摘してゐる位で、宣子は幽霊対治の先達である。

（『露伴全集』第十八巻所収、岩波書店、一九七九年）

阮宣の無鬼論の話はよく引かれるものだが、『宗門葛藤集』(9)も言及している（四十三「秀才造論」）。

昔、秀才が無鬼論を表わし、完成して筆をおいたとたんに、忽ち一鬼が出てきて打ちかかる姿勢をして、秀才に言った、「君はこの私をさあどうするか」。五祖演が言う、「私がその時もし見たなら、すかさず手で鳩の嘴《くちばし》のかっこうをして、谷谷呱《こくこくこ》と言ってやっただろう」。南堂静が言う、「秀才は鬼の無いことを知っているが、鬼の無い理由を知らない。五祖先師は鬼の無い理由を知っていても鬼の蹤跡を払い去ることができない。若し私なら、こうではない。鬼が出てきて打ちかかる姿勢をして、我をどうするかと言うたとき、ただ闇とだけ言ってやろう。たとい大力の鬼王であっても、そやつの頭を破って七つに作し、梨の樹の枝のようにしてやろう。さあ道《い》え、闇の字とはどれか。君が（闇の字は）無いと言っても、私はこうだ」。（振り仮名一部引用者）

梶谷宗忍の「解」によれば、「五祖演が鳩の鳴くまねをする鬼払いは、鳩が悪魔払いのまじないになるという伝説によるものであろう。また南堂は闇字をもって鬼を打ち砕いている。その闇とは閻魔大王のことで冥府・鬼類の総大将である」。「五祖演」は「五祖法演（？—一一〇四）」、「南堂静」は「南堂元静（一〇六五—一一三五）」。

五　同日同時刻の死

西鶴の『諸艶大鑑』巻七‐四「反古《ほうご》尋《たづね》て思ひの中宿」は、身請けしてくれた男に執着し、男と同日同時刻に死んだ遊女の話である。

江戸吉原の遊女井筒は甚左衛門という吉原の遊女屋の主人に身請けされる。しかし、井筒は嫉妬深く、甚左衛門に執着するので、甚左衛門は次第にうとましくなり、家を出て法体となり、本石町で八百屋を営む。そのことをもれ聞いた井筒はみずからも髪を切り、甚左衛門を探し歩く。ある時、井筒が頼っていた昔のやり手の娘が「井筒が書捨《かきすて》の、新古今の反古」を包紙にした胡麻を買って来たことから、甚左衛門のありかが知れ、二人は再び一緒に暮らすことになる。しかし、甚左衛門はますますいやになり、また家を出て駿河の安倍川へ移住する。十二月九日、空中に井筒の姿を幻視する。井筒の幻は、さらに大晦日の夜から二月の末まで出現して甚左衛門を悩ませる。甚左衛門はついに庵とともに焼け失せる。武蔵にいた井筒も、その日その時刻に眠るように死んだということである。

この話に岡本綺堂の「真鬼偽鬼」の結末を対面させてみよう。

文政四年、南町奉行所の与力秋山嘉平次が碁敵の隠居の家から帰宅する途中、亀島橋にさしかかったところで、「旦那の御吟味は違っております。これではわたくしが浮かばれません」と低く悲しい声を聞いた。中間の仙助に提灯をかざさせても、声のぬしは見えなかった。家の近くの寺の前でもその声が聞こえ、しかも、自分は伊兵衛だと名のった。しかし、伊兵衛は、すでに柳島の町と村の境の小川のほとりで鎌で切り殺され、遊び友だちの甚吉が下手人の疑いで召し捕られていた。伊兵衛はお園という女性を使って、所で指折りの百姓の息子の甚吉を籠絡していると告げ口する者もいるくらいの仲であった。伊兵衛の幽霊は方々に出現した。

しかし、それは伊兵衛の両親が、三百両を甚吉の家からもらって仕組んだ偽幽霊であった。偽幽霊は伊兵衛の弟の伊八であった。一件落着かと思われたが、その後、二人づれで歩いていたお園と伊八が目撃され、伊八が伊兵衛と同じ場所で同じやり方で殺されているのが発見され、又、お園も入水自殺しているのが見つかった。伊兵衛の亡霊がお園をそそのかして自分の仇を討たない伊八を殺させ、自害させた。秋山も人々もそう考えるしかなかった。

最初の幽霊が果たして偽者であったことは、おきよと甚右衛門（甚吉の両親――引用者注）の白状によって確かめられたが、後の幽霊が果たして真者《ほんもの》であるかないかを確かめ得るものはなかった。こういうたぐいの怪談を信じまいとする秋山も、それに対して正当の解釈をあたえることが出来ないのを残念に思った。

もう一つ、秋山を沈黙せしめたのは、伝馬町の牢屋につながれている下手人の甚吉が頓死したことである。それはあたかもかの伊八が殺されたと同時刻であった。


（昭和三年六月作「朝日グラフ」、『岡本綺堂読物選集五』異妖編下巻、青蛙房、一九六九年）

同日同時刻の死は怪談の常套で、綺堂も怪異のストーリーをさらに朧化するためにこの常套を使ったように思われる。

六　宿命

綺堂が出たついでに彼の「鯉」というよく知られた話を見ておこう。

日清戦争の終った年、私がまだ若かったある夏の日、五、六人づれで千住の大橋の際の川魚料理を食べに行った。若者にまじって梶田という老人も同行した。天保五年生れの六十二歳だった。彼は鯉の洗肉《あらい》には一箸もつけなかった。その理由を聞かれて梶田老人が語ったのは次のような話である。梶田老人が二十歳、嘉永六年の三月三日のことであった。浅草堀で四尺近い大きな鯉がとれた。その鯉を、桃井弥三郎という二十三歳の旗本の次男と文字友という常磐津の師匠で、弥三郎とも親しい二十五、六の女が一朱という安価で引き取った。弥三郎は、殺してから持って行こうと言って、鯉の首に刃が触れた時、若い奉公人をつれた和泉屋という蔵前の札差が通りかかり、それを止めて、一両を弥三郎の袂に入れ、話は落着した。その若い奉公人というのが自分（梶田）であった。

鯉は、和泉屋の菩提寺である龍宝寺へ運びこまれ、寺の池に放たれた。しかし、翌四日に鯉は死んで池に浮きあがった。和泉屋は落胆した。

ここに怪しい噂が起った。鯉を生捕った五人の男が、文字友から貰った一朱で飲み喰いしたその夜から苦しみ出し、翌日、新堀河岸の材木屋の奉公人の佐吉と、桶屋の徳助が息を引き取った。「それが恰も鯉の死んで浮んだのと同じ時刻であったというので、その噂はたちまち拡がった。和泉屋は龍宝寺の寺内に鯉塚を建立した。寺では鯉の四十九日の法要をした。それ以来、和泉屋も奉公人も鯉を喰わなくなった。

弥三郎は文字友の家に入りこんで、さらに、「押借りやゆすりを働くようにな」り、町方の探索を受ける身となった。文字友は、叔父にあたる浅草の広小路にある武蔵屋という玩具屋《おもちゃや》の二階に隠まった。武蔵屋は五月の節句前で店先に飾ってあった「金巾の鯉の一番大きいのを探し出して」「手早くその腹を裂い」てその中に弥三郎を隠し、その上に他の鯉を積み重ねた。二人の男が捜索に来た。そこは逃れて、ほっとし、鯉を引っ張り出してみると、その腹の中で弥三郎は冷たくなっていた。積み重ねられた鯉によって窒息したのかもしれない。鯉は弥三郎の体をしめつけていた。

弥三郎の死には宿命の匂いがある。人力の意識、意志などではどうにもならない「因縁」が底流しているように見える。「修禅寺物語」や「影を踏まれた女」のように。

綺堂が訳した『中国怪奇小説集』（光文社文庫）に『捜神記《そうじんき》』の「宿命」も入っている。次のような話である。陳仲挙《ちんちゆうきよ》がまだ立身《りつしん》しない時に、黄申《こうしん》という人の家に止宿《ししゆく》していた。そのうちに、黄家の妻が出産した。その時家に入り込んだ者の対話を陳は聞いた。

「生まれる子はなんという名で、幾歳《いくつ》の寿命をあたえることになった」

「名は奴《ど》といって、十五歳までの寿命をあたえることになった」と、前の者が答えた。

「どんな病気で死ぬのだ」

「兵器で死ぬのだ」

その夜生まれたのは男の児で、その名は奴と付けられた。陳はそれとなく黄家の人びとに注意した。

「わたしは人相《にんそう》を看《み》ることを学んだが、この子は行くゆく兵器で死ぬ相がある。刀剣は勿論《もちろん》、すべての刃物を持たせることを慎ませなければなりませんぞ」

黄家の父母もおどろいて、その後は用心に用心を加え、その子にはいっさいの刃物を持たせないことにした。そうして、無事に十五歳まで生長させたが、ある日のこと、棚の上に置いた鑿《のみ》がその子の頭に落ちて来て、脳をつらぬいて死んだ。

陳は後にそのことを知ってて嘆息し、「これがまったく宿命というのであろう」と言った。

私にも子供の頃に母親から聞いた話がある。この子には今年の夏に溺死する相が出ているから気をつけるようにと占師に言われたその子の母親は、心配して外出させなかった。夏の終わる頃、その子は波の模様の暖簾に巻きつかれて死んだという。明治三十四年生まれの私の母は、宿命がこの世の公理であるかのように自信をもってこの話を語った。

七　怪談の忌避

私がさきの「鯉」の話で最も興味をもつのは、最後、「若い者と付合っているだけに、梶田さんは弥三郎の最期《さいご》を怪談らしく話さなかったが、聴いている私たちは夜風が身にしみるように覚えた」という部分である。「怪談の忌避」と言っていいだろう。そのことを少し敷衍してみよう。

綺堂はこうも書いている。

わたしの叔父は江戸の末期に生まれたので、その時代に最も多く行なわれた化け物屋敷の不入《いらず》の間や、嫉《ねた》み深い女の生霊《いきりょう》や、執念深い男の死霊や、そうしたたぐいの陰惨な幽怪な伝説をたくさんに知っていた。しかも叔父は「武士たるものが妖怪《ようかい》などを信ずべきものでない」という武士的教育の感化から、一切これを否認しようと努めていたらしい。その気風は明治以後になっても失《う》せなかった。わたし達が子供のときに何か取り留めのない化け物話などを始めると、叔父はいつでも苦《にが》い顔をして碌《ろく》々《ろく》相手にもなってくれなかった。

（『半七捕物帳』「お文《ふみ》の魂」）

柳田国男も山の中での怪異について同様の記録を残している。

山の人には我々の眼から見ると、少し重くるし過ぎるかと思ふほどの思慮があった。第一に山小屋の火の傍では、さういろ〳〵の山の話はしない。現在不思議なものが見えたり聞こえたりしてゐても、不馴れな若者たちの怖れるのを憐れんで彼等が自ら注意するまでは知らぬ顔をしてゐる。

大井川の上流で雪のしん〳〵と降る晩に、何度とも無く小屋の周囲を、どしん〳〵と大きな足踏みをして、まはつてあるく者がゐる。何だらうと一人が驚いて問ふと、相手の親爺はふんと気の無い返事をしたきりで寝てしまふ。やがてその足音が止まつたと思ふと、不意に小屋の棟に手でも掛けて、ゆさぶるかと思ふやうな響がした。キャッと飛び起きて再び老人を喚び覚すと、老人が怒つてどなりつけた。山に寝りやこんなことは幾らでもある。それを一々騒いでゐてどうする。黙つて寝ろ、といつたがなか〳〵眠れやしない。翌朝は早々遁げて還つて笑はれたといふ話が、駿河新風土記にも出てゐる。（中略）山にいろ〳〵の不思議があるといふことは、直接に山の威力の承認を意味する。そんなことをいつてしまへば自分が先づ気が弱くなる。だからだまつて笑つてゐるだけで無く、中には明白に今まで一向にそんな経験は無いと、答へる者さへ多いのである。（中略）多くの神秘談は死の床で、もしくは老衰してもう山で稼げなくなつた者が、経験を子弟に伝へようとする序でにいひ残すのが普通になつてゐて、さういふ話の聞書には真実味がある。さうで無い場合に面白げに話すのは、作りごとで無いまでも、受売の誇張の多い話と見てよい。これは二三度も同じ場合に臨むと、素人にもすぐ鑑別が出来るやうになる。里の妖怪とは違つて、山奥では噛むとか食ひ付くとかいふやうな話は少ない。たゞ何ともかともいひやうが無いほど怖ろしかつた。又はぞつとして毛穴が皆立つたといつて、話はもうそれで終わりである。しかもその時限り猟は止めたといひ、またはあの沢だけへは入らぬことにしてゐるといふ結論に達してゐる。またそれほど大きな不思議では無くとも、当人はとにかくこれを承認してゐる。何のこれしきのことといふやうな反抗心は抱かない。それ故にまた矢鱈に批評したり、考へたりする者には話したがらないのである。

（『妖怪談義』「入らず山」『定本柳田国男集』第四巻所収、筑摩書房、一九七九年）

注

（1）国立国会図書館デジタルコレクションによる。
（2）中央公論社、一九九五年。
（3）研文出版、一九八八年。
（4）修訂版、平河出版社、一九九〇年。
（5）冨士昭雄・井上敏幸・佐竹昭広校注、新日本古典文学大系七六『好色二代男　西鶴諸国ばなし　本朝二十不孝』の本文による。岩波書店、一九九一年。
（6）鼓直訳『伝奇集』所収。岩波文庫、一九九三年。
（7）国文学研究資料館マイクロ資料による。
（8）日本思想大系四三『富永仲基　山片蟠桃』、岩波書店、一九七三年。
（9）『宗門葛藤集』は、『臨済録』『碧巌集』『無門関』など、中国禅の公案の主なものを抜粋したもの。日本でも江戸期、明治期、大正期を通じて刊行されてきたが、本稿で引いたのは、梶谷宗忍訳注のもので、大通院発行、一九八二年。

幽霊は実在するか表象か
――「代筆は浮世の闇」試論

高橋明彦

はじめに――近世的世界像

井原西鶴『万の文反古』巻三の三「代筆は浮世の闇」は次のような話である。ある商家の主人が店に来た大名の買い物使いの侍客が忘れた財布を隠して返さず、侍客は腰を低くして返却を懇願したが、しらを切り通す主人の態度に力無くいったんは帰るも、一時ほどして店に戻り、主人の目の前で生きた烏の両眼を脇差でえぐり出して復讐を誓い、後日自害を果たす。主人は外聞も悪くなり嵯峨野に山居するが、あるとき市中の狼藉者に家財一切を強奪される。これでは生きている甲斐が無いと広沢の池に身を投げて自害しようとすると、いつかの侍客が幽霊に現れ自害を妨げる。その後たびたび死のうとしても幽霊に妨害されているうちに、宿に飛び込んできた烏に両眼をつぶされ、それでも未だ無惨なまま生きながらえている……、そうした経緯を代筆により懺悔する書状の体で書かれた短編作品である。手紙の主の男（主人公）は、復讐のために現れた幽霊の言葉「悪しやおのれ、此世をのがれたき所存、おもひもよらず。此一念のかよふうちは、眼前に恥をさらさせん」という通り自害も出来ず、「我命の我まゝに死なれざるゐんぐわ」に責められるが、その「ゐんぐわ（因果）」とは「我命の我まゝに死なれざるゐんぐわ、聞伝へたるためしもなく」というものであり、つまりは前代未聞、これまで聞き伝えられてきた仏教的な因果応報ではないのである。

私は本話を学部時代の水野稔先生のゼミで読み、衝撃と感動を受け強い興味を持ったが、本話に関する当時の私の理解は今もあまり変わらないものである。それは「せまじき欲心」に由来する人間の欲望の恐ろしさでも、復讐の道具立てとして生きながら眼球をえぐり出された烏による因果（伏線とその回収）の妙でもなく、中世的仏教的な因果応報にそって描かれながら、「此世をのがれ」ることを許さず、ただ「眼前に恥を」という一点の変化によって全体像を反転させるという手際の鮮やかさと、それを実現する論理的明晰さとに感動したのであった。

この全体像の反転は、中世的な世界像から近世的な世界像への転回によるものである。ゼミではそれ以前すでに浅井了意『浮世物語』巻一の一「浮世といふ事」で中世的憂き世から近世的浮世への転回の論理が説かれていることについて、水野先生は「浮きに浮いてなぐさみ」という一節を手振りをまじえ力を込めて講義してくださり、『好色一代男』巻一の一の冒頭「桜もちるに歎き、月はかぎりありて入佐山」や、『日本永代蔵』巻一の二の冒頭「人の家に有たきは梅桜松楓それよりは金銀米銭ぞかし」などを合わせて、私には現世肯定の現実主義が、つまり社会認識に決定的な転換が起こったことが知られたのである。

現世中心主義は享楽的な場を実現したが、享楽は、金銭と好色（財産が有るか容姿に優れているか、または両者の融合）という条件を必要としており、それが満たされる時には享楽たりうるが、欠けばたちまち崩壊してしまうものであろう。しかも、後世を否定した現世主義においては他の逃げ場はもはや無く、現世は享楽の場からそのまま地獄へと様変わりしてしまうだろう。

こうした近世的世界像はいかにも教科書的で図式的であり、素朴にすぎる理解でもあり、今では私も近世仏教による近世の精神性はもう少し複雑であると思っているが(1)、それでもこと西鶴という作家に関してはこれまで通りストレートに仏教的にではなく考えたいと思うし、また西鶴作品も浮世草子もそのように図式通り近世的に読みたいものだと考えている。

実際、本話に関して私は、仏教的な因果応報はもちろん、欲心からくる自責の念の恐怖や陰惨さなどたいして感じられず、そうした情緒に注目する読みは近代小説的な読み方にすぎたものであり、むしろ社会認識における理知的な転回、論理的明晰性にこそ近世文学とくに浮世草子の魅力を感じていたのであった。近世文学を研究したいとおもった初発的な動機がそこにはあった。

仏教的因果応報思想の変形

本話が因果応報の思想を利用していながら、仏教の本来的な因果応報思想と全く異なる理解・展開を見せている点については、西鶴が彼の浮世草子において仏教をどのように描いてきたかを早くに論究した宗政五十緒氏の次の論が参考になるだろう(2)。

西鶴は、すでにいわれているように、僧侶や仏教を滑稽化しており、概観的にいえば、仏教的なものから乖離するような方向において把握できるであろう。しかし問題は、その乖離の仕方ではなかろうか。

一例をあげよう。『本朝二十不孝』における、不孝者の悪因悪果の論理は、仏教の因果応報の思想によるものと獲えるむきもあるが、しかし、ここには明らかに仏教的因果応報思想とは異なった文脈が存するのである。というのは、同書の序文に「生としいける輩孝なる道をしらずんば天の咎を遁るべからず、其例は諸国見聞するに、不孝の輩眼前に其罪を顕はす」と作者が記している点である。すなわち、現世の悪因には必ず「眼前に」――同書の各章に即していえば「現世で」――悪果があらわれると作者は言うのである。しかし、仏教では、現世の因果は必ず現世で悪果となって現れるのである、とは説かない。悪因は、悪果となって現世で現れるかも知れないが、必ずしもそうとはいえない、来世で現れるかも知れない、又、来々世で現れるかも知れないし、何世か隔世して現れるかも知れない、しかし、未来のいつかは悪果となって現れるのである、と説いているはずである。この未来世をも含み込む、そしてそれは過去世をも含み込むことになる、過去・現在・未来に亙る因果応報思想をもつ点が、仏教思想が現実の実証性を有しないものとして、過去世・未来世を語らない現世主義の儒教思想の側から攻撃される恰好の一文脈であったのである。西鶴には、例えば『西鶴諸国はなし』「因果のぬけ穴」に見られるような仏教的な、過去世・現世にわたる、因果応報思想が確かに認められる。しかし、『本朝二十不孝』にはかかる過去世から尾をひくとか、来世に影響するとかいう因果応報譚は全く収められてはいないのである。『本朝二十不孝』に見られる因果応報の言述は、だからむしろ、仏教的因果応報思想が現世主義の儒教思想によって変形されている言述であると把握すべきであろう。

宗政氏のこの論は『本朝二十不孝』を対象にしたものだが、「眼前に」という文言は本話と共通しており、かつまたその意味するところは同工と見なしてよいだろう。ここにある因果はもはや仏教的な性質を持っておらず、現世主義によって変形されており、ただその一点の変化は全体を一変させている。幽霊という存在も同様でそれが実在するのは、仏教的な因果が通用しないことを証明するためなのだ。

幻影としての幽霊――伝統的読解の帰結

私は本話の持つ意味をそのように確信を持って読んでいたので、新日本古典文学大系に収められた谷脇理史氏の注釈に触れた時には、非常に驚いたのであった。氏は本話について次のような評文を記していたのである(3)。

侍客が忘れた金を自分のものとした男が「武士の一分」を立てるべく自害した侍の亡霊に報復される、という因果談の枠組は守られているが、「衣食住の三つに楽しみ極めん」とした小市民的な男の自責の念が種々の幻影を生み、同時に氏への恐怖のために死に切れない気弱な男の苦しみを告白したものとしても読むことのできる一章。眼前に因果応報を現すという話の枠組の中で、ふとした偶然から小さな悪事に走り、その結果が重大なものとなって自責の念に苦しむといった浮世によくありそうな人の心のありようを、十分な想像力を駆使して面白い奇談に仕立てあげるところが西鶴らしいと言えよう。

描かれた因果応報がもはや仏教から逸脱した枠組みを持つことを認めているのは宗政氏と同じであるが、その上で、幽霊を「小市民的な男の自責の念が種々の幻影を生み」と言うのである。用心深く「……としても読むことのできる」と譲歩的な言辞を附加して控えめで予防線を張ってはいるが、明らかに新たな読解を示そうという意志は見てとれるだろう。また、差出人の自署法名が「自心」であることを「自分の心からこうなった、の意の擬人名か。」と注しておられ、この事は本話を主人公の男の欲心のあり方にフォーカスする読みの説得力ある根拠とも言えるだろう。しかし、私には、こうした読みは全く的外れのように思われたのである。合理的な解釈をほどこすがゆえに却って作品をダメにしてしまう読みである。幽霊を客観的な実在と考えず男の幻影だと見る読み方は、幽霊や怪異を信じない点で一見西鶴に相応しくも見え、そもそも主観的な表象と考えたほうがより合理的であり近代的であるが、そのために却ってこの読みは社会認識を示さないものになってしまうであろう。幽霊は実在せず、おのれの心の反映でしかないのであれば、心頭滅却すれば火もまた涼しと言うごとく、社会世相もまたおのれの心持ち次第となってしまうだろうからである。近世的浮世はそのまま地獄の顔も持っている、ということを示すためには、幽霊は実在し、社会は抵抗不可能な対象でなくてはならないのである。

しかし、谷脇氏の説は、本話にとって十分な伝統を持った読解の系脈のうちに有ることに、その後暫くして私は気づいた。神保五彌氏はすでに次のように記していたのだ[4]。

告白という、書簡の性格にふさわしい内容であるが、この作品は単なる懺悔話でも、怪異談でもない。怪異として侍の亡霊が現れるが、怨念からこの男を取り殺すことをしない。その意味でこの怪異は、プリミティブな人間の恐怖に訴えない。怪異は、この作品の場合、この男の罪悪感であり、しかも本能的な生存欲がそれに対決するとき、ついに死のうとして死ねないこの男の存在があるわけである。怪異を人間的立場から解釈する西鶴らしい作品といえる。

しかもさらに遡れば、暉峻康隆氏が次のように書いていたのだ。[5] 神保氏がこの暉峻氏の論を引き継いでいることは使っている言辞の一致などからも明らかである。

> この作品は、説話的興味にもとづく単なる因果話ではない。亡霊のあつかひ方を見ただけでも、それはわからうといふものである。中国文学の影響もあつて、近世にはずゐぶん怪異小説が多い。がそれらはすべてプリミティヴな恐怖感にうつたへようとするものであるから、怨霊と人間との闘争を描き、つひに人間が怨霊のために絶命するにいたる場面をクライマックスとする。怨霊は敵の命を奪ふことを唯一の目的としてあらはれ、活躍せしめられてゐるのである。ところが西鶴の描く怨霊はまつたく性質をことにし、一刻でも生きながらへさせようと努力してゐるのである。懺悔によつても救はれない罪悪感に、その命のある限り身を嚙ませようとしてゐるのである。おそろしくはないが、何と物凄い亡霊ではないか。
>
> おそろしくはないが凄絶な亡霊を描いた所以のものは、〈世に人ほど化物はなし〉といふ人間主義的な態度にあつた。初期の「二代男」などでも、西鶴はたびたび亡霊を取扱つてゐるが、恐怖感にうつたへようとしたものは一つもない。すべて社会もしくは人間の、内なる真実を形象化する手段として登場せしめてゐるのである。この作品の亡霊もそれである。すなはち精神的・物質的に追ひつめられて死のやすきに就かうとする主人公の自殺をはばむ亡霊は、盲目の身となつても里の子供らのきげんをとつて生きながらへようとする、当人も意識しない強烈な生への執着にほかならない。われわれはここに、遁れるすべのない罪悪感と、本能的な生存欲との悲惨な葛藤を指摘しうるのである。

暉峻氏においては、西鶴の人間主義的な態度は、必ずしも中世の仏教思想、近世の非仏教的（儒教的？）現世思想といった対比のうちで語られるものではないだろう（むしろ、その欠如を宗政氏が指摘したのであろう）。「当人も意識しない強烈な生への執着」というものであり、「罪悪感」と「生存欲」との葛藤として対比させた読みが神保氏へ受け継がれ、さらに谷脇氏へは罪悪感から来る自責の念が「亡霊の幻影」を生み出し、「生存欲」は「死なれざるゐんぐわ」の原因として読解されていくのである。

いま暉峻、神保、谷脇三氏の説を改めて区別すれば、三説ともに本話のポイントを社会認識よりは主人公の男の心持ちを描くところに見出だしているところが共通しており、それは何れも「罪悪感」と「生存欲」という語彙で括り得るものである。ただし、幽霊を、暉峻、神保両説においては決して罪悪感や生存欲が生み出した幻影などとは解釈していない。対して、谷脇説はこれを幻影、つまり外界に実在する対象ではなく心的表象であると見ているのである。なお、暉峻、神保両説でも、幽霊を幻影ではないと断言しているわけではない。暉峻、神保両説が本話のポイントを男の心持ちに見出だすことで、その論理的帰結として谷脇説は必然的に招来されたとも考えられる。

実在論と観念論——二つの一元論

幽霊は実在するのか、表象なのか。この二説の違いは、本話に関する様々な読みのバリエーションの一つ一つではなく、世界の存在に関する根源的な二様態に根ざしていることを指摘しておこう。侍客の幽霊が対象として外界世界に実在するのと、主人の心の中の幻影（表象）に過ぎないのとは、哲学的に言うならば実在論と観念論との対立に対応しているのである。

実在論とは（唯物論と言っても同じである）、世界の根源的存在を物質・事物・物理作用に求める立場であり、今日常識的な自然科学はこれに依拠している。世界は物理的存在の組み合わせから成り立っており、意識・心理・認識・判断といった精神活動、あるいは価値・倫理・善悪・美醜などの形而上的諸概念は、二次的な生産物か、または端的に幻影にすぎない。少なくとも、実在していなくても構わないものなのだ。これに対して観念論とは、世界の根源的存在として、観念・精神などの非物理的な（物理学では説明できない）要因を認めるものである。今日我々が努める人文科学はここに依拠している。さて両者の対立はいわゆるものとこころとの対立である。そして、この両論は原則的には折衷不能であり相互に還元不能であり、そうである以上、理屈としてはこの幽霊に関する二説は決して両立しない。地動説と天動説の対立のごとく、いや実在論（唯物論）と観念論の対立をこそ最大の対立として、決して両立することのない二説なのである。

この侍客の幽霊を、復讐の意志に基づく実在と考えるか、罪悪感と生存欲に根ざす心的表象と考えるか。どちらの読みを採用すべきだろうか。後者で考えた場合、前者が作り出す現世主義もまた雲散霧消してしまうだろう。先にも述べたように、私にとってそういう読解は西鶴の明晰な洞察を近代小説的な情緒至上主義に堕するナンセンスな読みであった。ちなみに、この二つの問題を前にしては、因果に鳥が用いられる意味だとかは二次的な問題に過ぎないだろう。そして、それらの類話をどれだけ列記してみても、本話の読解には何の役にも立たないだろう。西鶴作品は類話の総和ではないからである。

ところで、幽霊を幻覚だと見る谷脇説はあまりに合理的すぎて、本話の持つ近世社会認識に対する衝撃をむしろ緩和してしまうと私は考えたが、そこまでではなく、西鶴が描いた登場人物に「生存欲」を読み取った暉峻説、つまり、死なせない幽霊の背後には実は本人の生存欲が潜んでいたのではないかという読みは、情緒至上主義的だとは言え、じっさいなかなかの卓見ではないかと思われる。少なくとも、まったくこれを否定するのもまた、社会世相の提示にのみこだわった狭い読解のように思える。

ベルクソンの二元論——間のイメージ

実在論と観念論とは相互に還元不能で排他的な二つの立場であるが、どちらも唯一の原因を世界の根拠として見出だそうとする一元論である。それとは別に、外界の実在と内面の世界との両方を認める二元論という立場が有る。心身二元論というかたちをとったのはデカルトの説であるが、一般にこの二元論こそが西洋近代のアポリア（思想的困難）の源泉のように見なされているがために、H・ベルクソンは二元論をもうすこしまともなものに書きかえようとした。

ベルクソンの狙いは、観念論と実在論（唯物論）の双方ともに行き過ぎた過激な論として退け、むしろ常識的な立場（二元論）に立ちつつ、物質と精神とを地続きの相互往還的な関係として捉え直すことにあった(6)。

まずベルクソンは、外的事物と心的表象との間をとって、それをイメージと呼んだ。イメージとはふつう心的表象をのみ言う言葉だが、ベルクソンはそれを外的対象以下かつ心的表象以上のもの、実在（対象）と表象との間にあるもの、と考えたのである。さらにベルクソンは、外的対象と心的表象との対立そのものが、認識を知的思弁としてのみ捉えるという共通の公準を持っているが、実際には認識とは思弁の対象ではなく、行動のための具体的な対象を把握することなのだ、とも捉えた。このように考える時、幽霊もまた、現代にまで生きる意味を持つだろう(7)。幽霊をただたんに居るか居ないかという（知的）認識の対象としてのみ考えるとき、外的対象か心的表象かという分裂が起きるのである。しかし、実際には幽霊とはそういうものではない。東日本大震災の後、生き残った人たちは津波で亡くした家族を幽霊に見たりしたが、彼らにとって幽霊は、たんなる心持ち、心的表象ではなかっただろう。それは必要に応じて個別に実在するものだったのであろう。

さて、ということで、私が本話の死なせない幽霊をどう理解するかを言えば、それは実在し、しかし同時に、生存欲の肯定でもある。そういうかたちで幽霊は存在している、という考えが、ベルクソン風のイメージとしての幽霊である。主人公と侍客とは共犯関係にあると言っても良い。対象と表象とで分裂・対立する二つの一元論は、同一の起源を持つ一つの二元論として読みかえられるのである。

おわりに——極楽往生と堕地獄のイメージ

このことを踏まえて、最後に、本話に関する近年の有力な読解についてコメントしておこう。佐伯孝弘氏の考察である。(8)氏は本話について、忘れた金を隠して返さない類話、復讐に鳥を用いる類話、死なせない復讐についての類話のそれぞれを典拠論的または話柄論的に挙げた上で、特に三点目の死なせないことの意味についていくつかの可能性を挙げている。すなわち、①端的に極楽往生をさせまいとしている、②極楽往生は果たせず地獄行きを確信しているが、なお現世における生殺しによりいたぶっている、③主人公自身には生への執着がある、あるいは現世に対する恐怖や現世における狂気が描かれている、この三論である。③は暉峻説を淵源とした神保・谷脇説を踏まえたものであり、杉本好伸、中嶋隆、篠原進の各氏の説もそれと関連づけて紹介論究されているが、①と②は佐伯氏オリジナルの解釈であろう。類話を挙げながら論説しているために説得力は増すが、しかし極楽往生や堕地獄といった仏教的世界像を前提としている点で、西鶴に相応しい読みだとは私には思われない。ただし氏はさらにこの三論の検討を踏まえて、本話は主人公と侍客とが互いに無駄に往生を妨げ合う虚しい話と読むことも出来る、と言う。「そこに、どうしたら往生できるのか悟り切れない、往生を信じようとしても死ぬのは恐ろしいといった個々の人間が根源的に抱く不安や、往生への道を説く仏教教団側の一種の混乱も投影されていると見るのは、深読みに過ぎようか。」と述べて、さらには「実は作者が込めた意味はさしてなく、単に〈変わった復讐〉の奇談にすぎない可能性すらある。」とさえ述べている。論者自身がさしたる意味はないかもと思っている話で「深読み」かと予防線を張る論説を真面目に取り上げるのは却って失礼なのかも知れないが、西鶴には相応しくない仏教的世界観とは言いながらも、「互いに無駄に往生を妨げ合う」のであれば、これは充分にすでに相対化された仏教的世界観であって、往生の不可能性あるいは不要性を近世的かつ西鶴的に描いている、と言っても良いのではないかと私には思えてくる。極楽や地獄もまた幽霊と同じように、イメージ――実在（事物）と表象との間にある存在だからである。

注

（1）高田衛『江戸の悪霊祓い師』（筑摩書房、一九九一年。増補版、角川ソフィア文庫、二〇一六年）、および大桑斉『近世の王権と仏教』（思文閣出版、二〇一五年）では祐天上人をめぐる興味深い議論が展開されている。

（2）宗政五十緒「西鶴と仏教説話」（岩波書店『文学』一九六六年四月号）『西鶴の研究』（未来社、一九六九年）所収

（3）谷脇理史他校注『武道伝来記　西鶴置土産　万の文反古　西鶴名残の友』（岩波書店、一九八九年、新日本古典文学大系七七）

（4）神保五彌他校注『井原西鶴集』三（小学館、一九七二年、日本古典文学全集四〇）

（5）暉峻康隆『西鶴　評論と研究』下（中央公論社、一九五〇年）一三七頁～一三八頁

（6）H・ベルクソン『物質と記憶』第七版の序文（高橋里美訳・岩波文庫を踏襲して、puf・Le Choc Bergson 版により私に言い回しなどを改めた。）「本書は、精神の実在性と物質の実在性とを肯定した上で、両者の関係を一定の例――記憶の例――によって規定しようとする。したがって、まさに二元論的である。けれどもまた、本書の身体と精神とを考察する仕方は、二元論が常に惹起している理論的困難、二元論が直接意識によって暗示され常識に採用されるにも関わらず哲学者間であまり評判がよくないことの原因となっている困難を、よし除去せぬまでも大いに軽減すると期待する仕方である。これらの困難は、大部分、物質について持たれる、時に実在論的な、時に観念論的な概念に掛かっている。本書第一章の目的は、観念論も実在論もともに等しく行き過ぎた理論であって、物質を我々が持つ表象に帰するのも、また我々のうちに表象を作り出しはするがそれらとは性質を異にするものとするのも、ともに間違っていることを示すことである。我々にとっては、物質は「イメージ（形象）」の集合である。そして「イメージ」とは、観念論者が表象と呼ぶものよりは多く、実在論者が事物（＝対象物）と呼ぶものよりは少ない或る存在――「事物」と「表象」との中間にある存在――だと解する。この物質概念は全く常識の考えである。哲学的な思弁を知らない人に、その人の見て触れている面前の対象が、バークリーが言おうとしていたように、

その人の精神のうちにまたその人の精神にとって存在するに過ぎず、あるいは更にもっと一般的に、一つの精神にとって存在するに過ぎないと言ったら、非常に驚くことだろう。その人は常に、対象はそれを知覚する意識から独立に存在すると主張するに違いない。しかしまた、対象はそこに知覚するものと全く違っていて、眼の見る色も手の感じる抵抗も持たないと言ったら、その人の驚きは前に劣るまい。この色とこの抵抗とは、その人にとっては、対象のうちにあるのである。我々の精神状態ではない。我々の存在から独立の一つの存在を構成する要素である。それゆえ常識にとっては、対象はそれ自身において存在し、かつそれ自身は我々が知覚する通りの色彩を持っている。それはイメージであるが、しかしそれ自身において存在するイメージである。」

（7）幽霊は客観的な実在なのか、それとも心的な表象に過ぎないのか。この問題を歴史的に考えることも出来る。幽霊は、古代的・中世的には実在であり、近現代的は心的表象になったのだろう。だとすれば、近世とは二代の間にあって特異な可能性を秘めているのではないだろうか。こうした近世の二元論的なあり方は、論究対象としての近世文学および浮世草子の理知的な魅力だと私は考えてきた。

（8）佐伯孝弘「死なせぬ復讐譚――『万の文反古』巻三の三「代筆は浮世の闇」を巡って」（清泉女子大学「日本文学と怪異」研究会編『日韓怪異論――死と救済の物語を読み解く』笠間書院、二〇一七年）

「白蛇伝」変奏
——断罪と救済のあいだ

丸井貴史

「白蛇伝」の淵源と変容

中国・杭州、西湖のほとり。風光明媚な水の都で、蛇が男に恋をした。男の名は許宣。白娘子という名の美しい女と化したその蛇は、愛する男と夫婦になるため様々な手を繰り出すが、ついには法海禅師にその正体を見破られ、二度とこの世に現れぬよう雷峰塔に鎮められた——。これは明末の天啓四年(一六二四)に刊行された、『警世通言』巻二十八「白娘子永鎮雷峰塔」のあらすじである。

この物語が一般に「白蛇伝」と称されることはよく知られていよう。しかしその起源について、確たることはわかっていない。たとえば趙景深は「白蛇伝」とジョン・キーツの叙事詩「レイミア」の共通性に着目し、その源流は古代インドの説話であると論じた(1)。また大塚秀高は、蛇が塔に鎮められるという話型は寧波の仏教説話に由来し、それが禅宗を通じて交流のあった杭州に伝わったとする(2)。さらに小南一郎は、越族(百越)の蛇神伝承との関連の可能性を指摘した(3)。おそらく答えはいずれかひとつというわけでなく、こうした様々な要素が複雑に絡み合い、明末になって「白娘子永鎮雷峰塔」というひとつの完成形にたどり着いたのであろう。一方、文献として残っているものに話を限定すれば、唐代伝奇「白蛇記」がその原初的形態であるという潘江東の指摘(4)は首肯されるものと思われる。ただ「白娘子永鎮雷峰塔」の直接的な典拠については、南宋時代の雷峰塔に関する俗伝に基づくという趙景深(5)や内田道夫(6)の説と、宋代の短篇小説「西湖三塔」を換骨奪胎したものであるという青木正児の説(7)とがあり、いまだ不確定のままである。

ここではさしあたり、典拠として具体的な作品名を挙げている青木説を見ておこう。青木の言う「西湖三塔」とは、銭曾『也是園書目』(清初成立)に著録されている「宋人詞話十二種」のひとつであり、嘉靖年間(一五二二—六六)に刊行された洪楩『清平山堂話本』の「西湖三塔記」と同内容のものと推定されている。傅王露『西湖志』(光緒四年〈一八七八〉刊)によれば、三塔は蘇軾が杭州の知事在任中に作らせたもので、西湖の怪異を鎮める役割を果たしていたのだが、成化(一四六五—八七)以降のある時期に壊れると、万暦年間(一五七三—一六二〇)に至るまで復旧されなかったらしい。そこでその百年あまりの間に、妖蛇鎮圧の場が三塔から雷峰塔に移ったというのである。それを具体的に示すのが、田汝成『西湖遊覧志余』(万暦二十五年〈一五九七〉跋刊)に見える「雷峰塔」という題の陶真(語り物の一種)であると青木は言うのだが、遺憾なことにそのテクストは現存していない。ただ、これが雷峰塔を舞台とする作品であることは疑い得ず、そうである以上、「白娘子永鎮雷峰塔」がこれと無関係とは考えがたい。今その当否を論ずるわけではないが、重要な指摘として記憶されるべき説であろう。

さて、ここまで「白娘子永鎮雷峰塔」成立の過程について、先行研究を整理しつつ概観してきたが、さらに興味深いのは、白蛇故事の変容は「白娘子永鎮雷峰塔」の成立によってもなお完結しなかったということである。それは、高僧が妖蛇を調伏するというこの作品の結末に、清代以降の人々が不満を覚えたことに起因する。たとえば方成培『雷峰塔伝奇』(乾隆三十六年〈一七七一〉刊)では、白蛇(名は白雲仙姑)と許宣との間に許士麟という息子がおり、許士麟の母を思う心に免じて最後に白蛇は許されることになっている。そして白蛇が許宣と再会し、天界に上るところで幕が閉じられるのである。

こうした白蛇に同情的な作品はその後陸続と生み出され、ついには白蛇と許宣の恋こそが「白蛇伝」の主題と認識されるに至る。そして許宣の生命を救ったはずの法海は、二人の恋路を妨げる悪人に成り下がってしまった。その過程については詳述を避けるが、ひとつの具体例として近藤忠義が宝巻（講唱文学の一種）『浙江杭州府銭塘県雷峰宝巻』（光緒十三年〈一八八七〉刊）の梗概を詳しく解説しており[8]、さらに范金蘭による詳細な研究も備わるので[9]、それらを参照されたい。また、具体的にどの作品を指しているのか不明だが、近藤によれば、法海は「しまいには蟹の甲羅の奥深く身も隠さねばならなくなるまで追いつめられ」ることになったという。いずれにしても民衆の共感は白蛇の側にあったのであり、一九二四年、白蛇が鎮められたとされる雷峰塔が倒壊すると、魯迅は法海を「活該（ざまあみろ）」と痛罵している[10]。

このように見てくると、「白娘子永鎮雷峰塔」には「白蛇伝」の原型と方向性を異にする新たな物語を生み出す要素が内在しているようであり、それは言うまでもなく、この作品において白蛇と人間の恋愛という要素が新たに附加されたことに起因する。そして周知のとおり、近世日本においても上田秋成がこの物語を「蛇性の婬」として翻案し、『雨月物語』（安永五年〈一七七六〉刊）に収めている。では、近世の日本において、この物語はどのように紡ぎ直されたのであろうか。

原話と「蛇性の婬」の構成

まずは「白娘子永鎮雷峰塔」と「蛇性の婬」の構成における共通点と相違点について、それぞれの舞台とそこで起こる主な出来事を整理しつつまとめておこう（表1）。

原話の許宣は二度捕えられ、その度に流罪となっているが、「蛇性の婬」では二度目の捕縛と、それに附随する鎮江でのエピソードに相当する内容が省略されている。鎮江での出来事は、李克用の目の前で白蛇が正体を現すこと以外は、おおむね蘇州での出来事の焼き直しといってよく、秋成は似た内容が繰り返されることを避けたの

【表1】「白娘子永鎮雷峰塔」と「蛇性の婬」の構成対照表

白娘子永鎮雷峰塔	蛇性の婬
【杭州】 ・許宣と白娘子が出会う。 ・白娘子から貰った銀子が盗品であることがわかり、許宣は捕えられる。 ・許宣は蘇州に流されることとなる。	【三輪が崎】 ・豊雄と真女子が出会う。 ・真女子から貰った太刀が盗品であることがわかり、豊雄は捕えられる。 ・豊雄は親の勧めで石榴市に行く。
【蘇州】 ・許宣が王主人のもとに身を寄せているところへ、白娘子が訪ねてくる。 ・許宣と白娘子が結婚する。 ・道士が白娘子の正体を見破るが、白娘子は道士との対決に勝利する。 ・許宣が白娘子の用意した服を着て出かけると、その服はすべて盗品であり、許宣は捕えられる。 ・許宣は鎮江に流されることとなる。	【石榴市】 ・豊雄が姉夫婦のもとに身を寄せているところへ、真女子が訪ねてくる。 ・豊雄と真女子が結婚する。
【鎮江】 ・許宣が李克用のもとに身を寄せていると白娘子が現れ、再びともに暮らすようになる。 ・李克用が白娘子の正体を目にする。 ・法海禅師が白娘子の正体を見破り、白娘子は川に飛び込み姿を消す。 ・朝廷から恩赦が降り、許宣は帰郷する。	【石榴市】 ・当麻の酒人が真女子の正体を見破り、真女子は滝に飛び込み姿を消す。 ・豊雄が帰郷する。
【杭州】 ・許宣が家に戻ると、白娘子が先回りして待っている。 ・戴先生が白蛇（白娘子）を捕えようとするが失敗する。 ・許宣は法海禅師に与えられた鉢で白娘子を押し伏せる。 ・白娘子は法海禅師によって調伏され、雷峰塔に鎮められる。 ・許宣は出家し、数年後に遷化する。	【芝の里】 ・豊雄が富子と結婚する。 ・真女子が富子に憑依し、恨み言を述べる。 ・鞍馬寺の僧が真女子を調伏しようとするが失敗する。 ・豊雄は法海和尚に与えられた袈裟で真女子を押し伏せる。 ・真女子は法海和尚によって調伏され、道成寺の蛇が塚に埋められる。 ・豊雄は命つつがなく生き延びたが、富子は死ぬ。

であろう。そしてこの点を除けば、【表1】中に傍線を附した以下の二点を、両作間の大きな相違として指摘することができる。

一点目は、原話では白蛇の正体を看破することと白蛇を調伏することを、いずれも法海禅師が担っているのに対し、「蛇性の婬」では前者と後者を担う人物が異なるという点である。秋成はなぜ、当麻《たぎま》の酒人《きびと》という人物を新たに造型したのであろうか。

二点目は、原話では許宣が帰郷する際、白娘子が先回りして家で待っているのに対し、「蛇性の婬」の豊雄は富子という女と結婚し、以後、真女子は富子に憑依することによってしか現れないということである。作品全体における、原話と「蛇性の婬」との最大の相違はこの点であろう。

細部に着目すれば他にも多くの相違はあるが、本稿では右の二点を主たる論点とする。長尾直茂は「翻案」という語について、高島俊男の説[11]を踏まえつつ「原案（日本・外国の別を問わない）に拠ることを明瞭に示しつつも、そのストーリーに一ひねりが加えられることによって新機軸を打出していること」と定義しているが、[12]小説に即して考えれば、これは作品の再構成を意味しよう。その意味において、原話と翻案作品の構成の相違がいかなる意味を有しているかを検討することは、秋成の翻案のあり方を考える上で有効なものと思われる。

周知のことではあろうが、本作についてはすでに多くの研究が積み重ねられてきている。特に主題論に関しては、豊雄の精神的成長を主題と捉える中村幸彦に対し、[13]豊雄に対する真女子の一途な愛情こそが主題であると勝倉壽一が主張したのをはじめとして、[14]多くの議論が交わされてきた。しかし、「オーソドックスな主題論としては出されそうな見解はほぼ一通り出揃った感がある」[15]とまで言われる現在だからこそ、一度根本的な問題に立ち戻ってみることの意味もあろう。そして原話との比較を通し、本作を「白蛇伝」の系譜に位置づけてみることで、この作品の新たな一面も見えてくるように思われる。

当麻の酒人

前節では作品の舞台となる場所に即して作品の構成を整理したが、ここでは白蛇の形象に着目して、作品を大きく二部に分けてみたい。無論、その境目は白蛇の正体が男に知られる場面であり、前半の白蛇が男の心を得ることに腐心しているのに対し、後半の白蛇は力ずくで男そのものを手に入れようとする。そして先にも述べたとおり、秋成は真女子の正体を見破る人物として、当麻の酒人という神人を新たに造型した。法海禅師と酒人の相違点をひとつ挙げよう。法海禅師は白娘子の正体を看破したとき、許宣に対して彼女のことを「這婦人正是妖怪（この女は妖怪じゃ）」と一言述べるだけである。しかしそれとは対照的に、酒人は真女子について以下のとおり雄弁に語っている。

> 此邪神《あしきかみ》は年経《へ》たる蛇《おろち》なり。かれが性《さが》は婬《みだり》なる物にて、牛《うし》と孳《つる》みては麟《りん》を生《う》み、馬とあひては龍馬《りやうめ》を生《うむ》といへり。此魅《まど》はせつるも、はたそこの秀麗《かほよき》に奸《たはけ》たると見えたり。かくまで執《しう》ねきをよく慎《つゝし》み給はずば、おそらくは命を失《うしな》ひ給ふべし。(16)

真女子は蛇であり、蛇は牛とも馬ともまぐわう多淫な生物であるから、豊雄を追い回すのもその美麗な容貌に狂ってしまったためであろうと酒人は言う。しかし矢野公和は、この言葉は必ずしも真女子の実態を言い当ててはいないと指摘する。

仮に真女子が牛とも馬とも交尾むような蛇の化身だとするならば、何故豊雄一人をあれ程執念深く追いかけるのかといった極く極く基本的な疑問についても、この指摘は何ら答えていないのである。その意味では、唯一の正答であるかに見える当麻の酒人の見解も、やはり一つの見方にしか過ぎないと云える。(17)

【表1】にも示したとおり、原話では白娘子の正体が蛇であることを李克用という男が目撃しており、白娘子を妖怪だとする法海禅師の言葉の正しさは、この時点ですでに保証されている。また、法海は白娘子に対して「業畜、敢再来無礼、残害生霊（この妖怪め、またも現れて無礼にも生ける者を殺そうとしておる）」と述べているが、それ以前にも終南山の道士が「你近来有一妖怪纏你。其害非軽（近ごろ一匹の妖怪がおぬしに纏わりついておる。その害は軽いものではないぞ）」と許宣に警告していたことを想起すれば、白娘子のために許宣の命が危なくなるという指摘もまた、やはり一定程度の客観性を有しているものといえよう。しかし、真女子が多淫であるという酒人の言葉の根拠は作中のどこからも窺い得ない。矢野の述べるとおり、酒人の見解の正しさは保証されていないのである。

さらに言えば、真女子を語る酒人の言葉が、『五雑組』巻九にある次の一節をほとんどそのまま踏襲していること[18]にも注意を払う必要がある。

龍ノ性最モ婬ナリ。故ニ牛ト交レバ則チ麟ヲ生ミ、豕ト交レバ則チ象ヲ生ミ、馬ト交レバ則チ龍馬ヲ生ム。即シ夫人之ニ遇ヘバ亦其ノ為メニ汚サルル者ナリ。[19]

不可解なのは、「龍ノ性」の記述によって「蛇」の真女子を語ろうとしていることである。確かに蛇が化して龍になるという言説は古くからあり、さしあたっては『史記』外戚世家の「蛇化シテ為《ナル》レ龍ト。不レ変ゼ二其ノ文ヲ一」[20]や、『金楼子』巻五の「鼠化為レ鴽、草死為レ蛍、人化為レ虎、蛇化為レ龍」[21]などを挙げることができる。また、『塵添壒囊鈔』巻八の「龍ト虵トハ別ノ物ト覚ルニ、虵ノノボリテ龍《タツ》ニ成ルト云ハ、龍《リウ》ノハジメハ虵歟。又龍モ虵ノ姿ニテ見ル事先蹤アリ」[22]や、『和漢三才図会』巻四十五の「凡龍蛇ハ皆紆行シテ而有ル二四足一者ハ為リ二龍ノ属一、無キ二手足一者為二蛇ノ属一ト。然ドモ龍蛇本一類矣」[23]という記述のように、龍と蛇を同類とみなす文献も少なくない。

しかしその一方で、『述異記』上巻には「凡ソ珠ニ有リ二龍珠一。龍ノ所レ吐ノ者ナリト。虵珠ハ虵ノ所レ吐ク者ナリ。南海ノ俗諺云、虵珠千枚不レ及バ二玫瑰一ニ。言ハ虵珠ハ賤ナリ也。玫瑰モ亦美珠ナリ也。越人諺ニ云ク、種レドモ二千畝ノ木奴ヲ一不レ如カ二一ノ龍珠一ニハ」[24]という記述があり、秋成が多大な影響を受けたことで知られる『論衡』では、孔子と有若は体格や容貌が似ていても実際の性質はまったく異なっていたということが述べられた上で、「龍或時似レ蛇、蛇或時似レ龍」(25)（講瑞篇）と記される。これらはいずれも、龍と蛇が本質的に異なるものであることを示唆していよう。さらに、秋成よりも時代は下るが、曲亭馬琴も『南総里見八犬伝』第一一七回において、犬江親兵衛に

是《こゝ》をもて、抱朴子《はうばくし》に蛇龍《じやりやう》といふ一種《いつしゆ》あり。蛇《へみ》も千載《ちとせ》を歴《へ》ぬるものは、化《け》して龍《たつ》に做《な》るといへれど、陸佃《りくでん》が埤《ひ》雅《が》にその非《ひ》を弁《べん》じて、龍《たつ》はおのづから龍《たつ》にして、蛇《へみ》はおのづから蛇《へみ》也。化《け》して做《な》れるは真龍《しんりやう》ならず。其《そ》を亦《また》称《たゝへ》て龍《たつ》としいふは、僻言《ひがこと》なるよしをいへり。(26)

と語らせている。(27)

このように、蛇と龍の関係性については様々な言説があり、『和漢三才図会』や『八犬伝』の例からは、近世日本においてもその問題が議論の対象となっていたことが窺われる。秋成がこうした議論に無頓着であったならば話は別だが、そうでなければ、『五雑組』の「龍」の記事によって真女子の性質を断ずることが、真女子を断罪するための確実な根拠となり得ていないことは自覚されていたであろう。

ここで、酒人という人物そのものの造型について考えてみたい。酒人は自らについて次のように述べていた。

おのれは神にもあらず。大倭《やまと》の神社に仕へまつる当麻《たぎま》の酒人《きびと》といふ翁なり。

ここにいう「大倭の神社」とは現在の天理市にある大和《おおやまと》神社のことであり、(28)林羅山『本朝神社考』の「大和・三輪」の項に「大和・大神・石上布留・日吉・下鴨・松ノ尾・此ノ六社ハ者、皆大己貴ノ神也」(29)とあるとおり、大己貴神を祭神とする。そして秋成は『金砂』巻一において、「大和の神社と申すは、この国の地霊《クニタマノ》神の、山辺郡に鎮座ましますにも思ひより」云々と述べており、この神を大和国の地霊神と認識していた。さらに、大己貴神は『日本書紀』巻一に

夫《カ》ノ大己貴命《オホアナムチノ》ト少彦名命《スクナヒコナノ》ト、力ヲ戮《アハ》セ心ヲ一《ヒトツ》ニシテ、天下《アメノシタ》ヲ経営《ツク》ル。復タ顕見蒼生《ウツシキアヲヒトクサ》及ビ畜産《ケモノ》ノ為ニ、則チ其ノ病ヲ療ルノ方《サマ》ヲ定ム。又鳥獣昆虫《トリケダモノハフムシ》ノ災異《ワザワイ》ヲ攘《ハラハ》ン為ニハ、則チ其ノ禁厭《マジナイヤムル》ノ法《ノリ》ヲ定ム。(30)

とあるとおり、少彦名命とともに国造りをした際、「鳥獣昆虫ノ災異」を払い除くために「禁厭ノ法」を定めた神でもあった。

以上の点を踏まえれば、酒人が「大倭の神社」の神人と設定されていることの意味は明らかであろう。すなわち酒人には大和神社の祭神である大己貴神の像が投影されており、高田衛の指摘するとおり、彼の登場は「妖神の侵入に怒る地霊神（もしくはその使者）の出現という意味をもつ(31)」と考えられる。酒人ははじめから、真女子を逐う必然性を有する人物として造型されていたのである。

真女子を放逐した以上、酒人は豊雄に対してその事情を説明せねばならない。そこで酒人は、真女子が「婬」なる蛇であることを説いたのであった。たとえば堀麦水『三州奇談』（成立年不明）巻二所収の「淫女度水」は、恋慕する男に逢いたい一心で深夜の川を泳ぐ女を「人妖」と呼び、そして章題のごとく「淫女」と呼ぶ。一途に男を追う女が「淫女」ならば、真女子はやはり「婬」である。そして高田衛が指摘するように、「女の側が主導する過剰な通婚は、女による男の全的な領有につながり、男の側の社会的な「死」をもたらす(32)」というのであれば、真女子の放逐は豊雄を救うことになるという大義が酒人に与えられることとなる。その意味において、酒人が真女子を「婬」と規定したのは故なきことではない。

しかし何度も繰り返すが、この場合の「婬」は必ずしも多淫を意味する語ではない。酒人の言葉における最大の問題は、この齟齬にあるといえそうである。

真女子の憑依

秋成は『遠駝延五登』巻一に、

古今奇観と云聖歎外の作文に、妖亀の、少年の閑雅に婬みて美女と化し、情慾をほしきまゝにせしかば、少郎遂におとろへて死ぬべかりしを、道士に呪はれて命全く、亀は遂に亡ぼされし事をいへり。
という一節を記している。筆者はかつて、この亀の話が『警世通言』巻二十七「仮神仙大鬧華光廟」を指している可能性を指摘したことがあるが、(33)興味深いことに秋成自身による右の要約は、「亀」を「蛇」に変換すれば「蛇性の婬」の梗概と酷似したものになる。

しかしむしろ重要なのは、『遠駝延五登』の記述と「蛇性の婬」との相違点の方である。右の要約では、妖亀との交わりこそが「少年」の生命の危機の原因であるように書かれており、確かに「仮神仙大鬧華光廟」の魏宇は、亀との情交を重ねるにつれ次第に痩せ衰えていく。それに対し、豊雄は真女子から逃れようとすることで、「紀路《きぢ》の山〳〵さばかり高くとも、君が血《ち》をもて峰より谷に灌《そゝ》ぎくださん」と脅される。これは「白娘子永鎮雷峰塔」も同様で、白娘子は自らを捕えさせるために蛇取りの戴先生を呼んだ許宣に対し、「你若和我好意、仏眼相看。若不好時、帯累一城百姓受苦、都死於非命（もし私と仲良くしてくれるなら大目に見てあげましょう。でももしそうでなければ、この街の人々をみな巻き添えにして、非業の死を遂げさせますからね）」と告げるのである。豊雄や許宣の生命の危機は、むしろ白蛇から遠ざかることによってもたらされるものといってよい。

真女子や白娘子のこうした態度から窺えるように、彼女たちが男に求めていたのは、夫婦としての心のつながりに他ならない。ちなみに青木正児が「白娘子永鎮雷峰塔」の原型であると指摘した「西湖三塔（記）」では、白蛇（白娘娘）と情交を繰り返すたびに男（奚宣賛）が青白く痩せていく。これは「仮神仙大鬧華光廟」の場合と同様、妖怪の「情慾」のなせる業であり、この点において、「西湖三塔（記）」と「白娘子永鎮雷峰塔」との間には甚だしい懸隔がある。両者の決定的な相違点は、白蛇における男への愛情の有無にあるといえよう。

しかし、白娘子や真女子が異類であることに変わりはない。正体を看破された以上、彼女たちの願いが叶うことはないのである。かくして白蛇が人間と異類との狭間に立たされたところで、物語は後半に入る。

罪を得て鎮江に流されていた原話の許宣は、孝宗の即位による大赦が降り、杭州にある姉夫婦の家に戻る。すると彼は、妻を娶ったのに連絡もよこさないとは何という恩知らずかと義兄の李仁に詰られる。実は白娘子が許宣の妻を装って、すでに李仁の家に寓居していたのである。驚いた許宣が、命だけは取らないでくれと懇願すると、彼女は次のように語りかける。

我和你許多時夫妻、又不曽虧負你。如何説這等没力気的話。

(私はあなたと長いこと夫婦でいて、一度もあなたを裏切ったことなどないでしょう。どうしてそんな意気地のないことをおっしゃるの?)

白娘子は法海禅師に正体を見破られ、許宣の目の前で川に飛び込んで姿を消していた。したがって許宣はすでに彼女の怪異性を認識しており、彼女が再び人間の女として姿を現したところで、拒まれるのは当然である。白娘子が右の台詞を本心から言っているのだとすれば、彼女は自らの置かれている状況をまったく理解できていないと言わざるを得ない。

一方の豊雄もまた故郷に帰るが、こちらは親の勧めによって、采女であった富子という女と結婚する。それによって、自らの望んでいた立場を富子に奪われるかたちとなった真女子は、豊雄が富子に「かの御わたりにては、何の中将宰相《さいしやう》の君などいふに添《そひ》ぶし給ふらん。今更にく〻こそおぼゆれ」と戯れかかるのを契機として富子に憑依する。そして豊雄に向かい、こう語りかけるのである。

古き契《ちぎり》を忘《わす》れ給ひて、かくことなる事なき人を時めかし給ふこそ、こなたよりまして悪《にく》くあれ。

これは『源氏物語』夕顔巻において、六条御息所が夕顔に憑依し、「おのがいとめでたしとみ奉るをばたづねおもほさで、かくことなることなき人をゐておはしてときめかし給ふこそ、いとめざましくつらけれ(34)」と光源氏に語りかける場面を踏まえている。(35)御息所の台詞には夕顔を蔑む態度が顕著であるが、これは前東宮妃の御息所にとって、夕顔が確かに「ことなることなき人」であるからこそ意味を持つ。しかし真女子と富子の間には、こうした明確な差違がない。確かに真女子は「都風《みやび》たる事をのみ好」む豊雄の理想どおりの女であったが、采女であった富子もまた「都風《みやび》」な女なのである。(36) それゆえに、真女子が富子のことを「ことなる事なき人」と言ったところで、その言葉には何の実質性もない。真女子は富子によって、妻の座のみならず、豊雄の恋の相手が自らでなければならない理由までをも奪われたのである。

白娘子とは異なり、真女子が二度と人間の姿で豊雄の前に現れることがなかったのは、そのことを認識していたためであろう。当然、富子を貶めるような自らの言葉の無意味さにも自覚的であったはずである。しかしそれならば、彼女は何のために富子に憑依し、豊雄に語りかけたのであろうか。

真女子の出現に怯える豊雄に対し、彼女は次のように言う。

海に誓《ちか》ひ山に盟《ちか》ひし事を速《はや》くわすれ給ふとも、さるべき縁《ゑ》にしのあれば又もあひ見奉るものを、他《あだ》し人のいふことをまことしくおぼして、強《あながち》に遠ざけ給はんには、恨《うら》み報《むく》ひなん。

傍線部は原話における白娘子の「如今却信別人閑言語、教我夫妻不睦」という台詞を、ほぼ直訳したものである。彼女たちは「他し人のいふこと／別人閑言語」を無批判的に信じ込む男に対して恨みを述べているのだが、その言葉とは何を指しているのだろうか。それが酒人／法海禅師の発言であることは明らかであるから、問題はその内容である。

前述のとおり、白娘子はこの時点においてもなお人間の女として許宣の前に現れている。したがって彼女が否定すべき法海禅師の言葉は、彼女の正体を指摘した「這婦人正是妖怪（この女は妖怪じゃ）」以外にはあり得ない。しかし真女子は、この時点ですでに人間ではない。怪異として姿を現している彼女には、白娘子のように自らの正体について述べた酒人の言葉を否定することはできないのである。それならば、彼女がここで否定し得る酒人の発言はひとつしかない。「かれが性《さが》は婬《みだり》なる物にて、牛《うし》と孳《つる》みては麟《りん》を生《う》み、馬とあひては龍馬《りやうめ》を生《うむ》といへり。此魅《まど》はせつるも、はたそこの秀麗《かほよき》に奸《たはけ》たると見えたり」というあの一言である。

『五雑組』に基づいたこの発言の論理の危うさはすでに述べた。そしてやはり、この言葉は真女子自身によっても否定されるべきものだったのである。しかし真女子の本当の悲しさは、自らの願いが破れたことを知りながら、なおも豊雄を求め続けてしまったことであろう。それゆえ豊雄は「只わなゝきにわなゝかれて、今やとらるべきこゝちに死入ける」ばかりで、真女子の言葉を正しく受け止めることができなかった。真女子は結局、「丈夫《ますらを》心」を得た豊雄自身の手によって袈裟の下に押し伏せられてしまうのである。

豊雄のその後

真女子との関係を断ち切った豊雄は、その後どうなったのであろうか。このことを考えるためには、作品の冒頭に立ち戻らなければならない。そこで豊雄は、次のように記されていた。

紀の国三輪が崎に、大宅《おほや》の竹助といふ人在けり。（略）男子《をのこゞ》二人、女子《むすめ》一人をもてり。太郎は質朴《すなほ》にてよく生《なり》産《はひ》を治《をさ》む。（略）三郎の豊雄《とよを》なるものあり。生長《ひとゝなり》優《やさ》しく、常に都風《みやび》たる事をのみ好て、過活心《わたらひ》なかりけり。

家業を継いで生業に従事する長兄と、「都風《みやび》」の世界に遊ぶ豊雄が明確に対比されている。[37]豊雄はその性情ゆえに真女子と出会い、そして破局を迎えるのだが、「都風」への幻想が否定された以上、豊雄は兄のようにならざるを得ず、それによって自立した生活者へと成長した、というのが従来の解釈であった。[38]しかしこの作品は、真女子と訣別した後の豊雄について、実は何も語っていない。作品の末尾には、次の一節があるばかりである。

庄司が女子《むすめ》はつひに病にそみてむなしくなりぬ。豊雄は命恙《つゝが》なしとなんかたりつたへける。

豊雄が無事に生き延びたということのみを語るこの結末の簡潔さは、許宣が蛇に魅入られたことを反省し、法海禅師の弟子となって修行に励み、数年後に遷化するまでが語られる原話とは対照的である。もしも主題が豊雄の成長であるならば、秋成は原話に倣い、豊雄のその後をこそ記すべきであったろう。それが記されていない以上、何も語られないことの意味を考えなければならない。

「いつの時代《ときよ》なりけん」という、明らかに『源氏物語』を意識した書き出しで始まる本作は、物語文学の伝統に連なる和文調で綴られている。物語には、「本来、ゼロ人称である（筆者注：物語の）担い手が第一人称となって自己言及する場所」(39)としての草子地があり、本作もまた例外ではない。その「担い手」をここでは「語り手」と呼ぶが、語り手の立場が最も明確に表れているのは次の一節である。

富子《とみこ》豊雄にむかひて、「君何の讐《あた》に我を捉《とら》へんとて人をかたらひ給ふ。（略）ひたすら吾貞操《みさほ》をうれしとおぼして、徒《あだ》〳〵しき御《み》心をなおぼしそ」と、いとけさうじていふぞうたてかりき。

傍線部のとおり、語り手は真女子（「富子」と呼んでいるのは真女子が富子に憑依していることによる）に対してあからさまな嫌悪感を示している(40)。すなわち語り手は明らかに真女子を否定する立場にあるのだが、それにもかかわらず、真女子を断ち切ったはずの豊雄のその後について何も語ろうとはしない。この不自然さに目を向ければ、そこには語り手にとって語りづらい何かがあったと考えざるを得ないだろう。では、それは何なのか。

豊雄は庄司（富子の父）たちに暇乞いをしてきたことを真女子に告げると、「いざたまへ、出立なん」と言って呼び寄せ、嬉しそうにしているところを騙し討ちにする。豊雄からすればやむを得ぬ手段であったとはいえ、真女子の立場からすれば、これは卑劣な裏切りである。そしてこの絶望の中にあって、真女子は最後に一声叫ぶ。

你何とてかく情なきぞ。しばしこゝ放《ゆる》せよかし。

これまで一貫して「君」であった真女子から豊雄への呼称が、ここで傍線部のとおり「你」（なんぢ）に変化する。この二人称表現について、筆者はかつて都賀庭鐘『英草紙』（寛延二年〈一七四九〉刊）に即して分析したことがあり、それによれば、女が男に対して「你」を用いるのは激しい怒りや怨みが表出したときに限られていた(41)。

そうした「你」の用例の中に本作の例を置いてみれば、豊雄が真女子から「君」と呼ばれるべき存在でなくなったことの意味は重い。自ら真女子を断ち切ったはずの豊雄は、最後に真女子からの冷たい呼びかけを聞いてしまっていたのであり、語り手が口を閉ざすのはここから後のことである。近世文学の倫理に即せば、「姪」なる真女子が断罪される結末は予定調和的なものであるが、手を下した豊雄の耳に残ったはずの真女子の声の残響は、豊雄のその後にいかなる影を落としたのであろうか。

たとえばここで、白話小説「杜十娘怒沈百宝箱」(『警世通言』巻三十二・『今古奇観』巻五)を想起するのは、決して見当違いのことではなかろう。妓女の杜十娘は恋人の李甲に身も心も捧げてきたが、李甲は彼女を孫富という男に売り渡すことを決める。すると、それを知った杜十娘は絶望し、李甲を痛烈に面罵した後、河の中に身を投げてしまう。杜十娘の最期の叫びを聞いた李甲は、彼女と引き換えに手に入れた千両の白銀を見つめながら、ついには狂疾となったのである。

この作品は庭鐘が『繁野話』(明和三年〈一七六六〉刊)第八篇「江口の遊女薄情を恨て珠玉を沈る話《こと》」に翻案しており、秋成もよく知るところであったろう。さらに言えば、「蛇性の婬」は「江口の遊女」の主題を継承することによって成立した作であるという説もある。(42) 秋成が豊雄の末路に李甲の姿を重ねていたとしても不思議ではない。

いずれにしても、「豊雄は命恙《つつが》なしとなんかたりつたへける」という本作末尾の一文は、豊雄の命が助かったということの他には何も伝えていない。

「白蛇伝」の中の「蛇性の婬」

本作の語り手は当然ながら倫理の側に立っており、それゆえに決して真女子が救われることはない。彼女は人間に恋をした異類として、断罪されねばならないのである。しかし「それを認めたうえで、なお、断罪した人間を無条件で肯定しうるか、ということに対して、作者はその叙述の形式によって答えを用意したのである」(43)と木越治が述べるように、単純な善悪の二項対立で割り切ることのできない、人間と異類、あるいは男と女の問題を本作は投げかけている。

ここで冒頭に立ち返り、「白蛇伝」の系譜の中に「蛇性の婬」を置いてみたい。

原話「白娘子永鎮雷峰塔」は、妖蛇に魅入られた男を高僧が救済するという仏教説話の枠組みの中にある。ただし、「白娘子には婬欲の権化としての蛇という側面とともに、人間の女性らしさが加わっている」(44)のは確かであるし、「看那白娘子時、也復了原形、変了三尺長一条白蛇、兀自昂頭看着許宣（白娘子を見ると、そちらもまた正体を現して三尺ほどの白蛇となり、なお頭をもたげて許宣のことを見つめている）」という描写における彼女の心情は、「春心」(45)という言葉で片付けられるほど単純なものではないだろう。それゆえに清代中国の作家たちは白娘子への同情と共感を表明し、彼女を雷峰塔から救い出したのである。

しかし秋成による翻案は、それとは方向性を異にしている。真女子は法海和尚によって道成寺の「蛇《おろち》が塚《つか》」に鎮められ、おそらく二度とこの世に出てくることはない。彼女が断罪されるべき存在であるという倫理は、揺ぐことのない厳然たるものとしてある。それを前提とした上で、本作では敗れ去る異類の論理にも耳が傾けられているのである。

これは白蛇の救済ではない。しかし単なる断罪でもない。その二元論を超えたところに「蛇性の婬」は成立し、「白蛇伝」変遷史の中に独自の位置を占めている。

注

（1）趙景深『弾詞考証』（台湾商務印書館、一九三八年）第一章「白蛇伝」。なお、厨川白村も「西洋の「蛇性の婬」」（『厨川白村集』第三巻、厨川白村集刊行会、一九二五年）において、「蛇性の婬」と「レイミア」の関連性について言及している。

（2）大塚秀高「白蛇伝と禅宗——杭州寧波間の文化交流について」（『埼玉大学紀要』第二十六号、一九九〇年）。

（3）小南一郎「白蛇伝と宋代の杭州」（田仲一成・小南一郎・斯波義信編『中国近世文芸論――農村祭祀から都市芸能へ』東方書店、二〇〇九年）。
（4）潘江東『白蛇故事研究（上）』（台湾学生書局、一九八一年）二十五頁。「白蛇記」は『博異志』に収められていたというが、現行本にはない。北宋のとき『太平広記』巻四五六に「李黄」として収められ、現在に伝わる。
（5）注（1）に同じ。
（6）内田道夫「白娘子物語」（『中国小説研究』評論社、一九七七年）。
（7）青木正児「小説「西湖三塔」と「雷峰塔」」（『青木正児全集』第七巻、春秋社、一九七〇年）。
（8）近藤忠義「「白蛇伝」と「蛇性の婬」」（『日本古典の内と外』笠間書院、一九七七年）。
（9）范金蘭『「白蛇伝故事」型変研究』（萬巻楼、二〇〇三年）。
（10）魯迅「論雷峰塔的倒掉」（『墳』未名社、一九二七年）。
（11）高島俊男『水滸伝と日本人』（ちくま文庫、二〇〇六年。単行本は一九九一年刊）第一部第八章「中国白話小説と日本文学」。
（12）長尾直茂「試みに翻案を論ず」（『新日本古典文学大系明治編三　漢文小説集』月報、二〇〇五年八月）。
（13）中村幸彦『日本古典鑑賞講座二四　秋成』（角川書店、一九五八年）。
（14）勝倉壽一『雨月物語構想論』（教育出版センター、一九七七年）。
（15）秋成研究会編『上田秋成研究事典』（笠間書院、二〇一六年）第一章「『雨月物語』「蛇性の婬」」（三浦一朗執筆）。
（16）秋成の著作の引用は、すべて中央公論社版『上田秋成全集』により、適宜校訂した。
（17）矢野公和『雨月物語私論』（岩波ブックサービスセンター、一九八八年）。
（18）中村幸彦『日本古典文学大系五六　上田秋成集』（岩波書店、一九五九年）一一四頁頭注。
（19）原漢文。『和刻本漢籍随筆集』第一集（汲古書院）に影印所収の寛文元年刊和刻本に従って書き下し、適宜校訂した。
（20）引用は上智大学中央図書館所蔵の和刻本『史記評林』（請求記号：222.03: Sh155s: 1792）による。
（21）引用は『景印文淵閣四庫全書』第八四八冊（台湾商務印書館）により、訓点を補った。
（22）引用は濱田敦・佐竹昭広・笹川祥生編『塵添壒囊鈔・壒囊鈔』（臨川書店）に影印所収の、佐竹昭広氏旧蔵無刊記本による。
（23）引用は国文学研究資料館所蔵本（請求記号：ヤ 3-24-1～81）により、適宜校訂した。
（24）引用は『和刻本諸子大成』第十三輯（汲古書院）に影印所収の享保元年刊和刻本により、適宜校訂した。

(25) 引用は『和刻本諸子大成』第七輯（汲古書院）に影印所収の寛延三年刊和刻本により、適宜校訂した。
(26) 引用は国文学研究資料館所蔵本（請求記号：ナ4-14-1～106）により、適宜校訂した。
(27) 親兵衛の主張は、『埤雅』巻十「蠋」の条に基づく。
(28) 鵜月洋（中村博保補筆）『雨月物語評釈』（角川書店、一九六九年）五三四頁。
(29) 引用は早稲田大学所蔵本（請求記号：文庫31E1148）により、適宜校訂した。
(30) 原漢文。『新訂増補　国史大系』第一巻（吉川弘文館）に翻刻所収の寛文九年刊本に従って書き下した。
(31) 高田衛・稲田篤信『雨月物語』（ちくま学芸文庫、一九九七年）三四一頁。
(32) 高田衛「蛇女の説話と民俗――近世を泳ぎ超える女たち」（『女と蛇――表徴の江戸文学誌』筑摩書房、一九九九年）。
(33) 拙稿「「古今奇観と云聖歎外の作文」――秋成と白話小説・序説」（『近世部会誌』第九号、二〇一五年三月）。
(34) 引用は『源氏物語古註釈大成』第九～十一巻（日本図書センター）に翻刻所収の『源氏物語湖月抄』による。夕顔に憑依した女について、『湖月抄』には「御息所の念なるべし」と記されている。
(35) 山口剛「雨月物語片影」（『山口剛著作集』第二巻、中央公論社、一九七二年）。
(36) 両者の同質性については、田中厚一「「蛇性の婬」――偏向する〈語り〉」（『雨月物語の表現』和泉書院、二〇〇二年）にも指摘がある。
(37) 中村博保「豊雄の夢――「蛇性の婬」叙説」（『上田秋成の研究』ぺりかん社、一九九九年）は、長兄によって「民のエートス」が提示されている一方で、豊雄は「典型的なモラトリアム人間」として描かれていると述べている。
(38) たとえば中村幸彦『日本古典鑑賞講座二四　秋成』（前掲）は、豊雄の心中における「あだ心」と「まめ心」の相剋と、最終的な「まめ心」の勝利には、風流に遊ぶのではなく医業で生きていこうと決意した当時の秋成自身の心境が投影されていると述べている。
(39) 藤井貞和『平安物語叙述論』（東京大学出版会、二〇〇一年）第八章第二節「語り手と書くこと――草子地の視野」。
(40) これを豊雄の心中思惟として解釈することも可能だが、この直後、豊雄が真女子について「吾を慕《した》ふ心はた世人にもかはらざれば」云々と述べていることに鑑みれば、やはり違和感は残る。そもそも真女子を恐れることと嫌悪することとは別次元の問題であり、豊雄が真女子に対してかくも明確に嫌悪感を示す描写は他に見当たらない。
(41) 拙稿「方法としての二人称――読本における「你」の用法をめぐって」（『読本研究新集』第七集、二〇一五年六月）。

(42) 徳田武「読本における主題と趣向——庭鐘から秋成へ」(『国語と国文学』第四十八巻第十号、一九七一年十月)。ただし徳田の主張は、秋成が「江口の遊女」に描かれた「人間成長のドラマ」を継承したとするものであり、筆者とは解釈が異なる。
(43) 木越治「「夢」のあとに——「蛇性の婬」試論」(『国語と国文学』第七十七巻第八号、二〇〇〇年八月)。
(44) 長島弘明『雨月物語の世界』(ちくま学芸文庫、一九九八年)二六七頁。
(45) 白娘子は許宣を追い回した理由について、「不想遇着許宣、春心蕩漾、按納不住一時冒犯天条(思いがけなくも許宣さまに出会い、春情が揺らぐのを抑えることができず、天の決まりを犯してしまったのです)」と法海に告白している。

附記

*本稿は、平成二十九年度科学研究費補助金(特別研究員奨励費。課題番号:17J00121)による成果の一部である。

怪異と文学
――ラヴクラフト、ポオそして蕪村、秋成

風間誠史

一　ラヴクラフト――恐怖と怪異、そして「文学」

最初に、念のために言っておくと、本稿は日本近世の「怪異と文学」を論じるものである。ただ、少し長い寄り道をすることになる。ラヴクラフトから話を始めたい。

H・P・ラヴクラフト（一八九〇―一九三七）は、アメリカの怪異（あるいは幻想）小説作家であり、いわゆるクトゥルフ神話の創始者としてサブカルチャーの世界で著名な存在だが、同時に怪異小説の文学的価値を最も真剣に訴えた、文芸評論家としての側面も持つ。彼には西洋怪異小説の歴史を論じた文学史的な、あるいはガイドブック的な著述があり、その名を「文学における超自然の恐怖」という。これは創元推理文庫の『ラヴクラフト全集』完結（二〇〇五年）後、二〇〇九年に刊行された。(1)怪異小説好きにとっては待望の、そして垂涎の書である。訳者であり、ラヴクラフト研究の第一人者である大瀧啓裕氏には感謝また感謝のほかない。

まずはその冒頭の一節を引用する。

人類の最も古く最も強烈な感情は恐怖であり、恐怖のなかで最も古く最も強烈なものは未知なるものの恐怖である。この二つの事実に異議を唱える心理学者はほとんどいないだろうし、彼らに認められた真実によっ

て、文芸形態としての超自然の怪異譚が、あらゆる時代を通じて、まがいものではないことや価値あるものであることが立証されるにちがいない。

ここに怪異譚が「文学」として最も古くまた正統なものであることが宣言されている。とはいえ、彼は恐怖や怪異だけが「文学」だと言っているわけではない。もう少し先を見よう。

これに鋭い矛先を向けてくるのが、ありふれた感情や外界の出来事に固執する、物質主義にどっぷり漬かった知的素養と、満悦する楽天主義の適当な段階に読者を引き上げるべく、感性に訴えようとする動機を非難して、教訓を授ける文学を求めてやまない、愚直なまでに退屈な理想主義である。しかしこうした反撥があるにもかかわらず、怪異譚は生き残り、発達し、驚くべき完成の高みに達している。深遠な根本原理を土台にしており、その魅力は必ずしも普遍的なものであるとは限らないが、必要とされる感受性をもつ者にとって、必然的に心を揺り動かす恒久的なものなのである。

要するに、即物的なリアリズムや理想主義的な「文学」が存在することを認め、それらに対して、「怪異譚」こそが「深遠な根本原理」に基づく本当の「文学」なのだと主張している。ただし「その魅力は必ずしも普遍的なものであるとは限らないが」という限定があり、受容できる者、つまり読者を選ぶのだと言う。想像力を持ち、感性豊かな者でなければその魅力はわからないし、そして、リアリズムや理想主義を好む読者の方が常に多数派だというわけだが、逆に言えば、恐怖や怪異を理解し愛する者は選ばれた「文学エリート」だということである。

ラヴクラフト自身は、まさにこの主張通り、未知なるものの恐怖を純粋に追究する物語を書こうとして、コスミックホラーと称されるＳＦ的な世界を構築し、それがクトゥルフ神話というサブカルチャーの拠点となった。それらの作品がラヴクラフトの作家としての価値を高めたかどうかは議論の別れるところだろう。ここでクトゥルフ神話やコスミックホラーを論じるつもりはない。むしろ、怪異小説の理論家としてのラヴクラフトをまっとうに評価すべき存在として取り上げたいのである。

さて、長くなるので引用はここまでにして続く論述の概要を摘記すると、ラヴクラフトは恐怖と怪異譚について、それが「宗教的感情と同じくらい古く、宗教の多くの面に密接に結びつ」いていると述べる。どんなに科学的・合理的な認識が広まっても、心の深層において未知なるものへの恐怖は消えることがないのだと。そして、彼が顕彰し擁護する恐怖小説・怪異譚とは、「幽霊小説」や「秘密の殺人」や「血塗れの骨」の類ではないことが言われているのだ。スプラッター的ホラーや幽霊話ではないのである。

こうしたラヴクラフトの議論を私なりにまとめれば、「恐怖」とは崇高さをともなった畏怖の念（宗教的な感情）であり、「怪異譚」とは科学や合理性で解釈したり説明したりすることのできない（あるいはそれを拒否する）物語のことである。そしてそのように理解する時、私はラヴクラフトの見解にほぼ同意する。唐突だが、「文学」の起源と「宗教的民俗」の起源をひとつのものとして探求した折口信夫を連想したりもする。(2)

「文学」の本質は、あるいはその最も純粋なものは、未知なるものへの恐怖・畏怖であり、説明不能な怪異譚である。それは「文学」が本質的にサブカルチャー、あるいはマイナーであり、社会の進歩や発展にとって役に立たない存在だということでもある。ラヴクラフトが述べていたように、それは世の中の多数派・主流派にはならない。なぜなら、そうした「文学」は現実や未来へ向かうのではなく、限りなく古いところへ向かおうとするから。ラヴクラフトは人類最古の感情として「恐怖」があると言うわけだが、広く考えれば、文明・文化が覆い隠した人間の本能や生活の古層に錘を沈めるのが「文学」であり、それは「役に立たない」ことによって人を人たらしめるのである。「文学」が「古典」と向き合わなければいけない理由も、多分そこにある。折口の『古代研究』と通底する所以である。

さて、ラヴクラフトの「文学における超自然の恐怖」は冒頭（序）でいま見たような怪異譚の前提と価値を論じた後、文学史（誌）的な内容となる。当然、神話・伝説への言及から始まるが、これは大雑把なもので、すぐに十八世紀のいわゆるゴシック小説の紹介に進み、多くの頁を費やしている。章立てだけ紹介すると、「一、序」「二、恐怖譚の夜明け」の後、「三、初期のゴティック長編小説」「四、ゴティック・ロマンスの極致」「五、ゴティック小説の余波」と三節が置かれ、「六、大陸における幽霊小説」と続く。

二　ポオ――近代小説ということ

そしてその次に、この著作において唯一、一人の作家のために一節が設けられている。冒頭を引用する。

一八三〇年代に起こった文学の夜明けは、怪異文学の歴史のみならず、短編小説全体の歴史にも直接に影響をおよぼし、間接的には偉大なヨーロッパの審美派の傾向と繁栄をつくりあげた。その夜明けが自分たちのものであると主張できるのは、われわれアメリカ人にとって幸運なことである。

もちろん、ここで取り上げられるのはエドガー・アラン・ポオ（一八〇九―四九）である。ポオを怪異小説や短編小説のエポックとして捉えるのは、衆目の一致するところだろうが、ラヴクラフトの文脈を確認しておきたい。

……道を切り開いて明確な導きを与え、おそらく長く伝えられる芸術を教えたのは、ポウだけであった。……ポウはこれまで誰もなさなかったこと、誰もなしえなかったことを果たしたのであって、われわれは最終的な完成された現代の恐怖小説をポウに負っているのである。

というわばマニフェストがあり、その解説として、ポオ以前の怪異小説作家は、恐怖そのものの意味（人間の心理の基盤にそれがあること）を自覚できずに、物語展開の約束ごとや道徳的教訓とともに物語を語ってきたが、ポオは恐怖の感情をそのまま表現した。その背景には、人間の精神・心理に対する科学的な態度がある、といったことが述べられている。

……ポウはゴティック・ロマンスのしきたりよりも人間の精神を調べ、恐怖の真の源泉についての分析的な知識をもって執筆したことで、語りの力が倍加されるとともに、単なる因習的な恐怖をつくりだすことに内在する、あらゆる莫迦げたことから解放された。……

ということになる。前述の通り、こうした評価はある程度一般的なもので、特に目新しいものではないだろう。ただ、ラヴクラフトならではと思わせるのは、やはり「恐怖」を強調していることで、ポオは「文学の恐怖の年代記に新しいリアリズムの標準を樹立した」と述べられている。もちろんここで言われている「リアリズム」は、「感性に訴え」るものとしてのそれである。

さて、そろそろ私の文脈に話を持っていきたい。ラヴクラフトのポオ評価を私なりの観点で整理すると、ポオが画期的なのは、「恐怖」を伝説や風聞・巷説としてではなく、「私」の直接的な体験として叙述したことにある。すなわちそれが「恐怖」の「新しいリアリズム」である。その最も端的なかたちは、「天邪鬼」や「告げ口心臓」「ウィリアム・ウィルソン」といった短編に示されているが、「私」が「私」に裏切られる、つまりもう一人の未知なる自分に出会ってしまうという構造である。そしてそれは、ポオが近代作家であり、その小説が近代小説だということ、つまりは近代文学がそこに明確な姿を見せているということだと思う。

ラヴクラフトの言うように、怪異譚は時代を超えて常に「文学」とともにあり、その本質を担ってきたが、そのことを自覚的に捉える「文学者」という営みを成立させたのは、近代社会である。出版業という娯楽提供をこととする産業が創出されたこともあるし、同時に、進歩と発展を志向する近代社会において、先述の通り人間の古層を浮かび上がらせようとする「文学」がカウンター・カルチャーとしての存在意義を明確にしたとも言える。存在意義というのは、つまり近代社会は「文学」ないし「文学者」なしでは人間の本来性を維持できないということである。これは事実というより信念の問題で、先ほど名前を挙げた折口信夫や、すぐ後で名前を出す保田與重郎の「文学理論」の根底はそこにあり、それが正しいか間違っているかという以前に、「文学者」もしくは「文学研究者」の志はそこにしか求めることができないように思う。ラヴクラフトもまたそうした志を持つ一人である。

くり返しになるが、ポオが画期的なのは、「私」のなかに「恐怖」や「怪異」を見出し、それを叙述したことにある。それがまさに、古代的あるいは中世的な共同体的社会から、個人が自立した、もしくは疎外された、近代社会へ転換するなかで生み出された、新しい怪異譚のかたちであり、新しい小説だったのである。

三　日本近世における近代小説

冒頭お断りした通り、本稿は日本近世の「怪異と文学」を論じようとするものだが、そう言いながら話が近代小説へ飛躍してしまったように見えるかもしれない。しかし、日本の近世怪異譚において近代小説は始まっているのである。そして怪異譚こそが文学の最も本質的なものであるとすれば、つまりは小説の近代あるいは文学の近代は、近世に始まるということでもある。より具体的に言えばそれは日本近世の中期、十八世紀後半のことである。こういうことを言うのは、別に私のオリジナルではない。

秋成になるとすっかり近代文学という感じである。

というのは、保田與重郎の「近代文芸の誕生」の冒頭である(3)。同じ文章のなかでまた、

近代小説家の祖は秋成か綾足か、はいえることである。

とも述べられている。保田の文章は秋成の浮世草子についてのコメントを主とするものだが、もちろん『雨月物語』を頂点とすることは大前提である。念のために末尾近い部分からも引用する。

雨月物語一巻の作者としての秋成は永遠である。ここから近代西学の文芸評論的興味の一切さえすなおにひ

き出される。そうしてそれらの西学の思想的評論のエッセンスは、一々ここにあてはめ得るのである。私の文脈に引きつけて言えば、ラヴクラフトの語る恐怖と怪異譚の文学誌に、秋成は自然にあてはまるし、それはつまり秋成のテキストをポオと同じ水準で論じることにまったく違和感がないということである。保田が扱った秋成の浮世草子を、ポオの諧謔的な作品と並べてみてもいい。ポオもまた「わやく」の作家であり、同時に怪異と滅びの美の作家だった、と秋成の側から言ってみても違和感はないのである。ポオには加えて推理小説の祖という側面があり、残念ながらこれはわが秋成が一歩譲らざるを得ないが、上田秋成（一七三四―一八〇九）や建部綾足（一七一九―七四）が活躍したのはポオより半世紀以上前になるのだから、そのあたりは割引いてもいいだろう。

保田の言う「近代小説家」は西鶴との対比で述べられていて、

西鶴の健康な文章や骨格のよい物語に対し、秋成の文章は不健康で物語は近代文学風に作者の傷手や負目の表情になる。

といった部分を引いておくとわかりやすいだろうか。あるいは端的に秋成の文章を、

内攻した文章である。

と述べているのも的確である。つまりは「私」が文章の表面に浮上し、書くことが「私」へ向かっている。西鶴のように、突き放した書き方がもはやできないのである（西鶴が「健康」で「骨格のよい物語」だという言い方に同意するわけではないが、西鶴が「私」にこだわったりしないことは確かである）。秋成は書けば書くほど「私」のなかへと入り込んでしまう。それが近代小説であり、だから近代の小説家はしばしば「火宅の人」になり、その故にヤクザな職業ともみなされることになる。秋成も保田の指摘するように「傷手や負目」を語る「不健康」な文業を残した。

というわけで、ようやく本来の主題にたどりついた。ねじれた言い方で申し訳ないが、問題は日本近世の恐怖

と怪異が、どのような近代として現れたかということなのである。そして、ここまでの寄り道を通して示してきたのは、私が論じたいのは近世の怪異譚、あるいは奇談・怪談の全般ではなく、近代小説としてのそれである、ということ。そしてそれは最も本質的な「文学」論であるはずだ、ということである。

さて、そうした近代小説としての怪異譚の代表というか決定版が『雨月物語』であることは疑いようがない。そこには、明らかに「恐怖」が、それもこけおどしではない恐怖が表出されており、怪異は常に主人公のなか（あえて言ってしまえば、内面）にあり、世間話や噂話、共同幻想的な恐怖や怪異とは一線を画している。

さてしかし、いま私は「主人公のなか」と言った。「私のなか」ではないのである。それは、ポオとも明治以後の近代小説とも異なる、古典的あるいは前近代的な特色と言えなくもない。秋成は「私」を語ることが少なくなかったが、物語・小説はそのような場ではないという、時代のルールあるいは制約にはしたがっていた。結局、日本近世において「私」が直ちに主人公であるような小説、というかそうした語り方は見出されることがなかった。

日本近世において、「私」を主人公とすることができたのは小説ではなく、随筆と称されるテキスト群である。秋成が「私」を縦横に語ったのもその分野においてだった。先に引用した保田の、秋成とともに綾足を「近代小説家の祖」とするコメントも、『本朝水滸伝』や『西山物語』のことではなく、『折々草』を念頭においてのことだろう。『折々草』はジャンルとしては近世小説ではなく随筆なので、そこでは存分に「私」が語られており、確かに近代小説を感じさせるのである。そしてまた、当然のようにそこで怪異は重要なモチーフとなっている。(4)

四　蕪村——『新花摘』の怪異譚

近世小説の範囲を随筆にまで延長すると、秋成、綾足のほかにもう一人、近世中期の近代作家が思い浮かぶ。

与謝蕪村（一七一六―八三）である。蕪村の俳諧に怪異譚風の題材がしばしば取られていることはよく知られている。そして、彼が記した怪異譚についても、知られていないわけではない。ただ、管見の限りではそれが近世怪談のアンソロジーなどに取られたことはないように思われる。須永朝彦のものや高田衛のもの、どこにも見当たらない。これは近世怪異文学の重要なピースが欠落していることになるので、ここで（恐怖と怪異という文脈で）取り上げてみたい。

句文集（とでも言えばいいのか）『新花摘』の一節である。[5] タイトルがあるわけでもなく、小説として書かれているわけでもないのだが、ともあれ、近世怪異文学のひとつの頂点をなすと思える作品である。短い文章なので、全文を掲げてみる。論述の便宜のために私に段落を分けて番号を付しておく。

Ⅰひたちのくに下館《しもだて》といふところに、中むら兵左衛門といへる有り。古夜半亭《こやはんてい》の門人にて俳諧をこのみ風篁とよぶ。ならびなき福者にて、家居つきづきしく方弐町ばかりにかまへ、前栽後園には奇石異木をあつめ、泉をひき鳥をはなち、仮山《かざん》の致景《ちけい》、自然のながめをつくせり。国の守《かみ》もをりをり入りおはして、又なき長者にて有りけり。

Ⅱ妻は阿満《おみつ》というて、藤井某といへる大賈《たいか》の女《むすめ》にて、和歌のみち、いと竹のわざにもうとからず。こころざまいうにやさしき女也けり。

Ⅲさばかりの豪族なりけるに、いつしか家おとろひ、よろづものさびしく、たち入る人もおのづからうとうとしくなりぬ。

Ⅳ其家のかくおとろへんとするはじめ、いろいろのもつけ多かりけり。それが中にいといと身のけだちておそろしきは、一とせの師走、春待つれうに、もちひいついつよりも多くねりて、大なる桶にいくらともなく蔵《をさ》め置きぬ。そのもちひ夜ごとに減り行きければ、何もののぬすみ去にけるにやとうたがひつつ、桶ごとに門《もんの》扉《とびら》のごとき板を覆ひて、そのうへにしたたかなる盤石《ばんじやく》をのせ置きたり。つとめてのあさ、こころにくみて打ちひらき見るに、覆ひは其ままにて有りつつ、もちひは半ば過《す》ぎへりうせたり。

Ⅴ其頃あるじの風篁は、公の事にあづかりて江府にありけり。されば妻の阿満、よろづまめやかに家をもりて、まゐりつかふるものまでにも、なさけふかく、じひごころ有りければ、人みないとほしとなみだうちこぼすめる。

Ⅵある夜、春のまうけに、いつくしききぬをたち縫ひて有りけるが、夜いたくふけにたれば、けごどもはみなゆるしつ、ねぶらせたり。我ひとり一間《ひとま》に引きこもり、くまぐまかたがたとざし、つゆうかがふべき瑕隙《かげき》もなくして、ともし火あきらかにかかげつつ、心しづかにもの縫ひて有りけり。漏刻《ろうこく》声したたり、ややうしみつならんとおもふをりふし、老いさらぼひたる狐の、ゆらゆらと尾を引きて、五つ六つうちつれだちて、ひざのもとを過行《すぎゆ》く。もとより妻戸・さうじかたくいましめあれば、いささかの虚白《きよはく》だにあらねば、いづくより鑚入《きりい》るべき。いとあやしくて、めかれもせずまもりゐたるに、ひろ野などの碍《さゆ》るものなきところをゆきかふさまにて、やがてかきけつごとく出でさりぬ。

Ⅶ阿満はさまでおどろしともおぼえず、はじめのごとく物縫うて有りけるとぞ。

Ⅷあくる日かの家にとぶらひて、「いかにや、あるじの帰り給ふことのおそくて、よろづ心うくおぼさめ」など、とひなぐさめけるに、阿満いついつよりもかほばせうるはしく、のどやかにものうちかたり、「よべ、かくかくのけいありし」とつぐ。

Ⅸ聞くさへえりさむくすりよりて、「あなあさまし、さばかりのふしぎ有るを、いかに家子《けご》どもをもおどろかし給はず、ひとりなどかたゆべき。にげもなく剛におはしけるよ」といへば、「いやとよ、つゆおそろしきとも覚えず侍りけり」とかたり聞ゆ。日ごろは窓うつ雨、荻ふく風のおとだにおそろしと、引きかづきおはすなるに、その夜のみさともおぼさざりけるとか、いといとふしぎなること也。

と、こういう怪異譚である。(6)富家の没落とそれにともなう怪異という民俗的な話柄でありながら、焦点はひとりの女性の姿に合わされており、怪異についての合理的(近世的な意味でも近代的な意味でも)説明があるわけではなく、怪異そのもの、また恐怖そのものが投げ出されているところ、まさに近代小説だ、というのが私の感想である。以下、少し詳細に批評を試みる。

Ⅰは人物と状況の説明で、蕪村の俳諧の友人という「私」的な紹介なのだが、「奇石異木をあつめ、泉をひき鳥をはなち」といったあたり、理想郷的な栄華のイメージで、この論考の文脈で言えば、ポオやラヴクラフトがしばしば描いた、失われた(滅びた)楽園を思い出させる。

Ⅱは妻の阿満の紹介で、彼女が「主人公」なわけだが、このあたりの文章はまるで「物語」のようである。「こころざまいうにやさしき女也けり」の「也けり」が特に。

Ⅲはこの家の没落を語るが、理由や詳細は一切語られず、「さびしさ」だけが強調されている。ちなみに現代の注釈によれば、この中村家は「子孫は土地の素封家として栄え、蕪村の遺墨を多く襲蔵する」そうで、蕪村の言う「家おとろひ」というのがどの程度のことなのかは不明である。

つづくⅣで怪異が紹介される。様々な怪異があったと語られ、そのなかで「いといと身のけだちておそろしき」話として、餅が桶からなくなるという不思議が語られるが、「身のけだつ」ほど恐ろしいとは思えない。

むしろここで重要なのは、Ⅴの、怪異がおきるなかに当主の風篁が不在で、阿満ひとりがそれに向き合っていたという点にあるらしい。理屈を言えば、餅がなくなる話には多くの使用人が関わっていたはずで、議論の末に板や石で蓋をすることになったのだろうが、そうした経緯は一切省略されている。そして阿満ひとりが怪異の起こる家を守っており、慈悲深い人柄だと語られるが、「人みないとほしとなみだうちこぼすめる」というのも何だか大げさで、没落が不可避の運命のように描かれていてまるで「アッシャー家」である。実際には先述の通り風篁の中村家は「崩壊」したわけではなく、蕪村が中村家の衰退を見聞して強い印象を受けていたのは事実だろうが、ここで描かれているその様相はむしろ蕪村の幻想に近いだろう。理想郷の滅びという「近代的」なモチーフである。

そしていよいよ怪異のクライマックスがⅥだが、この部分だけを切り離して読むと、これはまったく「私」の一人称の語りである。「我ひとり一間に引きこもり、……心しづかにもの縫ひて……漏刻声したたり、ややうしみつならん……」といった叙述に三人称的な語りの痕跡はまったく感じられない。そしてその流れのままに狐が現れ、「ゆらゆらと尾を引きて、五つ六つうちつれだちて、ひざのもとを過行く」とか、「めかれもせずにまもりゐたるに、ひろ野などの碍るものなきところをゆきかふさまにて」といった、いわば幻視が、あたかも「私」が見ているままのように記述されている。

Ⅶはあえて段落を分けた。文脈としてはつながっているのだが、読者としては幻視の体験から不意に引き戻され、これは「私」ではなく阿満の体験なのだと思い出すことになるから。

そしてⅧを読んで、翌日阿満から話をきいた蕪村がⅥをいわば聞き書きしたのだとわかるのだが、これはいわゆる随筆の叙述スタイルを逸脱している。随筆は自分の見聞をそのままに叙述するのが基本であり、そうであればこのⅧが先にあって、それから聞き書きとしてのⅥが来るのが通常だからである。そうではなく、時系列順に記述をしたことで、「物語」性を強めている。

さて、この話の本当の怪異と恐怖は最後のⅨにある。つまり平然と怪異を語る阿満である。蕪村が「聞くさへえりさむく」と評しているのは、狐の怪異のことというよりも、「いついつよりもかほばせうるはしく、のどやかにものうちかた」る阿満の姿なのだ。この一編がそのために書かれていることは明らかである。

つまり、家の衰えと怪異、あるいは狐という民俗的・伝承的な話柄がこの文章の眼目ではなく、阿満という女性の存在自体が怪異であり、恐怖であり、そして蕪村は彼女に憑依するかのように一夜の出来事を叙述したのである。近代の怪異小説として過不足はないように思う。

五　見知らぬ他者――『雨月物語』について

　ここで「恐怖」の眼目になっているのは、理解不能な「他者」である。少し堅苦しい言い方になるが、共同体のなかで世界を共有していたはずの女性が、実は異世界の存在だったという発見が「怪異」なのである。日本の近世においては、「私」を未知のもの、異界のものとして発見し、語る文体は見出されなかったが、既知の人（彼もしくは彼女）が見知らぬ「他者」であることは、怪異として語られ始めていた。

『新花摘』の書かれた安永六年は、『雨月物語』刊行の翌年である。ちなみにその二年前に蕪村は秋成の俳諧文法書『也哉抄』に序を書いており、この頃秋成と蕪村の交遊は最も密だった。蕪村の怪異小説と『雨月』は少なくとも無関係ではないだろう。

『雨月物語』は様々な意味で近世を代表する小説なのだが、恐怖と怪異ということに焦点化したとき、その眼目を一言で言えば「他者の発見」ということになる、というのが私の考えである。

　巻頭「白峰」は、周知の崇徳院魔王伝説をリライトしたものだが、その特色は、冒頭から視点人物（「私」に近い）として西行を登場させ、西行の視点と感情で崇徳院を描いているところにある。西行は生前の崇徳院を思って語りかけ、説得するのだが、そこにいたのは「他者」だったのである。善悪とか道徳とか、あるいは同情も怒りも、それらすべての言葉は通じることなく、一夜は明けた。崇徳院は魔王というよりは恨みつらみに自縛された矮小な存在だが、それでもその溜め込まれた恨みに、西行の言葉も思いも届くことはなかった。

　以下、基本的に『雨月物語』はそうした「他者」とのコミュニケーション不全の恐怖譚としてある。一番鮮やかなのは「夢応の鯉魚」で、自由を求めて魚になって遊泳した主人公が、知人（と思っていた人）に釣り上げられ、自分を尊敬している（はずの）人々によって調理され食されてしまう物語である。彼の言葉は周囲に届くことがない。これもまた素材は「魚服」として周知の説話だが、その視点の設定によって近代小説の一編になっている。三島由紀夫の指摘でよく知られているが、主人公が魚になって琵琶湖を泳ぎまわる場面が素晴らしく、ほとんど語り手あるいは作者が主人公に憑依しているかのような文章なのである[7]。つまり、実質的に「私」の一人称の語りに限りなく近い。ポオが「私」の「恐怖」を語った地点とほとんど同じであり、恐怖と「私（主人公）」への諧謔が一体となっている点でも、両者は極めて近い。

「他者」の恐ろしさということで言えば、「女」の他者性を恐怖と怪異として語ることには伝統的なものがある。それは男が「第一の性」であり、女が「第二の性」である社会において普遍的なことと言うほかはない。『雨月』も、「浅茅が宿」「吉備津の釜」「蛇性の婬」と三話でそれを描いている。「浅茅が宿」は、怪異によって一見夫婦の愛情が成就した物語のようだが、宮木という、夫を待ち続け恨みを呑んで死んでいった女の思いが、夫に理解されたようには描かれていないと思う。「蛇性の婬」は、女がそもそも蛇の妖怪という異類の者であり、前半の女としての魅力が、後半で圧倒的な恐怖に反転する描き方が鮮やかである。先に「伝統的」と言ったように、ここには『源氏物語』の恐怖と怪異が踏襲されている。「吉備津の釜」は、「浅茅」と「蛇性」の中間に位置し、かつて山口剛が「さすがに秋成は怪談壇上の獅子王であった」と述べたように、怪談として古今に屹立している[8]。

「吉備津の釜」は、磯良という女が正太郎という放蕩男と結婚することから物語が始まる。磯良は神官の娘であり、「磯良」の名は海神の名であって、既に異界性は暗示されている。しかし物語では彼女は非の打ち所のない妻であり、夫にも舅姑にもよく仕えた。夫は遊女を身請けして、駆け落ちする。磯良が悲嘆と恨みを抱いて死ぬのは「浅茅が宿」の宮木と同じである。ただ、磯良は宮木のようにただ待つのではなく、追いかけて復讐を果たす。この後半部は、正太郎の視点で、正太郎があたかも被害者のように描かれている。逆に言えば、磯良の復讐は同情の域を超えて、ほとんど異類の暴力（「蛇性」と同じ）のように描かれているのである。そこでは陰陽師の呪術も効き目はなく、ということは怪談のルールをも逸脱しており、男を襲う恐怖が、男の側から徹底的に描かれている。最後は復讐が成就し、髻と大量の血だけが残るという素晴らしさである（山口剛はこの末尾を以て先述の評をなした）。

ちなみに「吉備津の釜」の後半には彦六という第三者的な人物が登場し、彼が正太郎の死を見届けることになる。山口剛はこのことも的確に捉えていて、

秋成は隣人を通して、おそろしく、凄しいものを描いている。

と言っている。これは、正太郎が最後に死んでしまうために、それを語り伝える存在が必要になったのであるが、逆にそれが怪異譚の新しい語り方になっているのである。つまり直接の因果関係を持たない第三者（隣人）の眼によって、怪異を、あるいは恐怖そのものを描いた。ただこれは物語の末尾のみで、全編すべて彦六視点で語る文体であれば、「吉備津の釜」は完璧な近代小説になっただろう。実際には「吉備津の釜」は、「語り手」が神や呪術の霊験を語り、女の道徳を語る、いかにも近世的な枠組みを崩すことのない「近世小説」なのだが、ただし、それらの枠組み（呪術・霊験・道徳）は結果的にすべて無効化されており、実質的に近代小説なのである。(9)

六　おわりに――日本近世怪異譚のその後

秋成、蕪村、あるいは綾足はいずれも十八世紀後半に活躍したが、その活躍の舞台は主として上方だった。十九世紀に入ると近世文学の中心は江戸へ移り、いよいよ近代的な消費社会において展開することになる。そこでどのような恐怖と怪異が語られたのか。

管見の限りでは、スプラッター的な残虐趣味のホラーや、視覚的な恐怖演出は活況を呈したが（わかりやすい例としては歌舞伎の『四谷怪談』）、本質的なあるいは近代小説的な恐怖と怪異が語られることはなかったように思う。それは『雨月物語』の享受において典型的に示されている。

『雨月物語』が、十九世紀の江戸の小説家たちにとってひとつの手本であり規範であったことは間違いない。その印象的な恐怖と怪異の場面は、江戸の小説にも引用され模倣された。例えば「白峰」は、滝沢馬琴（一七六七―一八四八）が『椿説弓張月』に利用した。あるいは「吉備津の釜」は、山東京伝（一七六一―一八一六）の『安積沼』にほぼ正確に再現されている。その他、枚挙にいとまがない。

さてしかし、『椿説弓張月』では、崇徳院（およびその霊）は、物語の進行を示し導く存在であり、主人公・源為朝は崇徳院の霊の示現を受けて琉球で活躍した後、その墓前に戻って忠義・忠誠を示して切腹する（生きながら神となって琉球から日本へ飛び帰り自害という無茶な設定）。つまりここには、コミュニケーションの不全も齟齬も存在しない。亡霊が現れることだけが怪異で、それも物語上の当然の約束事なので、恐怖も本質的な意味での怪異（理解不能）もない。馬琴はさまざまな怪異を描いたが、基本的に因果譚の枠組みから逸脱しない古風なものばかりで、ラヴクラフトの言葉を借りれば「教訓を授ける文学」であり「愚直なまでに退屈な理想主義」作家ということになる。

京伝についても同様で、『安積沼』は「吉備津の釜」の復讐を正確にトレースしている（ちなみに男女が逆転していて、男が女に復讐するのである）が、それはすべて因果応報、やられたことをやりかえすという論理性に裏付けられており、その論理の執拗さが怖いといえば怖いのだが、理解不能な恐怖ではない。山口剛は前掲の解説で、『安積沼』において怨霊が屋根の上で祟る相手を喰らっている場面を挿絵にしたことを致命的な欠陥と指摘したが（それはその通り）、その前提はいま述べたように京伝が「吉備津の釜」を因果譚として捉えていることにある。だから目に見える結末が必要なのである。京伝は「教訓」や「理想主義」の作家とは言えないが……。

なぜ、『雨月物語』の近代小説性が、十九世紀の江戸で見失われたのかはよくわからない。私の印象は、十九世紀の江戸は近代をスキップしてポストモダンもしくは「現代」に至ってしまっている、というものである。そこでは「わからないもの」への忌避というか拒否が一般化し、何でも理解可能にして消費してしまうのである。だが、これは私が現代の文学や文化に感じている違和感を投影しているだけかもしれない。ラヴクラフトの言う通り、恐怖と怪異を愛する感性は常に少数派なのだろう。

注

（1）Ｈ・Ｐ・ラヴクラフト、大瀧啓裕訳『文学における超自然の恐怖』（学習研究社、二〇〇九年）。標題の評論の他、いくつかの評論・詩・小説・資料が収録されている。標題の評論は一九二七年初出、最終稿の発表は著者没後の一九三九年（大瀧氏の解題）。以下の引用は同書による。なお、『定本ラヴクラフト全集７－Ⅰ』（国書刊行会、一九八五年）に、「文学と超自然的恐怖」として収録されている。

（2）植村和秀『折口信夫――日本の保守主義者』（中公新書、二〇一七年）に示唆を受けた。

（3）保田與重郎『後鳥羽院』（一九三九年）所収。引用は川村二郎編『保田與重郎文芸論集』（講談社文芸文庫、一九九九年）により、表記も同書に従った。

（4）綾足の『折々草』については拙著『近世和文の世界――蒿蹊・綾足・秋成』（森話社、一九九八年）第Ⅱ章「建部綾足――『折々草』と『すずみ草』」に詳説した。

（5）『新花摘』は安永六年四月八日起筆の発句帳だが、途中から随筆的な文章となり、俳論的なものから俳人との交流の記、そのなかでの滑稽な出来事、不思議な出来事と筆が進んで行く。いわゆる俳文だが、必ずしも句が混じるわけではない。引用は新編日本古典文学全集七二『近世俳句俳文集』（小学館、二〇〇一年）によった。

（6）この後に、さらに俳友早見晋我が体験した狐の怪異、秋本五兵衛という武士の体験した三人の老婆の怪異と、風篁家で起きた怪異が続けて書かれている。

（7）三島由紀夫「雨月物語について」（『文芸往来』一九四九年九月号）。三島の評文を引用すると「この鯉魚の目には孤独で狂ほしい作家の目が憑いてゐはすまいか」ということになる。

（8）山口剛『怪談名作集』（日本名著全集刊行会、一九二七年）解説。

（9）拙稿「本当は恐ろしい？『雨月物語』」（『春雨物語という思想』森話社、二〇一一年）を参照していただければ幸いである。

紀行文としての『折々草』と『漫遊記』

紅林健志

一　はじめに

『漫遊記』（寛政十年〈一七九八〉刊）は、建部綾足『折々草』（明和八年〈一七七一〉成）全三十六編から十七編を選んで刊行したもの。(1)日本名著全集『怪談名作集』（日本名著全集刊行会、一九二七年）に収録されたこともあり、一般的に怪談集または奇談集とされることが多い。寛政十年には綾足はすでに没しており、本書も後人の編集によると思しい。『折々草』の題は四季折々の意。その名のとおり、全三十六編を内容によって春夏秋冬に分類する。一方、『漫遊記』はそうした部立てを設けていない。また『折々草』の文章は記紀万葉や王朝物語の語彙を鏤めた擬古的な和文だが、『漫遊記』ではこれに大きく手を加え、語彙を平明な俗語に改めると同時に、文章を刈り込んで歯切れのよいものにしている。本稿では、この『漫遊記』と『折々草』を比較し、『漫遊記』という怪談集成立の現場を描くことを意図している。なお、両者の比較については、すでに稲田篤信氏や西田勝氏に研究が備わるため、(2)なるべく両氏のとりあげなかった点を中心に扱う。

二　『漫遊記』の編者

はじめに断わっておくが、『漫遊記』の文章の改変は総じて粗雑なものである。ここに創造的な営為はない。あくまで小手先の改変である。いくつか例をあげる。『折々草』夏の部「男をこひて死ける女の事」に「かたみに物もいはで」とある。(3)「かたみに」は「互いに」の意の古語。これを『漫遊記』は「たがひにものもいはで」と平易な表現に改める。しかし、同じく夏の部「寝言をいふ癖の顕れし条」の「夜もかたみにやどり」の「かたみに」はそのまま残している。編集態度は一貫していない。また秋の部「狐の母の来たりて金を得てかへりしをいふ条」に、「たはれ舞まふ男」が登場する。彼の言葉に「是は釣狐といふ舞の侍るに」とある。これは狂言「釣狐」をさす。「たはれ舞」も狂言のことと思しい。『漫遊記』ではまさに「狂言師の男」と書き換えられる。しかし、この男は後半に再度登場する。そこで『折々草』は「かの舞まふ男」、『漫遊記』も「彼舞まふ男」とする。『折々草』は問題ないが、『漫遊記』は先に「狂言師」としているのだから、これではわかりにくく不自然な行文である。改変は行き届いたものとはいえず、場当たり的で粗雑な印象が拭いがたい。先行研究でも西田勝「『漫遊記』から『折々草』へ」(4)が両者を比較し、『漫遊記』の本文を「改悪」と断じている。

こうした改変を施した編者については不明とされているが、先に綾足の『すずみぐさ』（寛政六年〈一七九四〉刊）を刊行した伴蒿蹊に比定する説がある。ただ、これには賛同できない。(5)『すずみぐさ』と『漫遊記』では編集方針が違いすぎるからである。『すずみぐさ』が、綾足の擬古的な和文を尊重し、そのまま用いるのに対して、『漫遊記』はそうではない。また、綾足の用いる古語や古歌を用いた表現を『漫遊記』の編者は理解できていない。これが、当時京都で地下歌人として著名であった伴蒿蹊の手になるとは考えにくい。

たとえば、『折々草』春の部「歌ぬす人とて追出されし条」の「つとめておき出て」を『漫遊記』は「朝になりてつとめておき出て」（巻二）とする。『折々草』の「つとめて」は早朝の意だが、『漫遊記』の編者はそれが理解できず、文脈から「朝になりて」を補ったらしい。「つとめて」は『伊勢物語』等の物語類や歌集の詞書にも頻出する語彙である。歌人がこれを知らないというのは考えにくい。また、同じ編、由緒ありげな女たちが花の陰で、「暮なばなげの」と言いながらしっとりと酒を酌み交わすところ。これは『古今集』春下、素性法師の「いざけふは春の山べにまじりなむ暮れなばなげの花の影かは」(6)をふまえる。暮れたならかりそめに花の陰を宿としよう、の意。これを『漫遊記』は「暮なんまでとて」と改める。編者は『古今集』にも通じていない。

また、『折々草』夏の部「男をこひて死ける女の事」、男はまだ年端のゆかない娘に戯れにものをいいかけるが、結局男女の関係にならず、娘の消息もわからなくなる。男は「歩人《かちびと》のわたれどぬれぬ江にしあれば」と一人つぶやく。これは『伊勢物語』第六十九段、斎宮が業平へ詠んだ上の句のみの歌（片歌）をふまえた表現で、渡っても濡れないような浅い縁だったことをいう。結局あの娘とは縁がなかったのだと男は自分を納得させているのだが、これを『漫遊記』では「わたれどぬれしえにし」（巻五）と改める。『漫遊記』の文意はわかりにくく、古歌をふまえた表現としても『折々草』の方がはるかに洗練されている。

この他、犬を罵っていう「醜《しこ》つ犬」を「白の犬」、籠をさす「かたま」を「かたまりて」とするなど(7)、『漫遊記』の編者は古語について造詣が深いとはいいがたい。また、係り結びをわざわざ誤った形にする例も散見する。ことほどさように、歌人伴蒿蹊が決して行わないような改変が随所に見られる。綾足の文体を尊重する意図がなかったにしても、たとえば契沖仮名づかい（歴史的仮名遣い）という最新の和学の知見を用いて『近世畸人伝』（寛政二年〈一七九〇〉刊）を執筆した伴蒿蹊の啓蒙的な姿勢と、『漫遊記』の編者の姿勢はあまりに遠い。以上の点から稿者は伴蒿蹊説に否定的である。他に適切な人物がいないからといって、内容を精査せず軽々に蒿蹊をもちだすべきではない。

三　『漫遊記』と地名

先に『漫遊記』の本文は小手先の改変であるとしたが、とはいえ一定の意図をもった改変ではある。では何をめざした改変なのか。『折々草』冬の部「屁ひりの翁をいふ条」は「北国の事にやは。をり〳〵京に行かよふ商人の侍るが」という書き出しではじまる。これを『漫遊記』巻一「屁ひりの翁」は「加賀の金沢より、折々京に往かよふ商人のありけるが」と改める。一編は北国の男が、大坂滞在中に知った「屁ひる薬」によって偶然にも一命をとりとめ、後に「屁ひりの翁」と呼ばれるようになったことをいう。『折々草』が「北国の事にやは」と曖昧な書き方をするのは、おそらく具体的な国名を失念したものであろう。しかし『漫遊記』は「加賀の金沢」と具体的である。『漫遊記』の校訂は文辞の変更が主であり、このように『折々草』にない情報を追加することはめずらしい。『漫遊記』の編者はどこからか詳細を知り得たのであろうか。しかし、その後新たな情報はなく、『折々草』の展開をなぞるのみ。別の情報源があったとは考えにくい。では、なぜ『漫遊記』は原作にない具体的な地名に改めたのか。

　近藤瑞木「怪談物読本の展開」（『西鶴と浮世草子研究』第二号、二〇〇七年十一月）は、寛政の後半より題名に「諸国」を冠した書物が多く出版されたことについて、

> 寛政期の動向は、「橘南谿が出せし東西遊記より奇談を書しものまれ〳〵に出し」（『伝奇作者』嘉永四年成）と言われる通り、直接的には寛政七年に上方で刊行された、橘南谿の『（諸国奇談）西遊記』、『（諸国奇談）東遊記』のヒットが火付け役になったものである。

として、橘南谿『東西遊記』[8]の影響下に成立した諸国奇談集として、『漫遊記』を含む十点の書名をあげている。『漫遊記』が『東西遊記』の影響下に登場した追随作であるというのは、同書の成立背景を明らかにしたきわめて

重要な指摘である。『漫遊記』研究史上の最大の発見といっても過言ではない。すなわち、写本で流通していた綾足の『折々草』を、南谿の『東西遊記』をモデルに再編集して出版されたものが『漫遊記』なのである。綾足の文体を書き改めるのもモデルが『東西遊記』の文体だからに他ならない。そして、「北国」を「加賀の金沢」に改めたのも、この問題と関連する。

橘南谿『東西遊記』は南谿が諸国を巡り、実地に得た異事奇聞をまとめたもの。不思議な話も多くとりあげられており、奇談集としての性格も強いが、根幹には南谿自身の巡遊の経験があるため、地名の記述は詳細である。『西遊記』を見ても「肥後の国岩戸の観音の巌窟の中に」「鹿児島に遊びける頃」「肥後の国球磨郡の」など場所は明確に示されている。(9) 地名を曖昧にした例はほとんどない。平凡社東洋文庫本では「檜垣の女(熊本)」「牛の生皮(鹿児島)」「榎の大蛇(熊本)」など各編の下に括弧で現在の県名を載せている。このように『東西遊記』の各編と地名との結びつきは強固であり、追随作である『漫遊記』もこの点を意識して編集されている。先の「屁ひりの翁」を「加賀の金沢」と具体的にしたのもその一例であろう。「北国の事にやは」などという曖昧な書き出しは『漫遊記』編者にとっては看過しがたいものであった。

以下、関連する例として、すでに先行研究に指摘があるが、『折々草』の書き出しの改変例を挙げる。

みちのくの人かたり侍りき。ある国の守に(春の部「蝶に命とられし条」)

信濃なる松代に住人来てかたりき。其わたりの山里に(夏の部「野守とふ虫の事」)

『漫遊記』では、これが以下のようになる。

みちのくのかたに侍りし、ある国の守に(巻三「蝶に命とられし人」)

信濃の国松代といふ所の山里に(巻一「野もりといふ虫」)

これを西田勝氏や稲田篤信氏は語りの問題とする。稲田氏の言に拠れば、『漫遊記』は「異事奇聞を伝聞する人と遭遇する人に諸国咄の伝統的な説話者を想定していたに過ぎない」として「綾足個人の経歴において、奇談の土地といつどのように関わったか、だれから聞いたか、について配慮しない」「綾足の個性が脱色されている」とまとめている[10]。しかし、『漫遊記』巻五「男をこひて死ける女」の末尾の一文「これは其日参り合せたる五条の人の物がたりに聞侍りき」は『折々草』をそのまま踏襲する。少なくともこの編では、誰から聞いたかを削除する処理は行っていない。「諸国咄の伝統的な説話者を想定していた」というのは首肯できるが、「個性の脱色」とまでいうのは無理がある。むしろ、綾足が諸国巡歴して得た見聞という枠組みに忠実になるように改変したものであろう。松代の例の「其わたり」はいかにも伝聞らしい書き出しであり、実地の迫真性に欠ける。「みちのく」の場合も同様。さらにこちらは「みちのくの人のかたり侍りき」で文が切れてから、「ある国の」と続いており、陸奥の国でない可能性を暗に含む記述である。そうした曖昧さを忌避した部分もあろう。「男をこひて死ける女」は幽霊譚であり、話に登場する人物の一人から聞いたことを示すことで、実話として説得力をもつものとなっている。そのため削除されなかったと考えられる。いずれも、諸国奇談としてのリアリティや迫真性を確保するための措置といえる。

他、編題などにも『折々草』秋の部「狐の母の来たりて金を得てかへりしをいふ条」を『漫遊記』巻四は「浪華の富人狐の児を得る」とする。題の変更にあたって地名を入れたのも同じ意識であろう。

四　『漫遊記』と時間

右のように『漫遊記』は地名に強い関心を示す一方で、話の中の時間の流れには無頓着である。先にあげた『折々草』「屁ひりの翁をいふ条」、北国の男はだまされて金を奪われ、しかたなく大坂で帮間まがいのことをして過ごす。そこで「屁ひりの薬」について知る。その後幸いに故郷に帰るための金を得て、「二とせばかりして北国にかへり侍るに」と二年後に帰る。対して『漫遊記』では「古郷へ帰りにけるに」のみで、何年後かは示されない。

また、これも先に出た「男をこひて死ける女の事」において、一編の主人公の「浪花男」は「四とせ先」の卯月（四月）に京で娘に出逢う。同じ年の葉月（八月）に今度は「荻」という遊女になった娘に再会。長月（九月）に娘は浪花へと下る。「それより二とせばかりは唯夢のさまにて相みしを、おのれも親にいたくこらされて、一年ばかり東のかたへおひやられ」たという。しかし『漫遊記』では「それより一とせばかりは唯夢のさまにて相見しを」と二人が大坂で夢のような時間を過ごしたのが「一とせ」に変更される。その他の年数に変更はないので、『漫遊記』の記述では四年前の出会いと再会、一年間の大坂での逢瀬、一年間の東国での謹慎となり、一年分の空白ができてしまう。整合性がとれていない。このように『漫遊記』は時間の経過に無関心である。

また、意図的に年時をぼかす場合もある。『折々草』秋の部「同じ文月末の八日の夜の光りをいふ条」、これは京の東山にて綾足が北の山に幾筋もの光が立ち昇るさまを目撃したことをいう。章題に「同じ文月末の八日」とあるのは、この前の編が「明和七年庚寅の年の秋の事をいふ条」であることを承けたもので、これも明和七年（一七七〇）をさす。なお、綾足が目撃した明和七年七月二十八日の光については、他の資料でも確認できる。[11]『漫遊記』では編題が「文月末の夜の光物」、本文は「明和の頃、文月すへの八日」ではじまる。『折々草』では具体的な年時がたどれたものが、『漫遊記』ではたどれなくなってしまっている。これも『漫遊記』編集の意図と関係するものであろう。綾足は『折々草』本文中に、

かく赤き気の立のぼりしためしは、古き記にも見え、近き御代〳〵にも侍りし事とて、物にもかいとゞめ、又ちかきほどなるはおぼえをりつる翁ども、侍れとて物がたりするなどは聞しが、まのあたりにかく見つるは、いとめづらかなりける。

と述べる。綾足はこの奇妙な自然現象を史書に載る天変地異の記事の一種として書き留めようとしている。年時を示すのもそのためである。意識としては記録に准ずる。対して『漫遊記』には記録としての意識は希薄である。むしろ『漫遊記』の念頭にあるのは、橘南谿『西遊記』巻之一「知らぬ火」に載る不知火の記事ではなかろうか。

冒頭を引く。

筑紫の海に出ずる知らぬ火は、例年七月晦日《みそか》の夜なり。むかしより世に名高き事にて、今も九州の地にては諸国より此夜は集り来たりて見る事なり。京都の人に見る事のすくなきは、盆後のゆえなるべし。京より九州に下る人々も多くは皆商人《あきんど》の類なれば、盆前に京都へ帰るようにのぼり来たり、又下だる時も京都にて盆をしまいて後下《のち》だるゆえに、八月に入りてようよう九州に下だり着く。此ゆえに、七月晦日の頃は、上方の人の彼地に留まり居るもの甚だすくなし。予はかかる奇異の事のみ探らんためばかりに下だれる事なれば、盆後早く長崎を立出でて雲仙が嶽にのぼり、それより島原に出でて、城下より舟に乗り、天草に渡り、天草の惣象《そうぞう》といえる山の峯にて、知らぬ火を見物せり。

以下、具体的な不知火見物の記述があるが、不知火は毎年起こる現象のため年時は注目されない。また『西遊記』は天明二―三年（一七八二―八三）の西遊の際の見聞、『東遊記』は天明四年（一七八四）の信濃巡遊、同五―六年（一七八五―八六）の北陸巡遊の際の見聞というように、時期が限定されているため、総じて『東西遊記』は詳細な年時を示さないことが多い。そこには記録としての意識は希薄である。『東西遊記』を規範とするがゆえに、詳細な年時は『漫遊記』の関心の埒外にある。発光現象は『折々草』にとっては天変地異の記録としてあったが、『漫遊記』では遭遇可能な奇異な現象への興味関心というにとどまる。

以上、『漫遊記』編集の意図について従来あまり言及がなかった点から述べた。『漫遊記』は前掲近藤論文が指摘するように『東西遊記』の追随作であり、内容的にも『折々草』の擬古的な和文から『東西遊記』を模した平易な俗文に改められ、さらに諸国の珍しい話の見聞という『東西遊記』の枠組みに添うかたちで、地名などの記述等も一部改められている。また、その結果として『折々草』に比較して作中の時間への関心は希薄なものとなっている。『漫遊記』という奇談集誕生の現場を説明すると、右のごとくになる。

五　『折々草』の成立

以上、『漫遊記』の編集意図について従来あまり言及がなかった点を指摘した。最後にこの比較作業によって見えてきた『折々草』の特徴について述べておく。従来『折々草』の全体像はたとえば風間誠史『近世和文の世界——蒿蹊・綾足・秋成』第Ⅱ章第1節「『折々草』の世界」が、[12]

『折々草』は、旅行談・奇談・考証等、きわめて自由雑多な展開を見せ、素材的にも内容的にも既成の様式を離れている。その種々の篇の収束する場は、綾足の「個的な契機」としか呼びようがないが、その自由雑多な性格ゆえに、個人史的な紀行文などより、はるかに綾足その人の「個」性を色濃く映し出しているのである。

と、旅行談や奇談また考証等と雑多な内容であり、既成の様式とは一線を画すことを述べている。しかし、『折々草』が『東西遊記』の人気にあやかり、『漫遊記』として装いも新たに出版されたということは、『折々草』と『東西遊記』の同質性を示すものである。よって「既成の様式を離れている」という見方にも注意が必要である。旅行談や奇談、考証等の混在は、『東西遊記』においても同様に指摘できる。本稿では、『東西遊記』について、奇談集としての性格を中心に述べてきたが、板坂耀子『江戸の紀行文——泰平の世の旅人たち』（中公新書、二〇一一年）は、『東西遊記』を近世中期を代表する紀行の一つとする。『折々草』も『東西遊記』と同様、近世の紀行の範疇に含まれるものといえる。先に『折々草』は『漫遊記』に比べて地名への関心が希薄と述べたが、各編がいずれも諸国での見聞に基づくという点まで否定する必要はない。試みに各章の地名をあげれば、

春の部

大和山城の宮跡をいふ条〈大和・山城〉

平の京をいふ幷両頭の蛇を見し条〈京〉
江戸の根岸にて女の住家を求ありきし条〈江戸〉
荘子を好める人を云条〈江戸〉
真間の天古奈の考を云条〈陸奥〉
蝶に命とられし条〈陸奥〉
吉野山をいふ条〈大和〉
赤間の関の阿弥陀寺幷平家蟹をいふ条〈長門〉
人をたのみて飛入し雁をいふ条〈越前〉
雪なだりにあひて命をのがれしぬす人の事〈上野・越前〉
歌ぬす人とて追出されし条〈京〉
梅が代といふ香の名を付し条〈京〉
鶯の巣にほとゝぎすの子もたるを見し条〈江戸〉
蜜の蜂に成りしをいふ条〈大和〉

夏の部

姨捨山をいふ条〈信濃〉
伊勢の能褒野に石文を建る条幷倭建命のみ歌をあげつろふ〈伊勢〉
龍石をいふ条〈大和〉
野守とふ虫の事〈信濃〉
男をこひて死ける女の事〈京〉
越路を旅行せし条〈越後〉

寝言をいふ癖の顕れし条〈筑紫〉
明和己丑より同じく庚寅に及べる夏のさまを云条〈京〉
若狭の国に頼む主にかはりて犬に喰はれて死ける女を云条〈若狭〉
秋の部
明和七年庚寅の年の秋の事をいふ条〈京〉
同じ文月末の八日の夜の光りをいふ条〈京〉
狐の母の来たりて金を得てかへりしをいふ条〈大坂〉
武蔵・上毛野の二国に水の溢れしをいふ条〈武蔵・上野〉
伊与の国より長崎にくだる舟路を云条〈伊予―長崎〉
ひともと薄の事をいふ条〈大和〉
冬の部
若狭の国の孝女を云条〈若狭〉
雪降国のありさまを云条〈陸奥〉
太刀かきのわざを試むる人に伴ひていきし条〈武蔵〉
連歌よむを聞て狸の笑らひしをいふ条〈武蔵〉
狐の傀儡をたぶらかせし条〈下総〉
屁ひりの翁をいふ条〈北国〉
大高子葉俳人汀砂をつかふ条〈江戸〉

『万葉集』に出る「真間の手児奈」に対する新解釈を示した春の部「真間の天古奈の考を云条」は、一見単なる語彙考証にしか見えないが、これも「みちのくの人なべて蝶の事をてこなと云」という事実が最大の論拠となっており、各地を巡遊して得た見聞という枠に収まるものといえる。末尾の「大高子葉俳人汀砂をつかふ条」のみ赤穂浪士大高源吾の逸話であり、諸国巡遊の見聞として異質だが、現在最も伝来の確かな写本として『建部綾足全集』の底本となっている石田元季近代写本（綾足の門人下郷学海旧蔵本を謄写したもの）はこの一編を収録しない。当初の構想にはなかったものと考えるべきであろう。

『東西遊記』自体は『折々草』の後に成立した作品である。しかしこのように紀行と奇談の性格を併せ持つ作品については、『東西遊記』以前にも存在していた。板坂耀子『江戸を歩く――近世紀行文の世界』（葦書房、一九九三年）も奇談と紀行が地続きであることを以下のように指摘している。

これらの奇談集（引用者注、ジャンルとしての奇談集全般をさす）は各地の珍しい話をいくつも集めて記すものだが、その中には作者が一人称の「余」とか「我」とかいうかたちで登場し、旅の間の見聞という紀行文と同じ形式や表現をとる場合が結構多いことである。しかも、南谿の場合もそうだが、登場しない章段もあるのである。これはたとえば近世紀行文の基礎を築いた江戸時代前期の貝原益軒の紀行文がきわめて地誌的で作者がほとんど登場しないこと、また西鶴の「懐硯」や秋成の「雨月物語」のように、作者が一人称の語り手として登場したりしなかったりすること、その形式に影響を与えているかもしれない「諸国咄」ものが中世から存すること、なども含めて、作者たちや読者たちの中では、そういった読本、奇談集、紀行文などの形式はまだかなり未分化だったと思う。いいかえれば紀行文と奇談集を厳密に区別することは江戸時代の場合不可能で旅先の見聞という形式がかなり強い奇談集については、紀行文として扱っていくしかないだろう。

このように『折々草』は紀行と奇談の境界の連続性を前提として成立している作品である。『折々草』に先行して成立した『すずみぐさ』（明和八年〈一七七二〉成立）は綾足の序に、夏の暑さに堪えかね、試みに「むかし身さかりに、ゆきめぐりしくまぐ〵、遊びしつる所々の、いと涼しかりし際」を書き留めたものであった。つまり紀行の折の涼しかった場面を抜き出してまとめたものである。そして『折々草』は、明和八年の下郷学海宛綾足書

簡に、

『乎《を》里《り》遠《を》利《り》具《ぐ》左《さ》』、春夏秋ノ巻迄出来、中々『涼《すず》み具《ぐ》左《さ》』に倍候と、見ル人申候。風流を尽候。頓而写させ遣候半。

とあり、(13)『すずみぐさ』と比較すべき存在であった。とすれば、これも同じく「ゆきめぐりしくまぐ〳〵、遊びしつる所々」から興あることを四季分類して示したものが『折々草』であるといえる。その中核は紀行にあったといってよい。

たしかに、『折々草』は紀行として見たとき、いくつかの不備というべき点が指摘できる。『折々草』には綾足が当時住んでいた京の話が多い。『東西遊記』が京の地を基準として、地方の奇事異聞を裁断していくのに対し、『折々草』には都鄙の対比の意識はなく、あくまで相対的な差異として扱っている。同じ諸国巡遊の際の奇事異聞を収集した作品であっても、『東西遊記』と異なり、『折々草』が紀行と見られてこなかったのはその点も関係していよう。

『折々草』の発想の根幹は紀行にあるが、研究史の上で紀行として注目されることはなかった。むしろ一種の小説として、あるいは和学者の文集の一種として扱われる場合が多かった。しかし、『折々草』全体は小説とはいえないし、内容および形式面で和学者の文集にも似ていない。擬古的な文章表現や四季分類を排除すれば、むしろ『東西遊記』のような紀行に酷似する。別の言い方をすれば、『折々草』の紀行としての不備を補ったものが『漫遊記』という見方も可能である。

六　『折々草』の語り

もう一つ、『漫遊記』と比較してわかる『折々草』の特徴は、洗練された語りである。すでに前掲西田勝「『漫遊記』から『折々草』へ」に指摘があるが、『折々草』夏の部「龍石をいふ条」をとりあげる。ある男が従弟のもとを尋ねるため、まだ暗いうちに出立した。明け方には到着する予定であった。途中道端の石に腰掛けて休息をとる。石は見かけより軽く、座るとやわらかくたわむような感触があった。日が昇りはじめたころ、出発したが、暑さに耐えかね、清水で顔を洗うと、蛇の香りが体中に染みついていることに気がつく。従弟のもとにたどりつくと一家は食事の最中であった。従弟は「なぜこんな昼の暑い盛りにきたのか」と尋ねる。男が「夜明け前に家を出て、ちょうど日が昇ったところのはずだ。そちらも朝食の最中ではないのか」と返すと、一家は笑って、今は昼過ぎで、これは遅めの昼食だと答える。男は茫然とする。空を見れば、たしかに太陽の位置は一家が正しいことを示している。この後、男は病の床に伏し、座った石は「龍石」というものであったと聞かされる。問題の従弟への問いかけだが、『折々草』では、

いそぎていとこのがりいきつけば、みなまどひして、朝食にかあらむ、物たうべてはべるが

とあるが、『漫遊記』巻之一「龍石」では、

道を走りて従弟の許《もと》へ行つれば、皆円居《くるまざ》になりて中飯《ひるめし》を給《た》べけるが

とある。男の主観ではまだ朝だと思っていたが、従弟一家の反応によって、はじめて今が昼だと知らされ、奇妙な事態に茫然とする箇所である。『漫遊記』のように先に「中飯」と書くのは効果的ではない。やはり『折々草』のように「朝食にかあらむ」と男の主観に寄り添いながら叙述をすすめていってこそ、かみ合わない会話から事態の異常さに気づき、ぞっとさせられるのである。

また、同じく夏の部「野守とふ虫の事」。信濃の松代、山へ柴刈りに出た二人の男。帰り道、一人の男に何かが襲いかかる（傍点引用者）。

何にかあらむ、物ふみたる心地するに、真葛原さわぎ立て、桶《ヲケ》のまろさばかりなるがおきかへりて、足より肩に打かけてくる〳〵と巻とおぼゆるに、みれば頭は犬などよりも大きくみゆるが、眼の光りあやしくて、

> 我咽《ノド》をねらふにや、たか〴〵とさし上たり。又尾とおぼしきはそびらをめぐりて、肩を打こして臍のあたりまで巻しめて侍り。

男は「是はおろち也」と心中に思い、鎌を使って二つに引き裂く。

> 右の手に鎌を握りて、「や」と声をかけて、口より咽をかけて二尺ばかりきりさくに、苦しくや有けむ、しめたる尾先をゆるめて、あるかぎりさしのべて地を打扣く事五度計《バカリ》す。其ひゞきこだまにこたへて鳴とよめり。
>
> さてみるに、此くせ物はいとよわりて侍るに、鎌を上て三段四段にきりはなちぬ。

襲いかかってきた何かの正体はこの後はじめて明かされる。頭は蛇のようだが、六本の足があり、指も六本、太さは桶ばかりもあるという異様な生き物であった。『漫遊記』は「桶のまろさばかりなる」を「桶の丸きほどなる虵《くちなは》の形ちしたる」に改め、切り裂く場面も、「二尺ばかり切さくに、此虵《くちなは》虫くるしくやありけん」と主語を補う。蛇であることが先に読者に明かされているのである。『折々草』は男の心中思惟に「蛇」というものの、地の文では「蛇」の語を使用することを慎重に避けている。それによって未知の何かとの格闘を読者に強く印象づけている。

また『漫遊記』と大きな差異はないが、他にも、『折々草』の冬の部「連歌よむを聞て狸の笑ひしをいふ条」、武蔵の国秩父において、夜通し連歌を詠むために寺に男たちが集まった。ある男は、なかなか句が出来ず、その男の番になると連歌は長時間停滞した。時に男が苦吟しているのを「はゝ」と笑う声がする。仲間の誰かの声かと見るが、そうではない。よく聞けば床の下から声がする。床板をめくると「黒き毛物」が飛び出した。男は大いに腹を立て、全員でこの「黒き毛物」を捕まえようとするが見つからない。夜明けを待って再度捜索すると、本堂に痕跡が見つかる。ここにいたかと思うと、仏像が大声で笑い出す。驚きつつも竿で叩くと、仏像の螺髪《らほつ》が「黒き毛物」と変わり、瞬く間にどこかに逃げ去ってしまった。編題に「狸」とあるが、ここでは「黒き毛物」とのみ表記される。狸とあるのは、

「さは螺髪に化て居つる。毛の色黒かりしかば、狐にあらず、狸也けるよ」とさかしらはいへど、いたく狸がたはぶれには逢ひけるなり。

と、後に冷静になってから推定したものである。「狸」と安易に書かないことで、異常事態に遭遇した人々の恐怖に寄り添った叙述となっている。このように読者を宙づりにするのが『折々草』の語りの技法である。対して、『漫遊記』は不安定な語りを忌避する傾向がある。どういう異常事態が起こっているのか、何が襲いかかってきたのか、先に読者に伝えようとする（「黒き毛物」の例は編題に「狸」とあるためか、本文に変更は加えていない）。

その他、関連する例として、先にあげた『漫遊記』巻一「屁ひりの翁」には、「屁ひる薬」について「此加賀の男、めでたき薬かなと覚へける」とある。この珍妙な薬を「めでたき」と解するのは理解しがたい。『折々草』でも「くしき薬」とある。これは、薬によって加賀男が命を救われ長生きをしたという結末が行文に影響した結果であろう。このように『漫遊記』は結末を知った時点から語られており、場面ごとに変化する登場人物の心の動きに必ずしも同調しない。その分、語りは安定しており、読者を不安定な状態に置くことはないが、それがかえって怪談としての魅力を減じている。

七　おわりに

以上、『折々草』と『漫遊記』を比較し、そこから両者の特徴についていささかの私見を述べた。近世の紀行は奇談集と未分化で連続したジャンルであった。『折々草』もこのジャンルを前提としている。そこに四季分類や、擬古的な和文など独自の要素を付加して生まれた作品である。『漫遊記』は『東西遊記』に倣い、『折々草』の奇談集的な側面をより強調するかたちで整備したものといえる。

尾崎雅嘉の書物解題集『群書一覧』（享和二年〈一八〇二〉刊）巻三「草子類」は「をり〳〵草」の解題として、

「涼岱《リヤウタイ》諸国旅行の折々見聞の事ども、その余、人のものがたりに聞たる事の中に興あるあやしき事感ある事どもを四季にわかちて雅語を以て聞《きこ》えやすくつゞりたる文也」とする。これまで『折々草』の紀行としての位置づけについて触れてきたが、当時の人々にとっては自明のことであったかもしれない。しかし、現在、その点が見えにくくなっているように感じたためことさらに一文を草した。近世の文芸は様式の文芸であり、ジャンルについての適切な認定なしに研究をすすめることは難しい。稿者にとっては『折々草』研究のために、その点をまず明確にしておく必要があった。

注

（1）「全三十六編」は建部綾足著作刊行会編『建部綾足全集』第六巻（国書刊行会、一九八七年）の本文に拠るが、全編の数は諸本によって出入りがある。

（2）稲田篤信『名分と命禄――上田秋成と同時代の人々』（ぺりかん社、二〇〇六年）第四章「和文のイデオロギー――建部綾足『折々草』一面」（初出は『日本文学』第三五巻第八号、一九八六年八月）、西田勝「『漫遊記』から『折々草』へ」（『読本研究』第六輯下套、一九九二年九月）。

（3）以下、『折々草』『漫遊記』の引用は『建部綾足全集』第六巻（前掲）に拠るが、一部私に改めた。他の引用についても同様。

（4）注（2）参照。

（5）『建部綾足全集』の『漫遊記』解題（稲田篤信執筆）など。対して風間誠史『近世和文の世界――蒿蹊・綾足・秋成』（森話社、一九九八年）第Ⅱ章第1節「『折々草』の世界――その全体像を求めて」（初出は『都大論究』二二、一九八五年三月）はこれに否定的な立場をとる。

（6）九五番歌。引用は小島憲之・新井栄蔵校注『新日本古典文学大系五　古今和歌集』（岩波書店、一九八九年）に拠る。

（7）「醜つ犬」（『折々草』春の部「江戸の根岸にて女の住家を求ありきし条」）、「かたま」（同「蜜の蜂に成りしをいふ条」）、「白の犬」（『漫遊記』巻三「江戸根岸にて女の住居を求」）、「かたまりて」（同「蜜の蜂に成」）。

（8）『西遊記』『東遊記』（ともに寛政七年〈一七九五〉刊）、『東遊記』後篇（同九年〈一七九七〉刊）、『西遊記』続篇（同十年〈一七九八〉刊）その他、刊本にはない諸編を収める写本もある。これらを総称して「東西遊記」とする。

（9）『東西遊記』の引用は、宗政五十緒校注『東西遊記』一・二（東洋文庫二四八・二四九、平凡社、一九七四年）に拠る。

（10）注（2）参照。

（11）片岡龍峰「本を楽しむ　オーロラと古典籍」（『書物学』第九巻、二〇一六年十月）、岩橋清美「江戸時代の人々が見たオーロラ」（『極地』第五四巻第一号、二〇一八年三月）等が、この時の現象の詳細をまとめている。具体的な資料としては『猿猴庵随観図会』や『星解』また東羽倉家の日記をとりあげている。

（12）注（5）参照。

（13）『建部綾足全集』第九巻（国書刊行会、一九九〇年）所収。綾足書簡一四六。

前期読本の有終
——『四方義草』と『一閑人』

木越俊介

はじめに

十八世紀後半、主として上方で陸続と刊行された短編奇談集は十九世紀に入る頃には下火になる。そのうち、都賀庭鐘作『英草紙』によって切り開かれたいわゆる前期読本の系譜もほぼ五十年ほど続くわけだが、木越治「師」としての前期読本——『四方義草』を視座にして」(1)は、「白話小説との関係以外に、前期読本を特徴づけているものはなにか」と問うた上で、それを「析出していく作業」として、「庭鐘・秋成ら前期読本作家のめざしたところ及び彼らが用いた手法を、彼らに私淑しそれに倣って作品を書いたとみなしうる『四方義草』という作品を分析することによって解明しようと試みた」論考である。寛政五年(一七九三)刊という、ジャンルとして末期に位置する前田其窓子作『四方義草《よもぎぐさ》』に注目し、そこから前期読本そのものをとらえ返そうとしたわけだが、その驥尾に付し前期読本に通底する特質を付け加えるべく、本稿においては、前半で『四方義草』についてさらに考察を加え、後半では、前期読本の中でも「古今(今古)奇談」系の作品(2)としては最後尾に位置する、文化元年(一八〇四)刊の生々瑞馬作『一閑人《いっかんじん》』をとりあげる。後述するように、『一閑人』も『四方義草』同様、先行する読本作品を意識して書かれていることがあからさまな作品だからである。以下、これら二作からいくつかの話を対象とし、それぞれの読みどころをおさえながら前期読本のあり方を改めて考えてみたい。

一　『四方義草』その一

まずは、「「師」としての前期読本」では詳しく触れられていない『四方義草』(3)第二話「林《はやし》氏の室義《しつぎ》を厲《とぐ》話」から見ていくことにする。「元弘《げんかう》も過ぎて四海の政《まつ》り事ふたたび官家《くはんけ》の手に帰する頃」の都が舞台、林伴世《ともよ》という「忍術に妙を得た」人物がいた。「かつて伝を常陸坊《ひたちぼう》にうけた」とされているが、時代設定が合わず、さらに海尊と忍術の関係も未詳であるが、その仙としてのイメージが利用されているようである。

さて、本話前半は、伴世の忍術に対し、舟田光国（「新田流《にったりう》の兵学者《へうがくしや》」であり、かねてからの「友」）、板持《いたもち》の逸風《はやかぜ》（「楠家の忍司《しのびつかさ》」とされる）それぞれが伴世の腕を試すという挿話が続く。結果として、両者ともに彼の圧倒的な忍術の前に屈し門に入るのだが、対象となるモノを取れるか否かを勝負するという、小説に忍術が描かれる際の定番（たとえば『伽婢子』七の一「飛加藤」、『新可笑記』五の一「鎗を引く鼠の行方」など）ながら、とりわけ前者は緊張感のある場面となっており、本話の読ませどころの一つとなっている。ただし、本稿でとりあげたいのはこの後の展開である。

本話後半で、ただ一人にしか伝えることの許されない忍術の「伝授」を、彼ら二人のどちらに与えるか甲乙つけがたく伴世が悩む。とはいえ、悩む様子を妻に問われた伴世自身が、「光国は思慮才智《しりよさいち》世に秀《ひいで》たれども忍道《にんどう》に疎《うと》し。伝《つたへ》て益《ゑき》なきのみにあらず、返つて身を誤《あやま》つ。逸風は眼光《がんくわう》に神気《しんき》ありて、天性忍《てんせいしのび》の才《さい》あり。是《これ》に伝へんと思《おも》へども、朋友《ほうゆう》の情《じやう》やぶらんかと恐れ、ここに迷《まよ》ふ」と言うように、忍術のみをもってすれば逸風に継がせることは自明の理なのだが、「深《ふか》く心をゆだねしときこゆ友」光国との「朋友の情」との間に葛藤が生まれているわけである。そして、この問題に決着をつけたのは、「交《まじはり》は人の信、忍術は一芥《がい》の遊芸《ゆうげい》なり」という妻の一言であり、伴世は、「賢妻《けんぢよ》なからば、ほとんど信義《しんぎ》を失《うしなは》んものを」と歓喜し、「今舟田公に伝《つたゆ》るとも、板持君に譲《ゆづ》るとも、若《もし》おのれを疑《うたが》ひ給はば信友《しんゆう》の交《まじは》り是より破《やぶ》れん。これを思ふに忍術惜《おし》むに足《た》らず」として忍術そのものを捨て去り、さらに弟子二人もそのことを了承し、「矢《や》を折《おつ》て生死《しやうじ》を倶《とも》にせんと交はる」とされるのである。芸よりも義を選ぶ、という展開は中国の故事などにありそうだが、典拠などについては未詳である。相伝という点からいえばはなはだ本末転倒であるが、主題はもはや忍術に限定されるものではなく、義のために人はどこまで行動することができるのか、どこまで犠牲を払うことができるのか、という普遍的な問題に飛躍しており、その意味で『雨月物語』「菊花の約」の系譜にあるといえよう。

さらに、本話の鍵を握るのが題にもあるとおり妻（名は「孝」）であり、話の構成としては「婦の言《こと》たりとも取るべき事あるをや」の一文ではじまり、「伴世の妻の賢なるは孟母《もうぼ》におさおさ劣《をと》らぬものか」と締められている。男性の「義」をめぐる葛藤に対し、女性がその本質をまっすぐに指し示すことで解消に導くという点が、その結論とともに当時としては読者の意表を突くことになる。

次に扱う第四話「梅《むめ》の方鏡《かたかがみ》を投《なぐ》る話」でも、やはり妻が重要な役割を果たす。この話は、「夫蟹江才蔵が参戦するための費用を捻出すべく神崎の遊女に身を落とそうとするが、「容色のすぐれぬ」ことを理由に断わられ、それを悲しんで鏡を投げたところ手水鉢にあたり黄金二〇片が出て来たという話」（「「師」としての前期読本」）であり、末尾に種明かしされるように、「当時評判になっていた『ひらかな盛衰記』（元文五年《(ママ)》初演）及びその系統の演劇作品を念頭に書かれたもの」（同）である。作者の工夫は、金が手水鉢から出たのではなく、投げつけた鏡から出たものとした点にあり、この鏡は、妻の婚礼の際、母の「すべて女《おんな》の道《みち》に三つの戒《いましめ》あり。幼生《いとけのふし》ては父母《ちちはは》に随《したが》ひ、嫁《か》しては夫《おつと》にしたがひ、老《おい》て子《こ》に順《したが》ふ。この話身《ことみ》は死《し》しても忘《わす》れまじ。鏡《かがみ》は女《おんな》の魂《たましゐ》なり。片時《かたとき》も放《はな》さず、異《こと》あらば見よ」という言葉とともにあったものであり、それが夫の困難を救う契機となっているのである。

この夫の困難をもう少し詳しく説明すると、主君（「正成《まさなり》」、福島正則であろう）から勘気を受け浪人中の才蔵が、

「真柴久吉《ましばひさよし》」（羽柴秀吉）が「柴田数家《しばたかずいへ》」（勝家）らと事を構えるのを前に、「おのれ主の不興蒙《ふけうかうむ》りたりとも、見へ隠《がく》れにかしこに趣《おもむ》き、花々《はなばな》しく高名《かうみやう》して、勘気《かんき》の赦免《しやめん》を乞《こわ》ん」と思うものの、貧ゆえに叶わないという状況に置かれている。ここに妻の「黄金三片」がもたらされることにより、「軍用調達《ぐんやうてうだつ》」を叶え奮戦、多大なる戦果を得ることによって、「本知《ほんち》に一倍《いちばい》を加《くわ》へまして召出《めしいだ》」されたとされるのである。ただし、本話には、勘気が解けることに加え、才蔵の老いゆえの汚名を雪ぐということが補助線のように引かれており、これが先の概要では省略された前半の挿話と結び付けられている。

本話前半の舞台は、「元和《げんわ》年中浪華の軍《いくさ》」すなわち大坂の陣であり、時代が下る。二子を出陣させたものの、父・才蔵は「年まかりて、主人正成《まさなり》と倶《とも》に国に残る」ところから始まる。その後、夏の陣における長兄の戦死を妻から告げられた才蔵であったが、碁を打つ手を止めない。妻はそれを詰りながら、次男の心配をするのだが、才蔵は「次郎は去る四月晦日の攻寄《せめよせ》に討死《うちじに》しけるよし、昨日《きのふ》城中《じやうちう》にて聞《きき》帰りし」と事もなげに語る。ますます狼狽する妻に対し、「そも侍《さむらい》の家には戦場《せんじやう》の討死《うちじに》は極《きはめ》の前《まへ》也」などとしてたしなめ、「可程《かほど》の事知らぬ御身《おみ》にはなかりしが、年《とし》よれば鈍《うとく》なるものかは。おのれも心の内は若《わか》かりし時《とき》にもおさおさ劣《おと》らぬと思ふなれど、外よりは「次第《しだい》に老《おい》に耄《ほれ》ける」と言《いわ》れん。いと口惜《くちをし》き事なり」と嘆くのである。そしてここから遡ること三十年以上前、若かりし日の才蔵の勇猛さの表象として先に見た後半部が配置されることにより、語り手は「かかる剛士《がうし》なれば、老《おい》ても駑馬《どば》にてはなかりき」として前半の挿話からの円環を閉じるのである。

この二子の死をめぐる挿話は、『新著聞集』（寛延二年刊）七の十二「老父囲碁二子の死を聞く」（『古今犬著聞集』一の三十九「山岸岩之助武勇の事」と同）に拠っている。原話でもやはり大坂の陣の折のこととされ、「藤堂（高虎）」に仕えた山岸岩之助のこととされているが、こうした人名を除けばほぼ同文である。末尾は「此岩之助は、一生に鎧十七両まで、着やぶりし勇者にて侍ふとなり」と結ばれており、『四方義草』ではそれがいかなる「勇者」であったかについて、時間を遡り具体的に描くことで話を拡張しているのである。さらに、大坂の陣は同じながら、徳川方ではなく豊臣方の話としている点や、「蟹江」が「笹野」と名を改めた経緯（「敵《かたき》を切落《きりおと》す首毎《くびごと》に笹《ささ》の葉《は》を内甲《うちかぶと》を挟（ママ）《はさみ》て、後《のち》の証《しやう》と」し、真柴から賞されたことによるものとされる）までもが付加されている。時間軸の配置に工夫がなされ、細かな趣向に富んだ一話と評することができる。

二　『四方義草』その二

『四方義草』からはさらに第七話「阿波《あわ》龍祐《りやうすけ》危難《きなん》に遇《をふ》話」をとりあげる。「「師」としての前期読本」には次のように紹介されている。

池田輝政の臣阿波龍祐が、武士を止めて商人になったあとうまくいかず、交趾（いまのベトナム北部）貿易を企てるが、遭難し無人島の鷲の巣の近くに吹き飛ばされるが、そこで鷲を殺して住民に感謝され、さらにそこに落ちていた羽を持帰ったところ矢の羽に珍重されて大もうけするというもの

さらに、『小説粋言』などに載る「転運漢巧遭洞庭紅」の後半部に拠るものであり、「無人島でめずらしい品をみつけ、持ち帰って裕福になるという展開をそのまま借りている」と指摘されている。典拠の問題はさておき、この話では、そもそも阿波龍祐が「武士を止め」る契機となった事情が以下のように描かれている。すなわち、明智光秀を追い込み城攻めする際、「一番乗《さきがけ》の高名」のため一人忍んでいた龍祐であったが、折悪しく明智光任《みつとう》に見つかり、鉄砲の射程内に入ってしまう。しかし、この二人は互いに旧知であり、光任自身は主の光秀とともに「城を枕《まくら》に死して、知遇《ちぐう》の恩《おん》を報《むくは》ん」と死ぬことに迷いはない。しかし、龍祐に対しては、「盛名の下永くおるべからず」とし、「足下、けふ蓋世《がいせい》の尊命《そんめい》ありとも、明日一歩の背《そむき》あらば、百日の苦労《くろう》も一朝の霜《しも》と消《きへ》ん。実《まこと》に智者の所為《しよい》にあらず。おのれを監《かん》《てほん》と見て、後来永久《えいきう》を計《はか》れ」と、「一封黄金《わうごん》三百片を投与《なげあた》ふ」のであった。つまり、主に仕えることを一方では全うしながらも、主の行動一つでこれまでの苦労も全て水の泡となる君臣関係のあり方

に根本的な疑義を呈するのである。これにより龍祐は致仕、その後商売するもののうまくいかず、やがて「三百片」も底が尽く、という展開となる。

しかし、原話にある無欲ゆえの致富という要素は本話には引き継がれていない。鷲との戦いに勝ち、巣にたまっていた羽に目をつけ富を築くという展開には、「勇」と「智」がいかんなく発揮されているわけであり、士のままであれば主君次第で無に帰してしまいかねない能力でもあった。しかも、龍祐が退治した鷲は、「椎茸《しいたけ》」を採って生計をたてるこの地の百姓にとって障害となっていたとされ、彼の行動は結果として多くの人をも豊かにしたのである。

さらに、本話は龍祐が単に利を得たという話ではない。龍祐の羽は「真柴」の世特有の傾向ゆえ飛ぶように売れたのである。

この時四海一統《とう》、真柴《ましば》の世となり、国々の諸侯令《しよかうれい》を承る。太功《たいこう》、元より活《くわつ》を好《この》み給ふにより、諸士、我おとらじと武を磨く。「鷲《わし》の尾《を》に刷《はい》たる矢もて射《い》ば、的穴三すじに割《わか》る。山鳥の矢は、風音ひびき渡りて敵《てき》を呑み、雄雉《ゆうち》は日に映《えい》じ金光《きんくはう》顕《あらは》る」なんど、数寄に誇《ほこ》る時なれば、阿波が持ちたる羽根、価《あたい》を論《ろん》ぜず所望するからに一羽も残らず、千金集《あつま》る。

士分を捨てた龍祐が、主に仕え「武を磨く」がゆえに良矢をこぞって求める侍たちを尻目に、商いによって富を築いたという構図になっている。さらに最終的には「良田《りやうでん》を求めて子孫《しそん》のはかり事をなす」と、渡世のたずきを「良田」に求めるという極めて堅実な道を選ぶ。主への絶対的な忠から下り、遁世するのではなく、あくまで俗世で生きていこうとする姿勢や成功に至る過程が意表を突く。そして、それは彼を見逃すことで救った光任から託された道であると同時に、新しい時代における生き方の模索として描かれている点が重要であり、一話としては最後に龍祐が亡き光任を追福し、二人の間の義が確認されることにより締められる。

最後に扱うのは最終話。これは「甘利《あまり》左衛門信義《しんぎ》を全《まつた》ふする話《こと》」「原隼人塩尻《しほじり》の砦《とりで》を争《あらそ》ふ話《こと》」の連続する二話からなる実質一話であり、その導入部は次のとおりである。

永禄の頃、武田信玄の名高い家臣団の中に、侍隊将・甘利左衛門尉信《のぶ》音がおり、「性篤実《せいとくじつ》に詞《ことば》少く、利あきらかに、しかも武勇絶倫《ぶゆうぜつりん》のおのこなり。軍《ぐん》を牽《ひゐ》てむかふ所、一度も不覚《ふかく》の名をとらず。実地《じつち》を踏《ふん》で虚名《きよめい》に誇《ほこ》るの心なければ、花美《くはび》の威名《いめい》なし」とされる人物であった。ある日狩りに出た折、身の丈六尺有余の山伏に遭遇した甘利は、彼を家に招き、警戒しながらもその回国修行ゆえの見識を重んじ、「今や干戈《かんくは》の時。各国《かくこく》の険阻《けんそ》、風土《ふうど》の厚薄《かうはく》、諸家の剛憶《がうおく》、弓矢の手振《てぶり》もしり給ふらめ。願《ねがはく》はきかん」と問う。これに対し山伏は、「まづ花の御所利害《りがい》、松永・三好《みよし》の存亡より及び、各国大将の賢愚《けんぐ》まで、細々《こまごま》と語る。舌《べんぜつ》 滔々《とうとう》流水のごとく、先見眼力《せんけんがんりき》手に取るごとく、聞く人をして耳目《じもく》を驚《おどろか》す」ので、甘利は深く感じる。ところがこれを継いだ山伏の信玄評は「智仁勇《ちじんゆう》の名将とはいふべからず」とされ、以下のとおり点の辛いものであった。

父信虎《ちちのぶとら》を追ふて孝《かう》を欠《かき》、諏訪頼重《すはよりしげ》を討ちて仁を失《うしな》ひ、小女を奪《うば》ふて暴《ぼう》を示《しめ》す。この三ツの罪《つみ》は智もて覆ふべからず、勇もて押《おす》べからず。以後神出鬼没《きぼつ》の妙計《みやうけい》天を縦《たて》にし地を横《ぬき》にするの能《のう》有りとも、天が下一統《とう》の成功《いさおし》なるべからず。

そして、信玄の連勝は彼の「軍慮《かしこき》」ゆえではなく、「旗下《きか》に智勇の侍 数多《さむらいおふき》」ことに起因するといわれ、甘利は黙してしまう。

やがて話は軍略談義に移り、甘利は「武田家の七重内習《ななへならし》（4）」なる必勝法について語ると、これを受け山伏は「他国に兵《つはもの》を行《やる》か、忍びて閑道《かんだう》を通るか、あるは闇夜《あんや》に山坂を越えるなんどに、この法《ほう》によれば、奇妙《きみやう》に方角・道数《みちのり》・険易《けんい》の直曲《ちよくきよく》まで、はじめても熟《じゆく》したるごとく、少しも迷《まよ》わず、益《ゑき》少しきにあらず」という、「千取形」なる「秘決《ひけつ》」（5）の法を口授する。これにより甘利は鬼に金棒のごとく、次々と戦果をあげる。

時に楽岩寺《らくがんじ》右馬丞（楽巌寺雅方。村上義清の「勇臣《つわもの》」とされる）を攻めあぐねていた信玄（いわゆる上田原の戦い）は、改めて攻め手を募る。そこへ「当時《とうじ》若手の勇士と赦《ゆる》されし原隼人《はいと》」と甘利が同時に応じ、「互に争《あらそ》ふ色《いろ》有りて

「やまず」と緊張感が漂う。両者は抜け駆けすることを互いに禁じた上で楽岩寺攻めへと乗り込むが、「明日朝霧《きり》の黒《くろ》みより懸り、一刻《こく》攻めにせん」との約に違い、原隼人は夜討ちを仕掛け、これに驚いた甘利も至急参戦、大勝利を収める。しかし原のこの行為に腹の虫が収まらない甘利に、原は次のように嘯くのであった。

三十六計、不意を貴《たつと》ぶ。詭《いつは》るもまた兵の道なり。味方《みかた》の甘利すら合戦《かつせん》は明卯の時と思へばこそ、さばかりの楽岩寺も油断《ゆだん》して一刻に責抜《せめぬき》たり。抜け懸けとはいふべからず。実《じつ》に甘利老練《らうれん》の士ならばこの義を解《とい》て伏すべきに、返《かへ》つて怒《いか》るは量狭《りやうせま》き偏執《へんしう》なり。

これにさらに立腹した甘利は原との不和の末、ついに息子に家督を譲り出家する。その後、信玄に子息・勝千代が誕生、その賀の席において信玄は座中の者に「九十九、十八、目の上下はあるらん」と声をかける。一同首をかしげる中、原隼人が「白木《しらき》の弓に社《こそ》あらめ」と判じ、信玄は大いに喜ぶ（この種明かしは本文を参照されたい）。これを目の当たりにした甘利は原の智力に一目置き、「意地《いぢ》と忠義《ちうぎ》は別《べつ》」として原に千鳥形の秘伝を全て口授したのであった。

『四方義草』にはこのように、自分の執着しているものが、より高次の価値観をもって見れば視野狭窄によるものに過ぎないと、あることをきっかけとして気付かされ、すっぱりと捨て去るということが繰り返し描かれる（先に見た第二話「林氏《はやし》の室義《しつぎ》を厲《とぐ》話」や、本稿では触れなかった第一話「由比《ゆゐ》氏黄門為香卿《うじこうもんためかけう》を押話《おすはなし》」、第五話「熊人勝間《くまんどかつま》が勇《ゆう》を伏《ふく》する話」などが該当する）。見方を変えれば、捨て去ることのできるだけの度量を持ち合わせた人物たちの覚醒の物語であるともいえ、そこには読後、独特の開放感がある。

以上、落ち穂拾いのような体で『四方義草』から数話をとりあげたが、いずれの話もその転換点において「義」が深く関与している点に特色がある。「「師」としての前期読本」には、本書の書名について、「草にちなんだ文字や語句（はなぶさ・しげる・ひつじぐさ―よもぎ）を書名にするのも手本にしている」との指摘があるが、加えてそこに「義」の字が盛り込まれているのも偶然ではないだろう。そもそも、『英草紙』の序文に、「此の書義気の重き所を述ぶれば」、「これより義に本づき、義にすすむ事ありて」とあるように、前期読本の出発点から既にして「義」というのが最重要項目の一つだったことを忘れてはならない。なお、序に「四方義草《よもぎぐさ》とは何《なん》ぞや。蓋《おもふに》、麻《あさ》に傍《つれ》て直《なをき》に至《いたる》の意《こころばせ》を取也《とるならじ》」というように、この題名は諺「麻の中の蓬」(「善良な人に交われば、その感化を受けて、ことさらに教育しなくても自然によい人になること」『角川古語大辞典』)にちなんだものでもある。

小説作法としては、『四方義草』は各話、単調にならないように配慮がなされている点も見逃せない。ここまで見てきたように妻の存在が話の鍵を握る点や言語遊戯が盛り込まれる点(第一話でも重要な要素となっている)など、読者に対し目新しさを打ち出そうとしていることが窺われる。さらには構成においても工夫がなされている。たとえば最終話で甘利が狩りに出かけた際、熊と猪の争いに遭遇、甘利はこれを傍から見、漁夫の利を得るのだが[6]、これはその後原隼人との確執において彼が「意地」を張り通した場合の運命――家臣団に支えられている武田家において家臣間の亀裂は滅亡を意味する――を暗示していよう。

やや性急な展開や文体にところどころ生硬さも認められはするものの、『四方義草』は寛政期に至ってもなお、前期読本の神髄が脈々と受け継がれていたことを体現する作品である。

三 『一閑人』における議論

『一閑人』[7]も『四方義草』同様、その内容については水谷不倒『選択古書解題』以来ほとんど触れられることがなく、序文に「近来、『垣根草』『新斎夜語』の如き、一時、博を称すべし」とある点に言及される[8]ぐらいである。作者・生々瑞馬は大坂の俳人・山口藤助常庸、散文作品はこの他に『七福七難図会』(文化五年刊)があるのみで、手がける書のほとんどが俳諧関係である。以下、本稿では『一閑人』の第一話から順に三話をとりあげることにしたい。

まず第一話「石決翁生産《せきけつおうすぎわい》を全ふす」について概要を記す。淀川のほとりに書を好み風雅に暮らす市隠が、毎日必ず近隣を行商する鮑売りを呼び入れる。市隠は彼に対し、毎日毎日同じ事に費やし、学問などもせずに「徒《いたづら》に拙《つたな》き世わたりして老ぼれぬることよ」と、「すこし恥《はぢ》しむるやうに」言ったところ、鮑売りは、自身ひたすら父の生業を継いで毎日を過ごすことでこと足りるとし、利に走る世人や大言を吐くばかりで自己の行いと矛盾する人々などを批判する。そのきっぱりとした迷いのない物言いと態度に市隠は自らを顧み、彼を鮑にちなみ「石決翁」と呼んで交わった、という話である。

見下していた者にかえって己の驕慢を知らされ恥じる、というのは、『新斎夜語』第四話「売茶翁数寄の正道を語る」、第八話「嵯峨の隠士三光院殿を詰る」などに見られる展開であり、これらを参照しているのだろう。このタイプの話は、二人の対話が進むにつれ、下の者が自らの主義や行為に裏付けられた論理の説得力により、徐々に上の者を論破し、ついには立場が転倒しそうになる点に面白みがあるといえよう。

第二話は「菅野水野両士好《このむ》所を異《こと》にす」という題。ともに医をこととし、学を志す菅野静斎と水野蘆菴は親友であったが、静斎には居眠りする癖があるのに対し、蘆菴は寝るのも忘れて読書にふける。お互いに折に触れこのことについて難じ合っていたが、学僧のもとで学んでいたある時、山深い房で一週間、二人きりで書を読み日夜過ごすこととなる。静斎は早々に寝るが、その間に何者かが外から石を投げ、房に入ろうとする音がし、蘆菴は一晩中独りでこの怪の恐怖に耐えざるを得なかった。その後も同様なことが続き五六日経ったある晩、今度は房が落雷で火事になり、蘆菴はすぐに逃げ出せたが、静斎はようやく起きてなんとか命をとりとめた。これを聞いた学僧はそれぞれの一長一短を説いた、というものである。

この話は、筋とともに睡眠をめぐる議論に主眼があり、そこには様々な言説が散りばめられている。たとえば、蘆菴は静斎の惰眠を詰る際に、「孔門宰予《さいよ》が昼寝のそしりあり」と『論語』公冶長《こうやちょう》篇の一節を持ち出すのだが、これに対し静斎は次のように反論する。

それ宰予晝寝《ちうしん》の解は唐にいたつて韓《かん》退之晝は畫《ゑがく》の字を烏焉馬《うゑんば》《かきあやまる》せるにて畫レ寝《ゑがくしん》なるを伝写《でんしや》の誤り来れるなり。当時《そのかみ》孔門の四科《しくは》にして晝寝の瑣々《さゝ》たる事聖《せい》にして何んぞ叱《しつ》するの理《り》あらん

つまり、論語の一節は古い誤写によるもので、本来「晝寝」ではなく「畫レ寝」であったとするのである。これは何も静斎の詭弁ではなく、右のとおり韓愈の説であり、たとえば延享二年（一七四五）刊の太宰春台『論語古訓外伝』には諸説に触れるなかで、「韓愈筆解曰。晝当為畫字之誤也。宰予四科十哲。安得有晝寝之責乎」と引かれている。近世日本の『論語』註釈史においてそれほど顧みられた形跡のない（仁斎『論語古義』、徂徠『論語徴』などには全く触れられない）、やや意表を突く解をもって反駁する点に面白みがあるのだろう。さらに静斎は「辺孝先《へんこうせん》、韓愈、皆睡癖《すいへき》あるいづれも一世《いつせ》の英俊にして学業眠りによつて空《むな》しからず。一代の儒宗万世《じゆそうばんせい》の仰ぐこと天地と共に朽《くち》ず」と主張するのだが、偉人の睡癖については『五雑組』巻七・人部三に「人有嗜睡眠……」として、右二人とともに杜牧、夏侯隠、陳摶《だん》、王安石、李巌老らの名があがっている。こうした睡眠をめぐる蘊蓄は読者にとっても知的な興味を引くところであるし、本話においても、いかに静斎の知が蘆菴に劣っていないかをも証する位置づけとなっている。

作者の『五雑組』参照は他箇所にも認められる。学僧（愚仏和尚という名）は、二人がしばしば睡眠について論難し合うのをたしなめ、静斎は睡癖があるといえども目覚めている時は人の三倍の筆力を有している、一方の蘆菴については「蛍窓雪案《けいそうせつあん》誠に古人に恥《はぢ》ず」としながら、「唯恐《おそ》らくは謝在抗《しやざいこう》（謝肇淛《しやちようせい》のこと—引用者注）の言へる人書を読《よむ》事予時《よなか》をすぐれば気力を損《そん》ずるの難《なん》あり」と『五雑組』巻十三・事部一「夜読書不可過子時」の一節を根拠に、「其業成《ぎやうな》つて命《めい》の次《つが》ざらんことを請《こふ》らくは以後三更《さんこう》を過《すご》す事なかれ」と注意を促すのである。最終的には先の概要に記したとおりの結末となり、「愚僧はじめより其輪贏《まけかち》を定めず」として、房における出来事をともに二人への戒めとして諭す。

以上、あからさまではないものの、本話には「学説寓言」(9)としての要素が垣間見られる。ここでは学説そのも

のはあくまで議論の中の一要素として扱われているものの、対立する立場の者が議論の過程で価値観が揺らぐ、という「学説寓言」特有の姿勢は保たれている。

第三話「探幽論《たんゆうろん》を設《もふ》け妖《よう》を叱《しつ》す」は狩野探幽という実在の人物が登場する話である。自分の画業に自信を深めていた探幽はある時、初対面の士に盗跖《とうせき》を描く事を依頼される。画題として適切でないとする探幽に、依頼主は、世に盗人でないものはない、事実、探幽自身が元信・雪舟を盗んでいるではないかと言う。これに対し、欲ゆえに盗む盗跖とは質が異なると反論する探幽であったが、この問答を機に自らの高慢を省み、ますます画業に邁進した。

本話は「盗」ということに関して議論をめぐらせるところに主題があり、実際に作中の発言を追うことで、この点を確認していきたい。

まず、なぜ士が画題に盗跖を選んだかについては、第一に兄の柳下恵《りゆうかけい》に比して「数百の人を率《ひき》ひて天下に縦横《じうわう》し一生富貴を楽しむその路を全《まつと》ふす」という点に求められるとする。盗跖の行為を正当化しようとする士の主張の背後に、『荘子』盗跖篇からの影響を見るべきか、本話だけからは判断できないので今は保留とする。

そして第二点、これこそが本題なのだが、次のように明かされる。

且天下の人盗《とう》にあらざるはなし。公《こう》のごときも漢《かん》にては王維《わうい》・馬麟《ばりん》・趙昌《ちやうしやう》・舜挙《しゆんきよ》などを盗み和にては元信・雪舟などを盗み以《もつ》て自己の発《はつ》せるがごとく昂然《こうぜん》として我能《のう》となして画工《ぐはこう》は六十州に我をおすものあらじとす。

つまり、探幽の画も先人の業を盗んだものであるとし、「鳴呼《あゝ》拙《つたな》い哉、夫《それ》古人の技能《ぎのう》《げい》を盗んで我技能とす盗これより大なるはなし。それに跖《せき》を鄙《いや》しむはいかなるゆへぞ」と、盗跖を蔑むいわれはないと挑発する。

これに対し探幽も士の論を「異端」として反論する。

汝《なんぢ》『郁離子《いくりし》』を見ずや。上古《じやうこ》の能盗《よくぬすむ》ものは伏羲《ふつき》・神農《しんのう》にしくはなし。春種《はるうへ》秋収《あきおさむ》其時を追ふて其生《せい》を利《り》す。水にしては舟、風にして帆《ほ》、曲《つぶ》さに取て遺《のこ》す事なし。天地の権《けん》を盗で其功《こう》をおのれに帰《き》す。しかも天地の能生《よくしやう》ずることおふき。いよ〳〵攘《ぬす》めどもいよ〳〵生ずること滋《しげ》し。これ内《うち》盗の心あれども外盗の名なきは天地の力もと万物《ばんぶつ》を育《いく》せんことをなす。

『郁離子』とは明代の劉基が記した寓話集。日本では享保十七年（一七三二）に和刻本が刊行されているので、作者・瑞馬もこれに拠った可能性が高い。右の探幽の主張は「人天地之盗也」という一節からはじまる『郁離子』の「天地之盗」という条に拠っているのだが、いま対応箇所を和刻本から書き下して抜粋してみる。[10]

上古のよく盗む者、伏羲神農にしくはなし。（略）春にぞ種秋に収む、その時を逐ってその生を利す。高くして宮とし卑くして池とす。水にして舟風にして帆、曲《つぶ》さにこれを取りて遺すことなし。しこうして天地の生いよいよ滋く庶民の用いよいよ足る。ゆえに曰く、ただ聖人のみよく盗を知りて、その権を執りてその力を用い、（その功を攘じて諸々を己に帰す。[11]）いたづらにその蔵を発してその物を取るのみにあらずとなす。天地よく生ず、しかる後によく容る。

『郁離子』は「天地之盗」という言い方で、天の恵みの享受のあり方における聖人の境地を説いている。これを踏まえ探幽は、その天地の力は元来万物を育むものであり、さらに、それを「使令《しれい》する人」がいないと人々はその恩を思うことがないとして、画道についても次のように説く。

画道もそのごとく王維・舜挙将《は》た元信《もとのぶ》・雪舟なども後世の鍾子期《しやうしき》を待《また》ざるべけんや。これ妙を画て運動《うんどう》よく人に教《おし》ゆるの筆法《ひつはう》を残せども又よくこれを使令《しれい》する筆力《ひつりよく》なくんば、いかんぞ後世彼《かれが》知音《ちいん》となり得《あ》んや。

先の論法からすれば、「妙を画て運動よく人に教ゆるの筆法」が「天地の力」にあたるわけだが、それを理解する「後世の鍾子期」にあたる者が必要であり、「よくこれを使令する筆力」がなければあまねく人々にその恩恵が行き渡らない、ということになろう。それにひきかえ、盗跖の場合は「おのれが欲《よく》を専《もつ》ぱらにして人を苦しむ」ものであり、これとは異なると一蹴する。ある恵みに対し、それをもとにさらに広く行き渡らせるものと、ただ奪い独り占めするものとの違いを峻別するのである。

これを受け、士は特に反論せずいずこともなく消えるのだが、探幽はこれを機に、「小心勉励《しやうしんべんれい》して古人の筆法をかふがへ、漫意《まんい》をおさへ」たところ「技芸日に昇るが如く終《つい》に法印《ほういん》に位《くらい》して、後世の鼻祖《びそ》一紙千金《せんきん》の値豈《あたいあに》むなしからんや」と記され、本話は幕を閉じる。

議論のやりとりはそれほど行われない分、技芸における「盗」ということを、『郁離子』の中のユニークな説を敷衍することで、その意義に説得力を持たせている点に本話の面白みがある。実際の狩野派の粉本主義に照らしても、ここでの探幽の主張は近世の画のあり方の本質をよく活写しているように思われる。

以上、『一閑人』から三話をとりあげてみたが、対話が作中人物たちの固執している考えや態度を改めさせる契機となっている点は『四方義草』と共通している。ただし、「睡眠」や「盗」に見られたように、中国古典のユニークな学説に触れながら、主題となっている事柄を相対化していこうとする点に特色が見出せる。もちろん、これがすぐさま所収話全てに通ずる特色とはいえないので、これのみをもって『一閑人』の全体像は説明しきれないが、著者の生々瑞馬は漢詩漢文をよくしたようで、俳諧書の序跋などに漢文を寄せているし、漢句も遺している（『左々栗』）。何らかの学説を軸として話を構成する「学説寓言」とまではいえないものの、序文に『垣根草』と『新斎夜語』の名を掲げていることには、前期読本の一つの系譜である「学説寓言」を意識していたことはたしかであろう。さらに、こうした知的な議論を盛り込みながら、最終的には人としてのあり方や歩むべき道を浮かび上がらせようとする点は、その出発点である『英草紙』以来、前期読本が一貫して保持してきた小説的特色であったと見なすことができる。

おわりに

本稿では、『四方義草』と『一閑人』という作品から数話ずつとりあげ、内容紹介と少しの解説を試みた。これら二作から翻って見れば、前期読本は読者に、筋や素材に思いがけないものをもたらすことで娯楽性を担保しながら、ひろく「義」をめぐる問題を、知的な議論や登場人物たちの運命や行動を通して描き続けたジャンルであるといえる。その出発点において既に完成されたものとして『英草紙』がそびえ立つだけに、比べると見劣りする点は多々あるものの、『四方義草』と『一閑人』はともに『英草紙』の志を継承した、前期読本の掉尾を飾る作品として記憶されるべきである。

注

(1) 木越治「「師」としての前期読本――『四方義草』を視座にして」『日本文学』六六・一〇(二〇一七・十)。

(2) 近藤瑞木「怪談物読本の展開」(『西鶴と浮世草子研究』2、笠間書院、二〇〇七・十一)は、安永から寛政期にかけての上方の読本のなかに、「書名に、「古今(今古)○○」などと冠するものが多く、白話ないしは文言の中国小説を主要典拠とし、雅俗折衷文体を基調とし、主として歴史小説のスタイルをとり、知識的性格が強く、作者の思想の寓意されていることが特徴」とする一群を認めているが、そこには『(古今奇談)四方義草』『(今古奇談)一閑人』も含まれている。

(3) 『四方義草』の引用は早稲田大学図書館蔵本(古典籍総合データベース)による。本作の翻刻は「江戸怪談文芸名作選」第五巻『諸国奇談集』(国書刊行会)に所収予定であり、引用本文も該書の校訂方針によった。

(4) 「武田家の七重内習《ななへならし》」については未詳であるが、『甲陽軍鑑』末書・上「第十一、信玄公の家老・御先衆、能さほうの事」にある次の記事に拠るか(引用は酒井憲二編『甲陽軍鑑大成　本文篇2』〈汲古書院、一九九四〉による)。

信玄公御前ニて、武略・手だて御談合、軍ノならし家老衆と能御せんさくをはりて、御備エを一所ニて七重宛に定られ、たゝかひを大事におぼしめし、御出陣被レ成候故、他国ノ大河・大山とても、少としてとゞこをる事なく、信玄公御代の間ハ、皆御勝利なり。

(5) 作中には「千鳥形」について、「天地人の三ツ三角に立ち、東西南北の四方に立ちて、日月の二光《くはう》、木火土金水《もくくはどごんすい》の五形《ごぎやう》を合はせて南極より繰《くり》、糧草《りやうそう》の積《つみ》四六を除《のぞき》、険易《けんい》は土《つち》よりはじむ。方角はひんがしより起《おこ》る」とされる。

（6）熊と猪の挿話は『醍醐随筆』上（寛文十年刊）に見られるが、これに拠るものかは未詳。

（7）半紙本四巻四冊。全七話からなる短編集。刊記は「文化元年甲子孟春／書林／大坂　和泉屋吉兵衛／京都　菊屋太兵衛／梅村伊兵衛／著屋儀兵衛」。引用は早稲田大学図書館蔵本（古典籍総合データベース）による。

（8）飯倉洋一校訂代表「江戸怪談文芸名作選」第二巻『前期読本怪談集』（国書刊行会、二〇一七）所収、簑田将樹「『新斎夜語』解説」。

（9）飯倉洋一の定義によれば「いわゆる寓言的手法を用いる読物の中でも、古典にかかわる学説を登場人物が述べるもの」（「王昭君詩と大石良雄――『新斎夜語』第一話の「名利」説をめぐって」『語文』一〇五、二〇一五・十二）。

（10）和刻本『郁離子』の引用は早稲田大学図書館蔵本（古典籍総合データベース）による。なお、『郁離子』という書ならびに本文については、鈴木敏雄『劉基『郁離子』全訳』（白帝社、二〇〇七）を参照した。

（11）書き下し文中の「ゆえに」以下は当該条冒頭の繰り返しであるが、一部欠落箇所があるので（　）内に補った。

日常への回帰
――『春雨物語』「二世の縁」小考

加藤十握

一　能因説話の面影

山城の高槻の樹の葉散はてゝ、山里いとさむく、いとさふぐ〳〵し。古曽部と云所に、年を久しく住ふりたる農家あり。(1)

『春雨物語』中の小編「二世の縁」の舞台は山城国古曽部である。その古曽部に古くから住む農家があった。山田あまたぬしつきて、年の豊凶にもなげかず、家ゆたかにて、常に文よむ事をつとめ、友をもとめず、夜に窓のともし火かゝげて遊ぶ。

その農家の主人は多くの土地を管理して生活は豊かであり不自由はなかったが、読書にあまりに熱心なため、「夜中過てふみ見れば、心つかれ、ついには病する」という父の言葉を根拠にして「好たる事には、みづからは思したらぬぞ」と、母が諫めねばならない程であったという。

ある晩、平生の就寝時間を過ぎて「丑」の刻になる頃、雨が止んで月明かりが障子を照らすのに興を覚え、主人が「こよひのあはれ、やゝ一二句思よりて」ひねり出そうとしていた時、虫の音とばかり聞いていたなかに時折鉦の音がしていることに気づいた。不審に感じ、庭に出て音の出どころを探ると、草陰の石の下から聞こえてくるようである。

以上がこの物語の発端部であるが、先ずは農家の主人の人物造形から確認していきたい。「二世の縁」における富裕な農家の主人は、読書に熱心で月明かりに句をひねり出すような風雅な側面があるものの、家業を継承して母を積極的に養うどころか、人付き合いも怠り母に心配をかける独学固陋な人物としての性格付けがなされている。そのように、比較的裕福な家庭の子息が学問や風流ごとに没入しているという設定は秋成の好んで用いるものであり、『春雨物語』にも散見される。

「死首の咲顔」の五蔵は摂津国の富んだ酒造家の子息であり、生まれつきの「宮こ人」すなわち風流人であって、書や学問や武芸にまで長じている。しかしながら五蔵の父曽次は、同族の娘である宗と五蔵との婚姻を「我家には福の神の御宿申たれば、あのあさましき者のむすめ呼入れば、神の御心にかなふまじ」と拒絶し、それでも宗に一途になる五蔵を「この柱くさらしよ、家を忘れ、親をかろしめ、身をほろぼすがよき事か」と罵っている。父は一貫して五蔵に家の継承を強く求めているのであって、五蔵がそれを聞き入れないことが後の凄惨な事件の引き金になっているとも言えよう。

「目一つの神」では、「やさしく」育った相模国の浦人の子息が、都に上って歌道修行することを親に願い出ている。その際も、親は通い路の危険を理由に諫めるが、その親の諫めを振り切って出かけて行くことによって、物語が開始されている。また、「宮木が塚」の十太兵衛も摂津国に無二の富豪で、学問に専念して都の学者たちとも交流をする風流人であった。

ところで、「二世の縁」における農家の主人の風流人としての設定は、「古曽部」という土地の関連から能因伝説に着想を得ていることが佐藤深雪氏、近衛典子氏らによって指摘されてきた。(2) 能因伝説との関係を示す具体的な例としては、「二世の縁」の稿本と目される天理冊子本(3)に断片的に残された次の文章が挙げられよう。物語の後半、農家の主人によって入定僧とおぼしき者が掘り出された場面である。

さて、入定の定介［助］と名づけて、庭はき男とするより外なし。古き歌に、

　我やどの木末の夏になりし□《（「か」カ）》ばいこまの山もみえず成にき

とはよんだい《（り）》。今は冬なり。木の葉おちゝりて、はらふにいとまなし。定介［助］にかはりてよむ。

　いこま山朝はれたりと見し空ははやくもかくす夕しぐれかな

母もよむ。

　飛鳥川瀬となりし人の跡はあれどもとめし人のいつの代にか絶し

定介［助］心もなければ、蛛、蜂打ころして心よしとす。僧なりしも、かくおにくゝしく成たり。

ここに記される「古き歌」は『後拾遺和歌集』所収の能因法師の和歌である(4)。また、文化五年本で農家の主人が命じて掘り出すこととなる「から鮭と云魚のやうに、猶痩々とした」定助を、「是は仏の教へに、禅定と云事して、後の世たふとからんと、思入たる行ひなり」と推定したのも、農家の主人や定助を掘り出した村人達であった。近衛氏は、『袋草紙』などに収録される、能因と節信とが「鉋屑」や「井堤の蛙」を重宝する説話をふまえて、次のように述べる。

　蘇った定助が精神性も何も感じられぬつまらぬ男として描写されていることはすなわち、節信や能因が押し戴く蛙の干物も、実は二人の思い入れによってまつりあげられているに過ぎず、そんなものを勿体ぶって珍重する能因らを揶揄する意図が秘められていたのであろう(5)。

つまり、定助を禅定に至った人物としたのは、『袋草紙』の説話同様、主人や村人の「思い入れ」からであったという解釈である。更に飯倉洋一氏は、能因伝説と古曽部の地との関連を各種名所和歌集などを参照しつつ、主人が鐘の音によって夜を寝過ごしている設定や、「山田あまたぬしづき」ている主人の設定も、名所和歌集類に収録された能因の和歌に依拠するものと推測した。その上で、農家の主人の「注意深い風雅意識がなければ、鉦の音はそれと認識されることもなく、物語が開示されることはなかった」として、それらの設定が以降の物語の展

開上の重要な契機となっていることも指摘している。(6) 以上の様に、「二世の縁」の物語の発想源として能因伝説が秋成の脳裏にあったとの先学の指摘に異論はない。

ただし、能因伝説からの着想に言及した先行論はいずれも、登場人物のモデルや本話の典拠として、能因伝説と本話との明確な関係を示したものではない。また、天理冊子本に引用されていた能因の和歌は、成稿とおぼしき文化五年本には採用されなかった。よって、文化五年本から類推する限りにおいては、「古曽部入道」と称された能因ゆかりの地である古曽部という物語の場の設定や、あるいは「好たる事」を趣味とする人物によってその場所から掘り起こされたのが干からびた蛙さながらの入定僧であることなど、物語細部のモチーフに能因伝説の面影を探ることができるにしても、それらが物語の主題に直接関与していると現段階で断じることはできない。敢えて先んじて記しておくならば、農家の主人の人物設定に関しては、能因の伝説に想起される「古曽部」の風流人としての設定よりも、風流人であるが故に学問熱心で、家業の継承に対しては不熱心であるとの設定こそが、「二世の縁」の主題を見通す上では重要であると考えている。従って、本論ではその設定に焦点を定めた物語の読みの可能性を探りつつ、論を進めていきたい。

二　二人の「母」の発言

さて、再び話題を物語に戻していく。

農家の主人が鉦の音を聞き定めた翌朝、下男とともにその場所を掘り起こすと、石棺の中から鉦を手にした「から鮭と云魚のやうに、猶痩々とした」男が現れる。主人はその男の様子から「是は仏の教へに、禅定と云事して、後の世たふとからんと、思入たる行ひなり」と推定して、その男を「よみぢがへらせ」ることにする。母とともに五十日ほど水を与えたところ目を開いたので、粥などを与えると味わって食した。寒そうであったので、服も与えると嬉しそうにしている。法師だからと魚は与えずにいたが、欲しそうにするので与えると骨まで食べてしまう。主人も最初は一大事だと思っていたが、そうなってみると「何の事もあらぬ人なり」とのことであった。こうして蘇りを遂げた法師は、生前のことを何も覚えておらず、自分の名もわからない。「今はかいなげなる者」なので、仕方なく庭仕事をさせてみると、これが自分の仕事とばかり一生懸命に行う。一方で、周囲の者は半ばあきれ顔である。

さても、仏のをしへは、あだ〴〵しき事のみぞかし。かく土の下に入て、鉦打ならす事、凡百余年なるべし。何のしるしもなくて、骨のみ留まりしは、あさましき有様也。

主人の母も自らの信心の無意味さを悟り、野山に遊び、孫子に手を引かれ、一族の者たちとの交流も盛んになって、「尊しと聞し事も忘れて、心しづかに暮す事のうれしさ」と人間的な生活の喜びを見出だしたようである。

一方、掘り出された定助はというと、時折腹を立てて怒る表情を見せたりするようになった。そして、土中の百年余りの時間がまるで無かったごとく、一般の人間同様に感情も表出するようになり、やがては同村の寡婦に入り婿していった。そうした姿を見た周囲の者は、「さても〳〵仏因のまのあたりにしるし見ぬは」と不信を強め、法師のありがたい説教にも聞く耳を持たなくなるのである。

そこに、齢八十となり先行きの短いと思われる里長の母が現れて、齢六十になる子の里長に説教をする場面が挿入される。母は掛かりつけの薬師に、わが子の「稚き心だち」を嘆きつつ、「家衰へさすな」と家長としての家の継続を説諭するよう依頼した。すると子の里長は、「念仏してしづかに臨終したまはん事をこそ、ねがい侍る」と母への気遣いを見せる。ところが、それを聞いた母は「仏いのりてよき所に生れたらんとも願はず」と、子の提言に意見をするのだが、その根拠は以下の通りであった。

（一）「畜生道」に落ちても、何が苦しいのか。牛馬でも楽しいときはある。
（二）人も「楽地」にいるばかりではなく、その渡世は「牛馬よりもあはたゞし」いものである。

臨終に向けて念仏を唱えて静かに往生せんとの里長の母に対する心遣いは常識的なものであるようにも思える。一方で、母の異見は、人間の渡世も楽なものではないが故に、「仏いのりてよき所に生れ」るような願いを持つことを拒否するものである。母の発言はすなわち、念仏の行為を拒否したものではなく、念仏をもって極楽に往生し、よりよき生を受けることを拒否したものであった。

ところで、農家の主人の母と里長の母の仏願を拒否した発言を根拠にして、「二世の縁」が仏教批判的側面を持つ物語であることが古くより指摘されてきた。(7)その仏教批判的な内容を、秋成に影響を与えた思想家達の仏教批判の言説と関連させて論じたのは加藤裕一氏である。加藤氏は、秋成や真淵、宣長に共通する仏教批判の傾向について「仏教の現世での無益なことや、仏教徒の説諭方法の悪しき点をつくものであった」と指摘した。(8)例えば、加藤氏も引用した『諸道聴耳世間狙』二之巻二回「宗旨《しうし》は一向目《かう》に見えぬ信心者《しんぐしや》」で秋成は、浄土宗僧侶の信仰を次のように皮肉った。

たゞ慎《つゝし》みがたきは淫酒《いんしゆ》の二ッと親鸞《しんらん》上人の見識《けんしき》。仏躰《ぶつたい》を得し出家に肴喰《さかな》せ女房もたせて。奉公をもせよ猟漁《れうすなどり》もせよ。一向一心に念仏すればとく〳〵めるやうなす〳〵めかた末世《まつせ》の衆生《しゆじやう》の心では。経文《きやうもん》より座禅《ざぜん》より家業《かげう》のさまたげにならぬのみか。犬の手も人の手といふ時分に注連飾《しめかざ》り松立る世話を助かり。(中略)是斗でも思はねばならぬ宗旨《しうし》ぞかし。さるによりて在家《ざいけ》は信心のあまりに金銀を投うつ事他《た》の宗旨に百倍《ばい》して、三百里あちらの仙台《せんだい》から霜月かけての六条参り。(9)

ここで秋成は、一途な信心が財貨を投げ打つことになり、「家業のさまたげ」となることを指摘しているのである。ここに見られる現実的な視点に基づく仏教批判の言説は、秋成が影響を受けたとされる五井蘭洲の言説にもあることを加藤氏は指摘している。「二世の縁」における、農家の主人の母の悟りや里長の母の発言は、それらの言説と同質であるものと考えられる。例えば里長の母は、将来に望みをかけて仏に祈ったとしても無意味であって、仮に「畜生道」に落ちずに往生したとしても、「世をわたるありさま」は変わらず難しいものであると述べる。

そうであるからこそ母が子に託す願いとしては、やはり家の無事なる継続ということになるのである。

そうした母達の現実を重視した考えは、秋成の時代にどのように受け取られたのであろうか。やや時代を遡るが、『町人嚢』巻三に以下の記述がある。(10) ある町人が、僧に「われ死せば何にか生れなんや」と聞くと、僧は、侍は常に「正直《しやうぢき》」であるが故に、人間に生まれ変わるならば更に富貴なる人になるか、武家として生まれるだろうと答えた。ところが町人は、そのような形で生まれ変わることは望まないと言い、「まことに武士も武士にこそよけれ、町人も町人にこそよけれ、明智《あけち》の天下三日といはれんよりは、鶴《つる》に生《うま》れて千年といはれんこそあらまほしけれ」と語った。享保の時代には既にこのような現実的な思考が町人の間に浸透していたと思われる。

確かに両者の母の発言は、来世に望みを託す仏教的な世界観を否定しているものである。しかし、より重要なことは、来世へ望みを託すよりも現世の生活への視点を再び見出だしたことにある。だからこそ里長の母も薬師を通して子に「家衰へさすな」と伝えせしめたのである。そうした母の発言は、当時においては特異なものではなかったとも思われる。そして、古曽部の里の老母達が、現世や現実へまなざしを向ける契機となったのが、「かいなげなる者」として蘇った定助の存在であったのだ。

三　典拠作品について

再び定助に話題を戻し、物語の終結までを見通しておく。

定助は、入り婿の後、竹輿、荷担ぎをして、里長の母の発言の通りに、「牛、むまにおとらず立走りて、猶から き世をわたる」。それを見た周囲の者はあらためて仏願成就の無意味を感じ、「命の中、よくつとめたらんは、家のわたらひ」であると悟って、子供達にも教諭する。そうして寡婦と「二世の縁」を結んだ定助ではあったが、その妻からは以下のような嘆き節が聞こえてきた。

何に此かいぐ〳〵しからぬ男を又もたる、（中略）又さきの男、今一たび出かへりこよ、米麦、肌かくす物も乏しからじ

結局、入定したはずの定助とこの世で結ばれたとしても、「米麦、肌かくす物」といった物にさえ不自由な生活となっている。これならばまだ先夫とともにいた時や、独り身の方がましであった。掘り出された「かいなげなる者」は、結局生活力の無い無益な男であった。この寡婦の嘆きのモチーフが当初から想定されたものであったことは、次の天理冊子本の文章からも推測できる。

五とせばかり在て、この郷のまづしきやもめ住に、聟にとられ行。よはひいくつとも、己もしらねば、よく女の心をとる。立はしりてかせげども、仏因のまづしさに、家はさむし。

この個所は、恰も文化五年本における、定助の入り婿後の文章の要約の体である。定助がどんなに働いたとしても、生活の貧しさは変わらなかった。なぜなら、それこそが「仏因」であったからなのである。そこで、妻の寡婦が「今一たび出かへりこよ」と、先夫の蘇りを求めることになろうとは、実に滑稽な結末ではないか。

以上、物語の大枠を確認したところで、これまで典拠とされてきた先行作品と本話との関係を確認しておきたい。

「二世の縁」物語の典拠に関する研究史上の整理は、木越治氏のものが参考になる。(11) 木越氏の整理によると、本話の典拠としてこれまで指摘された先行作品は以下の通りである。

（一）『金玉ねぢぶくさ』（元禄十七年刊）巻一「讃州雨鐘の事」
（二）『都鳥妻恋笛』（享保十九年刊）
（三）『老媼茶話』（寛保三年序）「入定の執念」
（四）『諸国怪談帳』（宝暦七年刊）巻之二「見送野の霊」
（五）『新説百物語』（明和四年刊）巻五「定より出てふたたび世に交りし事」

木越氏は各説話との類似性を具体的に検討した上で、これらの作品の多くが「入定した人間のなかに残っている現世への執着に注目している点」では共通しているとして、「この当時の人々にとって、入定という行為にまつわる理念が了解しがたいものになっていたことを意味する」と指摘した。その結果として、入定僧の蘇りを話題とする場合には「ハナシのおもしろさに比重をかけた扱い方のほうが圧倒的多数を占めることになる」のであって、一部の先行論に指摘されてきたような仏教徒の姿勢や、仏教の教義自体への批判意識を本話の主題として解釈する方向性に疑問を呈した。

上記の典拠作品の中では浅野三平氏(12)や木越氏の指摘するごとく、(五)『新説百物語』巻五の「定《てう》より出てふたゝび世に交《まじ》はりし事」が、内容的に最も「二世の縁」に近い作品であることに異論はない。例えば、掘り出された者を蘇生させる場面で、「それより湯などあたへ、そろ〳〵と白粥《かゆ》などすゝめ(13)」と記された蘇生者の様子は、「二世の縁」で、蘇生の過程で水を与えられ、「飯の湯、うすき粥など」を口にしている定助の姿と類似する。また、掘り出された者が「其名をとへども覚へず。時代をとへども覚へず」と記憶喪失の状態にあるのも、生前の記憶をなくし、名も覚えていない定助と共通している。挙げ句の果てに、数ヶ月たって「常の男のごとく」蘇生した男は台所仕事もするようになり、四五年もすると「常の行住座臥《ぎやうぢうざぐわ》におとらぬようになりける」のもつかの間、その家の下女と密通して大坂へ出奔してしまうのだが、そのことさえも五年もすると寡婦と結縁してしまった定助と重なるのである。

また、『都鳥妻恋笛』一の巻の二「前栽《せんざい》の松に風吹立る地の底《そこ》の笛《ふえ》の音《をと》」では、蘇りの場面が以下のように記述されている。

近習《きんじゆ》の人々件《くだん》の僧の手を引腰《こし》をかゝへて。持仏堂の間《ま》へ伴《ともな》ひ行。粥《かゆ》など参らせ。又は御手医《い》者《しや》にいひて。保《ほう》養《やう》の薬を調合《てうがう》させて参らせければ。次第に気力《きりよく》つきて。昼夜《ちうや》絶《たへ》ず念仏となへ。一心に弥陀の来迎《らいかう》を待給ふは。さすがに世をのがれし沙門《しやもん》ほどありと。いづれも殊勝《しゆしやう》におもひけり。早《はや》日も五七日立けれ共。臨終《りんじう》の躰《てい》もな

く。顔色《がんしよく》もつねの人の如くに成て。益《ます》〳〵気勢《きぜい》つよく成て。猶一心不乱に仏名怠《おこた》らず。となへゐらる、こそきどくなれ。(14)

ここでも、蘇生した僧に粥を与えたところ、一般の人間と変わらない生活を送るようになった点が共通している。

一方で、それらの先行作品と「二世の縁」の相違点は、「二世の縁」における二人の母や周囲の村人達の存在と、その発言に見出だすことができる。前章でも述べた通り、二人の母と息子の間には、現実生活から目を背け、来世志向の強い考えを持つ息子達と、現実世界に根ざして家業を継承することを期待する母とで、意見の相違も見られた。それらに加えて、「二世の縁」には、周囲の村人達の反応も描かれている。当初、村人によって蘇生者として掘り出された定助だが、やがて「さても、仏のをしへはあだ〳〵しき事のみぞかし」と、周囲を落胆させてしまう。しかし、周囲の落胆の主因は「仏のをしへ」への期待を裏切ったことのみならず、むしろ定助が「かいなげなる者」となり、日常の小事を自らの義務としてそつなくこなすようになったことにあった。結果的に定助の蘇りは、森山重雄氏が言うところの「生の延長」でしかなかった(15)のだが、そこにこそ「二世の縁」物語特有の主題が浮上していると考えたいのである。

四　物語の主題について

ところで、秋成の「命禄」、つまり運命観は、中村博保氏によれば「神や狐狸の霊が人間から断絶したところにあるのと同じように人力の支配や判断を超えたところにあって、人間の努力ではどうすることもできない力」(16)であり、元田與一氏によれば「脱宗教的思惟を土台とした不可知・不可測の立場をとる自然認識にもとづくもの」(17)であった。元田氏はそうした秋成の運命観を前提に、この定助の物語上の設定を、「神仏の加護によって生命秩序を超越した蘇生譚の主人公としてではなく、そうした宗教性を排したところで、過去からも輪廻からも無縁の、人知を越えた不可測の〈自然〉に翻弄されて掘り出された『不測《ふしぎ》』の物語の主人公として描いた」と解釈した。

さて、日常性を取り戻して同村の「貧しき」寡婦の元に入り婿した定助であるが、そこに至って村人達は、「齢はいくつとて己しらずても、かゝる交りはするにぞありける」と、入定に至った蘇生者でも人間と変わらぬ交わりはするものであると半ばあきれて、仏教への信心を急速に失っていった。更には里長の母の発言も、仏教への信心に固執する子の発言に対して、生活者としての視点を再認識したことを表していた。その里長の母の考えを忠実に実行しているのが、定助なのであった。

かの入定の定助は、竹輿かき荷かつぎて、牛、むまにおとらず立走りて、猶からき世をわたる。

やがて、その姿を見た村人達も往生を願うことの不可能を悟り、「命の中、よくつとめたらんは、家のわたらひなり」との教えを我が子にも伝えていくことになる。敢えて言えば、その「家のわたらひ」を継承することもまた、その人物に与えられた「命禄」なのである。そのような発想から、「貧しきやもめ住のかた」に入り婿して世を生きながらえている定助を、「さだまりし二世の縁をむすびし」と周囲の者は「冷笑」(18)したのであろう。ところが定助の妻になった寡婦は、「さきの男、今一たび出かへりこよ」と先夫との「二世の縁」を願い、「米麦、肌かくす物」にも不自由な定助との生活に不満を託つ。両者の婚姻は、蘇生者の定助にとっても周囲の「冷笑」の対象であったのだが、寡婦にとっても「かいなげなる者」との不甲斐ない婚姻でしかなかった。そうであるなら、定助にとっても、寡婦にとっても、お互いの婚姻は「不測」の事態であったろう。これも「命禄」であったのだろうか。

一方で、定助を掘り出した農家の主人は、学問に拘泥するあまり日常を忘却していた。『百姓嚢』巻一では、笛の名人である「楽舞数寄《らうぶすき》」な「富《とめ》る百姓のひとり子《ご》」に対して、父が以下のような意見をしている。

我子の笛を器用なりと各《おの》〱誉《ほむ》れども、我耳《わがみゝ》にはいま〱しき音《ね》色に聞ゆるなり。いつ聞ても田うろふるらう〳〵と聞ゆるは、いかさま後々は、ゆづりの田をもうりて、るらうの身と成べきにや(19)。

町人にしても同様であるが、富農の子孫に求められたのも無事なる家の継承であったとすれば、定助を掘り出した農家の主人は、前述した「死首の咲顔」の五蔵同様に、「柱くさらし」と亡き父から罵られ兼ねない状況にあったとも言えよう。農家の主人をこのような人物として描くことにより、それと対比する形で、農家の主人の母や里長の母が現世や現実へのまなざしを取り戻していった様子が、より鮮明に浮かび上がることになった。そして、そうした周囲のざわつきを余所に、定助一人は愚直に己の人生を全うしようとしていくのである。

定助は人間として蘇生しても、所詮は「から鮭」に象徴されるような「猶からき世をわたる」以外にはなかった。しかし、この貧しき現実生活に甘んじて生きる定助の姿に晩年の秋成自身が投影されていると見るならば(20)、その姿にこそ、秋成が表現しようとした、人間の生活の真実があるのではないだろうか。定助の「あまりにも幻滅的な姿(21)」や、他の典拠作品には見られない、仏教批判を通じて描かれる来世を願うことの無意味さは、却って、「真の人間の姿(22)」を浮き彫りにしているのだ。

結局のところ、人間の生は、日常へと回帰していくものなのである。

日野龍夫氏は定助の設定について、老境の秋成の心境を本話に重ねつつ以下のように述べている。

> 入定の定助が、掘り出した農夫・その母・里長の母・村人たち、さらには自分の妻と、古曾部の里のすべての人々から嘲笑され、孤立する姿には、それこそが彼のすべての不幸の原因である過剰な自意識をもって、自己の老残の生を恥ずべきものと見すえる目が感じられる(23)。

日野氏が指摘するように、秋成の「老残の生」を苦しめる主因は生活苦であった。それは、文化五年、秋成七五歳の頃に成立した『胆大小心録』からも容易に知られる。

> ［六九］翁商戸の出身、放蕩者ゆへ、家財をつかみかねたに、三十八歳の時に、火にかゝりて破産した
>
> ［一〇九］子もなく家産もなき漂泊の老(24)

また、『胆大小心録』と同時期に記された「自伝」にも以下のようにある。

我若きものから、わたらひ心おそくして、家は火に亡び、たからは人にうばはれ、三十八といふ歳より、泊然としてありかさだめず、住わづらふほどに、母もなく成たまひては、おのがまゝにしありかんとて、都には来たりき。故郷をさり、六親をはなれ、産業なきものは、狂蕩の子と云。(25)

こうした不遇な人生は、秋成にとって如何ともしがたい現実なのであり、同時に「命禄」として受け入れざるを得ないものでもあった。

妻に先夫との「二世の縁」を願われてしまうような、貧しい定助の老残の生を、秋成はいささか自嘲的に、「いぶかしき世のさま」と評したのではなかったか。

注

(1)『春雨物語』原文の引用は、特記無き限り上田秋成全集編集委員会編『上田秋成全集』第八巻、小説篇二(中央公論社、一九九三)所収の文化五年本に拠った。ただし、濁点を私的に付した。

(2) 佐藤深雪氏「『春雨物語』の主題」『綾足と秋成と——十八世紀国学への批判』(名古屋大学出版会、一九九三)、近衞典子氏「「二世の縁」論——「いといぶかしき世のさま」の解釈をめぐって」『上田秋成新考——くせ者の文学』(ぺりかん社、二〇一六)。

(3) 天理冊子本の本文も注(1)前掲書所収の本文に拠った。

(4) 久保田淳氏・平田喜信氏校注『後拾遺和歌集』(新日本古典文学大系第八巻、岩波書店、一九九四)所収本文は「わが宿のこずゑの夏になるときは生駒の山ぞ見えずなりゆく」。

(5) 近衞氏注(2)論文。

(6) 飯倉洋一氏「いぶかしき世のさま——「二世の縁」私見」『秋成考』(翰林書房、二〇〇五)。

(7) 重友毅氏「「二世の縁」について」(『日本文学』八‐六、一九五九)、中村幸彦氏校注『上田秋成集』(日本古典文学大系第五十六巻、岩波書店、一九五九）の「二世の縁」解説、など。
（8）「春雨物語「二世の縁」考――上田秋成における仏教批判の基盤」『上田秋成の思想と文学』（笠間書院、二〇〇九）。
（9）『上田秋成全集』第七巻、小説篇一（中央公論社、一九九〇）。ただし、濁点を私的に付した。
（10）『近世町人思想』（日本思想大系第五十九巻、岩波書店、一九七五）所収。
（11）木越治氏『秋成論』（ぺりかん社、一九九六）。
（12）「「二世の縁」攷」『上田秋成の研究』（桜楓社、一九八五）。なお浅野氏は他に『続近世畸人伝』巻之三「叡山源七」の話が『高槻』を舞台にする契機となったと指摘している。
（13）引用は太刀川清氏校訂『続百物語怪談集成』（叢書江戸文庫第二十七巻、国書刊行会、一九九三）所収本を元に、国文学研究資料館新日本古典籍総合データベース所収のカリフォルニア大学バークレー校東亜図書館マイクロ収集本（請求記号二二五‐四九‐二、八八コマ、A）によって一部修正を施した。
（14）八文字屋本研究会編『八文字屋本全集』第十二巻（汲古書院、一九九六）所収。
（15）森山重雄氏「二世の縁――入定秘儀の空白化」『幻妖の文学上田秋成』（三一書房、一九八二）。
（16）中村博保氏「上田秋成の神秘思想」『上田秋成の研究』（ぺりかん社、一九九九）。
（17）元田與一氏「ふしぎの物語――春雨物語「二世の縁」」（「江戸文学」三〇、ぺりかん社、二〇〇四）。
（18）中村氏注（7）前掲書頭注。
（19）注（10）前掲書。
（20）木越治氏注（11）論文、飯倉洋一氏注（6）論文、日野龍夫氏「老境の秋成」『宣長・秋成・蕪村』（日野龍夫著作集第二巻、ぺりかん社、二〇〇五）。
（21）近衛氏注（2）論文。
（22）野々村勝英氏「上田秋成覚え書――『二世の縁』をめぐって」（「京都教育大学国文学会誌」一三、一九七七）。
（23）日野氏注（20）論文。
（24）『上田秋成全集』第九巻、随筆篇（中央公論社、一九九二）所収。
（25）注（24）前掲書所収。ただし、濁点を私的に付した。

「第六夜」の怪異
――夢を夢として読むために

杉山欣也

はじめに　国語教科書の中の「第六夜」

国語教科書に掲載される小説にはいくつかの条件があるが、実際のところもっとも重視されているのはその長さ、より正確に言えばその短さである。「こころ」「舞姫」は別格として、せいぜい原稿用紙十数枚程度で完結しているのが教科書掲載小説の通例である。中高生にふさわしい、あるいは教養を深められる作品であることなど、内容面の充実はもちろん求められるが、「短い」ということはそれ以前の条件である。そのため、新しい掲載作品を見つけることは至難の技である。

そこで教材が固定化することになる。「羅生門」や「山月記」といった作品は定番教材と呼ばれ、各社教科書に掲載される。一方、編集委員が多くの書籍を博捜してようやく見出した新教材であっても、現場の評価が低いなどの理由から次の改訂で落とされてしまう場合が多い。

この両者の間に、採用と不採用をくりかえす、言うなればローテーション教材が存在する。その代表格が『夢十夜』であろう。とりわけ、語り手が女の死を看取り、土から百合の花が咲くさまをみて「百年はもう来てゐたんだな」と気付く「第一夜」は漱石の短編の中で高い評価を得ているが、教科書においても人気作品で、『夢十夜』

が教科書に収録される際はほぼ確実に掲載されている。そしてもう一編、運慶が仁王を彫り出すさまを真似て果たせず「明治の木には到底仁王は埋つてゐない」と悟る「第六夜」もまた、よく取り上げられる一編である。かつてはこの二編に加えて「第七夜」「第十夜」(1)など、もう一編掲載されることもあったが、近年では「第一夜」と「第六夜」をペアで掲載する場合がほとんどである。

この二編がペアとなるのは、なによりまず一編だけでは短すぎるからだろう。『夢十夜』は東京・大阪両朝日新聞(一九〇八年七月二十五日〜八月五日)に掲載された新聞小説で、一夜読み切りの十回連載として発表されている。それゆえ、『夢十夜』各夜の分量は原稿用紙で六枚程度しかない。一編が「羅生門」の半分程度ではさすがに短すぎる。そこで二夜をペアとし、四時間程度の配当時間としている。

そして「第一夜」と「第六夜」とのペアには組み合わせの妙がある。時もところも定かではない「第一夜」に対して、「第六夜」は「明治」「鎌倉時代」と作中時間が明記され、場所も護国寺と明瞭である。情景描写なども対照的である。それがこの二作掲載の流れを生んだと思われる。

「第六夜」は教材として便利な素材でもある。「第六夜」は漱石の文明観、ことに明治以降の日本に対する批判精神の反映が表れた作品と考えられている。教科書各社の指導書を読むと、教材としても近代文明に対する漱石の批評意識を解説する材料として扱われているようにみえる(2)。多くの指導書の付録に「現代日本の開化」など漱石の文明評論が掲載されていることはその証拠といえる。漱石の文明観を反映した作品としてコンパクトであり、さらに長編である「こころ」に接続させることも可能となる。

「明治の木には到底仁王は埋つてゐない」という文明批評の意識は指導書などで強調され、やがて「こころ」の授業に際して「明治の精神」という表現に即してふたたび想起されることとなる。バラエティ確保のためにほとんどの作家が高校三年間で一作品に限られるなかで、漱石は珍しく二作品掲載が生じる作家である。『夢十夜』掲載教科書を使用している学校の授業では、「こころ」における「明治の精神」を講じる下地として「第六夜」にふれることができる。こうして、文明批評家としての夏目漱石というイメージは教科書によって形成されることとなる。

しかし「第六夜」をそのような露払いの地位に留めることは役不足というか、いささかもったいない気がする。「第六夜」に文明批評の側面があることは認めるにしても、もうすこし短編小説としての魅力が講じられるべきではないのか、というのが各社指導書を通読してみた私の感想である。(3)

では、「第六夜」の魅力とはなんだろうか。私はそれを夢らしい夢の表象にあると考える。『夢十夜』という総題をみれば一目瞭然であるように、「第六夜」も他の夜同様に夢を語った短編であり、なによりもまずは夢ならではの怪異を味わう作品だと私は考える。「明治の木には到底仁王は埋つてゐない」という表現にみるように、「第六夜」に文明批評の側面があることは確かにしても、それが語り手「自分」の夢の中での感慨である以上、「第六夜」をまずは夢として読み、その魅力を伝えるというプロセスを経ずに一足飛びに文明批評の素材として扱うのは順序として違うし、なにより惜しいという気がする。

「第一夜」から「第三夜」までと「第五夜」は冒頭に「こんな夢を見た。」という一文が冠せられている。一方で「第六夜」にこの一文はない。しかし夢であると明言されていないからといって、「第六夜」が夢を描いた作品でないとは言えないだろう。むしろ、後述するように「こんな夢を見た。」という注意のないところに、「第六夜」の読み取り方が示唆されていると私は考える。そして『夢十夜』に記される「夢」が理想や希望の同義語ではなく、睡眠中に見る幻影を指すこともまた確かである。冒頭近くの門前の情景のように、細部に極めて鮮明で色彩的な描写があるにせよ、そのまだらなリアルさもまた、夢らしさのひとつである。

そして、怪異の語られる悪夢こそがいかにも夢らしい夢といえるのではないだろうか。「無限の後悔と恐怖とを抱いて黒い波の方へ静かに落ちて行」ったり(「第七夜」)、「豚に舐められてしまつた」り(「第十夜」)と、『夢十夜』の多くには、私たち自身もしばしば悪夢に感じる後味の悪さが描かれている。現実にはあり得ない怪異に襲われ、うなされ、全身に汗をかき、目覚めてもしばらく余韻を引きずる悪夢。そして楽しい夢はすぐに忘れ、悪夢はいつまでも記憶しているものである。「第六夜」もまた、そういう悪夢の表象であると私は考える。

そこで大切なことは、「夢を夢として読む」ということであろう。(4) そのため、本論ではひとつの作業仮説を設定する。それは「第六夜」で語り手と登場人物を兼ねる「自分」を、〈夢の中の「自分」〉と〈夢から覚めた「自分」〉とに分けて考えることである。〈登場人物としての「自分」〉と〈語り手としての「自分」〉と言いたくなるところだが、そう言ってしまうと、語りという行為についての論述というニュアンスが強すぎるように思う。夢から覚め、夢を語るまでのぼんやりとした目覚めの状態という程度の意味なので、〈夢から覚めた「自分」〉という表現を用いている。言い換えれば、〈登場人物としての「自分」〉と〈語り手としての「自分」〉の間にある状態としての〈夢から覚めた「自分」〉という状態を設定し、そのことによって、「第六夜」の夢としての側面を浮き彫りにしたい。

一

先述したように、「第六夜」に「こんな夢を見た。」という一文は記されていない。とはいえ、ある程度の予備知識がある読者には、これが夢、すくなくとも非現実の世界であることが、「運慶が護国寺の山門で仁王を刻んでゐる」という冒頭の一文からすぐにわかるしかけとなっている。いくつかの教科書の脚注にあるように、護国寺は一六八一年（天和元年）の創建であり、運慶が実在した鎌倉時代とは大きな開きがある。現実にはあり得ない時間感覚が語られていることが読み取れるわけだ。

次の段落にある「赤松」「遠い青空」「松の緑と朱塗の門」といった門前の描写は読者の脳裏に鮮やかな色彩が浮かび上がる巧みな表現である。古風なその景色が「鎌倉時代とも思はれる」と夢の中の「自分」は述べ、半信半疑ながらもそこが鎌倉時代であることを了解する。一方、「自分」が「明治の人間である」という自覚を持っており、周囲が明治時代で、周囲の見物人も「自分と同じく、明治の人間である」ということも認識している。

護国寺が江戸時代に創建された寺院であることを思うと、明治の人間が護国寺というフィルターを通して鎌倉時代の映像を覗き見しているかのような距離感覚がここにはある。鎌倉時代と明治時代とが一切の交渉を持たず、一方的に見る・見られるの非対称な関係によって成り立っていることは、運慶が「見物人の評判には委細頓着なく」「眼中に我々なし」の存在として造型されていることから理解できるが、それはこの描写の映画的な効果、暗闇の中から鮮やかな映像を見るような表現によって周到に準備されているということができる。

では「第六夜」の時空は、見られる運慶＝鎌倉時代と、見る「自分」たち＝明治時代との二項対立で描かれているかというと、かならずしもそうとは言えない。明治の人間が運慶と没交渉であるのと同様に、同じ「明治の人間」の間でも「自分」と周囲の車夫たちとが没交渉だからだ。「見物人」たちが運慶に対して素朴な賛辞を口にしているのに対して、「自分」は運慶の仕事ぶりを描写するだけで、運慶やその作品に対する明瞭な評価はほとんど口にしていない。一方、自分以外の見物人たちに対しては蔑視とも受け取られる冷ややかな評価を下している。

運慶に対する「自分」の評価はひとまず措く。運慶について下馬評をやっている周囲の車夫たちに対して夢の中の「自分」はきわめて手厳しい。彼らについて「辻待をして退屈だから立つてゐるに相違ない。」という一文には「彼らは芸術などまったく分かっておらず、退屈だから見ているにすぎないのだ」という揶揄が含まれているし、「余程無教育な男」という評価に至っては蔑視とさえ言えるだろう。私などは、「大きなもんだなあ」「仁王はみんな古いのばかり」「日本武尊よりも強い」、あるいは「人間を拵へるよりも余つ程骨が折れるだらう」というセリフから落語の登場人物めいたほのぼのとした庶民的なおかしみを感じるし、それは漱石らしい書きぶりであるようにも思われるが、夢の中の「自分」はそうではないらしい。

しかし実のところはどうであろうか。夢の中の「自分」の考えを離れて、状況を俯瞰的に捉え直してみよう。

すると、「運慶は見物人の評判には委細頓着なく鑿と槌を動かしてゐる。一向振り向きもしない。」という箇所から、振り向いてもらえないのは彼ら車夫ばかりではなく、「自分」や、のちに登場する「若い男」をも含む見物人全員であることがわかる。「見物人」「車夫」たちと「自分」「若い男」の間に差異を作ってしまうのは、夢の中の「自分」自身の階層意識なのだ。

そのようにして物語の秩序が定まったとき、「どうも不思議な事があるものだと考へながら、矢張り立つて見てゐた。」という一文は伏線としてとても効いている。この直後、夢の中の「自分」は「若い男」に話しかけられることとなる。「若い男」に触発されて「自分」の心は動き出す。そして自分も仁王を彫ってみようという行動に移っていく。静から動へ、夢の中の「自分」が移っていくその直前の姿を読者に印象付ける効果がこの一文にはある。

二

このようにして、夢の中の「自分」を以後の行動に駆り立てる「若い男」が登場する。「若い男」は「自分の方を振り向いて」、「流石は運慶だな。眼中に我々なしだ。天下の英雄はたゞ仁王と我とあるのみと云ふ態度だ。天晴れだ」と語りかける。まず「振り向いて」「自分」に働きかけることが、運慶や周囲の車夫たちにはなかった動作だ。夢の中の「自分」が彼の運慶評価を簡単に肯定してしまうのは、この動作に対する反応と言うことができるだろう。「自分」自身が作った三つの階層の中で「自分」の属している階層が「自分」ひとりきりであると思っていたところへ、突然「振り向いて」語りかけたからだ。

「若い男」の風体はまったく語られていないが、書生風の言葉遣いで、その感想の内容もいかにも明治青年らしいイメージを与える。それまで「自分」が冷笑視していた車夫たちとはまったく階層が異なる人物であるように思われる。

実のところ、この「若い男」の語る運慶評価の内容が、第三者から見て妥当なものであったかどうかを証拠づける言葉は「第六夜」の本文には存在しない。とはいえ、「自分」にとってそういう内容と言葉遣いがいちばんしっくりくるものであったことは間違いない。それが読者にとって自然に受け止められるのは、「自分」の語り口自体が車夫たちよりは「若い男」の言葉遣いに近いためだ。また、作品後半に出てくる「木挽に挽かせた」という表現にあるように、車夫のような階層の人々を見下しつつ使役する側に「自分」が属していると想像できるためでもあろう。結局のところ「若い男」の言葉通りに鑿を振るっても夢の中の「自分」に仁王を彫り出すことはできなかったのだから、夢から覚めた「自分」は自らが夢の中で作り出した階層構造自体を直視させられる事態に至るわけだ。

さて、「若い男」は「自分」に対して、「あの鑿と槌の使ひ方を見給へ。大自在の妙境に達してゐる」と語りかける。「大自在」とはもともと、思いのままに自利他利の行いができることであり、菩薩の別称でもある。また「妙境」とは、不思議なほど優れている境地を示す言葉である。いずれも仏教に由来する用語である。発話者、相手ともにそれなりの教養が要求される語彙であり、「自分」の語りよりもさらに知的な表現と言える。わざわざ「自分」に語りかけてくる点からは、知的虚栄心を内に含んだ表現と言うことも可能だろう。

この「大自在の妙境」は、一刀彫りに仁王の怒り鼻を彫り抜く運慶の動きを見る「自分」にある解釈の方向を与えることになる。それが「無遠慮」で「疑念を挟んで居らん」、「無造作」という運慶理解である。

夢の中の「自分」はそれまで運慶の存在を「不思議」には思っていたが、運慶の態度については一切評価の言辞を述べていない。「若い男」に話しかけられてはじめて、運慶の態度に関心を向けているのである。それは「若い男」の「大自在の妙境」なる、高い知性を感じさせる言葉、大仰な表現にころりと参ってしまったからに他ならない。ほとんど気に留めていなかった物事について、他者によって名付けられ、評価されることによって、途端にそのように見えてしまうことは私たちにもよくある経験だろう。「大自在の妙境」がそのような力を持つ言葉として「自分」に受け止められるのは、「車夫」たちの間から突然語りかけてきた「若い男」が「自分」にふさわしい人物であると「自分」が思ったからである。夢であることを踏まえると、起きているときの「自分」の深層意識を表象する分身として「若い男」は夢の中に登場していると言える。

このような筆の進め方、語りの技術に私たち読者も注意を払う必要がある。作者の立場に立てば、運慶が彫刻をする様についてここまであまり具体的に書かずにおいて、語り手以外の話者の口によって評価を与え、その後それに即して具体的な描写をしていくことで、いかにもそれが「大自在の妙境」であるかのように、私たち読者も錯覚してしまうからである。

「第六夜」に限らず、一人称の語り手が何者かにだまされたとき、私たちはだまされた語り手の言葉によって物語を読み進めていくより他に方法がない。わざわざ「信頼できない語り手」の概念を持ち出すまでもなく、私たちの読みはこのようにして方向付けられてしまうものなのだ。とすれば、そのような作為によって私たちの脳裏に形成された再現世界において、私たちは何を見逃しているかを斜めから読み直し、見極めることが必要となるだろう。

さて、そうして夢の中の「自分」は運慶に対する理解に方向性を与えられた。その次に「自分」の意識に上るのは「無造作に鑿を使つて、思ふ様な眉や鼻が出来る」ことへの「感心」である。「若い男」はまるで「自分」の心の内を見透すかのように、すかさず「あの通りの眉や鼻が木の中に埋つてゐるのを、鑿と槌の力で掘り出す迄だ。」と畳み掛ける。その結果として「自分は此の時始めて彫刻とはそんなものかと思ひ出」す。

しかし「彫刻とはそんなものか」とはどういう言葉であろう。ここに「その程度のものか」という見下した口調を読み取るべきかどうかは漱石の語彙全体を視野に入れた慎重な検討が必要なところではある。しかし仮にそのような口調ではなかったとしても、この認識になにか重大な錯誤があることはたしかだろう。仮にここまでの「若い男」の言葉を信用するとしても、運慶が無造作に仁王の顔を彫ることができるのは、運慶が「大自在の妙境に達してゐる」からである。そして「大自在の妙境」は生まれつき備わっているわけではない。「達してゐる」という述語からは、「大自在の妙境」が鍛錬の末に獲得した境地であることが示唆されている。「そんなものか」という判断には、そうした思慮が欠けている。

つまり、夢の中の「自分」は「若い男」の言葉に引き寄せられて運慶の境地について錯誤を犯し、その鍛錬を等閑視することで、一介の見物人に過ぎない自らの位置まで運慶を引き下ろしてしまったわけである。そしてその軽視は他の見物人に対する軽視と同根の心理から生じるものであろう。

このような錯誤と軽視を含んだまま進行する夢の中の「自分」の言動を、斜めから見下ろす私たち読者は微苦笑とともに受け入れてあげるべきなのだろうか。しかしこれが私たち自身の見た夢だったとしたら、果たして微苦笑で済ませていいことなのかどうか、悩ましいところである。そしてその点に〈夢から覚めた「自分」〉の感慨があるとしたら、どうだろうか。

三

さて、夢の中の「自分」は「若い男」の与えた言葉に導かれるようにして、運慶と自身の能力に対する錯誤を抱えたまま「見物をやめて早速家へ帰」る。そうして道具箱から鑿と金槌を持ち出して、裏へ出てみたところ、「先達ての暴風で倒れた樫を、薪にする積りで、木挽に挽かせた手頃な奴が、沢山積んであつた」のでさっそく彫ってみることにした、という。

しかしなんという気軽な選択であろうか。もともと「自分」には彫刻の技術はもとより、木を切ることすらまれであったことは「木挽に挽かせた」という一節が暗示する。また、「手頃な奴」という箇所からは素材についてほとんど吟味していないことも読み取れる。さらにその樫の薪から「自分」が選んだのは「一番大きいの」である。そそっかしいほど行き当たりばったりの選択で、仁王が見当たらないのも当然であると、私たちの立場からは容易に言える。しかし「不幸にして」「運悪く」とあるように、夢の中の「自分」はその原因を偶然に求めてしまう。ここに運慶の力量に対する「自分」の軽視が明瞭になる。くりかえしになるが、それは、車夫ら周囲の見物人に対する蔑視と同根の心情であろう。

次にある「自分は積んである薪を片つ端から彫つて見たが、どれもこれも仁王を蔵してゐるのはなかつた。」という一文はさらりと書かれていて、次にある「遂に明治の木には到底仁王は埋まつてゐないものだと悟つた。」という有名な一文のインパクトによってかき消えがちな箇所だが、いかにも夢らしい情景と言うことができる。報いられない行為を何度も繰り返し、無限の反復に閉ざされるような時間。賽の河原の石積みにも似たそれが悪夢でなくてなんだろう。しかもそれは、ここまで本論が叙述してきた、ボタンのかけ違いのような錯誤に引き寄せられてのループなのである。

このような反復の悪夢は、「夢十夜」にはいくつも描かれている。女の再来を百年待ち続け、天体の運行を見送る「第一夜」。悟りを開けず苦悶する「第二夜」。河に入っていつまでも出てこない爺さんを待ち続ける「第四夜」。無限の後悔と恐怖とを抱いて夜の海に落ちてゆく「第七夜」。そして六日七晩豚の鼻面を叩き続けて終わる「第十夜」である。百合の花が咲いて「百年はもう来てゐたんだな」と気づく「第一夜」のように、これのうち多くは末尾において反復から解放されている。そこに『夢十夜』の反復の特徴があり、それは「遂に明治の木には到底仁王は埋まつてゐないものだと悟つた。」という「第六夜」も基本的に同じである。

しかし、「遂に」という反復からの解放が、夢の中の「自分」にとって必ずしも悪夢からの解放とばかり言えないことには注意を払う必要がある。「運慶が今日迄生きてゐる理由も略分つた」と末尾の一文にあるが、夢から覚めた明治時代の現実に運慶が生きているはずもない。この時点での「自分」はあくまでも夢の中の「自分」であり、「明治の木には到底仁王は埋つてゐないものだと悟つた。」という悟りも、あくまで夢の中の悟りにすぎない。

私たちがたとえば高村光雲の彫刻を見て、そこに魂が宿っていないとは、あまり言わないと思う。彫刻像に魂が宿るのは作者の技量があってのことである。それはたとえば教科書で「第六夜」に接する今日の高校生にもわかるはずだ。「明治の木には到底仁王は埋ってゐない」というのはしょせん〈夢の中の「自分」〉の悟りにすぎない。明治の木に仁王が埋まっていないのではなく、そもそも仁王は木に埋まっていないのである。この「悟り」はいわば生悟りである。夢から覚めた「自分」に一片の良心があれば、この夢の中の悟り自体が冷や汗ものである。

そして「運慶が今日迄生きてゐる理由も略解つた。」という末尾の一文に至って、「自分」はゆっくりと夢から覚めていく。〈夢から覚めた「自分」〉はまた別の感慨を持って夢を、そして〈夢の中の「自分」〉を振り返ることになるだろう。運慶のような存在が今日まで生きていることは、「自分」や、「自分」の分身としての「若い男」のような生悟りに対する戒めとして機能する。

「第六夜」の夢の部分とは、大まかに言って、それは、「若い男」の発言を鵜呑みにして生悟りのまま行動に移してしまう「自分」のうかつさ、滑稽さに表現の主眼があるということになる。しかし「第六夜」が単なる滑稽話に終わらず、これが怪異を描いた悪夢であると私が考えるのは、作中に表現されない〈夢から覚めた「自分」〉の感情がこのような読み取りから想像できるからである。

そこに私が〈夢から覚めた「自分」〉を設定した意味がある。夢から覚めた「自分」は〈夢の中の「自分」〉に冷や汗の続きをかくことになる。夢の中とはいえ、「自分」と同じ行動を取っている周囲の人々を冷笑する一方、そのなかでは知的水準が高いと思われる者の意見であれば鵜呑みにする。そして前提となっている芸術家の鍛錬をすっ飛ばして自分も運慶と同じことができると〈夢の中の「自分」〉は思い込んでいるわけである。それは「自分」の裡にかかえこんだうかつさであったり傲慢さであったり、あるいは階層意識の表れであったりするだろう。

これを「こころ」の一節を借りて言いかえれば、「人間の何うする事もできない持つて生れた軽薄を、果敢ないものに観じた。」(「上　先生と私」三十六章)ということになろうか。(5) その「軽薄」ぶりを果敢ない夢に託して描いているのが「第六夜」なのだと私は考える。夢の中とはいえ、そうした己の軽薄さに、目を覚ましてみれば冷や汗をかかざるを得ないのが、良識というものであろう。そしてその良識による自己批判こそが「第六夜」が悪夢である所以であると私は考える。夢によって可視化される自身のものごとの捉え方。「運慶が今日迄生きてゐる」ことによって、それは露わになり、突きつけられる。そのいたたまれなさこそが、夢うつつの時間に襲われる恐怖であり、それを私は怪異と呼ぶ。

そして、こんなふうに考えたときに「こんな夢を見た」という一文が「第六夜」の冒頭に付されていない理由も説明できるようである。〈夢から覚めた「自分」〉が〈夢の中の「自分」〉に対して感じたであろう、目覚めのときの忸怩たる感情こそが「第六夜」の核心の部分であるとすれば、それを浮き彫りにするためにも、夢と現実を分節する機能を有する「こんな夢を見た」という一節は不要なのである。

四　終わりに

冒頭にも記したように、「夢十夜」は一九〇八年の発表である。「第一夜」で「百年待つてゐて下さい」と「女」はいうが、その発話を東京・大阪両『朝日新聞』の発表時と考えれば百年はすでに経ているともいえる。「こころ」の示す「明治の精神」の発露としての精神論や芸術論として「第六夜」を読んだとき、今日の高校生には縁のない話と受け止められる可能性もあろう。〈夢から覚めた「自分」〉がかいていたであろう冷や汗と不快感から、当たり前のようにそこにあるものの背景に潜む努力や苦心を読み取る感性を養うこともまた必要ということになるのではないか。

夢であることを明示せず夢物語が進行する「第六夜」は、一読すると文明批評の体裁をとって現実感を醸しながら、細部の表現にシュールレアリズムのような技法を用い、さらに夢から覚めた時に「自分」自身の認識の有りようを問い直すような構造を有している。それは夢であることをとてもよく生かした設定であると言えるだろう。

「夢十夜」にかぎらず、夢に取材したとされる文学作品の読解に際して私たちに必要とされるのは、夢を夢として読み、しかも夢を荒唐無稽なものとして扱わず、誠実に読むということであろう。しかし、夢を夢として読むことは、実はかなりむずかしい作業である。読者である私たちは「しょせんは夢だから」という言い訳を用意して、細部の精読を怠ったり、構成の無理を許容したりしがちだからである。「第六夜」は夢であることを言い訳にしない作品である。かといって、文明批評としてのみ読んでしまったらば、夢を夢として読むことにならない。文明批評として読むより先に、夢らしいひねりの効いた物語として解釈することが「第六夜」の読解には重要であると私は考える。

注

（1）『新編現代文』（一九九〇、筑摩書房）は「第一夜」「第六夜」「第七夜」を掲載。『新国語Ⅱ』（一九九二、三省堂）は「第一夜」「第六夜」「第十夜」を掲載。『改訂　国語Ⅱ』（一九九二、教育出版）は「第一夜」「第六夜」「第七夜」を掲載。

（2）『新編現代文』（一九九〇、筑摩書房）、『高等学校新国語Ⅰ』改訂版（一九九一、大修館書店）、『新国語Ⅱ』四訂版（一九九二、三省堂）、『改訂国語Ⅱ』（一九九二、教育出版）、『新国語Ⅱ』（一九九五、旺文社）、『探求国語Ⅰ』（一九九八、桐原書店）、『精選国語総合』（二〇〇三、東京書籍）、『明解国語Ⅱ』（二〇〇三、三省堂）、『新編国語総合』改訂版（二〇〇七、大修館書店）、『探求国語総合』（二〇一三、桐原書店）、『新編国語総合』（二〇一七、東京書籍）を確認した。なお指導書の収集にあたり、ホドフ・ホーシャ氏（金沢大学大学院後期課程）のお手を煩わせた。付記して感謝申し上げる。

（3）なお、本論の趣旨に近い内容の指導書に『新国語Ⅱ』（一九九五、旺文社）のものがある。また、『新編国語総合』（二〇一七、東京書籍）は私の執筆で、本論に近いことを付記しておきたい。

（4）　注（3）にも記した『新編国語総合』（二〇一七、東京書籍）指導書には「夢を夢として読むこと」という補説を記した。そちらでは「第一夜」にも触れている。

（5）　注（3）で本論に近いと記した『新国語Ⅱ』指導書に、「果たして自分の庭の木切れを全て試しただけでその結果を「明治の樹木《ママ》」すべてにあてはめ、言い切ってしまってよいものだろうか。ここから「自分」の「悟り」自体を早合点とも解することができる余地が生まれる。」、「「自分」という登場人物がかなり〈軽薄〉な精神性を有していることが判明しよう。」とある。なお、漱石における「軽薄」については『漱石辞典』（二〇一七、翰林書房）の当該項目を参照されたい。

付記

＊本文は『漱石全集』第十二巻（一九九四、岩波書店）による。

〝怪異〟の果て

——泉鏡花「間引菜」を読む

穴倉玉日

三・一一——平成二十三（二〇一一）年三月十一日に発生した東日本大震災以降、この未曾有の大災害をテーマとする数々の〝震災文学〟があらたに生み出されていく一方で、過去の災害——特に関東大震災を扱った文学史上の〝震災もの〟があらためて注目されることも少なくなかった。鏡花の例でいえば、東日本大震災から四ヶ月後に怪談専門誌「幽」一五号（二〇一一・七）が特集「震災と怪談文芸」において震災体験記「露宿《ろしゅく》」を掲載、当時、同誌の編集長（現編集顧問）であった東雅夫氏は、その後も自ら編纂するアンソロジー『おばけずき　鏡花怪異小品集』（二〇一二・六　平凡社ライブラリー）に〈関東大震災の被災体験記ともいうべき三部作〉（同書「編者解説」）として「露宿」の他、同じく〝震災もの〟の小品「十六夜《いざよい》」「間引菜《まびきな》」を収録、〈東日本大震災を経た今こそ、これら被災記の真価とその凄味が明らかとなろう〉（同）として、鏡花没後に刊行された岩波書店版『鏡花全集』の巻二七にともに小品として収録されて以降、再録を見ることもなく、一般的にはほとんど知られることのなかったこれらの作品の普及に一助を成した。また、刊行は一年遅れたものの、ほぼ同時期に編纂作業が進められていた『鏡花随筆集』（二〇一三・七　岩波文庫）も「露宿」「十六夜」の二作を収録、編纂に当たった吉田昌志氏は〈なかんずく「露宿」は東日本大震災を被験したわたしたちにとってひとしお身に沁むところが大きい〉（同書「解説」）として、九十年もの時を隔てた過去の災害を写し出したこれらの〝震災もの〟が、図らずもある種の現実感《リアリティ》と共感《シンパシー》を以て現代の読者に迎えられるであろうことを示唆している。

　実際、余程の鏡花愛読者を除いては、東日本大震災後に発行されたこれらの書籍を通して、あの泉鏡花の〝震災もの〟の存在を初めて知ったというのがほとんどであろう。しかしながら、吉田氏が〈当時の状況を最も詳細にまとめた内務省警保局編纂[1]『大正震災誌』と照合してみると、華麗な文辞で多くの人々を魅了してきた鏡花の筆は、大震、大火災の模様をきわめて精確に記録していることが判明する〉（前掲「解説」／傍点引用者）と指摘すると同時に、東氏が〈鏡花の筆は卑近な日常を映すかと見えて異界の消息に通暁し、光彩陸離たる幻視の光景を読む者にまざまざと垣間見させる〉（前掲「編者解説」／傍点引用者）と言及するように、鏡花の〝震災もの〟は単なる体験《ルポルタージュ》の報告ではない。作品により程度の差こそあれ、〝記録〟と〝幻視〟を両輪として成立しているのが鏡花の〝震災もの〟であることは作品を一読すれば明白であるが、〈現実と距離を置くフィクショナルな存在は「文学」からも「歴史」からも黙殺され[2]〉る非常時下において、それが〝虚構〟とみなされるリスクを冒しながらも敢えて震災という多くの人々に共有された圧倒的な〝現実〟に〝幻視〟のまなざしを向けた意味については、あらためて考えてみる必要があろう。

　本稿では、主に「露宿」「十六夜」「間引菜」によって、鏡花の震災体験を時系列で辿りつつ、鏡花が被災者として、そして作家として関東大震災を如何に〝記録〟したかを検証するとともに、〝幻視〟によって描き出された〝虚構〟が鏡花の〝震災もの〟に如何なる意味を与え得るのか――三・一一以降、これらの作品を囲繞してきた歴史上の大災害の体験《ルポルタージュ》の報告としての再発見・再評価を相対化しつつ、鏡花の〝震災もの〟を読み解くあらたな視点を模索したい。

一　泉鏡花と関東大震災――「露宿」の三日間

二日の真夜中――せめて、たゞ世の明くるばかりをと、一時千秋の思で待つ――三日の午前三時、半ばならんとする時であつた。……

（「露宿」冒頭より）

この冒頭の一文が示すように、鏡花の「露宿」は九月三日の夜明け前のシーンから書き起こされている。妻すゞや町内の人々とともに〈四谷見附そと、新公園〉で野宿を余儀なくされた鏡花が、皆が寝入った様子を見守りつつ、震災発生直後からの丸二日間の避難生活を回想する設定だ。

まずは前掲の震災三部作の中でもいち早く発表されたこの「露宿」の記述を辿りつつ、鏡花の震災体験を確認しておきたい。なお、「露宿」に関しては、拙稿「『露宿』を読む――泉鏡花と関東大震災」（泉鏡花研究会編『論集泉鏡花』第五集　二〇一一・九　和泉書院）と多々重複することを、あらかじめ付記しておく。

〈大正十二年九月一日午前十一時五十八分に起つた大地震〉を、鏡花は明治四十三年五月から十三年にわたって住まいする麹町区下六番町十一番地の木造二階建ての借家で罹災した。〈跣足《はだし》で逃出し〉た鏡花たちは、程なくして〈地軸も砕くるかと思ふ凄じい爆音〉と〈どゞどゞどゞどゞと言ふ、陰々たる律を帯びた重く凄い、殆ど形容の出来ない音〉を耳にする。鏡花は後日、前者が〈砲兵工廠の焚《や》けた時〉であり、続いて〈日本橋本町に軒を連ねた薬問屋の薬ぐらが破裂した〉のだと知ったとしている。内務省社会局編纂の『大正震災志』（一九二六・二）には小石川町の東京砲兵工廠の西北隅工場から出火したのは午後零時三分とあることから、鏡花が約八〇〇字を費やした震災発生直後の経緯は、ほんの五分程の間の出来事を写したものであることがわかる。

ひとまず揺れが収まると、各自が〈衝《つ》と入つては颯《さつ》と出つゝ、勝手許、居室《いま》などの火を消し〉、また〈第一たしなんだのは、足袋と穿もので、驚破《すわ》、逃出すと言ふ時に、わが家への出入りにも、硝子、瀬戸ものの欠片《かけら》、折釘で怪我をしない注意であつた〉とあるように、鏡花たちの対応は思いのほか冷静だが、〈大体から云ふと、西神田・内神田・本郷の一部及本所深川の大半は一日午後五時頃までの南風にて焼失し、浅草・下谷・日本橋・京橋・芝の大部分は北の烈風に罹つた〉（『大正震災志』）という火の脅威は、麴町区内の鏡花たちにも無縁ではなかった。〈中六の広通りの市ケ谷近い十字街〉へ出てみたところ、〈半町ばかり目の前を、火の燃通る状は、真赤な大川の流る丶やう〉、しかも〈一旦九段上に焼け抜けたのが、燃返つて、然も低地から、高台へ、家々の大厳に激して、逆流して居た〉さまを目の当たりにし、恐怖する。鏡花たちは〈火先が僅ばかり、斜にふれて、下、中、上の番町を、南はづれに、東へ……五番町の方へ燃進む事〉を頼みとしたが、日暮れ頃、この火の手が二つとなり、〈一筋は前のま丶五番町へ向〉ったものの、〈一筋は、別に麴町の大通を包んで、此の火の手が襲ひ近いた〉ため、皆で〈御所前の広場〉へ避難することを決意したという。

　麴町界隈の火災について、『大正震災志』には、〈一日午後零時一分麴町区中六番町一八明治薬学校より発火し、南風十二米の勢にて火流は北進して忽ちの間に三番町に延焼〉、消防が延焼の防止に当たったものの、〈附近に飛火して、火流は電車通を突破し、午後四時頃風向の西南に変じたのにつれて、主流は富士見町方面に及び、電車通に沿うて靖国神社の一側を残しつ丶延焼〉し、そして〈午後八時頃風向は北西へに変じ、風速十五米で主流を成して、三番町の東西を盛に焼き払ひ、勢猛に南進〉、〈上六番町・六番町・中六番町の大部を焼尽して五番町に向つた〉とあり、鏡花が〈地震とともに焼出した中六番町の火〉と記したものが、地震発生から約三分後に出火した明治薬学校の火災であることが確認できるとともに、風向きの変化によるその後の延焼の経緯も、警視庁の報告に依拠するという『大正震災志』の記録とほぼ一致していることがわかる。

　衰える気配のない火の手から逃れるため、懐中電灯の明かりを頼りに自宅から〈観世音の塑像〉と〈なき父が彫つてくれた、私の真鍮の迷子札〉を持ち出し、避難先として〈御所前の広場〉——即ち元赤坂の旧東宮御所（現

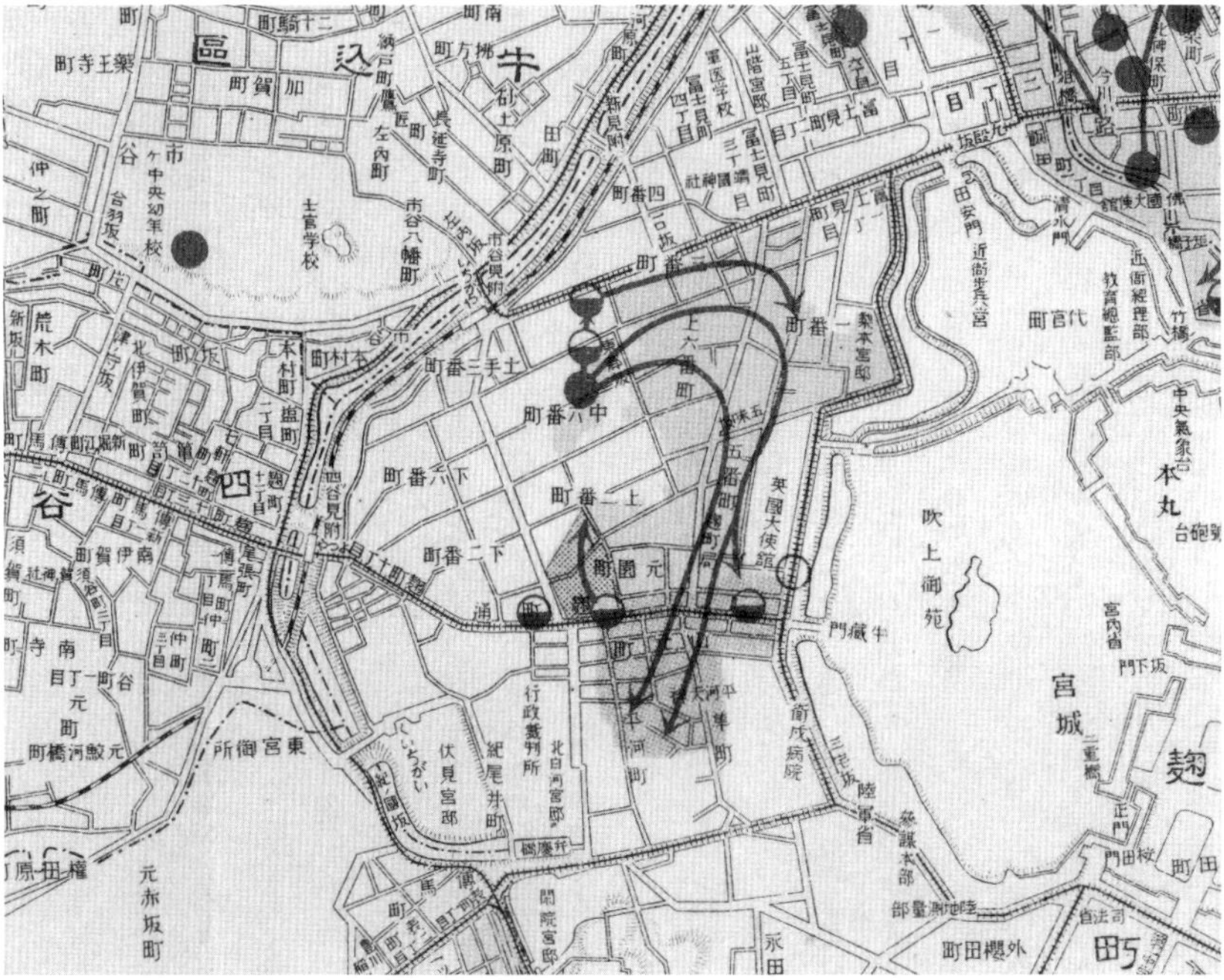

「東京市火災延焼状況図」（『大正震災志　附図』内務省社会局、一九二六・二）

在の迎賓館）付近を目指した鏡花一行は、他に〈公園の広場〉とも表現されるこの場所の〈外側の濠に向つた道傍《みちばた》〉にようやく腰を落ち着けた。ここが鏡花が二昼夜を過ごした〝露宿〟の場所である。幾万もの人々でひしめき合うなか、辺りを見渡した鏡花の目に映ったのは〈東南に、芝、品川あたりと思ふあたりから、北に千住浅草と思ふあたりまで、此の大都の三面を弧に包んで、一面の火の天〉であった。この日、芝区は京橋区の火が拡大し午後十時に延焼、浅草区は地震発生直後の一日零時頃に蔵前高等工業学校薬品室から発火した後、隅田川に沿って北進するなどして夜を徹して炎上した。『大正震災志』はその様子を〈焔煙天に漲つて、満天唯是れ火かと見られた隅田川両岸の光景は唯〻之れ地獄の絵巻に異らなかつた〉と記している。

こうして一日の夜を一睡もせずに過ごし、迎えた九月二日。〈此の日正午のころ、麹町の火は一度消えた〉という「露宿」の記載は、時刻に多少の誤差はあるものの、〈延焼時間二十五時間半で、麴町五丁目電車通りを最後に二日午後二時鎮火した〉(3)という麴町一帯の火災に触れた当時の報道からも裏付けられるが、しかし鏡花が〈其処が急所だと消口を取つた処から、再び猛然として煤のやうな煙が黒焦げに舞上つた〉とするように、治まったかと思われた火は同日午後三時頃、〈麴町五丁目一番地より忽ち発火し、須臾にして一天を焦すの猛火〉(『大正震災志』)となった。

火の不安が消えない中で二日目の野宿を余儀なくされ、疲労困憊した一行は、さすがにこの日は眠りに就いた。そして、「露宿」一篇の冒頭とされた〈二日の真夜中〉、つまり〈三日の午前三時、半ばならんとする時〉が訪れた。

深夜二時過ぎ、皆が眠りに落ちた頃、ひたすら燃えさかる業火の音が届くなか、鏡花は大路に鳴り響く〈粛然たる騎馬のひづめの音〉を聞き、〈騎士の直剣の影〉を目にする。『大正震災志』によれば東京市及び隣接五郡に戒厳令の一部が適用されたのは九月二日、同日午前中より昨日来の火災の多くは在日朝鮮人の放火によるものとする流言蜚語が飛び交い、午後になって不当な検挙や市民による暴行が相次いだためで、この混乱は深夜から払暁にかけて極度に達し、武装した自警団や民衆による行き過ぎた行動もあったという。事態を重く見た警視庁は三日、市民に向け順良な朝鮮人に対しては妄りに迫害・暴行を加えることのないよう公告し、また各警察署長に朝鮮人を極力保護するよう令を下している。四日早朝までに警察署に保護・収容された在日朝鮮人は二千三百人に上り、六日までには六千人を超えたという。それでも人心の動揺は容易に治まらず、多くの人々がいわれなき迫害にあったことは周知の通りである。

非常時に於いて増幅した猜疑心、恐怖心により、妄動へと突き動かされていく人間たち。かと思えば、炎を恐れて人々が身を寄せ合うなか、天幕の陰とはいえ、嬌声を上げて睦み合う男女の姿。

「……泊つて行けよ、泊つて行けよ。」
「可厭《いや》よ、可厭よ、可厭よう。」

声を殺して、

「あれ、おほゝゝゝ。」

やがて接吻《キッス》の音がした。天幕《テント》にほんのりとあかみが潮《さ》した。が、やがて暗く成つて、もやに沈むやうに消えた。魔の所業《なすわざ》ではない、人間の挙動《ふるまひ》である。（「露宿」）

極限下で露わとなった人間の恥部、そして暗部。やがて、鏡花はそれを嘲笑うかのような魔物の姿を〝幻視〟する。


私は膝をついて総毛立つた。

唯今、寝おびれた幼《おさない》のの、熟《じつ》と視たものに目を遣ると、狼とも、虎とも、鬼とも、魔とも分らない、凄じい面《つら》が、ずらりと並んだ。……いづれも差置いた荷の恰好《かつかう》が異類異形の相を顕したのである。

（中略）

私は䳄と云ふは此かと思つた。

其の隣、其の隣、其の上、其の下、並んで、重つて、或は青く、或は赤く、或は黒く、凡そ臼ほどの、変な、可厭《いや》な獣が幾つともなく並んだ。

皆可恐《おそろし》い夢を見て居よう。いや、其の夢の徴《しるし》であらう。（「露宿」）

しかし、それらは絶対的な〝魔〟ではなく、〝幻視〟の眼の在りようによって如何ようにも姿を変えるものであることを、鏡花は暗に示している。

爾時《そのとき》であつた。あの四谷見附の火の見櫓は、窓に血をはめたやうな両眼を睜《みひら》いて、天に冲《ちゆう》する、素裸の魔の形に変じた。

土手の松の、一樹、一幹。啊呍《あうん》に肱《ひじ》を張つて突立つた、赤き、黒き、青き鬼に見えた。が、あらず、それも、後に思へば、火を防がんがために粉骨したまふ、焦身の仁王の像であつた。

私は露を吸つて、道に立つた。

（中略）

火の見と松との間を、火の粉が、何の鳥か、鳥とともに飛び散つた。

が、炎の勢は其の頃から衰へた。火は下六番町を焼かずに消え、人の力は我が町を亡ぼさずに消した。

（「露宿」）

かつて、〈僕は明かに世に二つの大なる超自然力のあることを信ずる〉(4)として、妖怪変化の類を〈鬼神力〉、神仏の加護・利益を〈観音力〉と称した鏡花が、災禍から人と町を救ったものを敢えて〈人の力〉と表現したことは注目に値する。

なぜ、〈人の力〉なのか。

「露宿」一篇は、次のような印象的な最後で締めくくられている。

――江戸のなごりも、東京も、その大抵は焦土と成んぬ。茫々たる焼野原に、ながき夜を鳴きすだく虫は、いかに、虫は鳴くであらうか。私はそれを、人に聞くのさへ憚らるゝ。

しかはあれど、見よ。確に聞く。浅草寺の観世音は八方の火の中に、幾十万の生命《いのち》を助けて、秋の樹立もみどりにして、仁王門、五重の塔とともに、柳もしだれて、露のしたゝるばかり厳《おごそか》に気高く焼残つた。塔の上には鳩が群れ居、群れ遊ぶさうである。尚ほ聞く。花屋敷の火をのがれた象は此の塔の下に生きた。象は宝塔を背にして白い。

普賢も影向ましますか。

若有持《じやくうじ》是《ぜ》観世音菩薩名者《くわんぜおんぼさつみやうしや》。
設入大火《せつにふたいくわ》。火不《くわふ》能焼《のうせう》。
由是《ゆぜ》菩薩《ぼさつ》。威神力故《いじんりきこ》。

延焼を逃れた浅草寺の五重の塔と生き残った花屋敷の象を、白象の上に結跏趺坐する普賢菩薩になぞらえ、鏡花が助けられた命に神仏の加護を思う姿が記された名文であるが、実はこのイメージにも素材がある。「東京日日新聞」九月八日の紙面である。

虎や象と共に　浅草観音に十万人　不思議な命拾ひ　浅草の惨況

浅草方面の被害も甚だしく吉原遊郭、吾妻橋下には今なほ死体累々たる有様で人夫はその取方付けに忙殺されてゐる周囲ことごとく焼け尽くして奇跡的に残つた観音堂（山門、五重塔等付属物も）には四十五名の重傷者が呻吟し付近の広場は数万の避難者が焼け野ヶ原の跡を彷徨してゐる、寺男は「二日午前二時ごろ泉橋、隅田川、下谷、千束町方面の四ヶ所から火の手を受け全く危険におちいつた、この時避難民は堂の周囲に約十五万人集まつてをつたが象潟署員はこの人を果して出してよいかわるいかにまよつた、避難民は危険となるやわれ勝ちに上野方面さして逃げたが取りのこされたもの約十万はこと〴〵く死を覚悟し親子兄弟相いだいたまゝ観音経を念じて午前五時に漸く危険を脱した、逃げた人が却て危難にあつたかも知れませぬ」と御利やくを説く、花屋敷では出火と同時に虎その他の猛獣等を射殺し、象、子虎六疋、水鳥類を五重塔下に避難せしめその他はこと〴〵く焼けるにまかせたが鹿二頭、熊五頭、猿十数頭、その他水鳥類はをりのなかの水たまりに隠れてゐたので熊一頭を除くのほかは皆たすかり殊に子虎、象は焼け残りの暑気で大元気にたはむれてゐた、また一ぴきの鷲はをりが焼けて中空高く逃げのびたが七日午前鎮火すると同時に舞い戻つた

また、『大正震災志』にも次のような記載が見られる。

安政の震災には五重塔の九輪が傾いた、然し今回の震災には堂の甍一つだも動いたのはなかつた。内部に於ては柱楹の狂ひもあり、大修繕を要するが、外観では少しも損害した所が見えぬ。震火災後間もなく鳩が屋の棟に駢列したところを見ると、誰しも観音の霊異に思ひ及ばさゞるものはなかったであらう。

震災当時、東京市内で灰燼を免れた新聞社は東京日日新聞、報知新聞、都新聞のわずか三社であるが、管見の

限り、花屋敷の象に触れているのは「東京日日新聞」のみであり、前述の通り同紙を含む三紙以外は新聞としてほぼ機能出来ない状態であったことを考えれば、鏡花が同紙のこの記事によって「露宿」の末尾の発想を得た可能性は高い(5)。このことは、さらにその二日前の九月六日の同紙の紙面に、〈災害状況公報〉として、

△四谷署管内　四谷見付け公園、明治神宮外苑、慶應病院運動場各所路傍等に露宿しをりたる避難者の一部はそれ〴〵宿舎を定め引移り一部は郡部方面に向かひ漸次減少の状況にあり

という記事が掲載されており、〈四谷見付け公園〉の避難民に対して〈露宿〉の語が用いられていることからも裏付けられよう。

「露宿」の執筆において、鏡花が自らの耳目に残る災禍の記憶を呼び起こしつつ、可能な限り正確に書き留めようとしたであろうこと(6)は、これまでの『大正震災志』等の記録類との比較においても明らかである。しかし、その鋭利な観察眼と類稀なる記憶力とを遺憾なく発揮しつつ成立した震災体験の精緻な〝記録〟は、同時に災禍に際して〝幻視〟の眼に映し出されるものを〝魔〟の手から〝救い〟の手に昇華し得るのが他ならぬ〈人の力〉であることを敢えて自身の震災体験の体験の報告《ルポルタージュ》として描き出すことで、同時期の多くの体験の報告《ルポルタージュ》とは異なる〝震災文学〟としての可能性を拓き得た。そこに「露宿」の意義がある。

二　「露宿」の後――さまよえる「十六夜」

「露宿」が掲載された「女性」は、震災の前年である大正十一（一九二二）年四月に創刊された大阪・プラトン社発行の月刊文芸誌であり、鏡花は同年八月一日付発行の二巻二号から小説「龍胆と撫子」を長期連載中だった。〈震災特別号〉と銘打った「露宿」掲載号――つまり「女性」第四巻第四号の編集後記には、震災による東京出版業界の壊滅的な被害に触れつつ、〈本社は幸に編輯印刷所とも阪地にあつた為に、些《さ》〻の災害を蒙らず、即に当十月

特別号の如き校合印刷共に完了し、将に美装して全国読者の眷顧《けんこ》に酬いようとしてゐたのであつたが、東京雑誌協会の緊急決議に従ひ、謹んで発行日を延期すると共に更に多大の犠牲を払つて記事内容に一大変更を加へた〉とある。〈東京雑誌協会の緊急決議〉とは、同協会会員二百十一社の罹災を受け、震災被害の多寡にかかわらず九月中は雑誌発行を休止、如何なる形式にせよ大震災の記事を掲載した雑誌の発行を禁ずるとともに、十月一日以降、各ジャンルごとに期日を定めて十月号を発行・配本することで独占的な販売を抑制し、公平を図ろうとしたものであり、九月十日、幸運にも類焼を免れた講談社の社長・野間清治邸で東京雑誌協会臨時幹事会として開催され、決議された(7)。毎月一日発行の「女性」は、その奥付にある通り〈九月七日印刷納本／十月一日発行〉の予定で作業を進めていたが、この決議に従い発行日を延期すると同時に、急遽震災関連の寄稿を募り、特別ページを組んだことになる。

なお、「露宿」を含んで約九十ページに及ぶ震災特集の執筆者は鏡花の他、与謝野晶子、菊池寛、芥川龍之介、里見弴、小山内薫など総勢二十名であり、その一人である当時田端在住の室生犀星がプラトン社から原稿依頼を受けたのが九月十日であること、また、〈赤坂の某旅館〉で罹災後、鏡花宅の向かいである番町の有島邸へ入った里見弴の「二つの型を通じて」の脱稿が九月十四日であること、さらに鏡花が前掲の「東京日日新聞」の九月八日掲載の記事に作品の掉尾を飾る重要な発想を得たとすれば、「露宿」の擱筆は少なくとも同日以降となり、犀星や里見の執筆期間とそう大きく前後するものではないと考えられる。

その「東京日日新聞」夕刊に大正十二年十月一日から五日まで五回にわたって連載された「十六夜」は、同じく鏡花の〝震災もの〟である「間引菜」とともに、「露宿」の避難生活以降の鏡花の動向に触れた作品であり、タイトルは仲秋十五夜——即ち大正十二年九月二十五日の翌晩に脱稿したことに由来する。

この作品が「十六夜」となったのにには理由がある。

〈——まだ、四谷見つけの二夜の露宿から帰つたばかり……三日の午後の大雨に〉と「間引菜」冒頭部にあるように、三日の午前十時頃、東京市内の火災が一応の鎮火を見て、ほっと息を継いだのも束の間、市内は午後から豪雨となり、鏡花たちは〈大雨に弱り果てて、まだ不安ながら、破家《やぶれや》へ引返し〉（「間引菜」）た。とはいえ、〈驚破《すわ》と言へば、駈出すばかりに、障子も門も半ばあけたまゝで。……框の狭い三畳に、件の提灯に縋つた、つい鼻の先は、町も道も大きな穴のやうに皆暗い。〉（同）とあるように、震災後、東京市内は焼失区域如何を問わず全市停電、四日夜から一部の街灯に送電を開始し、翌五日夜以降は安全確認の上、可能な家屋については数を節約しての点灯が許され、鏡花が住む麴町区も一部がその対象となったという（『大正震災志』）。「露宿」には〈――小稿……まだ持出しの荷も解かず、框をすぐの小間で……こゝを草する時……〉の一条が見えるが、これは同作において、九月二日午後の麴町界隈の一時鎮火の報を受け、取り急ぎ帰宅したすゞ夫人が、〈一度内へ入つて、神棚と、せめて、一間だけもと、玄関の三畳の土を払つた〉とある場所であり、鏡花が避難生活から帰宅後、〝震災もの〟の主な執筆場所となった泉家一階玄関横の三畳間を指す。九月二十四日から二十六日の様子を描いた「十六夜」においても、二階は〈ふすまは外れる。障子の小間はびり〳〵と皆破れる。雑と掃き出したばかりで、煤もほこりも其のまゝで、まだ雨戸を開けないで置くくらゐ〉とあるから、前記の如く麴町界隈の電気は五日、水道は前日の四日に大部で復旧したものの、余震を恐れての階下中心の生活は九月下旬に至ってもなお続き、日常というにはほど遠いものだった。実際、二十六日夕刻には大きな余震が帝都を襲っているのだから、臆病を自認する鏡花には無理からぬことといえよう。

　終わりの見えない被災生活の不安は、余震ばかりのことではない。〈きのふは仲秋十五夜で、無事平安な例年にもめづらしい、一天澄渡つた明月であつた。その前夜のあの暴風雨をわすれたやうに、朝から晴れ〳〵とした、お天気模様で、辻へ立つて日を礼したほどである〉と「十六夜」の冒頭に記される如く、九月二十四日の夜、東京は颱風にみまわれた。大正十二年九月の気象庁編『気象要覧』（一九二三・一〇）によれば、ラサ島の南方で発生した颱風は二十三日、小笠原島の西に達し、二十四日夜、銚子付近を通過した。東京の最大風速は同日二十三時の二五・五米／秒、〈「今晩――十時から十一時までの間に、颱風の中心が東京を通過するから、皆さん、お気を付けなさるやうにといふ、たゞ今、警官から御注意がありました。――御注意を申します。」〉と夜警当番がすぐ窓の前を触れて通つた〉、ほぼその予測通りに襲来したことになる。

「十六夜」は、鏡花が麹町下六番町の家への帰宅以降、この非常下において接した人々の姿を写した作品である。妻とともに乳飲み子を抱えて焼け出されながらも鏡花を見舞い、年季の入った裁縫屋《したてや》でありながら荷車を引いて糊口をしのぎつつ、〈何をしたつて身体《からだ》さえ働かせりや、彼女《あれ》に食はせて、乳はのまされます〉と語っていった泉家の元女中の夫。やはり〈猿楽町の住居《すまい》はもとより、宝生の舞台をはじめ、芝の琴平町に、意気な稽古所の二階屋があつたが、それもこれも皆灰燼し〉ながら、〈親類うちで一軒でも焼けなかつたのがお手柄だ〉と逆に類焼を免れた鏡花を労った、母方の従兄弟で能楽師の松本長《ながし》らの前向きな言動。そして、さらにその背後で彼らを支えた人々――この裁縫屋に対価なしで荷車を貸してくれた見ず知らずの親仁や、震災発生時、木曽に赴き留守だった長に代わり、子供たちを守った彼の妻や、伝来の面を持ち出してくれた弟子の存在などを通して、我が身の被災の現実を受け入れ、前に進もうとする人々の健気さを、鏡花の筆はあたたかく描き出す。

とはいえ、大災害の後の生活は、決して安穏としたものではなかった。風呂を焚く煙の匂いでうっかり近所を脅かしてしまった老人や、荷車を曳く馬を放置してしまった馬方などはご愛敬だが、騒ぎが起こるたびに駆けつける〈警備隊〉や〈在郷軍人〉の存在、そして何より鏡花自身が同じ下六番町の水上瀧太郎とともに〈夜警当番〉に立っている事実は、とりあえずの平安が自警によってようやく保たれていることを示唆している。『大正震災志』には〈火災を免れた地域では当初より在郷軍人・青年団員等が競つて自警団を組織し、火災盗難の予防に当つたが、鮮人に関する浮説の喧伝されるとともに、震火災に依りて神経の鋭敏となつた人々は頗る激昂し、混乱に乗じて暴行を働くものさへあつたので、一般人の凶器を携帯することを厳禁し、警察及軍憲指導の下に各々町内の自警に任ぜしむることとした〉とあり、鏡花もその背景の闇については〈折れて飛んだ青い銀杏の一枝が、ざぶりく〵と雨を灌いで、波状に宙を舞ふ形は、流言の鬼の憑ものがしたやうに、「騒ぐな、おのれ等――鎮まれ、鎮まれ。」と告《の》つて圧すやうであつた〉（「十六夜」）と触れずにはいられない。

本来ならば九月二十五日の夜――十五夜に〈明月〉あるいは〈良夜〉と題して起稿されるはずであったこの作品が〈十六夜〉となったのは、鏡花自身、〈その翌日――十六夜にも、また晩方強震があつた――おびえながら、この記をつゞる〉とするように、未だ情勢穏やかならぬなかでの執筆の遅延によるものであることはさることながら、躊躇《ためら》い出る月に現在の自身の姿を重ねつつ、颱風に吹き上げられて〈散る柳〉や〈落つる木の葉〉が、まるで〈無慙にもはかなくなつた幾万の人たち〉の〈焼けし黒髪〉と〈焦げし心臓〉が〈宙にさまよふと見ゆる〉のを〈撫で慰さむる〉という鎮魂の想いを、十五夜の〈一天澄渡つた明月〉よりも〈かうく〵しく〉〈やさしく〉照らす十六夜の月に託したものであることは、もはや明白であろう。

三　相対化される〝怪異〟――「間引菜」を読む

三・一一の後、鏡花の〝震災もの〟にいち早く着目したのが〝怪談〟というジャンルであることは既に述べた。〈死者を忘れないこと、覚えていること――これこそが、怪談が死者に手向ける慰霊と鎮魂の営為であるということの要諦なのだろう〉（東雅夫『なぜ怪談は百年ごとに流行るのか』二〇一一・八　学研新書）という観点から、〝死〟と密接なかかわりを持つ〝怪談〟というジャンルが、いち早く〝震災文学〟――しかも〈お化けの隊長〉〈怪談の親玉〉などの異名を取るほど〈おばけずき〉で知られた鏡花の〝震災もの〟に着眼したのは自然な流れといえよう。

しかし、ここに人間の不信・不安によって生み出されたあり得べからざるものとして〝怪異〟を描き出す、異色の鏡花作品がある。その執筆順は不明ながら[8]、「十六夜」より遅れて大正十二年十一月発行の「週刊朝日」に掲載されたもう一つの鏡花の〝震災もの〟――「間引菜」である。

「間引菜」は、その冒頭部で〈電灯が点くやうに成ると、人間は横着で、どうしてあんなだつたらうと思ふ〉とあるように、〝露宿〟から下六番町の家に帰還した九月三日以降、送電が復旧するまで提灯の明かりを頼りに過ごした数日間に泉家を脅かしたある〝怪異〟に材を取りつつ、暗闇が人々の不安を煽り、妄動を生み出すさまを描いた作品である。

その〝怪異〟とは――車麩《くるまぶ》の紛失。

帰宅したものの、予期せぬ災害で備蓄もないまま、顔見知りの店で譲ってもらいようやく手に入れた車麩が忽然と姿を消した。思い当たるのは早速晩飯のおかずにして、眠りに就いた昨夜、となりの女中部屋や奥の八畳の座敷から聞こえた〈がさり〉という物音の主――鼠である。通常なら〈魑魅《ちみ》を消す光明〉である電灯をつけて追い払うところだが、今は提灯の灯のみ。〈鼠ならそれまでだけれど……〉と、荒らされた割には麩の欠らや粉さえ見当たらない不思議さに、〈薄気味を悪がる〉妻や女中たちの〈あやかしにでも、憑かれたやうな暗い顔〉の〈その目の色のたゞならないのを見て、私も心細く寂しかつた〉という鏡花は、その心境をこう記している。


この時の鼠の憎さは、近頃、片腹痛く、苦笑をさせられる、あの流言蜚語とかを逞しうして、女小児《こども》を脅かす輩《ともがら》の憎さとおなじであつた。

（「間引菜」）


鏡花が以下に続けた〈流言蜚語〉とは次のようなものだ。

例えば、地震による断水後、人々が頼りにした番町の井戸に三毛猫の死骸が投げ込まれたという話。見知らぬ女の貰い水を断った、その翌朝のことだというが、その晩、町内の夜番に出た鏡花の耳に入った時には、毒の入った井戸水で三人死んだという話になっていた。さらにその翌日には本郷から見舞いに来た友人までもが知っていた。が、〈実の処は、単に其の猫の死体と云ふのさへ、自分で見たものはなかつたのである〉。

それから、公園地として造成中だったために下町の人々が避難先として参集した結果、その後に起こった火災旋風によって約四万人が犠牲となった本所の陸軍被服廠跡。すでに九月五日付の「東京日日新聞」でも報道されたその惨状の現場に立ったお救小屋に、闇の夜に幽霊が現れるというが、小屋内の人々が恐怖で一斉に突っ伏す、〈その混乱のあとには、持出した家財金目のものが少からず紛失した〉という。とある講談に同じようなくだりがあって、若い女だという幽霊を捕まえてみると、実は老婆で、黒塀の板を剝がして背負い、いざという時には夜目の隠れ蓑としていた……というような話を鏡花が夜番で語ったところ、それを聞いた男が三日と経たないうちに今回の震災の逸話として触れ回っていた。

果ては〈第一震以上の揺かへし〉だの〈大海嘯《おおつなみ》〉だのと、まことしやかに口にする予言者たち。

これに対し、中国明代末期の随筆集「五雑組」に登場する、鼠による再三の死の予言も相手にせず、終には鼠の方が死に至ったという王周南の例を示して、〈流言の蠅、蜚語の鼠、そこらの予言者に対するには、周南先生の流儀に限る〉と、他と自らを戒める鏡花。「間引菜」にこれ以上の引用はないものの、〈怪しいものを見ても怪しまなければ、其の怪しいものは、自ら壊れてしまう〉[9]という諺で締めくくられるこの鼠の章を、〈流言の蠅、蜚語の鼠〉へのあるべき姿勢として「五雑組」から選び出した鏡花の視線は興味深い。時には〈しかし五月蠅《うるさ》いよ〉と横行する流言蜚語を一蹴する背景には、鏡花が闇夜で目にした、忘れがたい光景があった。

> たゞ四角なる辻の夜警のあたりに、ちら〳〵と灯の見えるのも、うら枯れつゝも散残つた百日紅の四五輪に、可恐《おそろし》い夕立雲の崩れかゝつた状である。
>
> と、時々その中から、黒く抜出して、跫音《あしおと》を沈めて来て、門を通りすぎるかとすれば、閃々《きらきら》と薄《すすき》のやうなものが光つて消える。
>
> 白刃を提げ、素槍を構へて行くのである。こんなのは、やがて大叱られに叱られて、束にしてお取上げに成つたが……然うであらう。
>
> ——記録は慎まなければ成らない。——此のあたりで、白刃の往来するを見たは事実である。……けれども、

敵《かたき》は唯、宵闇の暗さであつた。

其の暗夜から、風が颯と吹通す。……初嵐……可懐《なつかし》い秋の声も、いまは遠く遥に隅田川を渡る数万の霊の叫喚である。……蠟燭がじりぐ\とまた滅入る。（「間引菜」）

非常下で増幅した猜疑心により、〈民衆の自警団は到る処に設けられ、刀を帯び、棍棒を携へ、関門を作りて通行人を誰何し、朝鮮人を迫害するのみならず、神経昂奮の極、無辜の民を殺傷するものさへ少からず、物情騒然として殆んど無警察の観〉（『大正震災志』）であったことは既に触れた。鏡花が「露宿」そして「十六夜」においても看過できなかったこれらの妄動、そして〝記録〟として詳細は明記されないながらもその背後にあった悲劇は、鏡花の〝震災もの〟執筆に際して向き合わざるを得ない要諦の一つとなり、それらを生み出した〈敵〉——即ち〈宵闇の暗さ〉は、その象徴たる〝怪異〟とともに鏡花の厳しい批評の的となった。鎮火前、天を蔽う黒煙を〈魔鳥《まちよう》〉に見立てた目にその頭と見えた炎が、空が白むにしたがって〈其の真黒な翼と戦ふ、緋の鶏《とり》のとさかに似た〉とし、〈これ、夜のあくるにつれての人間の意気である〉と、命の営みを続ける人々の力——〈人の力〉を讃えた鏡花にとって、人心を惑わす〈暗闇〉としての〝怪異〟は、〝震災もの〟において払拭されるべきものとして描かれざるを得なかったのである。

泉家をゆるやかに襲った〝怪異〟——つまり、〈車麩の行方は、やがて知れた。魔が奪つたのでも何でもない。地震騒ぎのがらくただの、風呂敷包を、ごつたにした、か積重ねた床の間の奥の隅の方に引込んであつたのを後に見つけた。畜生。水道が出て、電灯がついて、豆府屋が来るから、もう気が強いぞ〉。〈……歯がたの着いた、そんなものは、掃溜へ打棄つた〉ものの、近所の幼い子が庭に拵えた箱庭のような築山を昼日中、地震のあと増えた鼠が何周かして帰っていく様子を語った七歳の子のいたいけな言葉が、図らずもふたたび鏡花を脅かす。

「……車麩だつてさ……持つて来たよ。あの、坊のお庭へ。——山のね、山のまはりを引張るの。……車の真似だか、あの、オートバイだか、電車の真似だか、ガツタン、ガツタン、がう……」（「間引菜」）

もはや、日の光の下でまで傍若無人にふるまい始めた〝怪異〟——〝流言に憑いた鼠〟を払い得るものは何なのか。それは鼬であったと鏡花は記す。〈不断は、あまり評判のよくない獣《やつ》〉としながらも、鏡花はある童話になぞらえて彼を鼠を退治する〈勇者〉として次のように讃え、「間引菜」一篇の末尾としている。

　かの、（リノキ、チツキテビー）よ。わが鼬将軍よ。いたづらに鳥など構ふな。毒蛇《コブラ》を咬倒したあとは、希くは鼠を猟れ。蠅では役不足であらうも知れない。きみは獣中の隼である。……　（「間引菜」）

〈リノキ、チッキテビー〉[10]とは、イギリスの作家で一九〇七年にイギリス人として最初にノーベル賞を受賞したジョゼフ・ラドヤード・キップリング（一八六五—一九三六）の童話の主人公の鼬の名であり、日本でも「リッキ、チッキ、テビー」のタイトルで、鈴木三重吉が創刊した児童雑誌「赤い鳥」の第六巻第二号から第六号（一九二一・二―六）まで小島政二郎の訳で掲載されている。自身が生まれ育ったイギリス統治下のインドを舞台にした作品や児童文学で知られるが、この作品も鼬《マングース》のリッキ、チッキ、テビーが彼の命を救った人間の母子を守るべく、毒蛇《コブラ》と闘って勝利するという物語であり、彼の活躍により、以降この家の庭に毒蛇は現れなくなった。同じように鼬によって〈流言の蠅、蜚語の鼠〉が駆逐された時、人々は本来の姿を取り戻し、平穏な日常を手にすることが出来よう。それは鏡花自身、ふたたび〝怪異〟の筆を執ることをも意味しているのかもしれない。

鏡花怪談の傑作として名高い「眉かくしの霊」が震災翌年の大正十三年五月に発表された如く、鏡花がその後も〝怪異〟を描き続けたことはいうまでもなく、むしろその筆はますます冴えた。「自動車に乗る鼠——泉鏡花『半島一奇抄』が描き出す怪異」（「論樹」第二八号　二〇一六・一二）において、大正十五年十月に発表された大正期最後の作品「半島一奇抄」を論じた清水潤氏は、この作品を〈虚構世界としての完成度が高いとは言い難い〉としながらも、〈鼠が自動車に乗って人間を脅かすという荒唐無稽な悪夢、正に怪異と呼ぶよりない出来事が生じる状況こそが、震災の記憶がまだ鮮明な時期に発表された本作の主眼であっただろう〉、つまり〈「半島一奇抄」は〈あるいは、本作を含めた後期鏡花小説は）価値基準の「転覆・解体」が眼前で起きた状況を前提とし、いわば、従来の「物語」の方法論が無効化されてしまった地点から怪異を描き出す〉ところにその特質があるとし、〈禍々しい鼠に対する怯えが作品を貫く重要な要素となる〉と、この作品に描かれた〝怪異〟の原点に触れている。少々私見に引き寄せつつ言い換えれば、「間引菜」に描かれた鼠の〝怪異〟は、震災から三年を経た「半島一奇抄」において、ようやく〈流言の蝿、蜚語の鼠〉の脅威から解き放たれたところで享受可能な〝怪異〟として昇華し得たとみなすことができるのではないか。そして、「露宿」「十六夜」「間引菜」といった鏡花の〝震災もの〟は、極限下においても自らが描くべきもの、また描き得るものにかなり自覚的であった一人の作家の、書くことへの姿勢を如実に体現した作品群として再読されてはじめて体験の報告《ルポルタージュ》をはるかに超える意味を持つ。

注

（1）〈内務省警保局編纂『大正震災誌』〉とあるが、〈内務省社会局編纂『大正震災志』〉の誤記である。なお、吉田氏の他の「露宿」論においては正しく記載されている。

（2）前田潤『地震と文学――災厄と共に生きていくための文学史』（二〇一六・八　笠間書院）。なお、本書からは関東大震災に関わる参考書籍など、多くの示唆を受けた。

（3）大正十二年九月四日付「大阪毎日新聞」夕刊（『大正ニュース事典』一九八八・九　毎日コミュニケーションズ）

（4）泉鏡花「おばけずきのいはれ少々と処女作」（一九〇七・五）

（5）なお、泉鏡花記念館所蔵の「露宿」自筆原稿の冒頭部分には、当初〈夜は露宿をする覚悟して〉と記されていた。鏡花が「露宿」を執筆するにあたり、情報源として「東京日日新聞」がかなりのウエイトを占めていたと推測される。

（6）それは正確を期すために必要に応じて、出来得る限りの確認を取りつつの作業であったであろうことは、〈……地震とともに焼出した中六番町の火が……いま言つた、三日の真夜中に及んで、約二十六時間。尚ほ熾に燃えたのであつた。〉の〈約二十六時間〉が、鏡花が「露宿」を成稿した後、推敲によって書き込まれていることが、自筆原稿で確認できることからも窺えよう。

（7） 橋本求編『日本出版販売史』（一九六四・一　講談社）

（8） なお、「露宿」には泉鏡花記念館所蔵の自筆原稿の他に、泉名月氏旧蔵の草稿二枚が現存しており、「露宿」と「間引菜」が当初、ひと続きの作品として構想されていた形跡がうかがえる。この点に関しては別稿を期したい。

（9） 入矢義高編『中国古典文学大系五五　近世随筆集』（一九七一・九　平凡社）収録の訳文による。

（10） 既に弦巻克二「関東大震災と鏡花」（「ことばとことのは」第一〇集　一九九三・一二　あめつち會編　和泉書院）において指摘されているが、岩波書店『鏡花全集』巻二七（一九七六・一）収録以降、リノキ、チッキテビー）と誤植されている。

付記

＊作品の引用は岩波書店版『鏡花全集』巻二七に拠り、旧字体は新字体に改め、ルビは適宜省略した。なお、本稿は、日本近代文学会北陸支部会（二〇一一・九・一七　於しいのき迎賓館）、及び第五八回泉鏡花研究会大会（二〇一二・一一・一七　於石川近代文学館）における口頭発表に基づく。貴重なご教示をいただいた各会員諸氏に記して感謝したい。

神秘のあらわれるとき
――小林秀雄「信ずることと知ること」をめぐって

権田和士

小林秀雄に「信ずることと知ること」という文章がある。一九七四年八月に国民文化研究会において行われた「信ずることと考えること」という講演を元に、国民文化研究会発行の『日本への回帰』（一九七五年三月）に「信ずることと知ること」と改題の上掲載され、のちに加筆修正されたものが『諸君！』（一九七六年七月号）に発表され、さらに訂正を加えて『新訂小林秀雄全集別巻Ⅰ』（新潮社　一九七九年刊）に収められたものである。(1) 冒頭で小林は当時話題になっていたユリ・ゲラーの念力の実験に触れ、「念力といふやうな超自然的現象を頭から否定する考へは、私にはありませんでした」と言っている。今日出海の父が心霊学の研究家でインドの神秘家クリシュナムルティの会員であったことから、小林は青年期から超自然的現象に親しんでいたという。小林はそのような超自然的現象にどのように向き合うべきかを考える必要があると言い、前半部でベルグソンが心霊研究会で行った講演を紹介し、後半では柳田國男について論じている。(2)

一　ベルグソンと小林秀雄

「信ずることと知ること」の冒頭部で小林が紹介しているのは一九一三年にロンドンの心霊研究会で行われた

「『生きている人のまぼろし』と『心霊研究』」である。[3] ベルグソンはこの講演で「心霊学」に対する偏見、特に「科学の名において」否定する「半学者」たちの反対意見の背後の「無意識にある形而上学」、すなわち脳の動きと心の動きとが同等であるとする心身平行説の「通俗性」を批判する。一方で、心霊研究の方法についても、「テレパシーが現実のものであるなら、それは自然のものである」から自然科学と同様の方法を採用しなければならないのに、歴史学と予審判事の方法の中間にあり、そのことが人を不快にさせるとも指摘している。ベルグソンが講演の冒頭で触れたエピソードを小林は次のように紹介している。

> ベルグソンが或る大きな会議に出席してゐた時、たまたま話が精神感応の問題に及んだ。或るフランスの名高い医者も出席してゐたが、一婦人がこの医者に向つてかういふ話をした。この前の戦争の時、夫が遠い戦場で戦死した。私はその時、パリにゐたが、丁度その時刻に夫が塹壕で斃れたところを夢に見た。それをとりまいてゐる数人の兵士の顔まで見た。後でよく調べてみると、丁度その時刻に、夫は夫人が見た通りの恰好で、周りを数人の同僚の兵士に取りかこまれて、死んだ事が解つた。この問題に関するベルグソンの根本の考へは実に簡明なのです。
>
> この光景を夫人が頭の中に勝手に描き出したものと考へることは大変むづかしい。と言ふよりそれは殆ど不可能な仮説だ。どんな沢山の人の顔を描いた経験を持つ画家も、見た事もないたつた一人の人の顔を、想像裡に描き出す事は出来ない。見知らぬ兵士の顔を夢で見た夫人は、この画家と同じ状態にあつたでせう。それなら、さういふ夢を見たとは、たしかに精神感応と呼んでもいゝやうな、未だはつきりとは知られない力によつて、直接見たに違ひない。さう仮定してみる方が、よほど自然だし、理にかなつてゐる、と言ふ考へなのです。

このような小林の紹介では、ベルグソンがこの講演で紹介している夫人の事例をテレパシーによって見た夢として認めているかのように思われてしまうだろう。ベルグソンがこの講演で批判している医者は、夫が死ぬときの正確なまぼろしを見たという夫人の話を本当であると保証すると言いながら、一方でそのようなまぼろしが間違っていた場合も数多くあることから、夫人の事例は偶然の一致にすぎないと主張していた。ベルグソンはこの医者の話を「具体的な生きた光景の叙述」を真実か誤りかという「乾いた抽象的なことば」に置き換えたものであると批判した上で、次のように述べていた。

画家が自分の幻想にたよってカンバスに戦闘の一隅を描く場合に、偶然によって、実際にその日戦闘に参加している現実の兵士たちの肖像を描き、動作をその通りに描くことがありうると考えられるでしょうか。もちろん考えられません。（中略）ところが、戦闘の一場面をまぼろしに見た婦人は、この画家と同じ状況にあります。彼女の想像力が一つの絵を書いたのです。その絵が現実の場面の再生であったなら、どうしても彼女がその場面を知覚したこと、あるいはその場面を知覚した意識と彼女との間につながりがあったことが必要になります。「真実な場合」の数を「誤っている場合」の数と比較することなどはいらないことです。統計はここには何の関係もないのです。（中略）だから、もしその医者と議論するのだったら、わたしはこう言ったことでしょう。「あなたが聞いた話が信用できるものかどうかわたしは知りません。その婦人が遠いところで繰りひろげられた場面を正確にまぼろしに見たのかどうか、わたしは知りません。しかしもしその点が証明されれば、そしてもしその場面にあらわれる彼女の知らない兵士の人相が現実のままに彼女に見えたということさえ、わたしが確信できたなら――そのときには、たとえ何千も誤ったまぼろしのあったことが証明されても、またたとえこれ以外に真実のまぼろしはなかったとしてもわたしはテレパシーの実在が厳密に決定的に立証されたものと考えるでしょう。あるいはもっと一般的に言えば、わたしたちの感覚のはたらきをひろげるすべての機械を使ってもとどかない物やできごとを、知覚する可能性が立証されたと考えるのです」と。

（傍点引用者）

「戦闘の一場面をまぼろしに見た婦人は」「自分の幻想にたよってカンバスに戦闘の一隅を描く」画家と同じ状

況にあるから、その幻想が事実と全く同じであったとは考えられないが、もしそれが証明されたなら、「テレパシーの実在」が決定的になる、というのがベルグソンの考えであろう。もちろんここでベルグソンが「テレパシーの実在」を立証する決定的な証拠となる事実は報告されていない。とするならば、これらの発言は、むしろベルグソンが「テレパシーの実在」を認めることはできないと考えていたことを示唆しているのではないだろうか。ところがさきに見た小林による要約では、この夫人が「精神感応」によって直接見たに違いないと仮定したほうが理にかなっているとベルグソンが考えていたかのように紹介されている。これは正確な紹介とは言えない。小林の評論には時折このような意図的とも思われる誤読が見られるが、(4)こうした場合の小林は正確さを犠牲にしても自身の考えを示していると考えてよい。ここでは小林はベルグソンを論じているのでなく、自己の信念を語っている。小林の「批評」の注意すべき特徴である。

ベルグソンは続けて、「心霊研究」を遅らせてきた原因として「近代科学」の性質を取り上げる。ベルグソンの講演の趣旨はこの「近代科学」の方法が精神的なものの研究にそぐわないことを示すことにあるようにみえる。

ベルグソンはまず「近代科学」が観察や実験の方法を「計量」に縮減することで発達してきたことを指摘する。ところが精神的なものの本質は計量にゆだねられないという点にあることから、近代科学は精神を対象とする際、計量できる脳の動きと精神現象が平行すると仮定して研究を進めてきたとする。『物質と記憶』で検討された失語症の研究から、ベルグソンは「事実を先入観なく検討すると、平行関係の仮説は確認されないし、暗示されもしない」と言う。ベルグソンによれば、脳は感覚と運動の器官であり、過去の表象やイメージを保存しているのではなく、「脳の役割は、精神が回想を必要とするときに、身体が精神のために、必要な回想に適当な枠となるような態度、あるいは運動のはじまりを起こすようにすること」にある。また記憶とは異なる心的な働きである意識についても「意識は脳の機能ではないとしても、少なくとも脳は意識をわたしたちが生きている世界に固定させます。脳は生活に注意を向ける器官であります」と述べている。脳は記憶や意識を現在の生活に集中させる器官であるとベルグソンは考える。

私たちの過去の全体が記憶の中にあるのだが、脳の機能は現在の生にとって有用な回想だけを思い出させることにあるとベルグソンは言う。山から滑り落ちる登山者や撃たれて死ぬと感じる兵士がそれまでの生涯の全体をパノラマのように見ることがあるというのは、彼らに現在の生に対する突然の無関心が生じ、生活への注意（自然によって強制される人類に共通な恒常的注意）がゆるんで過去が湧出したものと考えることができるという。知覚についても同様で「わたしたちは実際に知覚するよりもはるかに多くのものを潜在的に知覚し、ここでも身体の役割は意識からすべてわたしたちに実際の利益がないもの、すべてわたしたちの行動に役立たないものを遠ざける役割だと思います」と言っている。だから、逆にこの生活に対する注意が何らかの理由でゆるむと、無用な回想が意識に入り込み、「まぼろし」があらわれるとベルグソンは考える。

脳の機能を分析したこの部分について小林は正確にベルグソンの議論を踏襲しており、ベルグソンの考え方は同時代の無意識心理学と共振する性質があることも指摘している。小林がベルグソンの講演を紹介するさいに触れていないのは、ベルグソンが講演の最後に言及している「数学」と「近代科学」への信頼である。

ベルグソンは講演の最後で、私たちが生きている世界の認識のために数学が与えうるすべてのものを数学から引き出して出発することが必要であったとして、「正確さ、厳密さ、証明の配慮、単に可能的蓋然的なものと確実なものとを区別する習慣」を挙げている。そして「直接精神のことに向かう科学が存在したとすれば、どんなに進んでいても、不確実でばく然としたものだったことでしょう。おそらくその科学には、単にもっともらしいものと、決定的に受けいれるべきものとを区別することが、決してできなかったことでしょう」と言う。そして数学と近代科学によって物質が研究されていることにより、そのような区別が現在は可能になっているので、心理的現実という未開拓の分野に入っていく準備ができている、と述べ講演を閉じている。

こうして実際にベルグソンの講演を読むと、ベルグソンが数学と近代科学の方法から離れることはできないと考えていたことが分かる。そして「心理的現実」を正確に厳密に確実に証明できるかたちで進めていくことを心霊研究会メンバーに要請しているものと言えるだろう。しかし数学と近代科学に対するベルグソンの信頼について小林は触れようとせず、次のように近代科学に対する不信を語ってしまう。

ベルグソンにしても、理性を傾けて説いてゐるのです。けれども、これは科学的理性ではない。僕らの持つて生れた理性です。科学は、この持つて生れた理性といふものに加工をほどこし、科学的方法とする。計量できる能力と、間違ひなく働く智慧とは違ひませう。学問の種類は非常に多い。近代科学だけが学問ではない。その狭隘な方法だけでは、どうにもならぬ学問もある。

小林はベルグソンの思考を「科学的理性ではない」といい、また近代科学の方法を「計量できる能力」と置き換えているが、ベルグソンは数学が人類にもたらしたすべてのものが世界の認識に必要であると言っており、科学的理性を決して手放さない。正確さ、厳密さ、確実性と蓋然性の区別、そして証明の必要、これらを失ったら学問は成立しない。これらは自然科学だけでなく、人文社会系の学問でも同様であろう。小林は批評家だからこれらのものへの配慮を必須としないと考えていたのだろうか。批評も論理を表現の骨格とするジャンルであるから、対象を分析する際に正確さや厳密さを失えば、その説得力は損なわれてしまうはずだが、小林の批評のおもしろさは、説得力が損なわれるまさにその場面で小林の思想と信念が露呈するところにある。

ベルグソンは小林が青年期から愛読し続けた哲学者であり、『本居宣長』執筆以前に一九五八年から五年にわたり「感想」と題してベルグソン論を執筆したが、それが結局のところ挫折したのも、ここに確認した、ベルグソンと小林の決定的な差異によるものと思われる。小林は先に引用した部分で、学問の種類は非常に多く、近代科学の方法論ではどうにもならない学問もあると言っていたが、「信ずることと知ること」の後半では柳田國男論が展開される。民俗学は近代科学の方法論ではどうにもならぬ学問と小林が考えていたとしても不思議ではない。実際に小林は「信ずることと知ること」の初稿版では「民俗学も一つの学問だけれども、科学ではありません。

科学の方法みたいな、あんな狭苦しい方法では、民俗学という学問はできない(5)」と言っている。次節では「信ずることと知ること」の後半部で言及されている小林の柳田國男論を検討したい。

二　柳田國男と小林秀雄

小林は柳田國男を論ずるにあたって、『故郷七十年』（一九五九年刊）の「ある神秘な暗示」として語られているエピソードを紹介する。柳田は十三歳から二年ほど親元を離れ、茨城県の布川町にある長兄の家に預けられていた。その隣家の奥の庭にあった祠を開けた際に柳田は神秘的体験をしたという。長くなるが『故郷七十年』から引用しておきたい(6)。

> 小川といふ家はそのころ三代目で、初代のお爺さんは茨城の水戸の方から移住して来た偉いお医者さんであつた。その人のお母さんになる老媼を祀つたのがこの石の祠だといふ話で、つまりお祖母さんを屋敷の神様として祀つてあるわけである。
>
> この祠の中がどうなつてゐるのか、いたづらだつた十四歳の私は一度石の扉をあけたいと思つてゐた。たしか春の日だつたと思ふ。人に見つかれば叱られるので、誰もゐない時恐る〳〵それをあけてみた。そしたら一握りくらゐの大きさの、じつに綺麗な蠟石の珠が一つをさまつてゐた。その珠をことんとはめ込むやうに石が彫つてあつた。後で聞いて判つたのだが、そのおばあさんが、どういふわけか中風で寝てからその珠をしよつちゆう撫でまはしてをつたさうだ。それで後にこのおばあさんを記念するのには、この珠がいちばんいゝ、といつて、孫に当る人がその祠の中に収めたのだとか。そのころとしてはずゐぶん新しい考へ方であつた。
>
> その美しい珠をそうつと覗いたとき、フーッと興奮してしまつて、何ともいへない妙な気分になつて、ど

うしてさうしたのか今でもわからないが、私はしやがんだまゝよく晴れた青い空を見上げたのだつた。するとお星様が見えるのだ。今も鮮やかに覚えてゐるが、じつに澄み切つた青い空で、そこにたしかに数十の星を見たのである。昼間見えないはずだがと思つて、子供心にいろ〳〵考へてゐた。そのころ少しばかり私が天文のことを知つてゐたので、今ごろ見えるとしたら自分らの知つてゐる星ぢやないんだから、別にさがしまはる必要はないといふ心持を取り戻した。

今考へ直してみても、あれはたしかに異常心理だつたと思ふ。だれもゐない所で、御幣か鏡が入つてゐるんだらうと思つてあけたところ、そんなきれいな珠があつたので、非常に強く感動したものらしい。もしだれかそこにもう一人、人がゐたら背中をどやされて眼をさまされたやうな、そんなぼんやりした気分になってゐるその時に、突然高い空で鵯がピーッと鳴いて通つた。さうしたらその拍子に身がギュッと引きしまつて、初めて人心地がついたのだつた。あの時に鵯が鳴かなかつたら、私はあのまゝ気が変になつてゐたんぢやないかと思ふのである。

両親が郷里から布川へ来るまでは、子供の癖に一際違つた境遇におかれてゐたが、あんな風でながくゐてはいけなかつたかも知れない。幸ひにして私はその後実際生活の苦労をしたので救はれた。

柳田は白昼の青空に星を見たと、その幻視体験を語っているが、それを明確に「異常心理」と呼んでいる。そして自身の布川での境遇から離れて実際生活の苦労によって「救われた」とも言っている。引用に続く部分でも「また違つた境遇を経たので、すつかり布川で経験した異常心理を忘れることができた」と言い、「郷里の親に手紙を書いてゐなければならなかつたやうな二ヶ年間が危かつたやうな気がする」とも述べている。小林はこのエピソードを読んだ感想を次のように語る。

私はそれを読んだ時、感動しました。柳田さんといふ人が分つたといふ風に感じました。鵯が鳴かなかつたら発狂したであらうといふやうな、さういふ柳田さんの感受性が、その学問のうちで大きな役割を果たしてゐる事を感じたのです。柳田さんには沢山の弟子があり、その学問の実証的方法は受継いだであらうが、このやうな柳田さんが持つて生れた感受性を受継ぐわけには参らなかつたであらう。それなら、柳田さんの学問には、柳田さんの死とともに死ななければならぬものがあつたに違ひない。

小林は柳田の幻視体験に強く動かされたようである。小林はこの柳田の文章に柳田固有の感受性を認め、柳田の民俗学はその感受性を核に持ち、これを共有することができない以上、彼の命とともに終わるものがあったという。ここには、共有可能なものでなく、共有不可能な個性を狙う小林という批評家の志向が表れている。柳田自身はそれを「異常心理」と呼んでいるが、その「異常心理」の強烈なリアリティの記憶が柳田の民俗学研究を駆動していたと考えるのは決して不自然ではない。柳田の感受性がその学問において重要な役割を担っていたという小林の発言はそのことを指摘したものであろう。

小林はさらに続けて「少年が、その珠を見て怪しい気持ちになつたのは、真昼の春の空に星のかがやくのを見たやうに、珠に宿つたおばあさんの魂を見たからでせう。柳田さん自身それを少しも疑つてはゐない」と言うが、柳田が「珠に宿つたおばあさんの魂を見た」という小林の理解には注意を払っておきたい。小林の読みは説得力があり、魅力的であるとも思うが、柳田が少年時に「真昼の春の空に星のかがやくのを見た」のは間違いないとしても、その時「珠に宿つたおばあさんの魂を見た」と言えるのかどうか、柳田論として適切かどうかまでは、これだけでは判断できない。

柳田自身の文章では、幼い柳田が禁を犯して扉を開けると、予想していた「御幣か鏡」ではなく、「きれいな珠」があったことで「非常に強く感動したものらしい」と述べるに止まっている。もちろんこの文章を「ある神秘な暗示」と題した柳田には、小林の言うように「自分の経験した異常な直観が悟性的判断を越えてゐるからと言つて、この経験を軽んずる理由にはならぬといふ態度」が確かにある。この神秘的経験が柳田にとって重要な「暗示」となっていたことは、同じ体験が既に「幻覚の実験」（一九三六年四月　『妖怪談義』〈修道社　一九五六年〉所収）

と題して詳細に語られていたことからも分かる。ただし、こちらでは『故郷七十年』とは少し異なった形で語られている。

「幻覚の実験」では白昼に星を見たのは石の祠を開けた時ではなく、それから半月か三週間後に起こったこととして書かれている。もちろん「幻覚の実験」でも石の祠を開けた際のことは『故郷七十年』と同様に「弊も鏡も無くて、単に中央を彫り窪めて、径五寸ばかりの石の球が嵌め込んであつた。不思議でたまらなかつた」とはっきりと記されている。ただし「幻覚の実験」では、これは白昼に星を見るという「幻覚」体験の心理的準備となった出来事として位置づけられている。事件が起こったのは祠を開けて「半月か三週間のうち」のことで、「丸い石の球」のことは少しも考えずに、祠の前の土を掘り返していたところ、「不意にきら〳〵と光る」寛永通宝の、磨かれたかと思うほどの美しい古銭が出て来て、「何ともいひ現せないやうな妙な気持」になり、「暫らくは只呆然とした気持ちになつた」という。その直後に起こった「幻覚の実験」を次のように記している。

私はこの時しやがんだまゝで、首をねぢ向けて青空のまん中より少し東へ下つたあたりを見た。今でも鮮かに覚えて居るが、実に澄み切つた青い空であつて、日輪の有りどころよりは十五度も離れたところに、点々に数十の昼の星を見たのである。その星の有り形なども、かうであつたといふことは私には出来るが、それが後々の空想の影響を受けて居ないとは断言し得ない。たゞ間違ひの無いことは白昼に星を見たことで、（その際に鵯が高い所を啼いて通つたことも覚えて居る）それを余りに神秘に思つた結果、却つて数日の間何人にもその実験を語らうとしなかつた。さうして自分だけで心の中に、星は何かの機会さへあれば、白昼でも見えるものと考へて居た。

柳田は「幻覚の実験」を執筆した時点では古銭の輝きと白昼の星に類似性を想定し、そこにある因果関係を示唆しているように思われる。同じ経験を語った『故郷七十年』では、古銭を掘り出したことが書かれていないので、白昼の星は「珠《たま》」と関連づけられることになる。柳田は『故郷七十年』では祠に祀られていたのが、御幣や鏡ではなく、その人の愛翫した「珠」であった点に、「そのころとしてはずゐぶん新しい考へ方」を見いだしていた。「幻覚の実験」と「ある神秘な暗示」との間で、霊《たま》に関する柳田の思想にあるいは何らかの変容を認めることができるかも知れない。小林は「信ずることと知ること」で柳田の『妖怪談義』に触れており、「幻覚の実験」も読んでいたはずであるから、「ある神秘の暗示」が示唆する霊魂についての柳田の考えを採ったと考えることもできる。

「幻覚の実験」によると、柳田はしばらく経ってから、白昼に星を見るという幻視体験を幾度か人に話したが、誰からも承認してもらえず、冷やかされただけであったという。しかし、このエッセイでは、かつてはそうした幻覚が一般の承認を受けて語り伝えられたり、薬師の幻視された場所にお堂が建立されたりしたことを紹介し、そのような幻覚を受け入れる社会的条件の「幽玄」を指摘している。つまり、柳田は自分一個の幻覚体験と同様な経験が社会的に承認された事例を探り、そうした幻覚や神秘が社会性や普遍性を持っていたことを歴史的事実として肯定するのである。柳田の民俗学において柳田の感受性が重要な役割を果たしていた、という小林の指摘の正確さが分かるであろう。ただ、そうした柳田の感受性と直観を言い当てつつも、小林は文献や聞き取り調査によって神秘的体験が共有された歴史的事実を確認していく学問的方法を共有したり、その意味を検討したりすることはない。小林も例えば「無常といふ事」（一九四二年六月）で自身の幻覚体験を語っているが、そうした幻覚を見た経験の心理的・身体的条件を柳田のようには探ろうとせず、またそうした経験の共有可能性も期待しない。「無常といふ事」やこの「信ずることと知ること」に見られるように、小林の批評は神秘的体験の一回性・唯一性と共有不能性が強調され、自然主義や唯物史観や近代科学に対する批判が呼び起こされ、それらが共振する形で展開していく。そこには人間性や精神性が物質的なものへと還元されてしまうことに対する小林の恐怖や不安がある。小林の批評はそうしたものとの「戦の記念碑」（「様々なる意匠」一九二九年九月）であり、この恐怖を小林は言葉の表現性に対する信頼によって克服していったように思われる。

三　神秘のあらわれるとき

講演「信ずることと考えること」が行われたのは一九七四年八月であり、このころ『本居宣長』の連載は第五十三回（『新潮』一九七四年九月）に至っており、これは刊行された『本居宣長』の四十二章に相当する。小林は『本居宣長』三十八章（『新潮』一九七三年十一月）から、宣長の「神」概念を検討し始めていて、「信ずることと考えること」の講演は、小林が「神」についての考察を深めていった時期と重なる。「信ずることと知ること」の決定稿では、少年の柳田が「真昼の春の空に星のかがやくのを見たやうに、珠に宿つたおばあさんの魂を見た」と書いていたが、柳田の文章から踏み込んでこうした読みを示す背後には、「魂」についての小林の考えが潜んでいると考えられる。これに続く部分で、小林は「魂」について次のように述べている。

例へば、諸君は、死んだおばあさんを、なつかしく思ひ出すことがあるでせう。その時、諸君の心に、おばあさんの魂は何処からか、諸君のところにやつて来るではないか。これは昔の人がしかと体験してゐた事です。それは生活の苦労と同じくらゐ彼等には平凡なことで、又同じやうに、真実なことだつた。それが信じられなければ、柳田さんの学問はなかつたといふところが大事なのです。

ある人の「魂」をこのように思い出や記憶と考えるなら、そこには何の不思議もない。だが、その一方で小林は柳田が「珠に宿つたおばあさんの魂を見た」（傍点引用者）と言い、それを——柳田自身が「神秘な暗示」あるいは「幻覚の実験」として語っていた——「真昼の春の空に星のかがやくのを見た」経験と同様なものと捉えていた。そうだとすれば小林はここで神秘や幻覚を思い出や記憶と同列のものと捉えていることになるが、なぜそのように考えることができるのだろうか。

この講演の前半部がベルグソンの「『生きている人のまぼろし』と『心霊研究』」の紹介であったことを思い起

こしてみたい。ベルグソンは「自然によって強制されるみなに共通な恒常的な注意」がゆるんだ時、記憶の中にあった過去がパノラマのように見えると言っていた。眼前の生活に不要な過去や無意識のイメージが意識に入り込むのを抑制するシステムが機能しなくなった時に、「まぼろし」が現れるというのがベルグソンの考えであるが、柳田が白昼に星を見るという幻覚を「実験」したのも、まさに祠の前で「呆然」としていたときであった。おばあさんの愛翫した美しい珠や土中から現れた美しく輝く古銭に強く感動したという柳田の心理状態は、ベルグソンの考えを適用すれば——感覚器官が捉えた未知のものとそれに整合する記憶が即座に結合できず、いわば現実と記憶を結ぶ関節が外れた事態であろう。「妙な気持」とはその心理的感覚であり、ベルグソンの言葉で言えば「生活への注意」がゆるんだ状態ということになる。土中から出現した「きら〳〵と」した光に触発され、記憶の中の星のイメージ、「非現実の知覚」が外に出たものと考えれば、柳田の幻視体験はベルグソンの知覚や認知に関する理論と整合する。

ベルグソンは一九〇一年に行われた講演「夢」(7)で、すべての文字を読むことができない程度の短時間に、誤植や脱字のある文を被験者に読ませる実験を紹介している。この実験で被験者が書かれていない正しい文字を答えた事例について、被験者は「存在しない字が明るいところに浮き出すのを見た」のであり、それは「無意識の記憶」が「回想を幻覚として外に投げ出した」からであると言っている。ベルグソンによれば、本来の知覚のメカニズムが「感覚器官にあたえられた現実の印象」とその印象を利用して「無意識の記憶」が「現実化」することで成立するものであるからこそ、そのような事態が生じるということである。感覚器官がとらえる現実の印象と「無意識の記憶」を一致させるための注意を私たちは常に払いその調整の努力を行っているが、その努力が払われずに知覚印象を利用して「無意識の記憶」が任意に意識に入り込み現実化したものが夢であり、知覚と記憶を一致させるのに必要な時間が不足した場合など何らかの事情で知覚対象とは異なる記憶が現実化したものが誤認や錯覚ということになる。

ベルグソンはここで伝統的な認識論として知覚理論を扱っているが、我々に記憶を呼び起こす最も有効な道具である言葉の力を借りるなら、ベルグソンの知覚理論の延長線上に、小林が「平凡」と形容した「魂」の体験が可能になるだろう。その名を呼ぶことで私たちはその人のイメージをたやすく想起することができる。

「名」に関連する小林の考察を最後に確認しておきたい。『本居宣長』三十九章で小林は「神といふ言葉」や「神の名」について検討しているが、そこに次のような言葉がある。

> 神の名とは、取りも直さず、神といふ物の内部に入り込み、神の意《ココロ》を引出して見せ、神を見る肉眼とは、同時に神を知る心眼である事を保証する、生きた言葉の働きの不思議であつた。

ここで小林が「神を見る肉眼とは、同時に神を知る心眼である」という表現で示しているのはまさにベルグソンの知覚理論による対象認識であり、そこに言語の働きを導入したものである。先に見たようにベルグソンによれば、「肉眼」のとらえる知覚印象と「心眼」の選択した潜在的記憶とが結びつくことによって対象が認識されるわけだが、その知覚された対象の意味を明かすものとして小林は言葉を導入するのである。同じ章で小林は「天照大御神と名付ければ、その『天照す』徳が露はになる」とも言っているが、人は日輪を「天照大御神」と名付けることによって、日輪の神性、その「天照す」「徳」や「意《ココロ》」を引き出したということであろう。

物質的に存在しないものや不在のものがあらわれることが神秘であるなら、私たちが日々発する言葉は神秘を生み出す最も強力な道具といえるだろう(8)。不在のものを彷彿とさせるものはもちろん言葉だけではない。亡くなった「おばあさん」を記念する祠や珠が「おばあさんの魂」を彷彿とさせるなら、それも神秘を生み出す道具となる。ただ言葉は、祠や珠や鏡などの具体的なモノのないところで、いつでも自在に不在のものをあらわすことができる点で特異なのである。

注

（1）国民文化研究会・新潮社編『学生との対話』（新潮社　二〇一四年）において「信ずることと知ること」の『日本への回帰』掲載の「初稿版」と「定稿版」が収められ、発表までの経緯が紹介されている。そこでは『諸君！』掲載版で定稿となったと記されているが、『諸君！』掲載版と『新訂小林秀雄全集別巻Ⅰ』（新潮社　一九七九年）との間には少なからぬ異同がある。例えば冒頭のユリ・ゲラーの念力について『諸君！』版には「不思議を不思議と受けとる素直な心が、何と少いかに驚く。」とあったが、『新訂小林秀雄全集』では「事実を事実として受けとる素直な心が、何と少いか、そちらの方が、むしろ私を驚かす。」（傍点引用者）と改められている。

（2）関谷一郎「柳田國男と小林秀雄」（『国文学　解釈と鑑賞』一九九一年二月）は「小林を柳田に媒介したものはベルグソンである」と指摘している。

（3）『ベルグソン全集5』（白水社　一九九二年）所収。

（4）こうしたケースは例えば『本居宣長』（一九七七年刊）で荻生徂徠の文章を小林が通常とは異なる訓読により自身の言語観を示した場面や宣長と上田秋成との間で行われたいわゆる「日の神」論争を評した場面にも見られる。これらの点については、拙著『言葉と他者――小林秀雄試論』（青簡社　二〇一三年）の第Ⅱ部第一章で検討したことがある。

（5）注（1）に記した『学生との対話』による。ただし、この部分は決定稿では削除されている。

（6）引用は『定本柳田國男全集別巻第三』（筑摩書房　一九七一年）による。以下、柳田のテキストは同全集による。

（7）前掲『ベルグソン全集5』所収。

（8）こうした言葉の神秘的な力を強く信じた作家に泉鏡花がいる。小林は「鏡花の死其他」（一九三九年一〇月、原題「言葉について」）で鏡花の死に際して「文章の力といふものに関する信仰が殆ど完全であるところが、泉鏡花氏の最大の特色を成す。文章は、この作家の唯一の神であった、と言つても過言ではない」と指摘していた。鏡花の没後、文机の中から「いろはの徳はむりやうなり。つかふときは、たいせつに。」と書かれた小さな紙が発見されたことはよく知られている。

「任氏伝」を読みなおす
――長安城内に生きた西域人の女性の描写から

閻小妹

はじめに

沈既済の手になる唐代伝奇小説の傑作「任氏伝」は、これまで、主人公任氏が美女の姿に化した狐妖であることから、単に異類婚姻譚や「狐妖物語」の一種として読まれてきただけであった。

しかし近年、中国では唐代の政治史・民族史・文化史の研究が進み、当時の漢民族の西域人に対する文化的偏見という視点から、西域人を揶揄した描写として狐を扱い、その中にある文化的摩擦・衝突を作品に読みなおそうとする動きが出ている。(1)代表的な論文は王青の「中古狐妖の故事――文化的偏見による胡人の形象」(2)で、「任氏伝」には、西域人(胡人)の身体的特徴、文化、風習、特殊な技能、生活環境などへの偏見や差別的な表現が多く見られ、後続の狐妖物語にもその影響があった、という新奇な指摘をした。

本稿ではこれを手がかりに、中国における西域の歴史研究の新動向を注視しながら、「任氏伝」を読み直し、任氏という女性、および韋崟・鄭子という二人の男性の人物像を詳しく分析することで、非現実的ないわゆる異類婚姻譚としての枠組みを改めて整理した上で、さらにその文学的価値の根源を今一度探ってみようと思う。

一　語りの場から小説へ

「任氏伝」の物語の展開は、大きく前半と後半に分けられる。

前半では任氏の美貌に魅せられた二人の男、鄭子と韋崟の行動を中心に話が進む。ある日、鄭子は一人の美女と出会って、一夜を過ごす。この美女の名は任氏である。鄭子は任氏が狐だと知りながら、一緒に暮らし始める。一方、韋崟は任氏の美しさに驚き、自分のものにしようと強要したが、任氏に必死に抵抗・説得されて己を恥じて乱暴をやめた。その後三人は奇妙な関係を続ける。

後半では任氏が自らの知恵で男二人にそれぞれ恩返しをするようになる。任氏は好色な韋崟のために女を斡旋したり、貧乏な鄭子に金儲けをさせたりした。最後、武官に任ぜられた鄭子は任氏を無理やり赴任先へ連れて行く。道中の馬嵬で、任氏は猟犬に正体を見破られ、無残に噛み殺されるという結末を迎える。

物語の最後に作者沈既済が「異類ではあるが、人の道がある。暴力に遭っても貞節を守り、人に従うために死に至る。今の婦人でも、彼女に及ばない者がいるだろう。惜しいことに、鄭生は聡明な人でなかった。ただ彼女の色香に心を奪われ、その精神がわからなかった。博識な人であれば必ず変化の道理がわかり、神と人間のめぐり合わせを察し、美しい文章を書き、奥深い心理を世に伝える。ただ彼女の美しさを賞玩することにとどまらなかったであろう」と残念がった。

「任氏伝」には当時単行本があったと推定されるが現存せず、宋代に編まれた『太平広記』巻四百五十二狐六に収録されている。(3)『太平広記』巻四百四十七（狐一）から四百五十五（狐九）までには八十三編の狐妖物語が収められ、そのうち唐代に書かれた作品は七十二編にものぼる。その唐代の狐妖物語全体に見られる西域人の描写の特徴は、おおよそ次のようにまとめられる。[4]

①西域人に体臭（腋臭）があるためか、「胡臭」から「狐臭」へ言葉の変化がある。
②西域人の名字は胡と記されることが多い。
③西域人は白衣を着る習慣があり、白衣の狐妖も多く見られる。
④西域人は断髪が多く、狐妖に髪を切断される場面も多く見られる。
⑤西域人の葬式習慣として遺体を犬と鳥に食わせるが狐妖は犬を怖がる。
⑥西域人の使う文字を、中国では「狐書」という。
⑦西域人の職業は商人・医者・楽人が多く、とくに女の踊り子はしばしば妓業に従事する。

以上七点の特徴は、社会学的・言語学的見地から、古代から中原の漢人が西域人（胡人）の体臭（腋臭）を「胡臭」と呼んだものが後に「狐臭」という差別的な言い方に変化したということを論じた陳寅恪の「狐臭と胡臭」[5]、また陳の説をさらに発展させた黄永年の「陳寅恪先生の〈狐臭と胡臭〉を読む」[6]から想を得たものである。

とりわけ「任氏伝」は、『太平広記』に所収された他の唐代の狐妖物語よりも内容・構成面で格段に優れている。その背景には、唐代伝奇小説の作家と同様の理念や意識を持つ人々の関与と、「語りの場」の存在が垣間見える。史家でもある作者の沈既済は、左遷先への道中で任氏の話をその場の人々に聞かせたところ、驚きと共感を覚えた彼らから「任氏伝」を書くよう請われたという、創作に至るまでの経緯を自ら作中に記しているのである。この「語りの場」から作品が創作された過程が記されている点が、他の狐妖物語にはないところである。以下に問題の箇所を引く。

建中二年、既済は左拾遺より金吾将軍裴冀・京兆少尹孫成・戸部郎中崔需・右拾遺陸淳と、皆東南に謫居せられ、秦より呉へ徂き、水陸道を同じくす。時に前拾遺朱放も旅遊に因りて随へり。穎に浮び淮を渉るに、方舟流れに沿い、昼醼・夜話して、各々其の異説を徴わす。衆君子は任氏の事を聞きて、共に深く歎駭し、因て既済の之を伝せんことを請ふ。以て異を志せり。沈既済撰す。

このように左遷された官僚文人たちが役人に護送され、些細な言葉が重大な災難を招きかねない雰囲気の中で、超現実な要素を含む「女妖・狐妖」について語った沈既済は、その史筆を小説の面にどう展開したのか。果たして、「女妖・狐妖」は西域人（胡人）を暗示するものだったのであろうか。そしてそれを、歴史に生きる人間の真実のあり方を追求する彼はどのように表現したか。これらについて検証してみようと思う。そして、任氏の描写に表れる西域人の特徴を、当時の西域人の長安における実状と合わせて検証することで、「任氏伝」の狐妖物語としての枠組みとかかわる本質的な議論に繋げていきたい(7)。

二　任氏と二人の男

小南一郎は『唐代伝奇小説論』で、「小説作品の中にあって、ある登場人物の存在は、その人物に対する直接の記述や描写だけから規定されているのではない。その人物の人間的な全体像は、むしろ主要には、他の人物たちとのさまざまな関係の持ち方という網の目の間から、間接的に浮かび上がってくるのである」と指摘している(8)。「任氏伝」の場合、美女任氏をめぐって男二人が登場するが、唐代伝奇小説「鶯鶯伝」「李娃伝」「霍小玉伝」のように主人公の男女二人の出会いと別れや、結婚を描いた恋愛物語ではない。かと言って一人の美女を争奪するような三角関係が描かれているわけでもない。

まず作品の前半における任氏と二人の男の出会いについて、三人の複雑な関係を中心に整理しながら、それぞれの人物像を分析する。

二・一　任氏

「任氏伝」の冒頭は「任氏女妖也」と、(9)「任氏は絶世の美女である」という一文から始まる。「女妖」という言葉は、白居易の詩「古塚狐」にも使われている。(10)以下に引く「古塚狐」のはじめには「艶色戒也（艶色を戒める）」という任氏を彷彿とさせる言葉があり、また男を誘惑する「女妖」に化す狐が任氏を指し、「狐媚」をなす女は楊貴妃を指す。

古塚狐　艶色戒也

古塚狐、妖且老、化為婦人顔色好。

（古き塚の狐、妖にしてかつ老ゆ。化して婦人となる、顔色好し）

頭変雲鬟面変妝、大尾曳作長紅裳。

（頭は雲鬟に変じ面は粧に変ず。大尾を曳きては長き紅の裳と作す）

徐徐行傍荒村路、日欲暮時人静処。

（徐徐に行き傍《そ》ふ、荒村の路。日暮れんと欲する時、人静かなる処）

或歌或舞或悲啼、翠眉不挙花顔低。

（或ひは歌ひ、或ひは舞ひ、或ひは悲しく啼く。翠《みどり》の眉は挙がらず、花のかんばせは低《たれ》る）

忽然一笑千万態、見者十人八九迷。

（忽然一笑すれば、千万の態。見る者十人に八九は迷ふ）

仮色迷人猶若是、真色迷人応過此。

（仮《いつわ》りの色に人を迷はす、猶かくの如し。真《まこと》の色に人を迷はす、応に此に過ぐべし）

彼真此仮倶迷人、人心悪仮貴重真。

（彼の真と此の仮りと、倶に人を迷はす。人心は仮りを悪んで、真を貴重す）

狐仮女妖害猶浅、一朝一夕迷人眼。

（狐の女妖に仮す害はなほ浅し、一朝一夕に人の眼を迷はすのみ）

女為狐媚害即深、日長月増溺人心。

（女の狐媚をなす害は即ち深く、日に長じ、月に増して人心を溺れしむ）

何況褒妲之色善蠱惑、能喪人家覆人国。

（何ぞ況んや、褒妲の色善く蠱惑して、能く人の家を喪し、人の国を覆へすをや）

君看為害浅深間、豈将仮色同真色。

（君看よ、害を為す浅深の間、豈に仮れる色を将て真の色に同じくせんや）

白居易は歌の中で「狐仮女妖害猶浅、一朝一夕迷人眼／女為狐媚害即深、日長月増溺人心」と女妖の狐に一般人の男が騙されることの害は浅いが、狐媚の女に皇帝が騙されることの害は深刻だと言う。このように、国を滅ぼす原因を「尤物《ゆうぶつ》」すなわち美しい女性に帰するいわゆる美人亡国史観は中国に古くからある通俗的な歴史観である。(11) だがいずれにせよ、白居易の「狐媚」も「女妖」も美しい女性を貶める言葉には違いない。

ただし、「任氏伝」においては、任氏は、男を魅惑こそすれ、害を与える「尤物」とは設定されていない。任氏は最初から最後まで鄭子に迷惑をかけることはしなかったし、身分の保証など無理な要求もしなかった。それどころか、任氏は鄭子との生活に必要なものを整え、富を増やすため知恵を絞り、儲けさせさえしたのである。これが沈既済の伝奇小説と白居易の詩作とで趣旨の違うところであった。(12) 沈既済は男を戒めることを目的とするのではなく、任氏という新しい人物像を描き、「尤物」の魅力に対する人々の理解を得ようと試みたのであった。また、美人亡国史観に対して、果たして本当にそうなのか、という根本的な疑問を投じて、任氏の周りに士族の韋崟、武官の鄭子という対照的な人物を配置して、それぞれの生き方を描いたのである。

二・二　韋崟

韋崟は実在の人物である。「韋使君者、名崟、第九、信安王禕之外孫」とあるように、後に隴州の刺史に任ぜられることとなる韋崟の出自は、信安王李禕という隴西成紀（甘粛省秦安県）の名士の外孫だった。当時長安の長興里では李禕の三人の息子が活躍し、一族揃って同じ屋敷に住まっていた[13]。外孫の韋崟はその屋敷には住んでいなかったが、よく出入りしていただろうと考えられる。李禕は七六六年に死亡したが、韋崟の少年時代にはまだ存命中だったと推測される。李禕とその息子三人が隴西成紀の人であること、韋崟の母親も任氏と同様秦州出身であることを考えると、韋崟と任氏との間にはもともと親和性があったのではなかろうか。

次に韋崟の性格について詳しく見てみる。「少落拓、好飲酒」「素小落拓有大志、不拘小節」とあるように、韋崟は遊び人ながらも豪放磊落で豪傑的な、志の高い者であると描かれている。唐代伝奇小説の作家は同じ立場・価値観を持つ者同士の議論する場で事件の当事者から話を聞くことが多かった[14]。このことを勘案すれば、文中で高く評価されている韋崟は、作者と親密な関係にあったと考えられる。このように作品の最初から実名で登場したのは、士族の韋崟であった。後に彼が任氏に乱暴しようとする場面もあるが、あくまでそれは士人韋崟の自制を描くためのものであった。沈既済が別の作品「枕中記」の中で「窒欲」（貪欲な心を窒ぐ＝欲を抑えるの意）が君子にとっていかに重要かを主張していた[15]こととも重なる。つまり、地位・名誉に対して「窒欲」が必要であることと同じように、情欲に対しても「窒欲」が必要であり、それが出来る男こそ士人・君子の理想だという作者の考え方を、韋崟の人物像の造形に託しているのだろう。

二・三　鄭子

鄭子は「其の従父妹の婿を鄭六と言う。その名を記せず。早く武芸を習い、また酒色を好む。貧にして家なく、身を妻族に託す」と、韋崟のいとこの婿として登場する。貧乏で、作中では名前さえ持たず、鄭子のほか、鄭六、鄭生と呼ばれるのみである。ある日、韋崟と酒を飲みに出かけ、途中嘘を言って韋崟と別れた後、任氏と出会い、その夜寝所を共にした。翌日胡餅売りから「此の中に一狐有りて、多く男子を誘い、偶宿せしむ。嘗て三度みたり。今、子も亦《また》遇いしか」と言われたが、鄭子はそれを認めようとしなかった。親友である韋崟に約束を破ったことを責められても、鄭子は本当のことを隠していた。韋崟からすれば実に不誠実な振る舞いだが、鄭子はただ、一夜を過ごした任氏の艶かしい美しさを忘れられなかっただけなのだった。その後鄭子は任氏と共に暮らすようになり、任氏の知恵を得て馬の売買で金儲けをしたり、任氏の計らいで韋崟からの経済的援助を取り付けたりもした。こうして鄭子は、妻の家に通いながらも、任氏との関係を続けることができた。しかし一年後、鄭子は武官として地方に出仕することが決まり、その際に無理やり任氏を連れ出した結果、任氏を死に追いやることとなった。文中で韋崟が「豪放な性格」「正義感が強い」などの評価を与えられている一方、無教養な鄭子にはそのような賞賛の言葉は与えられていなかった。さらには鄭子が任氏を「愛」しているとか「大切」にしているなどといった表現も作中には見あたらない。作者自身も、任氏の身に起きた悲劇の原因を鄭子に帰し、「徒《いたずら》に其の色を悦び、其の情性を徴はさず」と、彼への失望をそのまま表明している。

三　任氏と鄭子、韋崟との関係

鄭子はある時、韋崟と二人で酒を飲みに長安市街の新昌里に出かける途中、韋崟と一時別れて昇平里の北門の辺りを歩いていたところで、はじめて任氏と出会う。

この場面の任氏は「偶《たまたま》三婦人の道中を行くに値《あ》う。中に白衣の者有りて、容色姝麗なり」とあるように、白衣を着しており、先に挙げた唐代の狐妖物語における西域人の特徴的な描写③に当てはまる。「任氏伝の特徴ともいうべき新しさは長安の街を舞台にし、詳細な記述に支えられている」点にあるという佐野誠子による分析(16)があり、また妹尾達彦は新昌里、宣平里、昇平里一帯は民間経営の大規模な妓楼が開業し、東市周辺の高官や富豪、科挙受験生などが主要な顧客であったと指摘している。(17)この二つの指摘からさらに敷衍してみると、「任氏伝」中の長安城東街に狐妖が多く現れたという描写は、当時大規模な妓楼で女たちが働いていた時期に重なることが注目される。つまり、任氏は妓女であると同時に西域人の女性であったことが暗示されているといえるのではないだろうか。「時時盼睞《よりよりはんらい》し、意に受くる所有り。（中略）相視て大いに笑う。同行する者更に相眩誘し、稍《ようや》く已に狎暱す」と、誘惑的な目つきで鄭子と話す任氏の言葉遣いや仕草は妓女のそれであり、先に挙げた白居易の「古塚狐」で女妖を表現した「忽然一笑千万態、見者十人八九迷」という描写とも一致している。ただ、唐代伝奇の恋愛物語に登場する妓女は大抵どこかの妓楼に属した高級の者で、世話してくれる母もついており、官僚、文人、科挙受験者の男性との交際では詩歌の応酬も欠かさない。一方、親もおらず、詩を読まないという点から見れば、任氏は最下級の妓女だといえよう。さらに任氏の住居やそこでの振る舞いについても見てみよう。「鄭子は之に随う。東のかた楽遊園に至れば、已に昏黒なり。一宅の土垣車門、室宇の甚だ厳なるを見る。（中略）任氏は粧を更めて出で、酣飲して歓を極む。夜久しくして寝ぬ。其の嬌姿美質、歌笑の態度、挙措皆艶にして、殆ど人世の有る所に非ず」とあるように、夕方、任氏についていき鄭子が行きついたのは、楽遊園（楽遊原）のとある屋敷であった。そこで姉妹で数えて二十番目の任氏と酒の宴に入り、鄭子は、妖艶な任氏と一夜を過ごす。この一連の場面は、いわば道端で男を誘いこみ、酒席の後で関係を持つ胡妓の業の暗示でもあるといえよう。

「将に暁けんとす。任氏曰く、去る可し。某兄弟は、名は教坊に係り、職は南衙に属す。晨に興きて将に出でんとす。淹留す可からずと乃ち後期を約して去る」朝になると男を送り出すのは妓楼の常識であるが、任氏は明け方に姉妹たちの勤め先が教坊だとわざと鄭子に打ち明ける。教坊には音楽・舞踊に従事する者が所属し、胡旋舞・胡楽が流行していた当時の内教坊・左右教坊では、多くの西域人が働いていた。『教坊記』によると、内教坊に属する「内人」は厳しく管理され、宮中の外に出ることを許されていなかったが、身分が高く、皇帝の前で音楽・舞踊を演じた。対して左右教坊に属する人は賤民階級で、宮廷の御用を務めることはあるものの、宮廷の外に居住し、しばしば妓業を営んでいた。岸辺成雄の論文「唐代教坊の組織」では教坊に所属しながら、妓業に勤めるのは珍しくはないと詳しく論じている(18)。

岸辺はさらに『新唐書』の「其の後巨盗起し、両京を陥る。此より天下兵を用いて息せず、離宮苑囿は遂に荒煙す。独其の余声遺曲人間に伝う。聞く者は之を為すに悲涼感動す」という記述を挙げて、次のように述べている。

天宝末年安史の乱に長安洛陽両京の離宮苑囿は挙げて賊徒の蹂躙する所となり、之らに附属せる音楽の諸施設の多くも一時は大いなる損傷を蒙った。梨園弟子の制の如きは最も著しき例である。内外教坊も勿論その類禍を免れ得なかったと思われる(19)。

安史の乱以降、教坊に属していた女が困窮状態にあったことは想像に難くない。このように見ると、任氏の姉妹たちが教坊に属しながら、宮廷の外で生活しているという状況は、まず安史の乱以降宮中から追われたものか、あるいは最初から妓楼で働いていたものであろうと考えられる。

鄭子は、近くにいた胡餅売りから「任氏は男を騙す狐だ」と言われ、昨日泊まった屋敷を確認すると、そこが廃屋であったことに気づき、目を覚ました。「此の中に一狐有りて、多く男子を誘い、偶宿せしむ。嘗て三度みたり。今、子も亦遇いしかと。鄭子は赧《たん》すれども、隠して曰く、無しと。(中略) 質明にして、復た其の所を視れ、土垣・車門の故の如きを見る。其の中を窺えば、皆蓁荒及び廃圃のみ」夢から覚めて目にした廃墟は紛うことなく現実世界のものであった。

「天宝年間に楽遊園はすでに狐や兎が住まう荒れ果てた土地となっていた。(中略) 以前から狐は墓にいるものだとされていた。もともと墓場との親和性が高い所に、寂れた場所ということで、狐の住み処としてこれ以上ふさわしい場所はない[20]」との見方もあるが、安史の乱以降、宮中から追われた多くの妓女が長安城東に集い、姿を消すことはなかった。華やかな酒楼妓楼が廃墟になり、行き場をなくした妓女は、官賤民にしろ私賤民にしろ、自力で生きるしかなかった。任氏の生活状況からは、彼女たちが廃墟になった屋敷に潜んでいたことが窺える。当時の実情に鑑みて言えば、任氏は男を誑かす狐というより、路上を彷徨う妓女であり、廃屋は狐のすみかというより、賤民の居場所である、と考えたほうが自然なのではないか。胡餅売りが言う男を誘う「狐」との言葉も、西域人を意味しているのであろうと考えられる。

三・一　任氏と鄭子の再会

「其の艶冶を想い、復た一たび之を見んことを願い、心には嘗て之を存して忘れず。十許日を経て、鄭子は遊びて、西市の衣肆に入り、瞥然として之を見る。曩の女奴も従う」。鄭子は胡餅売りから任氏が狐（西域人）だと聞きながら任氏を忘れることができなかった。そこで西市へ行く。長安の西市は当時「街西には、西市を中心として西域人街やスラム、賤民・漢人商人等の集住区ができ[21]」ていた、というので、鄭子は任氏に会うためにおのずと西市へ足を運び、再会を果たした。すると、任氏は自分の正体がわかったら見捨てられるのではと恐れて、鄭子に対して「一生お仕えしたい」と申し出る。「凡某之流、為人悪忌者、非他、為其傷人耳。某則不然」とあるように、「私の仲間が人間に嫌われるのは、ほかでもなく、人間を傷つけるからなのだ。しかし、私はそうじゃない」と、任氏は自らと同類のものとを線引きする。異類婚姻譚、特に狐女房型の話では、異類がこのように自ら同類の悪口を言うことは珍しい。『太平広記』中の多くの狐妖物語では、狐妖は正体が露見したら、大抵は逃げるか同類を庇うかするものである。では、ここで任氏のいう「人間に嫌われる・人間を傷つける」とは、何を意味しているのであろう。

そもそも、唐代伝奇の恋愛物語においては、男性が出世して身分の高い結婚相手を迎えると、それまで付き合っていた身分の低い女性は自ら引き下がるか捨てられるかの二者択一を迫られる、というパターンになることが大半である。女性は時にそれを覚悟して男性と付き合うことさえある。「鶯鶯伝」の女主人公鶯鶯は自ら身を引いたが、「霍小玉伝」の霍小玉は男に捨てられる。しかし、「任氏伝」の場合、任氏は最初から鄭子の結婚相手や妾にはなりえない。鄭子は貧乏だが、既に士族出身の妻を持っているためだ。鄭子が仮に出世したとしても、そのことで直接、賤民である任氏が鄭子の妻を追い出し、その後釜に座るということにはならないはずである。それなら、なぜ任氏は自らの同類が「人間に嫌われる・人間を傷つける」ものであると、わざわざ断るのであろう。ここで前述の胡餅売りの言う「狐」が西域人を意味することを想起すれば、次のように説明可能だろう。

任氏が鄭子と出会ったのは天宝九年（七五〇年）になっているが、作者沈既済が、大暦中（七六六―七九年）に韋崟から話を聞いたということ、建中二年（七八一年）の左遷されていた時期に友人らから勧められ「任氏伝」を書いたことから、作中の長安市街は安史の乱（七五五―六三年）以降を舞台としていると推定される。その間七六〇年から七八二年前後に胡人の侵寇が度々あり、特に大暦年間は吐蕃人（チベット人）の侵寇が十四年間で二十回という毎年のような頻度であった。また長安内でも九姓胡という西域人が回鶻という別の西域人であると偽称し、京に入り込み居住し、勝手な商売や暴動を行い、朝廷や市民を悩ませていた。(22) 沈既済はちょうどその前後に長安に在住していたため、こうした事情を熟知していたと考えられる。さらに、安史の乱後、西域人を帰国させるなどして排除する動きがあったが、西域人の中には故郷へ帰る意思のない者が多かった。安史の乱以前は、西域人は自身の出身地と名字を堂々と誇示していたが、安史の乱後、自分の出身地を江南地域だと偽る例が頻繁に現れ、また高い地位に登った西域人の墓誌の中にも元の名字を偽り隠したものが発見されたという。(23) 無論こういう墓誌の残るような人物はある程度身分が高いもので、任氏のような身分の低い西域人が日頃目立たないように、夕方になってからようやく外出するような生活を送っていたことは想像に難くない。そうしたことから、任氏は他の西域人と自身との間に一線を劃し、その違いを強調したかったのではないかと考えられる。

「若し公未だ悪まれずんば、願わくは終己以て巾櫛を奉ぜん」と、任氏は鄭子に「あなたのために一生お仕えします」と言う。さらには「意には少し怠有れば、当に自ら屏退すべし、逐われるのを待たず」とあるように、任氏は鄭子が自分に飽きたときには、追い出される前に自ら去ることを覚悟し、その上で、今しばらく側に置いてもらえるよう鄭子に頼んだ。かくして「鄭子は許与して棲止を謀る」との通り、任氏は鄭子から同棲の許可を取り付けることに成功する。任氏は「此よりして東、今旧居敝陋なり、復往可からず。安邑坊之内曲に小宅あり、宅中小楼あり、楼前大樹の棟間に出づる者、門巷幽静なれば、税りて以て居る可し。前時宣平の南より白馬に乗りて東せし者は、君の妻の昆弟に非ずや。其の家には什器多し。以て仮り用ふ可し」と、二人の居場所を確保するために必要な情報と具体的な方法を鄭子に教えることで、これにより、鄭子は今まで通り、妻のいる自宅に何ら支障なく帰ることができた。しかし一方で「凡て任氏の薪粒・牲餼は皆崟給す」とあるように、任氏が鄭子との同棲生活を維持するためには韋崟からの援助を得ることが不可欠だった。この前提条件があったことから、以後の物語は韋崟の人物描写を中心に新たな展開を見せることになる。

三・二　任氏の韋崟による暴行への抵抗

家や家具などを鄭子に貸した韋崟は、絶世の美人である任氏の存在を知り、自分の目で確かめようと家を訪ねると、門の下に赤い裾がのぞくのを発見する。先に挙げた白居易の詩に出る情景「大尾を曳きては長き紅の裳と作す」と重なる。韋崟は任氏に乱暴しようとするが、抵抗される。従来この場面は可憐な貞女としての任氏の姿を活写したものであると強調されてきたが、実は韋崟の暴力行為を止めさせた任氏の言葉や、韋崟が欲望を自制できたことこそ、「任氏伝」においてある重要な意味を持っているのだ。これもまた、沈既済が狐妖物語の枠組みに新たに取り入れたものの一つなのである。

その重要な意味が何かを述べる前に、ここでもう一度詳しく経緯を見てみよう。

任氏は自分の出自や生活状況の困窮を韋崟に訴え、鄭子との関係への理解を求める。鄭子に貞操を尽くすことではなく、むしろ金のない人の無力さ、自立して生きていけない人の虚しさを訴えることで、韋崟の支援を取りつけようとするのだ。

「鄭六は六尺の軀を有すれども、一婦人を庇うこと能わず。豈丈夫ならんや。且つ公は少きより豪侈にして、多く佳麗を獲、某の比に遇う者衆し。而るに鄭生は窮賤のみ。称惬する所の者は唯某のみ。余り有るの心を以てして、人の足らざるを奪うに忍びんや。其の窮餒にして自ら立つこと能わざるを哀れむ。公の衣を衣、公の食を食う。故に公の繋ぐ所と為りしのみ。若し糠糗給す可くんば、当に是に至るべからず」

ここでは任氏は鄭子の自立できない状態に言及しながら、自分も鄭子に身を寄せるしかない状況をも暗に示している。その上で、金と物を多く持っている富貴者がどうして何も持っていない者からさらに奪おうとするのだろうかと、韋崟を糾弾する。

傍線の「余り有るの心を以てして、人の足らざるを奪うに忍びんや」という任氏の言葉は、実は老子の「天道」についてのあの有名な一文を踏まえている。

天之道其猶張弓与。高者抑之、下者挙之、有余者損之、不足者補之。天之道、損有余而補不足。人之道則不然、損不足以奉有余。孰能有余以奉天下。唯有道者。

（天の道はそれなお弓を張るがごときか。高きものはこれを抑え、下《ひく》きものはこれを挙ぐ。余りあるものはこれを損《へ》らし、足らざるものはこれを補う。天の道は余りあるを損らして足らざるを補う。人の道はすなわち然《し》からず、足らざるを損らしてもって余りあるに奉ず。たれかよく余りあるをもって天下に奉ぜん。ただ有道の者のみ。）

体を張って韋崟の暴行に必死に抵抗した後にもかかわらず、これほど冷静で論理的な言葉を任氏は相手を説得するために持ち出した。この言葉は、沈既済が史官として国の政治経済政策[24]に反映すべき信念・理想を代弁したもののようにも受け取れる。それは、沈既済が現実社会を士人と農工商の身分的対立の関係から深く把握していること、その問題点を指摘し、是正する具体的な提案「選挙論」を上申していたことからも窺われる。[25][26]

その中で沈既済は、士族には任官の道が多く用意され、さらに税制などで優遇されながら、責任を負うことが少ないことや、農工がもともと裕福ではないにもかかわらず税制で不遇で、ますます負担が重くなっているのは、国の任官制度に問題があるためだと指摘し、士族優遇政策を改める必要があると訴えている。その富や地位を持つ者には厳しく、持たざる者に対しては優しくすべし、という基本理念は老荘思想に基づいている。経済的格差の解消をめざす公平公正で近代的な考えまでには至らないが、ある程度は是正する必要があるという。実に素朴で、わかりやすい論理である。

三・三　韋崟の自制心

任氏の言葉を聞いた韋崟は自分の行動を恥じた。「崟は豪俊にして義烈有れば、其の言を聞きて、遽に之を置く。襟を斂めて謝して曰く、敢えてせじ」と、乱暴をやめ、その場で謝りまでした。「豪俊」「義烈」とあるように、正義感が強くて才知優れた人物であると賞賛される。

名門士族出身、豪放な性格、貧乏な鄭子に対して援助を行う描写など、沈既済は韋崟を最初から鄭子とは対照的な好人物として描いている。実は韋崟の出自である新安王李褘一族に対する史家間の評価は、極めて高いものである。三兄弟の中でも特に韋崟の舅父にあたる李峴は『旧唐書列伝』六二、『新唐書列伝』五六、『故相国兵部尚書梁国公李峴伝』などで一様にその功績が讃えられている。[27]部下や身分の低い人への配慮があり、丁寧に扱うという評判から「楽善下士」と呼ばれた。また、安史の乱後、唐・ウイグル連合軍が東京（洛陽）を奪還した際、反乱軍側に立っていた数百人の将校を全員処刑するという意見に対して強く反対し、彼らの多くの命を救ったという逸話もある。[28]

沈既済は名門士族に対しては、他の唐代伝奇小説の作家と同様に寛容な態度を取っている。彼は「選挙論」に

おいて、次のように述べている。(29)

従来の士族に有利な選挙制度をすぐに一律に止めるのではなく、徐々に厳しくすれば、すなわち士族内の優秀な人を用い、監督責任を強く求めるならば、十分である。そして、人間は情と欲に迷わされやすいが、助長すればひどくなるので、抑えていけばよいので、大切なのは自分の力で抑えることである。士族の中にも、もともと聡明な人はいるし、家訓を忘れずに、自分自身を戒めれば、彼らは欲を抑えることもできると期待している。

「任氏伝」では士族韋崟が聡明で、簡単には堕落しない人物として描かれている。

「崟は日に之と遊び、甚だ歓ぶ。毎に相狎暱し、至らざる所無し。唯乱に及ばざるのみ。是を以て崟は之を愛し、之を重んじて、恡惜する所無く、一食一飲にも未だ嘗て忘れず」

つまり、韋崟は鄭子に対して経済的な援助をし、任氏を愛し、その感情を尊重しながら決して一線を超えない自制的な人物として描かれているのに対して、鄭子は任氏の美色だけに満足している人物としてしか描かれていない。鄭子の任氏に対する台詞には「愛」「重」という言葉は一度たりとも使われなかった。韋崟は、唐代伝奇の恋愛小説の中で科挙を通じて仕官することを目指す若者たちとは全く違う性格の持ち主である。結婚と仕官のいずれも苦労しない義侠心のある韋崟が、自分でいかに「尤物」の任氏に対する欲望を抑えたかについて、少なくとも沈既済は彼の行動を肯定し、評価すべき人物として描いたのである。

四　任氏から男への報恩

右のようにして三人の奇妙な関係が構築された。そして物語の後半で、任氏は二人の男に恩返しをすることになる。ここからはその報恩のさまを、当時の西域人の実情・イメージを念頭におきながらたどってゆくことにしよう。

四・一　韋崟に女を斡旋する。

任氏は韋崟の援助を受けてしばらく平穏な生活を送るが、韋崟への恩返しを考えて、二回も親戚の女を韋崟に斡旋した。その際、任氏は自分の出自を「某は秦人なり。秦城に生長す。家は本伶倫にして、中表姻族は多く人の寵媵と為る。是を以て長安の狭斜は悉く之と通ず」と、韋崟に告白する。「秦」は出身地の秦州（現在の甘粛省天水県）を、「秦城」は秦州にある町の一つを指す。「伶倫」は楽人の祖とされる人物のことだが、ここでは任氏の親が音楽に携わる「楽工」であることを意味している。「教坊の楽工が、太常寺所属の楽工と同様、郷里の州県の戸籍に属せず、教坊の籍に編じて特殊なる官賤民の地位にある」のである。また親戚には妓業に携わる「寵媵」が多いとも述べている。「寵媵」も当然私賤民であるが、任氏はこの「寵媵」よりさらに身分が低く、身を寄せる所さえなかったのだと想像できる。これも任氏が自身で言ったように長安の娼女をほとんど知っているからこそできたことである。一人目は呉服屋の女の張五娘、二人目は将軍の囲い者で、それぞれ「是れ某の表娣妹なり。之を致すは易きのみ」「此れ寵奴なり、其の母は即ち妾の内姉なり。之を求むるは可なり」と紹介している。なお将軍個人の家に囲われた女も私賤民の身分で、売買を許される。前述⑦のように、西域人の職業は商人・医者・楽人が多く、とくに女の踊り子はしばしば妓業に従事するというので、親戚の女を斡旋する際に長安城内の西域人の医者、占い師を買収することは、任氏にとってはさほど難しいことではなかったようである。ただ結果的に韋崟と女の関係は長く続かなかったし、彼の欲求が際限なく膨張することもなかった。

四・二　鄭子に馬の売買で儲けさせる。

鄭子が馬の売買で儲ける挿話は、異類婚姻譚における〈致富〉型にあたる。この挿話の特徴は、馬の売買の経緯が詳しく書かれ、唐代の馬政と直接繋がる情報が含まれているところにある。西域人の人脈を使う任氏の知恵と手腕を描きながら、作者は国の馬政に携わる役人を批判し、弊害を指摘している。

1 情報の提供

鬻馬於市者、馬之股有疵、可買入居之。鄭子如市、果見一人牽馬求售者、眚在左股。

疵物の馬が市場に出たという情報を鄭子に知らせ、六千銭で買っておくようにと任氏が指示する。

2 馬の価値を知らない鄭一族

鄭子買帰。其妻昆弟皆嗤之。曰是棄物也。買将何為。

鄭子の妻の弟たちは皆、疵物の馬を買ったことを嗤ったというが、『新唐書』巻五〇「兵志」によると、唐代中期の馬一頭の値として二万五千銭という例が見出せることから、疵物の馬でもそれなりの値がつくものだと推測できる。問題は疵物の馬を買ってどうやって儲けるかである。

横山貞裕の論文「唐代の馬政」によると、唐代の馬政の柱として、官が行う監牧、民間で行う私畜、戎狄から買う市馬の三本の柱によって成り立っている。さらに時期により、主に監牧を行った第一期、私畜を行った第二期、市馬を行った第三期に分類できるという。第一期の監牧では厳重な管理体制がひかれていたとも言われている。また第二期は監牧を補うために私畜馬を奨励し、開元天宝期には秦漢以来唐馬最盛と称された。第三期は安史の乱によって諸制度が弛緩し、監牧・私畜では需要を賄えず、回鶻から盛んに馬を買い入れ国勢の回復を図ろうとした。また、安史の乱後、東北西の三辺からの侵寇の危機に備えて多数の馬が必要であり、太僕寺管下の諸監牧において育てられる馬のみでは充分でなかったという。[30] また、山下将司の論文「唐の監牧制と中国在住ソグド人の牧馬」[31]では、西域人が優れた牧馬技術を生かして馬を商品化し、東西貿易に従事したことについて考察している。加えて唐代の中期には個人による馬の飼育が許されるようになっていたが、それもほとんど西域人（ソグド人）の仕事であった。[32]

任氏は「馬を市に鬻ぐ者、馬の股に疵有り。買いて以て之を居く可し。(中略)馬鬻ぐ可し。当に三万を獲べし」と、安く買った疵物の馬を高く売るように鄭子に教える。「酬二万有るも鄭子は与えず」とあるように二万銭で買うという人がいても、鄭子は馬を売らなかった。市場の他の人たちにはこのような売買不成立が理解できず、「其の妻・昆弟聚《あつ》まりて之を詬《ののし》る」と、家に帰ると妻とその兄弟たちに罵られた。しかし最終的に「鄭子已むことを獲ずして遂に売り、卒に三万に登らず」三万銭には及ばぬものの高値で馬を売ることができた。

安史の乱後、回紇の侵寇は唐との市馬を促す起爆剤となったといわれ、馬一頭に唐が支払った絹は四十疋にまで上った。これは唐と回紇の貿易不均衡として後の史家にも批判された。しかし、高価な馬を飼育・管理するにも莫大な費用がかかる。『大唐六典』巻之十七に「凡て官畜在牧して亡失した者に、給程し以て訪せしむ。過日獲らずば、估《あきな》して之を徴す」とあり、監牧にあった牛馬が亡失し、百日以内に見つからなかった場合、時価によって弁償することが定められていた。また、馬の病死についても詳しい規定があり、馬の死耗率を毎年定めていた。百頭につき七頭の死を認めたというが、もし馬が死んだ場合、報告の上死馬分を補充しなければならず、さらに、それを怠った者に対する罰則も設けられていた。飼料代が国から給付されることから、もし報告を欠いて死馬の分の飼料代を受領すれば、横領罪にあたることとなる。

3馬の飼育、管理まで知る任氏の西域人の人脈

既而密伺買者、征其由、乃昭応県之禦馬疵股者、死三歳矣、斯吏不時除籍。官征其估、計銭六万。設其以半買之、所獲尚多矣。若有馬以備数、則三年芻粟之估、皆吏得之。且所償蓋寡、是以買耳。

馬を買う者にそのわけを探ってみると、昭応県の御料馬が股の病気で死んで三年になったが、その役人は馬籍を申請せずにいた。六万銭の値になる馬なので、三万銭で買っても損はしない。さらに三年間の飼料代もあるので、それも手に入るはずである。だから買った。こうして鄭子が六千銭で買い、商人は三万銭で買い戻し、さらに役人が六万銭もらうので三者とも儲かる。

任氏がここまで詳細に馬の売買の裏事情を知りつくしているのは、任氏が朝廷の監牧役人や、市馬売人とも通じていたからであった。なぜ任氏が彼らとつながりを持っていたかというと、それは先に触れたように、監牧・私畜・市馬のいずれも、そのほとんどが西域人の手によるものであったためだ。任氏は狐の神通力というより、こういう人脈力を利用したのだと考えられる。また、この描写の背景には、沈既済が国家財政の再建に関心があり、積極的に提言をしていたこともあると考えられる。特に軍事費の無駄遣いや官吏の怠慢に対しては、いくつかの改革案を献じていた。内山知也は『隋唐小説研究』において、沈既済の提言は数字の裏付けをもった経済的見地に立つもので、能吏であったことを思わせる文章だと評価している(33)。

五　任氏の運命、鄭子と韋崟

「後歳余、鄭子は武調せられて、槐里府の果毅尉を授けられ、金城県に在り」とあるように、任氏と出会って一年後、鄭子は武官に任命され、槐裏府の果毅尉の職を授かり、金城県に行くことになった。彼は「時に鄭子は方に妻室有りて、昼は外に遊ぶと雖も、而して夜は内に寝ぬれば、多く其の夕を専らにすることを得ざるを恨む」という事情があったことから、任氏に一緒に赴任先へ行こうと要求したが、「任氏は往くことを欲せずして曰く、旬月同行するも、以て歓を為すに足らず。請う、計りて糧餼を給せよ。端居して以て帰るを遅たん」生活費さえくれれば一ヶ月帰りを待つと言って任氏は行きたがらない。その理由を聞いてみると、「任氏良久しくして曰く、巫者の某は是の歳西行するに利しからずと言う有り。故に欲せざるのみ」と、占いの結果西の方角へ行くのはよくないという。しかし、鄭子と韋崟は任氏の話を聞かない。秦州出身の任氏が西へ行きたがらないのは、実は先に述べたように当時西域人を故郷へ帰還させる唐の国策があったためである。多くの西域人が帰りたがらず、長安を追われるとどんどん東へ、そして河南から河北一帯へ逃げていった(34)。鄭子と韋崟の保護下に生きる任氏は、長安に残るための生活費の援助がなければ生きていけない。仕方なく任氏は「徒為公死」の覚悟で鄭子に同行した。

鄭子は赴任先の金城県へ向かうため、長安から西を目指すのだが、ここで何より重要となる場所は、やはり道中にある馬嵬であろう。沈既済は、かつて楊貴妃が殺されたこの地を任氏の死に場所に選んだのである。楊貴妃と同様、任氏もまた一時的に鄭子の慰みものになったとしても、相手の出世によって退場しなければならない。それは鄭子は金さえあれば美女をいくらでも手に入れられるので、任氏のような胡妓をもう必要としないからであろう。

任氏はここで、犬に嚙み殺されるという最期を迎える。

馬嵬に至る。任氏は馬に乗りて其の前に居り、鄭子は驢に乗りて其の後に居り、女奴は別に乗りて、又其の後に在り。（中略）是の時西門の圉人は猟狗を洛川に教うること、已に旬日なり。適たま道に値い、蒼犬草間より騰り出づ。鄭子は任氏の歘然《こつねん》として地に墜ち、本形に復して南に馳するを見る。

馬に乗っている任氏が鄭子の先を行き、鄭子を挟む形でその後には女中がついた。武官の鄭子が前後を女性に守られて道を行くのはいかにも滑稽な場面で、物語を無理にでも終えようとする感さえある。任氏を破滅へ追いやる無能の鄭子の「其の後鄭子は総監使と為り、家甚だ富み、櫪馬十余匹有り。年六十五にして卒す」という出世話も皮肉に聞こえる。ここにも沈既済が「武選」制度の廃止を提案したが採用されなかったということが背景にあると思われる。

（前略）武太后に及んで、昇平武挙を置き、人之戦を忘るのを恐る。則ち武官、武選して、本末徴可す。今内外邦畿に皆師旅有り、偏裨将領は所在多く至り。誠に方を設けて滅除すに宜し。豈復び門を張けて誘入せんや。況や若し此の輩は又驍雄せず、徒らに武官と称し、守御に足らず。弓矢を習すれども、戦闘に堪えず。而して坐して俸禄を享し、王の徭を逃すのを測る。今請う、悉く停し、以て奸利を絶す。(35)

沈既済は、武芸を習った人が武官になったといえども全く戦力にならないし、ただ座して報酬を享するだけだと「武選」制度を廃止するように強く主張する。確かに鄭子は若い時から弓や馬、槍などの武芸を習得していたので、武官に任命された。が、勇敢に戦うような行動など微塵も見えなかった。「鄭子も随って走り叫呼すれども、止むること能わず。里余にして犬の獲る所と為る。鄭子は涕を銜み、嚢中の銭を出だし、贖いて以て之を瘞《うず》め、木を削りて記と為す」とある。さらにこの無教養な鄭子は馬を十余匹も所有し、総監使にまで出世した。鄭子の人物像には、旧弊的な「武選」制度に対する史官沈既済の不満が表れているのではないかとも読める。

おわりに

「任氏伝」では「尤物」の任氏をめぐり二人の男が登場するが、他の唐代伝奇の男女二人の恋愛物語や男女の三角関係とも異なる。そもそも任氏はここまで分析してきたように西域人の妓女であり、最底辺に生きる賤民である。自らの力と知恵で、安史の乱以降の長安の街で懸命に生きようとする姿を、史官の沈既済は写実的に描きながら、任氏への同情的な心をあらわにした。鄭子のような無教養な人間でも武官であれば出世できるという「武選」制度への批判、「窒欲」の士族韋崟への微かな期待という複雑な心情も絡めながら、当時の社会の様々な矛盾を正面から見つめ、従来の狐妖物語の枠組みに自らの主張を詰め込み「任氏伝」を書き上げたのだろう。唐代中期以降、異民族、特に西域人を排除すべきと主張する勢力と、利用すべきと主張する勢力との対立が、ますます強くなっていった。こういう政治情勢を背景に、個々の人間性を無視した社会の仕組みに対する作者の怒りがあったと思われる。この作品の文学的価値の根源は、必死に生きる異民族の女性任氏が、どうしてこれほど無残に殺される運命を辿らねばならなかったか、という疑問を提示したことにあるのだろう。

実際、一時は政界の中心にいた沈既済は、朝廷内部の政治闘争の中で一時失脚し、挫折を味わった。この作品を書いた頃の彼は、左遷され、悲痛な思いで任地へ行く途中だったのだ。護送役人の監視の目をかいくぐり、自身の疑念・主張をそれぞれの人物像に託しながら、従来の狐妖物語の枠組みを利用し、この類い稀な物語を作り上げたのであろう。

以上の分析から、「任氏伝」が、単なる異類婚姻譚として人々を楽しませるためだけの狐妖物語ではないことを、あらためて主張するものである。

注

（1）張軍・黄鵬「『任氏伝』の「狐女」は胡女である」（《任氏伝》中的〝狐女〟応当是胡女）（『紹興文理学院学報』二〇〇六年四月）。論文では任氏は西域人（胡人）だと推定していたが、具体的には検証されていない。

（2）『西域研究』二〇〇四年八月、後『西域文化影響下の中古小説』（西域文化影響下的中古小説）（中国社会科学出版社、二〇〇六年）第五章第三節に所収。

（3）内山知也『隋唐小説研究』（木耳社、一九七七年）第四章第二節「沈既済と「任氏伝」・「枕中記」について」、内田泉之助・乾一夫『唐代伝奇』（新釈漢文大系四四巻、明治書院、一九七一年）の解説など。

（4）任志強「狐と胡――唐代狐妖故事における文化の他者」（狐与胡：唐代狐精故事中的文化他者）（『民族文学研究』二〇一三年六期）。論文では『太平広記』を中心に狐妖物語を考察して、狐妖が西域人の在唐の生活や境遇を反映していると具体的に考証していた。そして六項目にわたりその特徴を指摘した。さらに、狐の最後の運命について調査し、唐代の七十二編の中に狐妖が殺されたのは二十九件で四〇％を占め、追い出されたのは十四件で、二〇％を占め、大きく唐代以前の話より増加したという結果が示された。

（5）陳寅恪「狐臭と胡臭」（狐臭与胡臭）（『語言と文学』〈語言与文学〉国立清華大学中国文学会編、一九三六年六月）。

（6）黄永年「陳寅恪先生の〈狐臭と胡臭〉を読む」（読陳寅恪先生《狐臭与胡臭》）（『文史』第八一期、一九四八年三月）。

（7）小南一郎『唐代伝奇小説論』（岩波書店、二〇一四年）では「伝奇小説の筆者にとっては、非現実的な要素を具えた枠組み部分は、作品を構成するために利用するだけのものに止まった。かれらの主要な思いは、その枠組みの内部に詰め込まれた内容の中に結晶化していた」（ix頁）と指摘している。

（8）前掲注（7）小南書一四二頁。

（9）「任」については『礼記』巻七「檀弓上」には「君子曰楽楽其所自生。礼不忘其本。古之人有言曰狐死正丘首。仁也。」【注】正丘首正首丘也仁恩也音義。【疏】又引古之人有遺言云狐死正丘首而向丘所以正首而向丘者。丘是狐窟穴根本之処雖狼狽而死意猶向此丘。是有仁恩之心也。とある。任氏の「任」は「仁」と同じ発音で、任氏は「恩を忘れない」という意味を込めている。また「人」との発音も同じであるので、任氏は「人間である」とも言える。

（10）静永健「白居易「任氏行」考」（九州大学大学院人文科学研究院「文学研究」一〇四号、二〇〇七年三月）による。「古塚狐」の訳もこれを参照した。なお、白居易はおそらく十代ごろに「任氏伝」を読み、その後それを元にして「古塚狐」と「任氏行」の二つの詩を作ったものの、さらに後、自ら「任氏行」を棄却したという。

（11）前掲注（7）小南書第二章第二節「尤物論」では、古くから中国では美人のことを「尤物」と言い、その害を戒めると詳しく論じている。

（12）前掲書中で小南は「諷諭詩や新楽府の創作が士大夫階層の理念や価値観の実現を正面から追求するものであるのに対して、小説創作はそうした士大夫階層の価値観では把握し切れない、より広い人間的な価値観に具体的なかたちを与えようとするものであったと推測される。強いて言えば、小説作品の創作は、士大夫階層の理念が主導する社会では十分に育たない、新しい人間関係への希求を具象的に表明しようとする試みであった」と論じている。

（13）韋崟の出身地や母のことは史書には出てこないが、母親の兄弟李峴、李嶧、李峘が秦安県の出身で、ともに長安城の長興に豪華な邸宅を構えていたことが、『新唐書列伝』に記されている。

李峘太宗第三子呉王恪之孫。恪第三子琨生信安王禕，禕生三子峘、嶧、峴。……初，峘為戸部尚書，峴為吏部尚書，知政事，嶧為戸部侍郎，銀青光禄大夫，兄弟同居長興里第，門列三戟，両国公門十六戟，一，三品門十二戟，栄耀冠時。

（14）前掲注（7）小南書序論に次のような言及がある。

知識人どうしの語りの場において、参加者のみなが語るよう求められたのは主として〝異〟なる出来事なのであったが、しかも、それは遠い過去や知らない地域で起こった特異な出来事についての伝聞ではなく、自分の親近者や知人といった、ごく親しい者に起こった事件でなければならなかった。しかも、その〝異〟なる事件については、それが本当に起

こったことだと保証することが求められたのであった。（一三頁）

〝伝〟するという行為は、単に記録をまとめるだけには止まらず、その記述には筆者の主張――その主張は、語りの場に集まった人々の共通認識を基礎にするものであった――を含ませることを意味したのであろう。（二二頁）

伝奇小説作品も、人々の大きな興味を引いた事件が、まず〝話〟の場で語られ、語られた内容がその場で共有された意識や価値観を基礎にして「伝」に仕立て上げられた（二六頁）

(15) 下定雅弘・森本早麻理「盧生は何を知ったのか――『枕中記』の主題」（『中国文化論叢』九、二〇〇〇年七月）に、以下の記述がある。

「適」は「窒欲」にあり。この現実的な問題と現実的な解答が『枕中記』の言おうとしたことである。「窒欲」は、『易』損に、「山の下に沢あるは損なり、君子以て忿りを懲らし欲を窒ぐ」とあり。「自分の忿りを懲らしめて、再び起こらないように自戒し、欲心を窒ぐ」という意味である。この「窒ぐ」の一語こそ、沈既済の考えを言い切ったものだと思う。沈既済は、人間の心に欲望が存在することは否定できない事実で、それを認めている。欲望が不幸を招く原因であることを知りながら、それでも人間は欲望を消し去ることはできないことも知っている。それゆえ欲望を捨てろというのではなく、欲望が存在することは認めつつ、そのあふれる欲望をおさえることが大事なのだと言っているのである。「欲」を持ちながらも、その欲をふさぐことによって得られる生活こそが「適」であり、その意味で、農夫の生活もまた人生の「適」なのである。盧生はそこに気づいたのである。だから「敢えて教えを受けざらんや。稽首再拝して去りぬ」となる。

(16) 佐野誠子「任氏伝の長安」（『中唐文学会報第二一号』、二〇一四年）。

(17) 妹尾達彦「唐代長安の盛り場」（『史流』二七号、一九八六年）を参照した。

(18) 岸辺成雄「唐代教坊の組織・上」（『帝国学士院紀事』第三巻第二号、一九四四年一月）に、以下の記述がある。

開元の内教坊及び左右教坊、さては元和の仗内教坊は、「俳優雑伎」、「倡優」、「俗楽」、「女楽」等を教習する一種の享楽機関であって、民間の倡里、青楼に類する。事実教坊の妓女楽工が教習した楽曲は、そのまま民間妓楼に於いて歌妓楽倡が之を演奏し、遊客の鑑賞に供したのである。従って教坊の妓女にして倡里へ堕ちる者もあれば、倡里の歌妓にして教坊の籍へ昇格する者もあるなど、両者の関係は密接なものがあった（三二八頁）

教坊の人的構成の中心が妓女であったことは周知の通りである。唐代諸文献を見ると「教坊女妓」、「教坊女楽」、「教坊内妓」、「官妓」、「宮妓」等の名の下に妓女のことが盛んに記してあるし、教坊に関する唯一の著と云うべき崔令欽の「教坊記」を読むと、教坊はただ妓女のみで構成されていたとさえ思われる程である（三四二頁）

（19）岸辺成雄「唐代教坊の創設及び変遷」（「東洋学報」第二八巻第二号、二九八頁）。

（20）前掲注（16）佐野論文。

（21）前掲注（17）妹尾論文を参照した。

（22）『資治通鑑』巻二二六「代宗之世、九姓胡常冒回紇之名、雑居京師、殖貨縦暴、与回紇共為公私之患」。

（23）栄新江『中古中国とソグド文明』（中古中国与粟特文明）（生活・読書・新知三連書店、二〇一四年）第一編「安史の乱後のソグド人・胡人の動向」（安史之乱后粟特胡人的同向）の九六頁の記述によれば、安史の乱後、中原に生活していたソグド人の墓誌が明らかに変化した。彼らが出身地を言うのを避け、他の胡人と一線を画すためにできるだけ自分達の出身地を偽ったためである。

（24）沈既済の提言した両税法にも「両税之立、惟以資産為宗、不以丁身為本。資産少者則其税少、資産多者則其税多。」とあるように、老子の「天道」と同様の思想的傾向が見られる。

（25）前掲注（3）内山書同章同節では「資治通鑑巻２２６の大暦十四年八月の項によると、この年、協律郎沈既済は選挙」に関する意見「選挙論」を書」き、「文章の中で選挙を現実社会の士人と農工商の身分的利害的対立の関係から深刻に把握している」と論じている（三三一頁）。

（26）「夫入仕者多、則農工益少、農工少則物不足、物不足則国貧、是以言入仕之門太多。（中略）近代以来、九品之家皆不征、其高蔭子弟、重承恩奨、皆端居役物、坐食百姓、其何以堪之。是以言代胄之家太優。（中略）夫上之奉養也厚。則下之徵斂也重、養厚則上覬其欲、斂重則下無其聊。故非類之人、或没死以趣上、構奸以入官、非唯求利、亦以避害也。是以言禄利之資太厚。（中略）為官如此易、享禄如此厚、上法如此寛、下斂如此重、則人孰不違其害以就其利者乎。是以言督責之令太薄」

（27）「峘為戸部尚書、峴為吏部尚書、知政事、嶧為戸部侍郎、銀青光禄大夫、兄弟同居長興裏第、門列三戟、両国公門十六戟、一、三品門十二戟、栄耀冠時」没後同時代の文人李華も「故相国兵部書梁国公李峴伝」に「公為茂徳、崇勛之後享大名尊位、有令兄弟有賢夫人有孝男有孝女全美如是、雖古烈無之」と賞賛の碑文を書いた。

（28）『旧唐書』巻一一二を引く。

初収東京、受偽官陳希烈巳下数百人、崔器希旨深刻、奏皆処死、上意亦欲懲勧天下、欲従器議。時峴為三司使、執之曰

「夫事有首従、情有軽重、若一概処死、恐非陛下含弘之義、又失国家惟新之典。且羯胡乱常、無不凌抝、二京全陥、万乗南巡、各顧其生、衣冠蕩覆。或陛下親戚、或勲旧子孫、皆置極法、恐乖仁恕之旨。昔者明王用刑、殲厥渠魁、脅従罔理。況河北残寇未平、官吏多陥、苟容漏網、適開自新之路、若尽行誅、是堅叛逆之党、誰人更図効順。困獣猶鬥、況数万人乎」崔器、呂諲、皆守文之吏、不識大体、殊無変通。廷議数日、方従峴奏、全活甚衆

(29)「今士流既広、不可強廃、但鍵其旧門、不使新入、峻其宦途、不使濫登。十数年間、新者不来、而旧者耗矣。待其人少、然後省官、夫人之才分、各有余裕、自為情欲所汨、而未嘗尽焉。引之則長、縶之則短、在勉而已。故凡士族、皆稟父兄之訓、根聡明之性、蓋以依倚官緒、無湮淪墊溺之虞」

(30)横山貞裕「唐代の馬政」(『国士舘大学人文学会紀要』第三号、一九七一年三月)。

(31)山下将司「唐の監牧制と中国在住ソグド人の牧馬」(『東洋史研究』第六六巻第四号、二〇〇八年三月)。

(32)前掲注(23)栄書第一編「唐代六胡州ソグド人の牧馬の生活形態」(唐代六胡州粟特人的畜牧生活形態)にも山下と同様の考察がある。

(33)前掲注(3)内山書同章同節参照。

(34)前掲注(23)栄書第一編「安史の乱後のソグド人・胡人の動向」によると、当時は胡人が排除される傾向が強く、胡人を殺害する事件も多発したという。その一例として『資治通鑑』巻二二六の「代宗之世、九姓胡常冒回紇之名、雑居京師、殖貨縦暴、与回紇共為公私之患」を引用し、後に多くの胡人が安史の勢力が残っていた河北地域へ流入したと結論している。

(35)『通典』巻第十八「選挙」六「雑議論下」。

付記

＊本文および注における引用は多く注(3)の文献によるが、一部私に改めた。

Long Distant Call
——深層の儀良、表層の正太郎

木越治

1

「吉備津の釜」は、なぜあの奇妙な妒婦断罪論からはじまるのだろうか？

　妒婦《とふ》の養ひがたきも。老ての後其功を知ると。咨《あゝ》これ何人の語《ことば》ぞや。

語り手はまず、妒婦にもそれなりにいいところはある、という先人の言をあたまから否定するところから議論をはじめる。まるで妒婦に個人的なうらみでも抱いているかのように……。しかし、このあとに続くのは、意外に一般的・常識的な議論である。観念的といってもいい。

　害《わざは》ひの甚しからぬも商工《わたらひ》を妨げ物を破りて。垣の隣の口《そしり》をふせぎがたく。害《わざは》ひの大なるにおよびては。家を失ひ国をほろぼして。天が下に笑を伝ふ。

要するに、妒婦というものは「商工を妨げ」「家を失ひ国をほろぼす」から「害」があるというのだが、ここはなるほどまあそんなこともあるかもしれない、というレベルの議論にすぎない。にもかかわらず、突然はげしい口調になって、

　いにしへより此毒にあたる人幾許《いくばく》といふ事をしらず。死て蟒《みづち》となり。或は霹靂《はたゝがみ》を震ふて怨《うらみ》を報ふ類《たぐひ》は。其肉

を醢《しびし》にするとも飽《あく》べからず。

と言いはじめるのだから、わけがわからなくなる。この一節が中国の随筆『五雑組』を下敷きにしているということを割り引いたとしても、「其肉を醢にするとも飽べからず」などという激越な言葉は完全に常軌を逸しているというしかない。なによりも問題なのは、ここで「毒」といい「害ひ」というところのものが、「嫉妬」(後述のごとくここでは「女の慳《かだま》しき性《さが》」によるものとされている)の結果もたらされたものであるとして、なぜそういう事態に至ったかについて全く顧慮されていない点である。なぜ「死て蟒となり。或は霹靂を震ふて怨を報ふ」ような激しい嫉妬が生まれるかを考えてみれば「醢にするとも飽べからず」と断罪するだけですまないことは明白なはずであるが、そうした問題を全く顧慮しないこの一節は、男の側の都合だけを考えた一方的なものにすぎないと言わざるをえないのである。

語り手も、さすがにそこには気が付いたらしく、この直後、「さるためしは希なり」と議論の方向を転換し、以後は、男の側の問題を語りはじめる。

夫のおのれをよく脩《おさ》めて教へなば。此患《うれひ》おのづから避《さく》べきものを。只かりそめなる徒《あだ》ことに。女の慳《かだま》しき性《さが》を募《つの》らしめて。其身の憂《うれひ》をもとむるにぞありける。

夫がしっかりしていればその「害」は防げるのに、それができないために「憂をもとむる」ことになるのだ、と説明するわけであるが、しかし、嫉妬の原因については、わずかに「かりそめなる徒こと」と言い捨てるだけですませているという点は、よく覚えておくことにしよう。結局、

禽を制するは気にあり。婦を制するは其夫の雄《を》々しきにありといふは。現《げ》にさることぞかし。

という教訓でこの冒頭文は締めくくられているのであるが、しかし、この程度の教訓で、男と女の問題が片付くとこの語り手は本当に思っているのだろうか?

ためしに、この冒頭文で述べられていることを「吉備津の釜」の作品世界のなかに投げ込んでみるだけでいい。

正太郎と袖の逃避行は「かりそめなる徒こと」にすぎないのだろうか？　礒良が死霊として正太郎にしたことは「醢にするとも飽べから」ざるものとして断罪すればすんでしまうことなのだろうか？

　このように問いかけてみればすぐ明らかなように、この作品の内容は、この冒頭文の内容をみごとに裏切っている。そこに含まれる教訓が、この物語において何の意味も持ちえないことを、作品自体が証明しているのである。

　そうであれば、この部分は不要なものとして省いてしまっていいはずである。が、作者はそうはしなかった。それはなぜか？

「吉備津の釜」の作品論はここから出発すべきであると私は考える。この問いに答えられないかぎり、私の「吉備津の釜」論は終らないのである。

2

　一人息子正太郎の放蕩を嘆いた両親が、

　あはれ良人《よき》の女子《むすめ》の皃《かほ》よきを娶《めと》りてあはせなば。渠《かれ》が身もおのづから脩《をさ》まりなん

と考え、嫁探しが行なわれた結果、「吉備津の神主《かんざね》香央《かさだ》造酒《みき》が女子《むすめ》」が候補に選ばれる。「吉備津の釜」の物語はここからはじまる。結婚が家の存続を前提としてすべて親の意向に基づいて行なわれる時代であったことを考えてみれば、このプロセスは当然というべきでなんら異とするにはあたらない。むしろ、井沢家が香央の家の血筋に興味を示し、香央側は（明示的に書かれてはいないものの）井沢家の経済力を尊んで両者の合意が成るというあたりの両家のあり方は、簡潔ながらそれぞれの家の事情を的確に押さえていて秀逸と評してよい。

　問題は、この婚約が成ったあとに香央造酒が釜祓いを行なったことにある。

そも〳〵当社に祈誓《いのり》する人は。数の秡物《はらへつもの》を供へて御湯《みゆ》を奉り。吉祥凶祥《よきさがあしきさが》を占ふ。巫子《かんなぎ》祝詞をはり。湯の沸上るにおよびて。吉祥には釜の鳴音《なるこゑ》牛の吼《ほゆ》るが如し。凶《あし》きは釜に音なし。是を吉備津の御釜秡《みかまばらい》といふ。

釜祓いの神事の由来についての説明であるが、もし、この神事が本当に「吉祥凶祥を占ふ」ものであったならば、媒人が話をもってきた段階で行なわれるべきであっただろう。その段階であれば、占いの結果に基づいて断わることは簡単にできたはずだからである。しかし、それは行なわれず、婚儀の整った段階で神事が行なわれたことに関しては、従来からも順序が狂っているという批判が出されていた（重友毅一九六三など）。当然予想される見解だが、しかし、この神事は本当に「吉祥凶祥を占ふ」役割を持っていたのだろうか。むしろ、この釜祓いは儀式としての意味合いが強く「吉祥凶祥を占ふ」という意味はほとんどなかったと見るべきなのではないだろうか。

きちんとした文献を提示していうことのできないのが残念だが、この釜祓いは、ほとんどの場合「牛の吼るが如」き音がするものであって、音のしないことはめったにない、というような説明を吉備津神社を訪れたおりに私は聞いたおぼえがある。テレビでの実演も見たことがあるが、やはりそのように解説されており、実際になんの苦もなく釜の鳴る音を出していた。身近な例にたとえていえば、寺社のおみくじの大部分が「吉」（大吉〜末吉までであるが）であり、「凶」はほんのわずかしかない（神主に知り合いがいればその割合についての具体的な情報を得ることができるだろうが、残念ながらその便宜を得ることができない。企業秘密に属することなのかもしれないが、吉凶の割合についてどなたか御教示いただければ幸いである）、というふうなことを考えてみてもいいはずで、この釜祓いは吉と凶が同じ確率で出る可能性をもつ（＝吉が出るか凶が出るかは神のみぞ知る）純粋な占いではなかったと考えるべきなのではあるまいか。

だからこそ、香央造酒が釜祓いをする箇所の本文には「猶幸を神に祈るとて」とは書かれても、「神に吉祥凶祥を占ふ」とは書かれないのであろう。香央造酒は、いつも試みているのと同じ結果（おそらく95％以上の確率で釜が鳴ったはずである）の出ることを予想し、この結婚が神に祝福されるものであろうことを確信して釜祓いを行なったはずなのである。しかし、結果はそうではなかった。

　さるに香央が家の事は。神の祈《うけ》させ給はぬにや。只秋の虫の叢《くさむら》にすだくばかりの声もなし。

この結果に当惑し、妻に相談したこと、あるいは、妻が「祝部等が身の清からぬにぞあらめ」としてその結果を問題にしなかったことについては、

○吉備津神社の神主が、神社の神の託宣を用いなかった（長島弘明一九九八）

○禁止の神託への抗命は、すでに神託や易占が信じられなくなっていた、近世的な合理思想の状況を反映している。（高田衛・稲田篤信一九九七）

というふうに説かれているが、そこまで言う必要があるかどうか。たしかに、結果としては、そう言われてもやむをえないことになりはしたのだが、物語の段階に即してみれば、釜祓いを彼等が本当の意味での占いとはみなしていなかった以上、無視してもそれほど責められるべきこととはいえないはずであろう（先の例でいえば、おみくじで「凶」が出たからといって、すでにまとまっている結婚話をすぐにこわそうとするか、というふうに考えてみればよい）。

　むしろ、この神託が神官自身も予想しなかったきわめて異例のものであったことをなによりも先に確認すべきであり、それゆえにこそ、生身の人間である神官は（あるいは、神託を尊重すべき立場にある神官でさえ、といってもいい）その神託を受け入れることができなかった、というふうに解すべきだと思われる。

3

　神託の凶祥は、この作品の主調低音となって、磯良と正太郎の結婚生活を規定している。とはいっても、それが二人の結婚生活破綻の原因なのではない。

礒良がいかに「夙《つと》に起《おき》。おそく臥て。常に舅姑《おやく》の傍《かたへ》を去ず。夫が性《さが》をはかりて。心を尽し」て、高田・稲田一九九七における評釈がまことに適切に指摘するごとく『女大学』の権化のように「仕へ」ても、あるいは、井沢夫婦に「孝節」ぶりを感心されても、また、夫が「其志に愛《めで》てむつまじく」してくれたとしても、結局うまくゆかなかったのは、正太郎の「おのがまゝの奸《たはけ》たる性《さが》」の故に他ならない。どうにもならない彼の本性として措定されたこの性格が、以後のすべての不幸を導くことになる。そして、こうした正太郎の「性《さが》」によって夫婦生活の破綻がもたらされた、という説明の存在することが、この作品の近世小説としての質を決定しているといってよい。これ以後、「おのがまゝの奸たる性」の発露であるところの妻礒良への不実ぶりが丁寧に記され、それは、妻礒良の努力によってもどうにもしようのないものであることが印象づけられる。それをただ見守るしかない井沢・香央の人々をも含め、このあたりの人間模様の描き方にはほとんど間然するところがない。こうして、以下の物語は、正太郎の「性」の引き起こす悲劇という見取り図のもとに展開することになり、その結果、釜祓いの神託は、それらの背後に奥深く秘められていくことになるのである。

鞆の津の遊女袖との出奔、その折の礒良に対する裏切りについては特に言うべきことはないが、袖と別宅に住みはじめた正太郎に対して、

礒良これを怨《うら》みて。或は舅姑《おやく》の忿《いかり》に托《よせ》て諫め。或ひは徒《あだ》なる心をうらみかこてども。

とあること、及び礒良からだまし取った金を持って出奔した正太郎に対して、

かくまでたばかられしかば。今はひたすらにうらみ歎きて。遂に重き病に臥にけり。

と書かれていることだけはぜひ書き留めておくことにしよう。冒頭文に則していえば、礒良が「妒婦」と化していく場面だからである。

と同時に、その原因にあたる正太郎の一連の不実な所行がまことに丁寧に叙述されていることも、改めて引用することはしないが、忘れるべきではあるまい。これまた、冒頭文の流儀でいえば、正太郎の「かりそめなる徒

こと」の結果ということになるわけだが、妻を裏切り親を悲しませる正太郎の行為はどう弁護してみても「かりそめなる徒こと」といってすませられるレベルのものではない。

井沢香央の人々彼を悪《にく》み此を哀《かなし》みて。専医《もはら》の験《しるし》をもとむれども。粥《もの》さへ日々にすたりて。よろづにたのみなくぞ見えにけり。

というふうに、正太郎が両家の人々から指弾され、磯良が同情されているという事態がなによりも雄弁にそのあたりの事情を物語っている。

とすれば、くどいことを承知のうえで言うのだが、正太郎は、ここでは、もはや「夫のおのれをよく脩めて教へなば。此患おのづから避べき」とか、「禽を制するは気にあり。婦を制するは其夫の雄々しきにあり」というような冒頭文にいう一般的な夫の倫理規範で解決しうる範囲を逸脱してしまったところにいると言わなければならない。この段階で、物語はすでに、冒頭文がカバーしうる範囲を超えてしまっているのである。

ここで、かりに、冒頭文的な立場を男性原理と呼んでおけば、物語が佳境に入ったこの段階でその原理は崩壊してしまったわけである。しかし、語り手はその原理が依然として有効であるようにふるまう。以後の叙述が、逃亡する正太郎に即してすすめられ、磯良の側から書かれることはない、というのがその端的な証明である。しかし、丁寧に読んでいけば、物語の深層に、磯良の立場に寄り添った女性原理による物語が伏在していることが見て取れるはずなのである。そして、物語は、内部に両者の亀裂をかかえこんだまま、クライマックスへと突き進んでいくのである。

袖の従兄彦六と出会い、その隣の「破屋《あれや》」で住いをはじめた正太郎と袖にたちまちのうちに磯良の「窮鬼《いきすだま》」の手が忍び寄ってくる。

袖。風のこゝちといひしが。何となく脳《なや》み出て。鬼化《もののけ》のやうに狂はしげなれば。こゝに来りて幾日もあらず。

此禍《わざはひ》に係《かゝ》る悲しさに。みづからも食《もの》さへわすれて抱《いだ》き扶《たす》くれども。只音をのみ泣て。胸窮《せま》り堪がたげに。さむれば常にかはるともなし。窮鬼《いきすだま》といふものにや。古郷《ふるさと》に捨し人のもしやと独《ひとり》むね苦し。

ここに『源氏物語』「葵」の六条御息所の生霊の登場する場面の語彙が頻出することをあらためて指摘する必要はないであろうが、それは、「妒婦」と化した磯良が、『源氏物語』における六条御息所のありようを投影しながら登場してきているということを意味する。すなわち、光源氏と御息所の不幸な関係が、彼等二人にそのままあてはまる、ということである。これを磯良の側――さきの用語でいえば、この物語における女性原理の側――からいえば、結婚する前から、「佳婿《むこがね》の麗《あて》なるをほの聞て。我児《こ》も日をかぞへて待わぶる」と言われ、嫁いでからも「夫が性をはかりて。心を尽して仕へ」、父母によって押し込められた夫を「悲しがりて。朝夕の奴《つぶね》も殊に実《まめ》やかにつとめ、夫のいつわりの無心に対しても「いとも喜しく。此事安くおぼし給へとて。私におのが衣服調度を金に貿。猶香央の母が許《もと》へも偽りて金を乞。正太郎に与へ」るという彼女の一連の行為が、夫に対する深い愛情――という言い方は必ずしも適切でないかもしれない、恋情あるいは愛執というような用語を使ってもいいだろう――以外のなにものでもないということであると同時に、それが、夫正太郎には全く理解されない一方的なものでしかなかったということでもある。袖とともに駆け落ちする正太郎の姿はそのことをなによりも雄弁に物語るものであるが、そういう磯良の心情が、光源氏に絶望的な愛情をそそぎつつも、かなえられないまま生霊となるしかなかった六条御息所の姿に重ね合わされているということがなによりも重要なのである。

葵の上に取り憑いた生霊の正体が御息所であることを確信したとき、御息所と光源氏との関係は実質的に終わり、傷心の御息所は娘の斎宮とともに伊勢に下るのであるが、磯良と正太郎の関係は袖の死では終わらない。

ここに至ってはじめて、「吉備津の釜」独自の「妒婦」像が提示されることになる。冒頭文で「女の慳しき性」によるとされていた「嫉妬」というものの本質が開示されるのである。

4

袖の死後、正太郎は魅入られるようにして磯良の死霊に招き寄せられることになるが、この荒野の三昧堂で展開される怪異の場面については、いろいろな意味でよくわからない点がある。そのわからなさは、末尾の死霊による詐術とされる場面とも関連していると思われるので、すこし丁寧にみておきたい。

袖の死からあとは、

1、袖の死

2、袖の葬送

3、墓参り

4、墓参りをする若い女との出会い（以下略）

という順に記されているが、このうち、4以後に登場する若い女はあきらかに磯良のしわざによるものであろうから、正太郎はこのあたりから磯良のワナのなかに入り込んでいるとみてよいだろう(1)。しかし、1における、袖の死に対して正太郎が、

天を仰ぎ。地を敲《たゝ》きて哭悲《なき》しみ。ともにもと物狂はしきを

と嘆き、3でも、

正太郎今は俯して黄泉《よみぢ》をしたへども招魂の法をもとむる方なく。仰ぎて古郷をおもへばかへりて地下よりも遠きこゝちせられ。前に渡りなく。後に途をうしなひ。昼はしみらに打臥て。夕《よひ》〳〵ごとには壠のもとに詣て見れば。

というふうに嘆く様子の描写は、いささか大袈裟にすぎるような感じを受けなくもない。その理由の大部分は、

意識的に漢文的な対句表現を多用している点に求められるが、そういう表現上の特色からみても、このあたりですでに正太郎は礒良の術中に陥っているとみなすことは可能ではないだろうか。かりに、そのように解してみると、死霊となった礒良が正太郎に対して発した言葉の意味はよりいっそうはっきりしてくるように思われる。

めづらしくもあひ見奉るものかな。つらき報ひの程しらせまいらせん

という礒良の言葉は、むろん正太郎に向けられたものだが、彼自身は恐怖が先行しているため、その言葉の意味をほとんどまともに受け取ろうとはせず、

我を指《さし》たる手の青くほそりたる恐しさに。あなやと叫んでたをれ死す。

と気絶してしまうのである。ここの「我を」という人称代名詞の使い方は、重友一九五七以来高く評価されているところだが、こういう表現が成立するのは、この前後の描写がすべて正太郎の心理に即してなされているためであるということは考えておいてよいことだと思う。読者も当然正太郎の側に立って読んでいくことになり、その結果、礒良の言葉の意味は深く反芻されないまま、そのあとの陰陽師の言葉だけが印象づけられるようになっているのである。

何度もくり返すが、この作品における怪異はすべて男性原理の側から叙述されており、「目の前につきつけられたような戦慄感」（重友一九五七）云々の評語・評価等はすべてそれに従ったものであるのだが、女性原理の側に立てば、怪異自体の意味も当然異なって見えてくるはずなのである。

この礒良の言葉についてみても、陰陽師の「さきに女の命をうばひ。怨み猶尽ず。足下《そこ》の命も旦夕《あさゆふ》にせまる」という言葉に示されているように、正太郎への復讐だけが目的なら、なぜ「見奉る」「まいらせん」等の敬語を使ったのか、また、すぐその場で取り殺すことも可能であっただろうに、気絶させるだけで終ったのはなぜか等々、疑問はいくつもわいてくるのである。

そういうふたつの原理の対立を考えるうえで、「めづらしくもあひ見奉るものかな」という一文の現代語訳は大

変興味深い材料を提供してくれる。たまたま近年同じ文庫に入った二つの注釈書のなかで、全く違った訳し方を発見できるからである。すなわち、高田・稲田一九九七は「不思議なご縁でお会いするものです」と訳し、長島一九九八は、「珍しいところでお会いいたしますことよ」と訳しているのである。この違いはどちらの原理に立って訳すかの違いを典型的に反映していると思われる。

長島訳は正太郎の立場で訳したもので、礒良の言葉が彼には、庭瀬の実家ではない「めずらしい」場所でお会いするものですね、という皮肉として受け取られたであろうことを踏まえたものである。一方、高田・稲田訳は礒良の心情に重点をおいて訳したものであり、「めずらしい御縁で、やっとお会いすることができましたね」という、正太郎との出会いを喜ぶ気持ちが含まれているとみたものと推測される。もちろん、喜ぶとはいっても、「浅茅が宿」の宮木の「今は長き恨みもはれ〴〵となりぬる事の喜しく侍り。逢《あふ》を待間《まつま》に恋死なんは人しらぬ恨みなるべし」という言葉のようにストレートに（とはいっても「長き恨み」「逢を待間に恋死なん」という語句は含まれているのだが）表現されているわけではなく、自分のもとから逃亡しつづける夫正太郎とやっと対面できた（というより、つかまえることができた、とでもいうべきか）という気持ちの表明とみたものである。訳としてはどちらも成立するし、この一文のニュアンスを本当に伝えようとするなら、両方の訳を並べておきたいくらいなのである。

そういう含みを持った一文のあとに「つらき報ひの程しらせまいらせん」という恨みの言葉が続く。「つらき報ひの程」とは、ここに至るまでの礒良の苦しみをいうが、正太郎にはおそらく「報ひ」という言葉だけが、印象づけられたことだろう。しかし、単に復讐するだけなら、ここで殺してしまってもよかったはずであるが、礒良の目的はそこにはなかった。「しらせまいらせん」というのだから、そのことを正太郎にも味わせたい、と彼女は考えたのである。彼女のことを全く理解しようとしない正太郎に対して、「霊」と化することによってはじめて可能な方法によって自分の思いを伝えようとしたのである。もちろん、そのなかには、恨みの気持ちも復讐の念も含まれている。しかし、根底にあるのは、自分とまともに向きあうことをしない夫に対するコミュニケーション回復の思いである。遥か彼方からの長い長い呼びかけ――Long Distant Call が、いまこのとき、彼女の口から初めて発せられたとみるべきなのである。

とすれば、袖の死は、その第一歩として計画されたものといえるであろう。大切な存在を奪われることの痛みを身をもって体験させることがその目的であったと考えれば、袖の死を大袈裟に嘆く正太郎は、すでに礒良の術中にはまりこんでいると見ていいはずなのである。

5

陰陽師は、

災《わざはひ》すでに窮《せま》りて易からず。さきに女の命をうばひ。怨み猶尽ず。足下《そこ》の命も旦夕《あさゆふ》にせまる。此鬼世をさりぬるは七日前なれば。今日より四十二日が間戸を閉《たて》ておもき物斎《いみ》すべし。我禁《いま》しめを守らば九死を出て全からんか。一時を過るともまぬがるべからず

と警告し、正太郎の体に梵字を書き、朱符を与えて「此呪を戸毎に貼《おし》て神仏を念ずべし。あやまちして身を亡ぶることなかれ」といましめている。が、「神の祈させ給はぬ」結婚の当事者の一人である正太郎にとって「神仏を念ず」ることにどんな意味があったろうか。陰陽師の警告が失敗に終ることは火を見るよりも明らかであるといってよい。

が、物語を先取りするのはやめよう。我々はこの陰陽師の警告に従って、以下の場面を読んでいくしかないのだが、そこで、再び正太郎のもとを訪れてくる「鬼」を体験することになる。この作品のクライマックスというべきシーンであるが、しかし、ここの「鬼」についての描写をたどってみると、具体的な描写がほとんどないことに驚かされるはずである。「鬼」について具体的に描かれているのは、

下屋《しもや》の窓の紙にさと赤き光さして
かの鬼も夜ごとに家を繞《めぐ》り或は屋の棟に叫びて。忿《いか》れる声夜ましにすざまし

という二ヶ所だけで、あとは、
おそろしさのあまりに長き夜をかこつ。程なく夜明ぬるに生出《いき》て。……松ふく風物を僵《たを》すがごとく。雨さへふりて常《たゞ》ならぬ夜のさまに。壁を隔て声をかけあひ。既に四更にいたる。……深き夜にはいとゞ凄しく。髪も生毛《うぶけ》もこと〳〵く聳立《そばたち》て。しばらくは死入たり。明れば夜のさまをかたり。暮れば明るを慕ひて。此月日頃千歳を過るよりも久し。

という正太郎の様子が記されているだけなのである。つまり、ここの恐怖感は、さきの三昧堂における礒良の、
顔の色いと青ざめて。たゆき眼すざましく。我を指たる手の青くほそりたる
というような具体的描写によるものではなく、すべては、正太郎の恐がり方に起因するというべきなのである。あるいは、この「鬼」が言葉を発しているではないか、というかもしれない。が、その言葉は、
あなにくや。こゝにたふとき符文を設《まう》けつるよ。

であり、
あな悪《にく》や。こゝにも貼《おし》つるよ。

というもので、これは、朱符が貼られてしまっているため、正太郎とコミュニケイトする道が閉ざされてしまったことへの恨み言であっても、正太郎をおどそうとする（「つらき報ひの程しらせまいらせん」というような）意志は微塵も含まれていない。その意味で、礒良は正太郎に対してはたった一つのことしか語っていないのである。
くり返し述べているように、この作品において、怪異の場面はすべて正太郎の心理に即して叙述されている。そしてそのときの正太郎の心理は、礒良への罪悪感と恐怖感とがないまぜになったものであるはずだが、そのことを彼自身が明確に自覚することのないまま、恐怖感だけが先行することになっているのである。

彼にとって、さしあたりすがれるのは、陰陽師の警告に従って、四十二日の「物斎」を無事に切り抜けることだけであるが、しかし、四十二日目が過ぎれば本当に彼は無罪放免されるのだろうか。かれに取り憑いている「鬼」はそんなに簡単に退散するのだろうか。もし、それが「吉備津の釜」の直前の作品である「仏法僧」のように場所に出現する怪異ならば、夢然父子のように、朝になり高野山を下りていけば、もはや秀次一行の亡霊とは無関係でいられよう。が、正太郎と磯良の関係はそんな単純なものではなかったはずである。怪異譚としてみれば、陰陽師の予言は絶対的なものだが、しかし、磯良がそれを受け入れているかどうかは別の問題である。しかし、物語は、怪異譚としての約束に従って、四十二日目がまるで最後の審判の日であるかのように進行していく。

かくして四十二日といふ其夜にいたりぬ。今は一夜にみたしぬれば。殊に慎みて。やゝ五更の天《そら》もしら〳〵と明わたりぬ。長き夢のさめたる如く。やがて彦六をよぶに。壁によりていかにと答ふ。おもき物いみも既に満ぬ。絶て兄長《このかみ》の面《おもて》を見ず。なつかしさに。かつ此月頃の憂怕《うさおそろ》しさを心のかぎりいひ和《なぐ》さまん。眠さまし給へ。我も外《と》の方に出んといふ。彦六用意なき男なれば。今は何かあらん。いざこなたへわたり給へと。戸を明る事半《なかば》ならず。となりの軒にあなやと叫ぶ声耳をつらぬきて。思はず尻居《しりゐ》に座す。

ここでは、「や、五更の天もしら〳〵と明わたりぬ。」というのが正太郎だけの理解であった、ということがすべてである。青木正次一九八一は、この部分の会話の主体について様々の解釈可能性を検討していてたいへん参考になるが、大切なことは、ここまでずっと正太郎に即して叙述がなされてきており、彼の姿が物語から消えた瞬間、本来の叙述にもどり、正太郎が詐術にひっかかったのだということが明かされるしかけになっているという点である。

彦六が外に出たとき「月は中天《なかぞら》ながら影朧《らう》〳〵として。風冷やかに。」という状態であったと記されているが、その直前に「明たるといひし夜はいまだくらく。」と書かれていることからすると、彼は自分の目で夜明けを確認したのではなかったということがわかる。にもかかわらず、正太郎の言葉をそのまま受け入れて「今は何かあらん。いざこなたへわたり給へ」と誘いかけたことが「用意なき男」と書かれるゆえんなのであろう。

ここはいうまでもなく、この物語のクライマックスであるが、同時に、男性原理と女性原理がもっともはなはだしい亀裂をみせているところでもある。

表層の叙述に従えば、正太郎は「戸腋《とわき》の壁」の「腥《なま》〱しき血」と「髻《もとゞり》」だけを残して消え去ってしまったことになる。遺体の残っていないことを、彦六も遺族もさして不思議がることはせず、陰陽師のいましめを破ったため「悪鬼」儀良の復讐を受けたのであろう、と理解するだけで終ってしまっている。そして、末尾に、

されば陰陽師が占《うら》のいちじるき。御釜の凶祥《あしきさが》もはたがはざりけるぞ。いともたふとかりけるとかたり伝へけり。

と記されることによって釜祓いの神託との整合性もはかられ、嫉妬から「悪鬼」に化したものによる復讐の物語として、表層レベルにおけるつじつまはきちんと合うようになっている。ここでは、これまでふれる機会のなかった儀良の名前が醜貌の神の名に由来することなども巧妙に情報として加味されているわけである。

この末尾の部分については、「古今東西の怪談小説を通じてみることを得ない」「恐怖と戦慄を覚えしめる」（重友一九六三）等にみられるように、従来から高い評価が与えられてきた。そのことに異論を唱えるわけではないが、そういう怪異譚としての性格はあくまでもこの物語の表層のレベルに関しており、深層にはさらに別の物語の存在することを見逃してはならないと思う。それは、すでに折に触れて語ってきたところであるが、ここでの問題としていえば、遺体が残っていないことをどう考えるかがポイントになる。「次元を異にする強烈な力のはたらきかけ」（重友一九六三）とか「土俗的伝承と人身消失譚のむすびつき」（高田・稲田一九九七）等の説明があるが、これは、怪異譚の範疇で考えるべき問題ではあるまい。ここにこそ、この物語の深層＝女性原理の原点が存在するからである。

かつて、私は、新聞に連載した文章（父と子の対話形式をとっている）の中で、

子＝で、正太郎の遺体はどうなったの？

父＝礒良の亡霊によってあの世へ連れ去られたんだろう。

子＝殺されたんじゃないの？

父＝彦六や正太郎の遺族にとってはそうかもしれないけど、礒良にしてみれば、自分から逃げ続けていた亭主をやっとこういうかたちで自分のもとに呼び戻した、というふうにも言えるんじゃないの。


と書いたことがあるが(2)、この部分に注目し、仏教的な背景について考察したのが、鷲山樹心一九九二である。私の想定が、仏教的にも裏付け可能であることを教えられて大変心強かったのであるが、ともあれ、ここにも書いたように、礒良にとっては、この末尾の段階においてはじめて正太郎をわがもとにひきよせることができたのである。自分のことを決してかえりみようとせず、ただ恐れ逃げるだけの男を、彼女はやっとわがもとに引き寄せたのである。それをもって復讐というのなら、そう呼んでもいいが、この作品で、礒良が一貫して正太郎に呼びかけているのは、みずからの苦しみであり、みずからを理解することであり、そして正太郎とともにあることなのである。その点で、彼女の願いは、「浅茅が宿」の宮木と全く同質のものであるといってよい。ただ、彼女は、宮木のように、ただ、待つだけの女ではなかった。生霊・死霊となって積極的にそのことを夫に対して伝えようとしたのである。嫉妬が「女の慳しき性」によるとして封じられていた時代の女性にとってそれはほとんど唯一のコミュニケーションの手段だったのかもしれない。宮木は、「地霊」としてひとところにとどまり、夫を待ちつづけたが、礒良は、「生霊・死霊」として夫を追いかけつづけた、というふうな対比としても語りうるであろう。

そして、この物語の大きな特色として挙げなければならないのは、冒頭文からほぼ一貫して、叙述が、男性＝正太郎の側に寄り添ってすすめられているということである。その叙述のレベルに従えば、そこに展開されていくのは、断罪される男の物語ということになり、断罪する側の女性に関しては、すべて怪異として、恐怖に彩られたかたちで処理されていく。もちろん、そのレベルだけでも、この作品はきわめてすぐれた物語である。しかし、それがこの作品のすべてなのではない。その怪異の背後に、夫を遥か遠くから呼びつづける妻の声を聞くのでなかったら、この作品を真の意味で理解したとはいえないのである。

「菊花の約」では友情の物語というワク組みで物語を作り、「浅茅が宿」では夫婦の情愛をたたえつつ物語を展開してきた作者は、この作品に至って、妒婦断罪論を語るふりをしながら、それとは似ても似つかない物語を語ってしまった。それは、一見すると、断罪される男の物語であるように見えるが、実は、断罪する女の側に立った物語なのであった。そして、ここに気づいたときはじめて、冒頭の妒婦断罪論は、真の意味で無化されるのである。だから、「菊花の約」のように末尾で冒頭文への回帰はなされない。御釜祓いや陰陽師の予言は反芻されても、である。残された冒頭文は、ただ、作品の叙述が寄り添う立場を示す意味しか持たなくなるのである。

これ以後、『雨月物語』では、この種のマクラを作品の冒頭に置くことはなくなる。それは、「仏法僧」に至るまで、日常的な道徳・倫理と折り合いをつけながら展開されてきた『雨月物語』の作品世界が変質していくことを意味している。そのことは、高野山という場所をテーマにした「仏法僧」においていくらかは予感されるものではあったが、「吉備津の釜」以後の『雨月物語』後半部では、読者（それは、なにも近世の読者に限るものではない）の抱えこんでいる日常的な道徳・倫理に挑戦するかたちで物語は形成されていくのである。そして、作品における女性原理と男性原理の問題は、次の「蛇性の婬」において、よりいっそうはっきりとした対立としてあらわれるのである。

注

（1） とはいっても、この若い女をどういうふうに説明したらいいのか、私にはうまい言葉が見つからない。礒良の化身とするのが一番簡単な説明だろうが、さし絵では彼女が礒良の死霊のそばに控えていることになっているので、これはあまり納得いく説明とはいえない。諸家の注や解説でも、この点は特に問題にはされていないようである。

（2）木越治「〈平成古典講座〉雨月物語」北国新聞日曜版連載一九九一年六～一二月

引用文献一覧

重友毅　『雨月物語評釋〔増訂版〕』明治書院刊　一九五七年一〇月
重友毅　雨月物語評論（四）再び「吉備津の釜」について　『近世文学史の諸問題』（明治書院刊　一九六三年一二月）、なお、『重友毅著作集〈第４巻〉秋成の研究』（文理書院刊　一九七一年五月）にも収録。
青木正次　『雨月物語』　講談社学術文庫刊　一九八一年六月
鷲山樹心　「吉備津の釜」結末について　花園大学国文学論究　20　一九九二年一一月
高田衛・稲田篤信　『雨月物語』　ちくま学芸文庫刊　一九九七年一〇月（『雨月物語評解』　有精堂出版刊　一九八〇年九月を文庫化したもの）
長島弘明　『雨月物語の世界』　ちくま学芸文庫刊　一九九八年四月（『〈ＮＨＫセミナー・江戸文芸をよむ〉雨月物語・幻想の宇宙（上）（下）』　日本放送出版協会刊　一九九四年一〇月・一九九五年一月を文庫化したもの）
なお、『雨月物語』の本文は、上田秋成全集第七巻によったが、振仮名は適宜省略したところがある。

付記

＊本稿は「富士フェニックス論叢　中村博保教授追悼特別号」（一九九八年一一月）に、所載されたものである。

怪異を書く

『三井寺物語』「八月十五夜に狂女わが子に尋逢し事」考
——謡曲「三井寺」との比較を通して

金永昊

一　はじめに

戦国時代が終わり、平和な江戸時代が到来すると、生産力の増大とともに教育と学問が普及した。また、出版文化の発展と識字率の向上に伴い、庶民も簡単に文学作品に接することができるようになった。こうした背景のもと、江戸時代初期には庶民を読者に想定し、主に知識の伝授（啓蒙）と教訓、娯楽を主眼とした仮名草子が流行したが、その主たる内容としては、戦国時代に活躍した将軍の逸話、儒教や仏教の教理についての分かり易い説明、全国の名所案内、朝鮮・中国から伝わった書籍の翻訳・翻案などが挙げられる。その他、謡曲の読み物化についても看過することはできないだろう。

本稿で取り挙げる浅井了意著『三井寺物語』（一六六〇年刊）は三巻二十三話で構成されている。上巻計十話には、教待和尚に関する話、三井寺の建立にまつわる説話、智証大師の誕生から入滅までを中心とした三井寺草創期史が叙述され、中巻計八話と下巻計五話には、延暦寺との抗争史をはじめ、俵藤太秀郷・泣不動・源頼豪などの三井寺関連説話が『日本書紀』『元亨釈書』『太平記』『本朝神社考』などを典拠にして配置されている。

『三井寺物語』に関する先行研究としては、参考文献欄に挙げた三浦邦夫氏と花田富二夫氏の論考が代表的なもので、いずれも典拠を特定し、了意の創作方法を究明したことにおいて非常に有益である。しかし、筆者が本稿で考察する下巻第二話「八月十五夜に狂女わが子に尋逢し事」の場合、坂巻甲太氏による『浅井了意集』の解題で、これは狂女物の謡曲で世阿弥作といわれる『三井寺』が素材・典拠となっている。この謡曲を下敷きにして物語風に書き改めたものである。設定はもとより、稚児の名「千満」とその生地「清見が関」、また挿入する庾亮の故事までそのままであり、謡曲の詞章も取り入れている。ただし、崇徳院の御宇である永治元年のころという時代背景、稚児が師としてたよった円満院の阿闍梨慶祚という名、稚児の父である櫛田左衛門という名は謡曲にはない。これは恐らく物語の真実性を高めるため、また三井寺の縁起にふさわしい内容とするために他の資料に拠ったのか、または文芸的潤色であったと考えられる。

と、謡曲「三井寺」との関連性が簡略に述べられている程度で、本話に込められた了意の意図が充分に検討されたとは言いにくい。そこで筆者は、了意が舞台芸術の詞章である「三井寺」をどのように理解し、どのような方法で仮名草子という読み物として生まれ変わらせたかを検討し、了意の構想力、手腕について考察してみたい。

二　場所設定の問題と名所案内記

さて、本話の典拠である「三井寺」について、場所設定に注目しながらあらすじを紹介すれば次の通りである。なお、謡曲は流派ごとに内容が異なるため、段の区切り方も一様ではないが、便宜上、本稿でテキストとして使用した『新日本古典文学大系』本によって【表1】のように区分する。

【表1】から分かるように、第一段と第二段は京都清水寺の観音堂が舞台で、ある女性が行方知れずとなった息子の居所を知らせてほしいと祈願するところから作品は始まる。この時、女性は近江の三井寺に行けば、息子に出会えるという霊夢を見る。

次に第三段では、場所は三井寺、登場人物も三井寺の僧侶と息子に変わる。具体的な理由は示されていないが、息子が僧侶に身を寄せて師弟関係になり、八月十五日に月見をする場面が描かれている。第四段と第五段では、京都から近江まで物狂いの状態になって移動する女性の姿が描かれている。後で明らかになるが、女性の出身地は駿河の清見が関である。第一段と第二段は、京都清水寺の観音堂が舞台であるため、女性は駿河から京都までおよそ三五〇キロメートルの距離を旅していたことになるのだが、そのことについては一切触れられないまま物語は進んでいる。それに対して、息子の行方が分かった後、京都から近江までおよそ十五キロメートルの距離を移動したことは非常に丁寧に描かれている。

【表1】謡曲「三井寺」の各段あらすじ

段	場所	内容
第一段	京都清水寺	ある女性が京都清水寺の観音堂を訪れ、息子の行方を知りたいと祈願する。
第二段		三井寺に行くよう霊夢の中で告げられる。
第三段	近江三井寺	子供が三井寺の僧侶に身を寄せ弟子になる。八月十五日の夜、寺の人々が月見をする。
第四段	京都↓近江	物狂いの状態になった女性の登場を知らせる問答と踊り。
第五段		女性は散々苦労して、三井寺に辿り着く。
第六段	三井寺	琵琶湖に満月が浮かんだ情景描写。
第七段		女性は三井寺から鳴り響く鐘の音を聞く。
第八・九段		女性が鐘を撞くと周囲の人たちが制止する。女性は中国庾亮の故事を引用しながら鐘を撞く。
第十段		女性は息子を発見する。
第十一段	近江↓駿河	女性は息子を連れて故郷に帰り、富み栄える。語り手は息子の孝行の威徳を誉め称える。

第六段から第十段までは三井寺に舞台が移り、女性が三井寺から鳴り響く鐘の音を聞くことから、息子を発見するまでの経緯が描かれている。その後、第十一段で女性は息子を連れて近江から故郷の駿河に移動することで謡曲「三井寺」は幕を閉じる。

以上の内容を物語の舞台に着目して整理すると、詞章においては省略されているが、女性はまず息子を尋ねて故郷の駿河から京都へ旅し、その後、京都の清水寺→近江の三井寺→駿河と移動していることが分かる。

それを踏まえたうえで、次に『三井寺物語』の内容について、物語の舞台ごとに検討してみよう。

【表2】『三井寺物語』の各段あらすじ

段落番号	場所	内容
第一段落	三井寺	ある子供が三井寺を訪ね、自分は駿河の出身だが人商人に拉致されたため、助けてほしいと願う。そこで、寺の阿闍梨慶祚の弟子になる。
第二段落		八月十五日に寺の人たちが庭に集まり、月見をする。
第三段落	清見寺の観音堂	息子の行方を失った女性が駿河清見寺の観音堂に籠って祈願すると、近江の三井寺に行くよう霊夢の中で告げられる。
第四段落	駿河→近江	女性は散々苦労したあげく、物狂いの状態になり、三井寺に辿り着く。
第五段落	三井寺	女性が鐘を撞こうとすると周りから制止される。
第六段落		女性は鐘に関する中国の故事、三井寺の鐘の起源、鐘の音についての仏教的な意味、インド・中国・日本での鐘に関する逸話を語る。
第七段落		女性は自分の息子を探すためにここまで来たというこれまでの事情を語る。
第八段落		子供は、女性が自分の母であることに気づき、寺を立ち去ろうとする女性の袖にすがりつく。
第九段落	近江→駿河	女性は息子を連れて故郷に帰る。

【表2】を見ると、第一段落は三井寺で物語が始まり、子供が人商人に拉致されたことと、西国への移動中に逃げ出して三井寺に入り、慶祚の弟子になる経緯が記されている。謡曲では、この部分が第三段と第十段に分かれて記されているが、了意は全体的な背景を先に説明し、時系列順に出来事を記述するため、第三段と第十段の内容をひとまとめにしたものと思われる。

次に、息子を失った女性が訪れて祈った場所が、「清見《きよみ》が関《せき》のあたりちかき観音堂《くはんおんだう》」とされていることに注目したい。清見が関は、現在の静岡市興津に置かれていた平安時代の関で、その跡に清見寺が建てられた。女性が祈った観音堂とは清見寺のことと思われ、そこで霊夢を見て、三井寺を訪れるわけだが、これは謡曲では清水寺での出来事として描かれていたのを改変したものである。清水寺の観音堂は、貧乏な女性が祈ったところ、金・好運・男などを得て幸福になった話が『今昔物語集』に記され、さらに紫式部・清少納言・菅原孝標女なども参籠した、観音霊場として信仰を集める非常に有名な場所であった。しかし、駿河の清見寺は、その霊験において清水寺ほど広く知られた場ではない。それでは、了意はどうしてこのように舞台を変えたのであろうか。

その理由としては、まず謡曲第十段で女性が自分の出身地について、「是は駿河国清見《きよみ》が関の者にて候」と述べていることを挙げることが出来よう。つまり、謡曲では駿河出身の女性が京都に移動したことが前提になっていたため、了意はそれを踏まえて、女性が自分の故郷にある清見寺の観音堂で祈願し、清見が関から近江へと出発することにしたのである。これによって、場所の移動を分かり易くし、不自然さが残らないようにしたものと思われる。

それよりさらに大きな理由として、清見寺が三保の松原、清見潟などが鑑賞出来る景勝地として有名で、江戸時代には、将軍が直接来訪したり、朝鮮通信使の使節団を迎えたりするなど、東海道にある名刹としてよく知られていたことが挙げられよう。つまり、清見寺は祈願者の願いを叶える霊験あらたかな寺としてではなく、名所としてよく知られていたことに注目する必要があるのである。その理由を示すために、同じく了意の手になる『東

『東海道名所記』の清見寺

海道名所記』における「清見寺」の項の一部を引いてみよう。引用は、冨士昭雄校訂代表『叢書江戸文庫』第五十巻『東海道名所記／東海道分間絵図』所収のものによったが、適宜句読点や濁点を入れた。

清見寺《せいけんじ》。きよ見でらといへる、これ也《なり》。恵日山《ゑにちざん》東福寺《とうふくじ》の爾長老《じちやうらう》、聖一国師《しやういちこくし》の弟子《でし》、開聖《かいしやう》といふ法師、この寺をひらき侍《はべ》り。巨鼇山清見寺《ごがうさんせいけんじ》と名づけられたり。近《ちか》ごろは、妙心寺《めうしんじ》の末寺《まつじ》たるやうに聞侍《はべ》り。海道よりは右のかたにあり。寺の客殿《きやくでん》は雪舟《せつしゆう》の書ける絵《ゑ》なり。端《はし》ちかくいでゝ、ひがしのかたをみれば、ふじ、あしたか、みほの松ばら、田子のうら、のこらずみゆ。まことに、ぶ双《さう》の絶景《ぜつけい》なり。庭にむめの古木《こぼく》あり。そのたけ、十七間にあまれりといふ。

ここで了意は清見寺について、富士山・愛鷹山・三保の松原・田子の浦が全て見られる絶景であると絶賛している。すなわち『三井寺物語』での場所設定を清見が関にしたのは、女性が近江の三井寺に移動するまでの道行の部分を、当時流行した名所案内記風に叙述しようとした意図があったと考えられるのである。

それでは、謡曲「三井寺」と『三井寺物語』の該当部分を比較してみよう。『三井寺物語』の引用は、坂巻甲太校訂『叢書江戸文庫』第二十九巻『浅井了意集』所収のものによったが、適宜私に改めた。

○謡曲「三井寺」

〔一声〕〈サシ〉後女雪ならばいくたび袖を払《はら》はまし、花の吹雪《ふぶき》と詠じけん、志賀の山越《やまごえ》うち過《すぎ》て、眺《なが》めの末《すゑ》は湖《みづうみ》の、鳰照《にほて》る比叡の山高《たか》み、上《うへ》見ぬ鷲の御山《おやま》とやらんを、今日の前に拝《おが》む事よ、あら有難の御事や、「か様《やう》に心あり顔《がほ》なれ共《ども》、我は物《もの》に狂《くる》ふよなふ、いや我ながら理《ことわ》りなり、[1]あの鳥類や畜類だにも、親子の哀《あはれ》は知《し》るぞかし。ましてや人の親《おや》として、いとおし愛《かな》しと育《そだ》てつる。

〈一セイ〉女[2]子の行《ゆく》ゑをも白《しら》糸の地乱れ心や狂ふらむ。〔カケリ〕女[3]都の秋を捨《すて》てゆかば。

〈段歌〉同月見ぬ里に、住《す》みや慣《な》らへると、さこそ人の笑《わら》はめ、よし花も紅葉《もみぢ》も、月も雪もふる里に、我子のあるならば、田舎《ゐなか》も住《す》みよかるべし、いざ古里《ふるさと》に帰らん、いざ古里に帰らん、帰《かへ》ればさざ波や、志賀辛崎《からさき》のひとつ松《まつ》、緑子《みどりこ》の類《たぐひ》ならば、松風に言問《こととと》はむ、松風《かぜ》も、今は厭《いと》はじ桜咲《さく》、春ならば花園の、里をも早《はや》くすぎ間《ま》吹《ふく》、風冷《すさ》まじき秋の水の、三井寺に着《つき》にけり、三井寺に早《はや》く着《つ》きにけり。

○『三井寺物語』

清見《きよみ》が関《せき》をたち出て、三保《みほ》の松原まつ人もなきこそいとゞ宇津の山、つたのほそ道《みち》こころぼそく、夢《ゆめ》にも人にあはぬなりと、よみける哥《うた》もおもひやる。たぐひをいふもおほ井川、ものうき事をきく川や。千鳥《ち》鳴《どりなく》らんさよの中山、命《いのち》なりけりいつまでも、いけ田といふもいとうれし。古郷《こきやう》ははるかに遠《とを》たう見、はまなの橋《はし》の夕がたは、みつる塩《しほ》見の坂《さか》こえて、矢《や》はぎを過《すぐ》れば三河《かは》ぢゃ。かのやつはしのかきつばた、はる〴〵きぬる旅《たび》をしぞ。おもふ我身《わがみ》のはてはいざ、なにとなるみのおはりなる、あつたの宮《みや》をふしおがみ、みのゝ国に入ぬれば、なをも思ひをすのまたや、いつかわが身のまよひの夢《ゆめ》、けふさめが井の水清《みづきよ》み、ながれ久しきゐち川や。せきとめがたき露涕《つゆなみだ》、袖《そで》にあまりてもり山や、野辺《のべ》に生《おひ》そふ草津《くさつ》をすぎ、やう〳〵のぼればほどもなく、名《な》にのみ聞《きき》しあふみぢや志賀《しが》の郡《こほり》にありといふ、三井寺にこそ着《つき》けれ。

右の『三井寺物語』の引用文を見ると、清見が関を出発し、三保の松原、宇津の山、蔦の細道などを経て、三井寺に着くまで計二十余ケ所の名所を紹介していることが理解されよう。例えば、「宇津の山、つたのほそ道こころぼそく、夢にも人にあはぬなり」の「つたのほそ道」とは蔦が生い茂って道幅が細くなっているところを意味するが、この部分は、『伊勢物語』第九段に、

ゆきゆきて駿河《するが》の国にいたりぬ。宇津《うつ》の山にいたりて、わが入《い》らむとする道はいと暗う細きに、蔦《つた》かへでは茂り、もの心細く、すずろなるめを見ることと思ふに、修行者《すぎやうざ》あひたり。「かかる道は、いかでかいまする」といふを見れば、見し人なりけり。京に、その人の御もとにとて、文《ふみ》かきてつく。

駿河なるうつの山辺《やまべ》のうつつにも夢にも人にあはぬなりけり。

とある東下りの一節を踏まえたもので、更には、『建保名所百首』（一二一五成立）の春の部にも「宇津の山さこそはかねて聞きしかど霞をわくる蔦のほそ道」とあり、歌枕の名所として有名であった。

また、「さよの中山、命なりけり」は『新古今和歌集』巻第十「羇旅歌」（九八七番）「年たけてまた超ゆべしと思ひきや命なりけりさやの中山」を踏まえており、「はまなの橋の夕がたは、みつる塩見の坂こえて」が『拾遺和歌集』巻第六「別」（三四二番）「潮みてるほどに行かふ旅人や浜名の橋と名付け初めけん」を下敷きにするなど、清見が関から近江の三井寺までの行程の叙述においては、名所を羅列しながら地名と関連する歌枕や和歌を紹介することに主眼が置かれていたのである。そして、このような書きぶりは、例えば、『伽婢子』巻一の第一話「竜宮の上棟」の冒頭部分で琵琶湖周辺の景観描写に多くの分量を費やしている例や、『浮世物語』巻一の第十話「浮世房京内まゐりの事」で、京都市内の景観について紹介している例を挙げるまでもなく、了意の常套的な書きぶりである。

このように女性が霊夢を受け、三井寺に着くまでの過程を描写する部分において、名所案内記風の文章を作り出すため、了意は清見寺に設定したのである。それに伴い、謡曲「三井寺」の道行の部分で女性の心理が描写されている[1][2][3]は、『三井寺物語』の道行においては利用されず、後述するように女性が鐘を撞いた後、息子を探

したいという念願が叙述される箇所に移動されている。

三　舞台芸術から読み物へ

能は舞台芸術であるため、台本上では一々説明されなくても、役者と観客との間で状況認識が一致するのは当然のことである。したがって、了意が『三井寺物語』を創作するにあたり、謡曲「三井寺」を忠実に読み物化するのに無理があることは承知であったと思われる。例えば、第十段を引用すると次の通りである。

〈問答〉子①「いかに申べき事の候」ワキ「何事にて候ぞ」子②「是なる物狂の国里《くにさと》を問《とう》て給《たまは》り候へ」ワキ「これは思ひもよらぬ事を承《うけたまはり》　候物かな。去《さり》ながら安き間の事尋《たづね》て参《まい》らせうずるにて候」

〈問答〉ワキ「いかに是なる狂女、おことの国里はいづくの者にてあるぞ。」女「是は駿河国清見《きよみ》が関の者にて候。」子　カヽル③「何なふ清見が関《せき》の者と申候か」女「あら不思議《ふしぎ》や。今の物仰《おほせ》られつるは、まさしく我子の千満殿《せんみつどの》ごさめれ。あらめづらしや候《さうらう》」

右の引用文は、女性が子供の③のセリフを聞いて、それが自分の息子の声であることに気付く場面である。ところが、③のセリフは息子の初めてのセリフではない。①と②の後に続くセリフで、女性は二回も息子のセリフがあったにもかかわらず、それが息子であることに気付かず、三回目のセリフでやっと分かったのである。これは、①と②のセリフは息子がワキと小声で話し、(1)③のセリフは本稿のテキストとしている『新日本古典文学大系』本で「カヽル」とあるように、勢いづいて力を強めたり、テンポを速めて発話されることにより、女性も聞こえるようになったと理解しなければならないところである。第六段で、子供は女性が鐘を撞いているのを見たにも関わらず、自分の母であることに気付かなかったのも同じことで、役者間の距離・発話方法・舞台装置などを考慮し、能がどのように上演されているか直接見ないと分からないところである。逆に言えば、舞台を見てさえいれば、こうした説明がなくとも状況を把握できるということになる。

しかし、謡曲を読み物に翻案するに際しては、一切の説明なくして読者に状況を把握させることは難しい。そこで了意は『三井寺物語』の該当部分を次のように叙述している。

「[1]つたなき鳥《とり》けだものまでも、親子《おやこ》のなさけはしるぞかし。ましてや人のおやとして、いとおしかなしとそだてつゝ、あらき風をもいとひしに、いづちともなくうしなひける。[2]我子《わがこ》のゆくゑをしら糸《いと》の乱《みだれ》てくるふ心のそこ、おもひしらぬもおそろしや。さればわが子を尋《たづね》んと秋《あき》も最中の月の名どころ、[3]清見《きよみ》が関《せき》をふり捨《すて》て、これまでのぼりしみづからを月みぬ里《さと》にすみやならへると、人はさだめて笑《わら》ふらん。よしや花紅葉《もみぢ》月雪《ゆき》も古郷《ふるさと》に、我子《わがこ》だにあるならば、いづくも住《すみ》よかるべきに、①今ははやこれまでなり」いとま申て大衆《しゆ》たちと、とふにつらさのまさりつゝ、いよ〳〵心もみだれあし、②寺を立出侍るを、児《ちご》は思ひにたえかね、狂《きやう》女《ぢよ》の袖にすがりつき、「是《これ》こそたづね給ふ千満丸《みつまる》にて侍れ」とて、おつる泪《なみだ》はせきあへず、母《はゝ》はうれしさ限《かぎ》りなく、夢のごとくにおもひて、うつゝとさらにわきまへず、しばしは物もいはざりしが、涕《なみだ》をとゞめてわが子のかほゝつら〳〵見て、髪《かみ》かきなでつゝ申やう、（後略）

このように『三井寺物語』には女性が息子を探せないまま故郷に戻ろうとするという、「三井寺」にはない場面①が描かれており、これによって、息子と母が再会出来ないかもしれないという緊張感を読者に与えている。さらに②に注目すれば、「三井寺」の場合、息子の声を聞いて母が先に息子の存在に気付くことになっているが、『三井寺物語』では母が鐘を撞く様子と言葉を聞いて息子が先に母に気付き、帰ろうとする母の袖に縋り付くように改変されている。更に、紙幅の都合により引用は省略するが、二人が再会を喜び、涙を流す場面に多くの筆が費やされており、母子の再会という能の感動的な場面を、いかにして読み物の形式で不自然さの残らないよう描き出すかという了意の腐心が、ここに看取されるのである。

因みに右の引用文の[1][2][3]は先に引用した「三井寺」の[1][2][3]に対応する描写で、「三井寺」では道行の場面に置かれていたものを、了意は女性が鐘を撞いた後、自分の心情を述べる場面に移動させ、その辛さが一層際立って感じられるようにした。さらに了意は、「三井寺」の③で「都の秋を捨てゆかば」と、女性は京都から来たのだと述べているところを、「清見が関をふり捨て」と、駿河から出発したことにし、内容の辻褄を合わせている。

四　主題の統一

ところで、「三井寺」の第三段には「是は江州園城寺《がうしうをんじやうじ》の住僧《ぢうそう》にて候。又是に渡《わたり》候幼《おさな》き人は愚僧を頼《たの》む由仰《おほせ》候間、力なく師弟の契約をなし申て候」とあり、具体的に子供がどのような経緯で三井寺に来て、「師弟の契約」まで結んだのかが説明されていない。それについては、第十段において「今は何をかつつむべき。われは駿河国清見が関の者なりしが、人商人《ひとあきびと》の手に渡り、今此寺に有《あり》ながら（後略）」と子が語ることで、「人商人の手に渡」されたという事情だけは明らかになるものの、「今は何をかつつむべき」とあるように、その事情をなぜ今まで隠してきたのかという新たな疑問が生じ、その疑問は最後まで明かされないまま「三井寺」は幕を閉じてしまう。したがって、了意は『三井寺物語』で、

　いづくともしらずうつくしき児《ちご》一人、三井寺にきたり、「それがし人商人《あきひと》にかどはかされて、駿河《するが》の国《くに》より西《さい》国《こく》に下らんとす。ねがはくはわれをたすけて弟子《でし》とし給へ」と頼《たの》みけり。

と、子供が人商人に拉致されたこと、そして西国に下る途中で逃げて三井寺に来たことを明確に記した上で、特にその事情を包み隠してきたようには描いていない。

『三井寺物語』はこの設定を受け、物語は母が息子と再会する内容を中心に進んでいくのだが、了意が「三井寺」を読み物化するにあたり、最も腐心したのは最後の第十一段であったと考えられる。これは、最終末に置かれる「キリ」で、能ではシテの後日談が述べられたり、あるいは語り手が顔を出して話に対する総括的な感想を述べた

りするところである。

「三井寺」の第十一段は以下のようになっている。

かくて伴《とも》ひ立《な》ち帰り、かくて伴ひ立ち帰り、親子の契《ちぎ》り尽《つ》きせずも、富貴《ふつき》の家と成《なり》にけり。げに有難《がた》き孝行の、威徳ぞめでたかりける。威徳ぞめでたかりける。

「富貴の家と成」ったという後日談、そして、「げに有難き孝行の、威徳ぞめでたかりける」と息子の親孝行を褒め称えている言葉は、謡曲の母子相逢譚の常套的な締めくくり方である。しかし、これはあくまでも謡曲の論理であり、読み物の論理ではなかった。了意が褒め称えようとしたのは、信心深い母の信仰、そして三井寺まで遠い道のりを彷徨い辿り着いて来た母の苦労であり、主題は母子の再会に置かれなければならないと考えたのであろう。また、「三井寺」のどこを見ても、母子が「富貴の家と成」るための必然的な理由や、息子が母に親孝行を尽くしたと解釈出来るところは見当たらない。了意がいくら「三井寺」の第十一段における謡曲の論理を理解していたとしても、これまで忠実に読み物化してしまうと、主題が分裂する、または一貫性を欠く物語になるのではないかと考えたと思われる。

したがって、了意は『三井寺物語』の結末部分で「時もうつれば今ははや、いとま申てもろともにつれて古郷《こきやう》にかへりけり」で結ぶことにより、「三井寺」の第十一段の内容を大胆に削除した。これは改変の分量としてはわずかなものにすぎないが、これによって人商人に子供が拉致されたものの、母と子供が無事に再会して故郷に帰るという一貫した主題の中で物語を展開させることが可能となり、質的には大きな変化がもたらされたと言えよう。

五　おわりに

本稿は一六六〇年に刊行された浅井了意の『三井寺物語』下巻第二話「八月十五夜に狂女わが子に尋逢し事」と、その典拠とされている謡曲「三井寺」を比較し、了意の読み物化の手法及び意図について考察したものである。そのうち、女性が鐘を撞いた後の場面で、中国の庾亮が鐘を撞いた故事、俵藤太秀郷が竜宮から持って来たという鐘の起源、鐘の音についての仏教的な意味、インド・中国・日本での鐘に関する逸話を紹介するのは、「三井寺」にはないが、『三井寺物語』では相当の分量を費やして記述されている。このように、漢籍等を紹介しながらそれを分かり易く解説したり、事物の起源について述べたり、ある概念や思想について概論的で俗説的な解説をしたりするのは、知識的啓蒙・教訓を主眼とする仮名草子の基本的な特徴である。三井寺の創建からの歴史や関連説話を集めようとした了意の意図からすれば、三井寺の鐘についての知識を伝授することは大きな創作動機の一つとなっていたのであろう。

その過程で、了意は女性が参籠した場所を京都清水寺の観音堂ではなく、駿河清見寺の観音堂に変えている。これによって、「三井寺」の不自然な場所移動が自然で簡潔に、また分かり易い形で設定されることになったが、何よりも女性が駿河から近江へと移動するところは、当時流行した名所案内記という仮名草子の一ジャンルを本話に生かそうとした意図があったと思われる。

また、能は舞台芸術であるため、謡曲の中では前後関係が一々文章で説明されないことが多い。了意は能のこのような特徴を勘案して「三井寺」の内容を解体し、部分部分を取り合わせて新しく配置したり、前後事情をあらかじめ説明したりすることによって、読者を想定した読み物として辻褄を合わせている。

最後に、「三井寺」の場合、語り手が登場し、母子が富貴になった後日談を述べたり、親孝行を称えたりすることになっているが、了意はこの部分を大胆に削除し、母が子供と再会する内容で一貫した主題を提示している。この部分は、内容的にはわずかな改変ではあるが、了意が「三井寺」をどのように理解したかがうかがえるだけでなく、話全体の主題と関連付けた場合、非常に重要な意味を持つものと思われる。

本話は旧来の文学から着想を得ながらそれを単純に翻訳・翻案するのではなく、怪談・啓蒙・教訓・知識伝授・娯楽・名所案内記的なものなど、仮名草子の諸ジャンルの様々な要素や特徴を取り入れて集約したという点で、全く新しい読み物であり、かつ了意にとっての会心の作であると言えよう。

謡曲に基づく了意の作品には、他に「葛城」を典拠とする『葛城物語』（一六六〇年刊）の下巻第三話「泰澄《たいてう》かづら木山にゆきて一言主《ひとことぬし》に逢事」がある。これまで了意の文学については、中国や朝鮮文学との比較、仏書・説話・軍記などの前代文学との関連性を中心に研究が行われてきたが、謡曲との比較を通して、彼の創作手法を理解することもこれからの重要な課題であろう。

注

（1）　横道萬里雄・表章校注『謡曲集（下）』によると、「子方とワキが脇座で問答、ワキがシテに問いかける」と書かれている。

参考文献

坂巻甲太校訂『浅井了意集』（『叢書江戸文庫』第二十九巻）国書刊行会、一九九三。

花田富二夫『仮名草子研究――説話とその周辺』新典社、二〇〇三。

水田潤『近世文芸史論』桜楓社、一九八九。

三浦邦夫「『三井寺物語』の形成に関する試論」『近世初期文芸』第十三号、近世初期文芸研究会、一九九六。

鳥居明雄「「三井寺」とさよ姫説話」『都留文科大学研究紀要』第十八集、都留文科大学、一九八二。

西野春雄校注『謡曲百番』（『新日本古典文学大系』第五十七巻）岩波書店、一九九八。

冨士昭雄校訂代表『東海道名所記／東海道分間絵図』（『叢書江戸文庫』第五十巻）国書刊行会、二〇〇二。

横道萬里雄・表章校注『謡曲集（下）』（『日本古典文学大系』第四十一巻）岩波書店、一九六三。

付記

＊本稿は韓国で掲載された拙稿「『三井寺物語』考察――謡曲「三井寺」との比較を通して」（『日語日文学研究』第九十八輯二巻、韓国日語日文学会、二〇一六）を日本語に改め、加筆・修正したものである。
＊参考図版『東海道名所記』清見寺の挿絵は東京都立中央図書館特別文庫室（加賀文庫）所蔵のものを使用した。

医学と怪談

――医学的言説に基づく怪異の源泉と奇疾の診断

李奕諄・クラレンス

本稿では、十八世紀の日本における漢方医学と文学の相互的な関係性について、特に医学書と怪談のそれぞれに共通する言説に焦点を当てて検討する。現在、医学書と怪談集に関係性があるとみなされることはほとんどなく、それどころか、一方が合理的言説であるのに対してもう一方は非合理的言説であるというように、対極的なものとして位置づけられることさえあり得る。しかし、十八世紀の日本においては、本稿で取り上げる『奇疾便覧』（正徳二年〈一七一二〉刊）に見られるように、その両者が交わる例が存するのである。

まずは、福田安典の『医学書のなかの「文学」――江戸の医学と文学が作り上げた世界』（笠間書院、二〇一六年）に注目してみよう。本書において、福田は近世中期の文学作品と医学書が、パロディから風刺、そして教訓にいたるまで、様々な関係性を有していることを指摘する。それは、このふたつのジャンルに明確な境界が存在しなかったということを意味しており、そのことは出版のあり方に関しても言えるという。そして医学的言説を利用した文学作品が娯楽のための書物として大衆に享受されていたこと、またふたつのジャンルにおけるテキスト間の関係性は、多くの場合、医学書が文学作品に利用されるという一方向的なものであったということを論じている。(1)

大衆文学を通して医学の専門的知識が大衆に浸透していったという主張は首肯できるものであり、『奇疾便覧』

が成立した十八世紀初頭は、特にその傾向が強かった。しかし本稿では、福田が注目した両ジャンルのテキスト間における内容の類似性だけでなく、医学的言説と文学作品のそれぞれが生み出される構造について検討したい。そのために、医学者が病について理解するためにしばしば用いる、多くの事例を収集して分析する「ケース・スタディ」という方法論を採用する。これはまた、様々な地方から題材を得ようとした近世の怪談作者にとっても不可欠な手法であった。すなわち事例を「収集する」という方法論は、医学書と怪談集が共有しているものなのである。このように両者のテキストを連接的に読むことで、現実的な出来事として記録・認識された怪談が高い人気を得たことの意味を再考したい。

十八世紀の日本においては漢方医学に関する様々な学派が生まれ、身体に関する理論が劇的に増加した。そうした思潮の中で、身体は世界そのものと同じように、神秘的なものとして認識されるようになったのである。こうした傾向は、「本草学」として知られる一種の薬学研究の普及に伴って生じた。本草学とは、世界に存在する「モノ」が、それ自体として分類され、記録され、分析される学問である。そして、神秘的な存在としての身体の発見が、中国医学における方法論の革命と同時に起こったことは、きわめて重要なことと言わねばならない。

従来の近世医学史研究は、「古方派」を十八世紀における最も有力な学派として位置づけている。この学派は、金・元代の医学者である李東垣（一一八〇―一二五一）や朱丹渓（一二八一―一三五八）以来の医学観が席巻していた十七世紀に対する、否定的な反応として台頭してきた。あたかも陰陽五行思想の枠組みの中で病を把握しようとする李朱派（上記の二人の医学者の名に基づく名称）への抵抗であるかのように、古方派の医学者たちは『傷寒論』や『黄帝内経』などの「古典」の復興を希求したのである。そして古方派の人々は、李朱派のごとき先人たちが見出した理論以上に、経験的な方法に基づく診断および治療の「本来の」方法を、これらの古典の中に見出したと主張した。そこで古方派の医学者たちは、いまだに李朱派の方法論を支持している人々を「後世派」という軽蔑的な名称で呼んだ。この名称は、李朱派の指針に従うことが医学における長い腐敗の物語の一部となるであろうことを暗示するものであった。

この「物語」には、医学の展開史に関する多くの問題がある。その問題には、後ほど『奇疾便覧』の著者について論ずるとき改めて立ち戻るが、重要なのは、理論的なものから経験論的なものへと医学の主流が移行することによって、陰陽思想によって定義づけられていた、身体に関する既存のイメージが不安定になってきたということである。これは身体に対する認識の転換であり、身体がより客観的に把握されるようになってきたことを示している。換言すれば、世界における「モノ」と同じように、身体も知覚可能な「何か」として見られるようになったのである。本稿における主張のひとつは、怪談の人気の漸次的な高まりが、世界と身体を経験論的に捉えるようになっていく流れと軌を一にしているのは決して偶然ではないということであるが、さしあたりここで示しておきたいのは、目的こそ異なるものの、怪談もまた医学と同様に「世界」を記述する波に乗っていたということである。怪談とは、単に幽霊の物語を含んでいるもののみを言うのではなく、「奇妙で異常な話」を含むものとして定義されるべきであろう。

右のような議論を展開しようとする本稿において、医学書であると同時に怪談書としても刊行された『奇疾便覧』はきわめて重要なものである。本書の刊行は正徳二年（一七一二）で、著者は医師の下津寿泉。遺憾なことに、この著者に関する資料はほとんど現存しておらず、彼がいかなる人物であったかということは、生没年をはじめとして明らかにすることができない。知り得ることは、彼が近松門左衛門の末弟として知られる岡本一抱の医塾と関係を有していたということである。彼らがよく似た筆名を用いていることから、寿泉は一抱の門人であったと考えられよう。また、師が弟子に対してよくするように、一抱は寿泉の著作に序文を贈っており、寿泉が一抱の医塾に近いと思われる場所で医業を営んでいたことも知られている。また、寿泉の手になる『婦療方彙』や『古今幼科摘要』を見ると、彼は明らかに『傷寒論』をはじめとする医学書に精通しており、一抱をはじめとする後世派の医師たちと近い関係にあった一方で、古方派が重んじた書物にも親しんでいたことが窺える。寿泉における医学書の使用法と、彼が著した書物の内容を見てみると、後世派と古方派の境界は、実はそれほど明確でないように思われる。あえて邪推するならば、彼は宋学の基本原理と医学的実践の統合に力を注いでいたことで知られる、曲直瀬道三の系譜に位置する医師であったのではなかろうか。(2)

『奇疾便覧』は奇妙な病の症例を広く集めたものであり、さらにそれに関連する歴史的な症例と治療法が記されている。そしてその症例は、中国の医学書から採られたものが多い。シャーロット・ファース(Charlotte Furth)は、中国の歴史的文脈からして、ケース・スタディ(いわゆる「案」)というジャンルは専門家が知識をまとめる上での中心的な方法論であることを指摘するが、彼女によれば、それぞれの症例について検討することは、中国の医学者たちがいかにして個別の/特殊な(particular)事例と普遍的な(general)事例の折り合いを付けたのかという問題や、常識的な(古典的な)知識と実際的な症例との緊張関係にいかに対処したかという問題を明らかにすることにつながるという。そして、「ケース」というものについて考えるときの根本的な認識として、それぞれの症例は互いの共通的要素によって関連づけられる一方で、他のどの症例とも結びつかない個別のケースの優先性が否定されることは決してないと指摘する。ファースが言うように、症例の「特性」とは普遍的(general)なものと個別的(particular)なものとの間に見られるものであり、その症例の記録自体が、そういった症例が実際に存在することの根拠ともなる。さらに、作り話や物語の中にある特定の「ケース」が現れるとき、それもまた実際の「症例」として認識され得る。すなわち、物語が実際の出来事や人物について語っている可能性があるがために、ある特定の症例を記述することは、そういう症例が存在したことの証明ともなるのである。このように、「物語」とは特定の症例の出典ともみなされ得る権威的なものであり、『奇疾便覧』はこうした枠組みのもとに書かれている。(3)

ファースによれば、形式としてのケース・スタディは十六世紀の中国において確実にジャンルとして成立し、医学書における知的生産の主要な方法論であり続けた。このことは、いくつかの点においてきわめて興味深い。まず、『奇疾便覧』のみならず、寿泉の他の著作もまたケース・スタディの方法論を用いて書かれている。第二に、香川修庵の『一本堂行余医言』のような、中国医学に関するいくつかの重要な書物にもこの方法論のバリエーションが確認され、両国の医学的伝統の関係性についての問題も立ち現れてくる。いずれにしても『奇疾便覧』はその形式によって、「物語」を症例の「根拠」とすることを志向して著されたものであったと考えられるのである。

これをさらに敷衍すれば、その書名が示すように『奇疾便覧』には奇妙な病ばかりが収載されているにもかかわらず、寿泉は本書を医療における治療法の「典拠」として読まれることを意図していたということになる。そして留意すべきは、ここに記される中国の「物語」をその症例の「典拠」として描くことにより、あたかも中国の医学書であるかのような体裁と相まって、これらの「物語」にある種の権威性と事実性を付与しようとしているように見えることである。したがって、これらの症例の存在は単に「真実」とみなされるだけでなく、中国の文献に基づいているということからも「真実」性が強調され、本書の権威は倍増する。寿泉がこのケース・スタディに利用した原拠は、『本草綱目』や『素問』などの医学書から、『史記』『太平御覧』などの史書にいたるまで、一七二という膨大な数にのぼる。これは、彼の手になる他の医学書とも共通する執筆手法である。

寿泉の序文もまた、これらの「超自然的な」症例の、医療行為における有用性について述べている。たとえばその冒頭部分において、寿泉は超自然現象を否定する『論語』の言説を参照しつつ、『奇疾便覧』の事実性を強調する枠組みを作っている。子安宣邦によれば、日本において学問的分析の領域として怪異が否定されたのは、古学派の伊藤仁斎『語孟字義』まで遡る(4)。寿泉在京時、仁斎の古義堂は高い評判を呼んでおり、寿泉も仁斎の学問に親しんでいた可能性が高い。寿泉は知的探求における超自然的なものへの否定を直接的に述べてはいないが、人間の身体を宇宙のように広大で複雑なものとみなし、その理解不能性については言及している。中国医学の歴史が近世日本の学問の中に位置づけられた時期、特に経験的要素を重視する古学派が上方に現れたことで、「身体」

の持つ性格は明確になりつつあった。そうした、未知の空間としての身体が研究され始めたのと時を同じくして『奇疾便覧』が成立したことは注目に値する。

右に示した近世医学の簡略な見取図に基づけば、『奇疾便覧』は身体を謎めいた実体として研究すべきものと把握していたように思われる。それがおそらく、寿泉が奇妙な症例を単なる架空のものとして安易に切り捨てないことの主たる理由であろう。

ここで、『奇疾便覧』に描かれる病の症例を具体的に見てみよう。巻五には、「舌上出血」という症例が見出されるが、ここで寿泉は、宋代の陳自明『婦人大全良方』（一二三七年刊）を引くことから始める。

良方に曰く「下士人あり。故《ゆゑ》なくして舌より血を出づ。仍ち小き穴あり。医何の病と云ふを不知。偶《たま〱》曰く「これを舌衂《しゆく》と名づく。槐花《くはい》を末して、これを塗《まつ》て愈たり」。按るに、巣《そう》氏〔中国隋朝の医者〕が云、「心血脈を主とる舌に候《こう》す。若心の臓《ぞう》に熱あるときは、舌上より血を出こと湧泉《ゆせん》《わくいづみ》のごとし」と云。又、山甫〔中国隋朝の医者〕が云、「諸《もろ〱》血をあらはすは、皆是火症なり。槐花は能血中の熱を療ず故愈」」

さらに寿泉は、熱艾湯《じゆくがいとう》は心臓の熱を治すために使うことができ、「香参丸」という薬も同様の目的で使える、などと、様々な治療法とそれに要する準備について述べる。この形式は、『奇疾便覧』巻五におけるすべての病気の治療法に関する項目で共通している。

このように、ここには超自然的（あるいは怪異的）な例を集めたと見られるものはほとんどない。むしろ寿泉は、これまで治療法が見出されていなかった「奇疾」への対応策を模索した。そしてこれと同様の態度は、より「怪異的」な症例に対しても示されている。たとえば『奇疾便覧』巻二には、「離魂病」への言及がある。

夏子益《かしえき》が奇疾方に曰く「人あり。忽ち自ら形《かたち》を両人と成て、真仮《しんか》《まこといつはり》を別《わか》つことを不得。言ず問ども亦対《ことふ》ることなし。乃ち是れ離魂《りこん》なり。硃砂人参《しゆしやにんじん》、茯神《ふくしん》を濃《こ》く煎《せん》じてこれを与へ、服せしむ。病者気爽《さは》やかにして、仮《いつはる》もの即ち化することを得たり。泉按るに「一本に人参、龍歯《りうし》、赤茯苓《しやくぶくりやう》各一銭、水一盞《さん》、半盞に煎じ、飛過《ひくは》の朱《しゆ》砂《しや》の末《まつ》一銭を調へ、睡《ねぶ》る時これを服す。一夜に一服す。三夜の後、真《しん》なるもの爽《さは》やかにして仮《いつはる》者即化するなり。又按るに羅氏〔清朝初期の医者〕が曰、「離魂の病いは肝経《かんけい》の虚に因て邪気《じやき》これを襲《をそ》ふ。肝は魂を蔵するものなり。今遊魂して変を成すなり。平人肝に邪を不受。臥《ふ》すときは魂肝に帰《き》し、神静《しつ》かにして寐《ね》ふることを得。今肝に邪あつて魂かへることを不得。故に此の病いを成すなり」。泉思ふに「夫れ離魂の病いは人臥《ふ》すときは身の外かに又身あることを覚《をぼ》ふ。但《たゞ》、語らざる而已《のみ》。心肝虚耗《しんかんきよごつ》の症なり。世俗云、両人倶《とも》に同じやうに言語《げんぎよ》し、外人の目にも見ゆるときは恐らくは理会《りくはい》せずや。外人の目に見ゆべきものにあらず。心肝の虚より生ずれば、自ら而已《のみ》両人に覚ゆるなるべし」。

この引用文から窺えるように、寿泉は「幽体離脱」ともいうべきこの症例を、医学的言説の範疇において理解しようとする。すなわちこの病は、心臓と肝臓とを結ぶ回路における「気」の不足に起因するものだというのである。先に例を挙げた舌からの出血の場合と同様に、「離魂」もまた体内の気の不均衡の結果であり、医学的な処置や注意が必要だとされている。十八世紀の怪談の文脈においては、こうした「病」がその題材に取り上げられる例が少なからずあった。たとえば先に引用した寿泉の記述を踏まえた上で、高名な画家が病にかかって夢と現実が渾然となる体験をする『雨月物語』の一話を読み直してみるのは、きわめて興味深いことであろう。

ここで指摘しておきたいのは、今日において「怪異」と称される事柄は、たとえば「瘤中鼠出」（『奇疾便覧』巻二）や「鼻出虫」（巻四）のように、医学と文学の双方を横断する、認識論的な問題として理解されているということである。換言すれば、『奇疾便覧』は「症例」として提示されたもののうち、「怪異的」なものを否定するのではなく、それらを医学的に参照すべき例として、あるいは実用的な知識を提供する例として取り扱っているといえる。

すでに述べたように、『奇疾便覧』は怪談集としても刊行された【図1】。囲み線で示したように、『怪妖故事談』と改題された上で、少なくとも安永三年（一七七四）と安政六年（一八五九）の二度にわたって、内容はまったく同一のまま、異なる作品として売り出されたのである。それに加えて、作中に収められる「物語」の章題も、「～の事」などのように、小話的なものに改められている【図2】。

『奇疾便覧』に見られるような、特異な症例とごく一般的な病との複雑な関係性は、このように「奇妙な話」というレベルにまで引き下げられる。この改題再版、特に「～の事」などという章題の使用は、本文に医学的な専門用語が多用されているにもかかわらず、怪談の一種としてこの作品を受容するよう、読者に対して要請しているように思われる。そして、「病」に関する記述が本作の主要部分であるにもかかわらず、『奇疾便覧』あるいは『怪妖故事談』は、十返舎一九などの戯作者たちに、怪談を構想する際の参考資料として利用されたのである。

このように見てくると、いま取り上げた題名のみが異なるふたつの出版物の間で、病の要因に対する認識の変化が生じている可能性が浮上してくる。そうだとすれば、超自然的な「病」が引き起こされる論理を再考する必要が生じてくるであろうし、その論理は経験的な思考によって結論づけられねばならないだろう。

ここで話を元に戻し、「物語」を「症例」として集成した『奇疾便覧』の方法が、十八世紀半ばの怪談集における主要な方法でもあったことを示しておく。たとえば、『虚実雑談集』（寛延二年〈一七四九〉刊）における鼠の話を見てみよう【図3】。

この「報告」によると、淡路の洲本に、本州と四国を船で渡るため人間に化けた古狸がいたという。そして狸が対岸に着くと、犬がやってきて吠え始め、狸をかみ殺した。狸は死ぬと元の姿に戻り、そこでようやく人々はその正体を知ったというのである。この物語はさらに、「武蔵の戸塚辺の山谷ひろき所」で起こったもうひとつの

【図1】『奇疾便覧』の序文と、怪談として再版された『怪妖故事談』の序文。

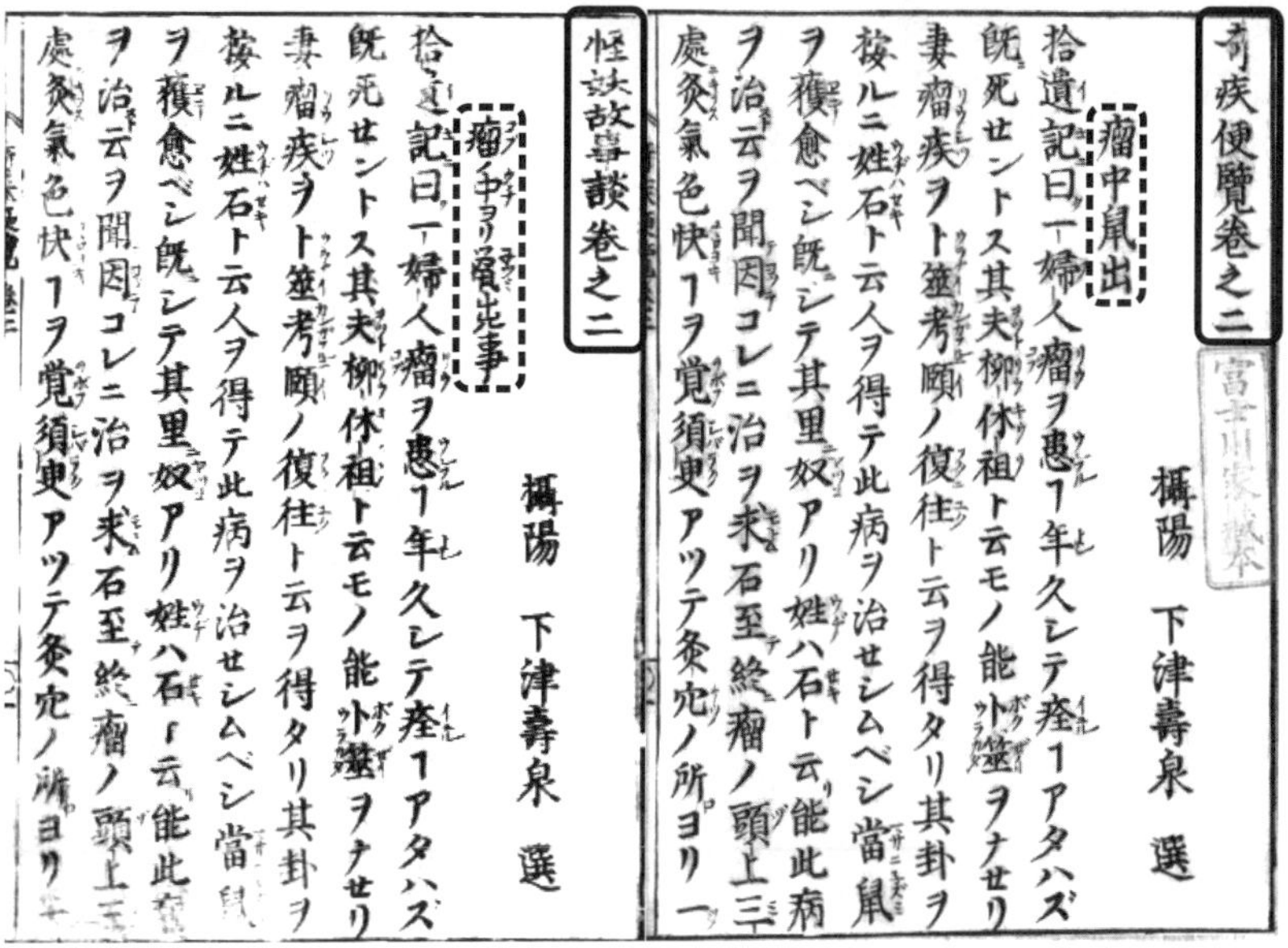

【図2】同一内容だが書名・章題が異なる。

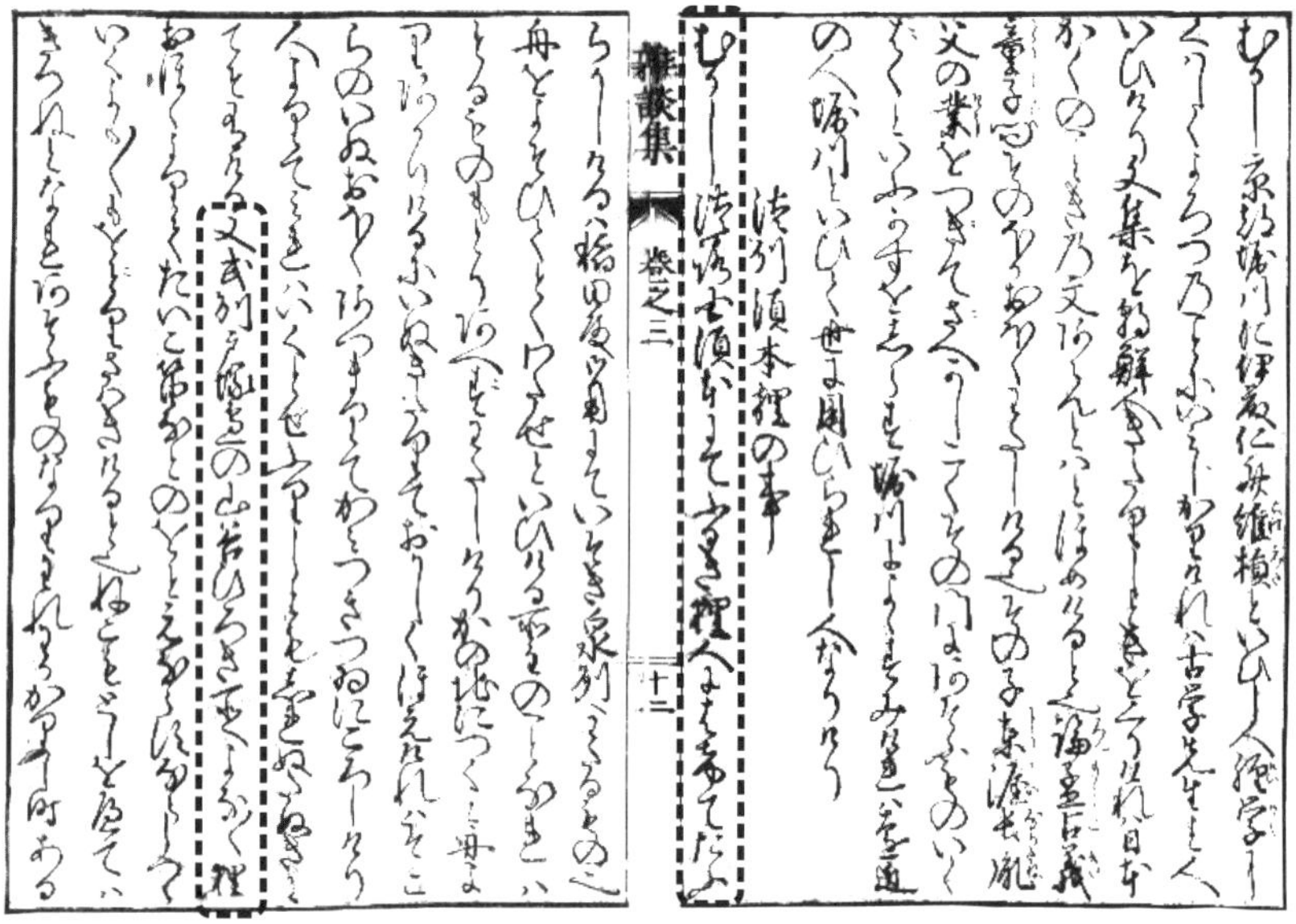

【図3】『虚実雑談集』巻三「淡州須本狸の事」

狸の事例に話を進める。そこでは、太鼓を鳴り響かせているある村に対して、狸が激しい反応を示したという。

このふたつの狸の「物語」に明確な類似性や関係性はないが、この二話を並べて配置するのは、様々なパターンにおける「不可思議な狸の物語」を読者に示すためである。そして同書巻一においても、「相州羽鳥怪異の事」について、異なる場所で発生した同一の「不可思議な」出来事を記している。

これらの例が示唆しているのは、特定の超自然的現象が確かに存在するということを示すために、異なる時間と空間で起こった出来事を並置するという方法があったということである。重要なことは、類似した事例が収集されているという点であり、「物語」どうしの文脈などではない。そしてこのように考えてみると、異なる地方に類似した怪異的な物語が広がっていたことの理由も明らかになろう。すなわち、様々な事例を収集した『奇疾便覧』などによって医学的「症例」が定義されるのと同じように、怪談における特定のパターンもまた、様々な地方の事例を集めることによって作り出されていたのである。

医学書と怪談集の両ジャンルにまたがって刊行された『奇疾便覧』を検討すると、十八世紀における医学の進歩に伴い、ジャンルとしての怪談がどのように発展していったかを垣間見ることができる。病というものの医学的・文化的理解との関連を踏まえつつ怪談を読むことによって、怪談の事例を収集するという「文学的」文化の意義が、新たに見えてくるかもしれない。

注

（1）福田安典『医学書の中の文学――江戸の医学と文学が作り上げた世界』（笠間書院、二〇一六年）。
（2）京都府医師会編『京都の医学史』（思文閣出版、一九八〇年）。
（3）Charlotte Furth, "Introduction: 'Thinking with cases,'" in *Thinking with Cases: Specialist Knowledge in Chinese Cultural History*, ed Charlotte Furth, Judith Zeitlin, and Ping-chen Hsiung (Honolulu: University of Hawaii Press, 2007).
（4）子安宣邦『鬼神論――儒家知識人のディスクール』（福武書店、一九九二年）。

付記

＊本稿の【図1】および【図2】の『奇疾便覧』は京都大学附属図書館蔵本、『怪妖故事談』はお茶の水女子大学附属図書館蔵本によった。また【図3】の『虚実雑談集』は、矢口丹波記念文庫蔵本によった。
＊本文中の『奇疾便覧』の引用は京都大学貴重資料デジタルアーカイブ公開画像（京都大学附属図書館蔵本）によった。また『婦人大全良方』の引用は、中国哲学書電子化計画公開の欽定四庫全書本（浙江大学図書館所蔵）によった。また引用は一部私に改めた。

都市文化としての写本怪談

勝又基

一　はじめに

近年、江戸時代中期の写本怪談で興味深い研究が生まれている。中村満重著『向燈賭話』『続向燈吐話』をめぐるものである。

『向燈賭話』の研究を切り拓いたのは近藤瑞木である。「写本から刊本へ――初期読本怪談集成立の一側面」[1]（以下「近藤①」）は、『向燈賭話』が、板本怪談集『諸州奇事談』（寛延三年〈一七五〇〉刊、静観房好阿著）に利用されていたことを具体的に明らかにした。また「玉華子と静観房――談義本作者たちの交流」[2]では、半月庵主人の『花実御伽硯』（明和五年〈一七六八〉刊）も、『向燈賭話』を利用していることを指摘。その上で、怪談集作者たちの間で、写本の怪談集が粉本として使い回されていたという興味深い事実を明らかにした。

これを踏まえて近年、畑中千晶による口頭発表「『花実御伽硯』の粉本――写本『続向燈吐話』の利用について」[3]は、『向燈賭話』の続篇である『続向燈吐話』（国文学研究資料館蔵）の存在を報告した。そしてこれも、『向燈賭話』と同じように、近世中期の板本怪談・奇談作者たちの間で素材として利用されていたことを明らかにした。その上で畑中は、その板本化における文章改編において、半月庵よりも静観房好阿に一日の長があるとした。

このように『向燈賭話』『続向燈吐話』の存在は、板本怪談の基底に写本怪談があったことを明らかにし、江戸の書物文化の重層性を明らかにしてくれた。

では、『向燈賭話』『続向燈吐話』の、写本怪談そのものとしてのありかたは、どのようなものであっただろうか。本稿はこの点に注目する。この検討を通じて、最終的には江戸戯作発生の問題にまで言及するつもりである。

二　写本二怪談

あらためて、本稿で取り上げる写本怪談を整理してみよう。(4)

①『向燈賭話』

【概要】元文四年（一七三九）成、四巻一冊、漢字平仮名交じり文。所見本・東洋大学哲学堂文庫蔵、全二十話。

【構成】①無題無署名漢文序。ただし署名削除跡あり。②漢字平仮名交じり文序「向燈賭《かうとうと》話序《はのじよ》」。序記「于時元文己未年（四年、一七三九）十二月／於《おゐて》二麻布北隅《あざぶのほくぐうに》一中村満重之気《き》之《の》知怒《しれぬ》仁也《ひとなり》」。③本文。内題「向燈賭話上編巻之一（巻之二、巻之□、巻之五）」。跋文なし。

知る限り現存しているのは、東洋大学蔵本のみである。だがこれは、完全な形態を残しているものではないらしい。その不完全さは、主に二点に整理できる。

第一に、巻の記載が乱れている。各巻の目録題、内題、尾題下に記された巻数を整理すると次の通りである。

巻次	目録題	内題	尾題
第一巻	一	一	一
第二巻	目録なし	二	三
第三巻	四	記載なし	四
第四巻	五	五	五

第二に、目録が乱れている。総目録、各巻頭、本文のそれぞれが一致していないのである。詳細は別稿[5]にゆずるが、総目録掲載話数が四十六であるのに対し、本文は二十話しかない。つまり二十六話は、目録にだけ載り、本文は見えないということになる。

②『続向燈吐話』

【概要】 元文五年（一七四〇）成、十巻二冊、漢字平仮名交じり文、国文学研究資料館蔵、全百二話。

【構成】 ①漢字平仮名交じり文序「続向燈吐話序」。序記「元文庚申年（五年、一七四〇）初春　資等序」。②本文。内題「続向燈吐話巻之一（〜十）」。各巻目録あり。跋文なし。

タイトルに「続」とあるとおり、続編として書かれたことを疑う必要はないだろう。ただし『向燈賭話』と重複する逸話が一話のみ存する。

三　地域のかたより

すでに知られている傾向だが、写本が刊本に利用される場合、もとの写本に書かれていた実名が、削除されたり朧化されたりすることがある。これは『向燈賭話』『続向燈吐話』が板本に採られた場合にも生じた。例として、『続向燈吐話』巻一の三「榎木の精化の事」を見てみよう。

一、近《ちか》き事《こと》にや。高木主水正殿《たかぎもんどのしやうどの》、渋谷口屋敷《しぶやぐちやしき》に、榎《えのき》の古木《こぼく》、中《なか》ほどより二本《にほん》にわかれたるありけり。坊主一人《ぼうしゆいちにん》、夕《ゆふ》ぐれに庭《には》へ出て、「終日勤仕《ひめもすきんし》の労《らう》を休《やす》めん」とて、たちやすらひける処《ところ》に、白髪《はくはつ》の老人《らうにん》二人《にん》、此榎《このえのき》の二《ふた》またの所《ところ》に座《ざ》して、蜘《くも》の巣《す》の如《ごと》く、方直《ほうちよく》なる物《もの》をかけ置《をき》て、是《これ》を詠《なが》むる体也《ていなり》。彼坊主《かのぼうしゆ》これを見《み》つけ、いそぎはしり入《いり》て、わかき者《もの》どもへ、「斯《かく》」と告《つ》げしかば、あり合《あわせ》し士《し》、四五人来《にんきた》り、障子《しやうじ》の開《ひら》きしすきより、のぞき見《み》けるに、しだいに腰《こし》より消《き》へて、あとかたなくなりぬ。「榎《えのき》の精霊《せいれい》にや」と、見《み》しもののかたりしなり。

高木主水正は河内国丹南《たんなん》藩六代藩主・正陳《まさのぶ》のこと。譜代大名で、奏者番を務めた。渋谷口の屋敷は別荘で、享保十五年（一七三〇）には将軍吉宗が立ち寄って放鷹したという。(6) その屋敷の庭にある榎の古木に、二人の白髪の老人が現れた、という逸話である。

この逸話は板本である『花実御伽硯』巻二の九「榎木の精化《けしやう》」に取られたが、そのさい、冒頭は次のように変えられた。

近き事にや、渋谷辺の屋鋪に榎木の古木あり。中程より二本にわかれて……。

「高木主水正」という人名が匿名化されたことで、舞台が不明瞭になった。そればかりでなく、「近き頃にや」と記されている時期も、一層不明瞭になったと言えよう。

こうした刊本化にあたっての朧化の理由は、近藤①が指摘する通り、出版統制だと考えて良いだろう。(7) 近世の出版の基本法として知られる享保七年（一七二二）の出版条目の一条、「権現様之御儀は勿論、惣て御当家之御事板行書本、自今無用に可仕候」を念頭に、記述が慎まれたことは想像に難くない。

ただ本稿は、写本怪談そのものに注目しているので、板本で人名や地名が消されたという事実よりも、消された固有名詞そのものの方に注目する。写本怪談はどのような意識で書かれたのか。この問題を、人名や地名から探ってみたいのである。

写本『向燈賭話』『続向燈吐話』は、江戸の街を舞台にした章段が半分近くを占める。全百二十二話（重複を除いて百二十一話）のうち、四十七話がそれにあたる。(8)【図1】は、これらを当時の地図に落とし込んでみたものである。

すぐに気づかされるのは、怪談の舞台に地域的な偏りがあることだ。江戸城の西側外周、南から言えば芝、麻布、六本木、青山、赤坂、四谷、市ヶ谷、牛込といったあたりである。言うまでもなくこれは山の手と称された地域だ。当時は大名や旗本の居住地や寺院が集中していた。つまり『向燈賭話』『続向燈吐話』は、江戸山の手怪

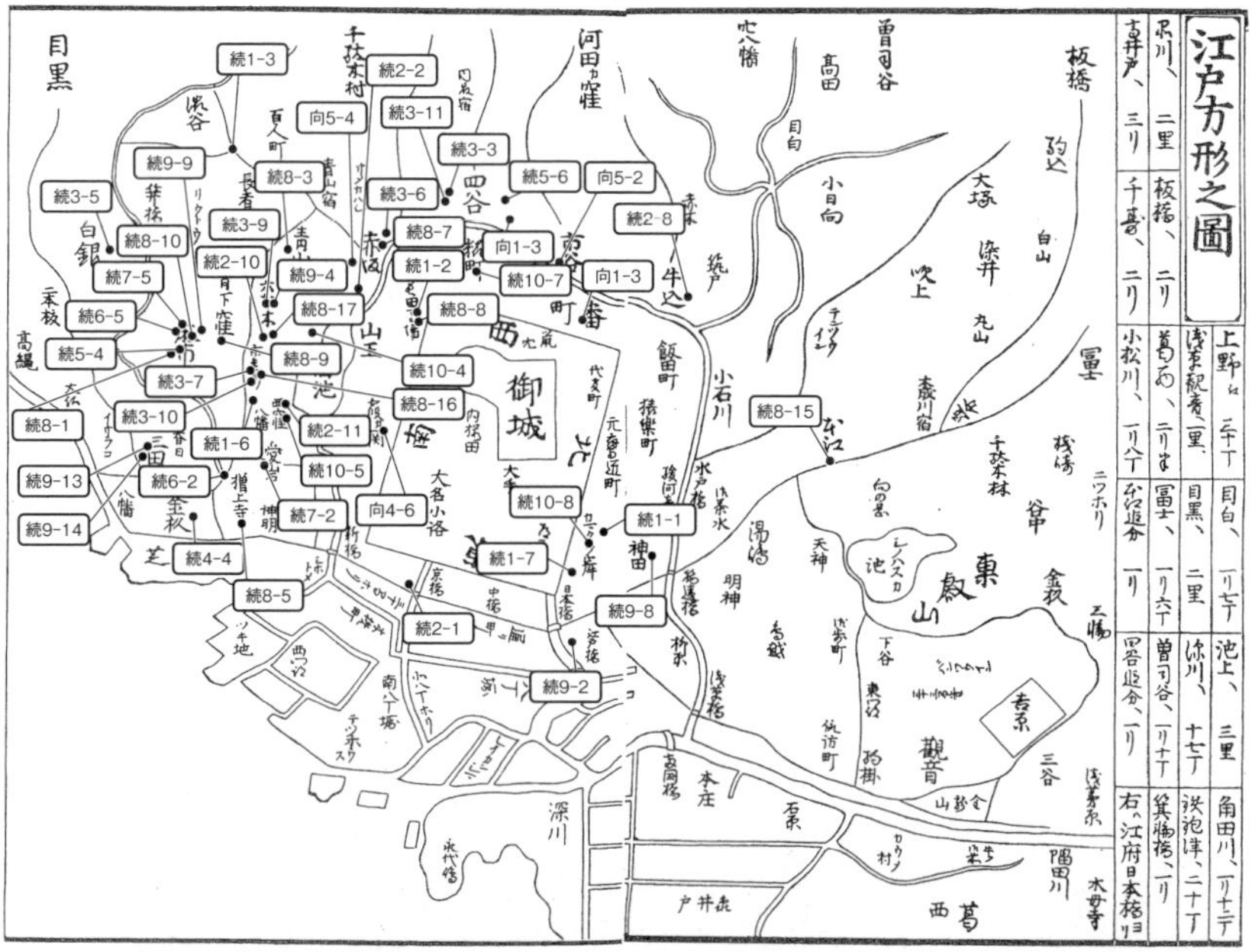

【図1】『向燈賭話』『続向燈吐話』掲載話の分布図（『江戸図鑑綱目』乾巻）

談集、という一面を持っていたのである。

さて、その山の手のなかでも、とくに逸話が集中しているのが、麻布を中心とした地域である。【図2】は石川俊之『図鑑江戸綱目』（元禄二年〈一六八九〉春　相模屋太兵衛刊）から切り取ったものだが、この図でおよそ二キロメートル四方に相当する。溜池、山王権現、氷川神社、増上寺、といったあたりがこの区域に属する。この地域を舞台にした怪異をリストアップしてみよう。(9)

①青山薬研坂で、二人の侍が女性の幽霊を見た。②六本木で、白衣の幽霊が通行人を脅かしたが、これは侍の悪ふざけだった。③西麻布材木町では、男が猫に取り憑かれた。④桜田町の法雲寺で、相打ちになった二人の侍が、人魂になってなお戦っていた。⑤大久保加賀守の屋敷の前で、狐がうどん屋を騙した。⑥赤坂の火消の番所で、嵐の夜になると肴売りの声が聞こえた。⑦赤坂田町の通りで、男が大きなクモの巣に囚われた。⑧渡辺越中守の敷地で、椿の木が家臣を屋根の上まで吹き飛ばした。⑨麻布御簞笥町の旗本渡辺氏の屋敷で、

【図2】麻布地域の怪談分布（『江戸図鑑綱目』坤巻）

家長の九左衛門が狐に取り憑かれ、家に火を付けた。⑩松平筑前守の屋敷で、山伏の幽霊が現れた。⑪真田弾正忠の屋敷の厠で、狢が使用人の手足や顔を舐めた。⑫麻布今井町の永昌寺で、土葬された人物のうめき声が地中から聞こえた。⑬同寺で、火の玉が飛び回った。⑭麻布谷町の路上で、尻尾の生えた奇妙な玉が通行人と並んで歩いた。⑮麻布市兵衛町の貸家で、婦人が狐に取り憑かれた。⑯麻布中通りの路上で、ゴロシチという男が長身でのっぺらぼうの女を目撃した。⑰西久保八幡の前の畳屋で、不思議な足音と声が聞こえた。⑱増上寺の境内で、サイカチの木が叫び声を上げた。⑲西久保城山で、佐々木万次郎の下僕が大きな黒衣の僧に出会った。⑳江戸見坂で、男が巨大な山伏に摑まれた。

右の二十話が、麻布を中心としたおよそ二キロメートル四方に密集しているのである。この地域が重要な意味を持っていることが理解されよう。

四　点取り怪談

どうして『向燈賭話』『続向燈吐話』の作者は、怪談の舞台に山の手地域、とくに麻布周辺を選んだのだろうか。この問いには、『向燈賭話』自序がヒントを与えてくれる。

学ずして聖窓に向ひ、耕《たがやさ》ずして勘助畑に喰ふは麻布一隅の小、名、余が住居退之《たいし》が六の外民たるべし。間居《かんきよ》、営《いとなみ》無く、毎夜友と燈に向ひ、話を賭《かけもの》にすれば、怪《くわい》有り、神有り、善悪勧懲《くわんてう》、その中にあり。然れども、記事述言、己《おのれ》が意《こころ》を以てす。「懼《おそらく》は僭妄《せんもふ》の譏《そしり》を買ん」と掻遣《かいや》り捨れば、その友、欣《きん》然と懐にして去ぬ。(10)

細かい解釈は注に回すとして、ここでは作者の居住地に注目したい。傍線を施した部分、「余が住居」という「勘助畑」は実在の地名である。序文の割注で言う通り、麻布の一隅の小さな小路で(【図3】参照)、現在で言えば六本木二丁目、谷町ジャンクション辺りに相当する。そして、ここに作者・中村満重が住むという。自分は「畑」とついている地名に住んでいるにもかかわらず、耕しもしない、と自らを卑下している訳である。

【図3】「カンスケバタケ」とある(『赤坂今井辺絵図』)

では、著者が住むという勘助畑と、『向燈賭話』『続向燈吐話』の怪談分布との関係はどうだろうか。【図2】に示せば、◆印が勘助畑の位置である。ほぼ、『向燈賭話』『続向燈吐話』で語られた舞台の中心にあたると言って良いだろう。つまり『向燈賭話』『続向燈吐話』は、作者の居住地の近くを舞台にした怪談が多いのである。

そうなると、おなじ序文のうち、波線部分の重要性が際立ってくる。作者と友人とが燈を囲んで、咄を賭《かけもの》に、つまり、誰がもっとも良い咄を語れるか、ギャンブルをしていた、というのである。なるほど、『向燈「賭」話』というタイトルもそのことを示している。

話の優劣を競う遊戯、「咄の点取り」は以前からあった。井原西鶴『本朝二十不孝』（貞享三年〈一六八六〉刊）巻一の四「慰《なぐさみかへ》改て咄《はな》しの点取《てんとり》」では、咄の点取りにうつつを抜かす登場人物が描かれる。しかし従来の研究によれば、その活動が盛んになるのは、一七七〇年代まで待たねばならない。延広真治によれば、明和・安永期になると愛好者が増え、「大勢あつまり、ひとりずつおとしばなし」をするような「咄仲間」（『落話花之家抄』安永七年〈一七七八〉刊）の会合が生まれたという。(11) こうした研究史を踏まえると、『向燈賭話』『続向燈吐話』に見える例は、怪談と笑咄という違いこそあれ、あまり注目されてこなかった早い時期の事例だと位置づけることができそうである。

いま重要なのは、咄の点取り、というゲーム性を勘案すると、なぜ『向燈賭話』『続向燈吐話』が、近所の怪談を多く語ったかが説明できることである。点取り怪談の場では、近所の大名屋敷や坂など、皆が知っている具体的な地名を挙げることは効果的であったはずだ。身近かつ具体的であるほど、身に迫って感じられるからである。つまり、作者は点取り怪談の場で生きる近所の怪談を多く語り、それを『向燈賭話』『続向燈吐話』に掲載していたのである。(12)

五　江戸戯作の胎動

ここで著者についてもう少し掘り下げてみよう。先に諸本について整理したさい、序跋の署名部分を引用しておいたが、そこから得られる情報は、姓・中村、名・満重、号・資等といった程度である。

ところで、先に、著者・中村満重が勘助畑（六本木二丁目）に住んでいたことに触れた。ここはどういう所だっただろうか。後代の地図になるが、尾張屋版切絵図で勘助畑に相当する場所を確認すると、「小役人」とある（【図4】）。ここから推測するかぎり、作者・中村満重は下級幕臣であった。

山の手を舞台とする写本怪談集の著者は下級幕臣であった。このことは、想像を江戸戯作へと導いてくれる。江戸戯作とは言うまでもなく、十八世紀の中頃に生まれた知的な滑稽文学のムーブメントである。狭義では散文のみを指すことも多いが、ここではもう少し広く考えてみよう。

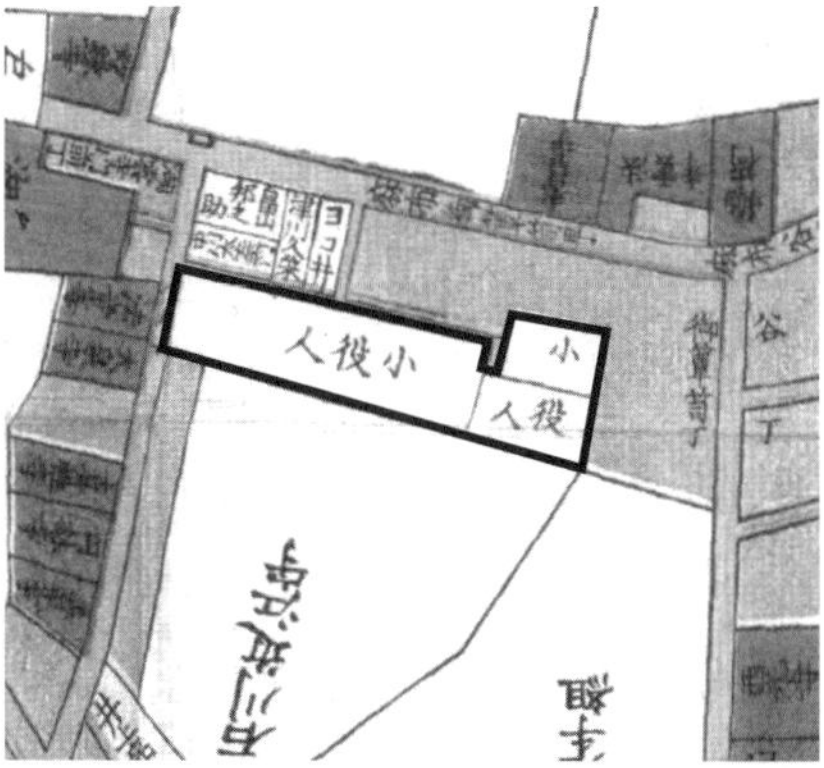

【図4】小役人の居住地だった勘助畑（尾張屋版『増補改正今井谷六本木赤坂絵図』）

第一に、江戸戯作はそもそも、山の手を舞台とする武士の文学であった。たとえば狂歌がそうだ。明和六年（一七六九）に、田安家の侍であった唐衣橘洲が四谷の自宅で狂歌の会を始めた。主なメンバーに、四方赤良こと大田南畝や、朱楽菅江がいたが、彼らは山の手地域に住む下級武士であった。その活動は刷物の発行などを経て、『万載狂歌集』（天明三年〈一七八三〉刊）、『狂歌若葉集』（同年刊）といった狂歌集出版に結実した。

黄表紙も山の手の武士が生んだ。このジャンルの最初の作品は、安永四年（一七七五）に刊行された『金々先生栄花夢』とされている。作者の恋川春町は、駿河小島《おじま》藩士であった。恋川春町というペンネームも、その居住地の小石川春日町にちなんだものだとされている。もちろん小石川も、山の手エリアに属する。

第二に、江戸戯作は、内輪受けの文学でもあった。中村幸彦「自給自足的戯作界」は次のように指摘する。

少くとも発生期の戯作は、元来は趣味的で、自慰的で、広く外部に出すことは、特殊な場合でなければならなかったであろう。出版しても、知る人ぞ知るの風であり、同好、同趣の人のみを読者に予想した高踏的なものであったはずである。(13)

江戸戯作の初期は、仲間が笑ってくれればそれで良し、という内輪向けのエンターテインメントだったのである。

右のような江戸戯作の特徴を確認した上で振り返ってみると、『向燈賭話』『続向燈吐話』が同じ特徴を持っていることに気づかされる。これも山の手を舞台とした武士による文学であった。また、聞き手への効果を考えて近隣を舞台にした怪談を語るなど、同好、同趣の人のみを受け手に想定した、内輪向けのものであった。

その上で注目されるのが成立年時である。『向燈賭話』は元文四年（一七三九）の成立と、右に見た狂歌会や黄表紙の初作『金々先生栄花夢』より、約四十年も早く生まれたものであった。このことは、江戸戯作を考える上で新たな手がかりを与えてくれる。思うに、この写本怪談『向燈賭話』『続向燈吐話』の存在は、いわゆる江戸戯作的な文芸環境、心象、創作態度が、従来知られているよりも早くから整っていた、ということを示す事例なのではないだろうか。

六　おわりに

以上、写本怪談集『向燈賭話』『続向燈吐話』について検討してきた。該書は点取り怪談、つまり怪談によるギャンブルにおいて、聞き手を怖がらせるために語られた逸話を中心とするものであった。著者の居住地に近い怪談が多く掲載されるのは、そのためである。つまり、不特定多数のためではなく、内輪向けの文学という側面を持っている。これに、著者が江戸の下級藩士らしいということを勘案すると、この写本怪談が江戸戯作と共通する特性を持ち、さらに四十年も早く成ったものであった、ということを論じた。

もちろん、この『向燈賭話』『続向燈吐話』をこそ戯作の祖だ！と言いたい訳ではない。そうではなくて、現在戯作の始まりとみなされている作品より前に、江戸では戯作の胎動とも言える様々な試みがなされていたはずだ、と言いたいのである。明暦三年（一六五七）の大火のあと、江戸城周辺の武家屋敷や寺社が山の手地域に移転して、山の手は独特の地域色を帯びるようになった。そこから先述のような、いわゆる「江戸戯作」の勃興まで、百年あまりを待たねばならない。その間に、さまざまな戯作的試みの胎動を想定したほうが自然である。

そしてそれは、写本で行われていた。考えてみれば、内向性、内輪ウケを旨とする文学が、版本ではなく写本というメディアでこそ生まれ、発展したのというは、ごく自然なことである。『向燈賭話』『続向燈吐話』は、江戸戯作を生んだ土壌に、写本文化があったことを象徴する書物だったのである。

注

(1) 近藤瑞木「写本から刊本へ――初期読本怪談集成立の一側面」『都大論究』第三十二号、東京都立大学国語国文学会、一九九五年六月。

(2) 近藤瑞木「玉華子と静観房――談義本作者たちの交流」『近世文藝』第六十五号、日本近世文学会、一九九七年一月。

(3) 日本近世文学会平成二十八年度春季大会、於明治大学。

(4) 近藤①は東北大学附属図書館狩野文庫蔵『秉燭奇談』（写本、十三巻二冊、漢字平仮名交じり文）を紹介し、これについて『向燈賭話』の「異本と思われるもの」（十五ページ）であり、「『向燈賭話』から抄出し、改題したものとしてほぼ間違いない」（十七ページ）ものとする。該書は署名も序跋文もなく、成立年も不明。六十八話の怪談を掲載する。このうち五十二の話が、『向燈賭話』『続向燈吐話』の現存本に掲載されていない逸話である。

(5) 勝又基・木越俊介代表校訂『江戸怪談文芸名作選　第五巻　諸国奇談集』「解題」国書刊行会、近刊。

(6) 『寛政重修諸家譜』第三百十六巻「高木」の項。『新訂寛政重修諸家譜』（続群書類従完成会、第五巻三百八十六ページ）による。

(7) 近藤①十四ページ。

(8) 具体的章段を挙げておく。『向燈賭話』一の三「火車の談」（二場面）、四の六「厠の貂」、五の二「蝙蝠の怪」、五の四「赤坂の蜘の囲」、『続向燈吐話』一の一「蕣花の内より骸出る事」、一の二「椿木の妖の事」、一の三「榎木の精化の事」、一の六「江戸見坂の怪談の事」、一の七「非人姥が怨念の事」、二の一「弓町亡霊の事」、二の二「薬げん坂幽霊の事」、二の八「怨霊門をたたく事」、二の十「玉より尾を生ずる怪の事」、二の十一「黒坊主の怪の事」、三の三「四谷の見越入道の事」、三の五「白金の足あとの事」、三の六「妖婦化生の事」、三の七「富士の根方の蝮蛇の事」、三の九「中の町大女の事」、三の十「狐侍に変ずる事」、三の十一「闇坂の幽霊の事」、四の四「金杉の小狐の事」、五の四「湯の山の狼の事」、五の六「四谷の川童の事」、六の二「西応寺町化物やしきの事」、六の五「死人土中の声の事」、七の二「衣桁にかけし小袖より手を出す事」、七の五「墓所より火の玉飛ぶ事」、八の一「火の霊、塚上にたたかふ事」、八の三「厠の怪異の事」、八の五「皁《さいかしの》木の妖の事」、八の七「赤坂火消屋敷怪異の事」、八の八「滝川家の狸の事」、八の九「上杉家の怪異の事」、八の十「狐人を焼殺す事」、八の十五「土屋家のやしき龍出現の事」、八の十六「亡霊きつねを頼む事」、八の十七「猫の生霊、人につく事」、九の二「芝居の盗人の事」、九の四「白衣の追剝の事」、九の八「疱瘡神を窓より撲《なげう》つ事」、九の九「愛子の重病をいかり疱瘡神のたなを破ぶる事」、九の十三「陸奥国の人手指のわづらひの事」、九の十四「同国の人かげのわづらひの事」、十の四「山ぶしかぶろ両坂来由の事」、十の五「西の久保町屋妖怪の事」、十の七「女髪の怪異の事」、十の八「御影堂七兵衛が事」。

(9) 以下、それぞれの該当章段を記しておく。①『続向燈吐話』巻二の二「薬げん坂幽霊の事」。②『続向燈吐話』巻九の四「白衣の追剝の事」。③『続向燈吐話』巻八の十七「猫の生霊、人につく事」。④『続向燈吐話』巻八の一「火の霊、塚上にたたかふ事」。⑤『続向燈吐話』巻三の十「狐侍に変ずる事」。⑥『続向燈吐話』巻八の七「赤坂火消屋敷怪異の事」。⑦『向燈賭話』巻五の四「赤坂の蜘の囲」。⑧『続向燈吐話』巻一の二「椿木の妖の事」。⑨『続向燈吐話』巻八の十「狐人を焼殺す事」。⑩『続向燈吐話』巻十の四「山ぶしかぶろ両坂来由の事」。⑪『向燈賭話』巻四の六「厠の貂」。⑫『続向燈吐話』巻六の五「死人土中の声の事」。⑬『続向燈吐話』巻七の五「墓所より火の玉飛ぶ事」。⑭『続向燈吐話』巻二の十「玉より尾を生する怪の事」。⑮『続向燈吐話』巻八の十六「亡霊きつねを頼む事」。⑯『続向燈吐話』巻三の九「中の町大女の事」。⑰『続向燈吐話』巻十の五「西の久保町屋妖怪の事」。⑱『続向燈吐話』巻八の五「皁《さいかしの》木の妖の事」。⑲『続向燈吐話』巻二の十一「黒坊主の怪の事」。⑳『続向燈吐話』巻一の六「江戸見坂の怪談の事」。

(10)「聖窓」とは、近世の武家屋敷などに設けられた、出格子に似てそれより小さく、箱の形につくり外へ張り出した格子窓のこと。つまり、「聖窓」のある武家屋敷に住んでいるが、聖人のように学問はしていない、と、矛盾する存在である自らを卑下しているのである。「退之が六の外民」は、韓退之『原道』第五章「古の民たる者は四、今の民たる者は六」に基づく。士・農・工・商だけでなく、老・仏にも入らない役立たずの人間だ、と自らを卑下したのである。「僭妄」は、錯覚や幻覚状態のこと。

(11)「咄の会」『落語はいかにして形成されたか』平凡社、一九八六、六十六―六十七ページ。

(12) 先にも述べた通り、『向燈賭話』『続向燈吐話』掲載された怪談のほぼ半数は地方を舞台としたものである。だがこれらも、山の手の大名屋敷を情報源としたものと考える視点が必要だろう。その意味では、これらも広義での山の手怪談と言うことができる。

(13)『戯作論』角川書店、一九六六。引用は『中村幸彦著述集　第八巻』中央公論社、一九八二、七十九ページによる。

付記

＊本稿は、平成二十九年科学研究費「写本文化としての日本近世——国際貢献できるＵＣバークレー校蔵写本目録作成を通じて」（基盤研究〈B海外学術〉、課題番号 17H04520）による成果の一部である。

＊本稿図版に使用した『赤坂今井辺絵図』および尾張屋版『増補改正今井谷六本木赤坂絵図』は、いずれも東京都立中央図書館特別文庫室所蔵（請求記号：特 4306-26／特 4306-026、0441-10 ウ／東 0441-010 ウ）のものを利用した。

都賀庭鐘が『通俗医王耆婆伝』に込めたもの

木越秀子

一

都賀庭鐘（一七一八～一七九四頃）はもともと儒医一本説を唱えた医師香川修庵の弟子で、医師であったが、中国の白話小説（口語体小説）に造詣が深く、そのいくつかを翻案した短編集『英草紙《はなぶさぞうし》』（寛延二年〈一七四九〉刊）その他の作品を書いたことで初期読本の先駆けとされる。

『通俗医王耆婆伝』（以下『耆婆伝』とも）は安世高訳「仏説奈女耆婆経」（以下《耆婆経》とも）を翻案した小説で、宝暦十三年（一七六三）に刊行された。

原話の《耆婆経》は、釈迦と同時代の名医耆婆とその母奈女を主人公とした伝奇的な物語で、内容は次のようである。

（a）維耶離《イヤリ》国の大臣が奈樹（りんご）の枝の繁みから女児を得、奈女と名付ける。奈女は十五歳のとき七人の求婚者のうちの羅閲祇《ラエツギ》国王と結ばれ、耆婆を産む。

（b）耆婆は生まれながらに針と薬嚢を持っていた。八歳で羅閲祇国の太子となるが、王妃に世継が誕生したので医師になる決意をする。父王が招いた医師らに学ぶべきことが無く、逆に耆婆が医学書の昔からの疑問点を説き明かし、医師らから神聖と認められる。
（c）耆婆は樵《たきぎ》売りから、かざすと体内を透視できる薬王樹を得て、数多くの患者の治療を行い、名医として天下に名を馳せる。
（d）そして、瞋恚（怒気）のために人を殺すという王の病の治療を命じられる。その病は蛇毒によるもので、薬は王の大嫌いな醍醐（牛乳を精製した美味な液体）である。そのため耆婆の身に次々と危険が及ぶ。耆婆はそれらの危機を智恵と勇気で回避して王の治療を果し、その後、王を仏道に導く。
（e）仏は、奈女の前世は富豪の娘で、自分が供養する比丘尼らをからかったため現世で婬女と呼ばれることになったこと、耆婆の前世は貧者で、掃除と比丘尼らの看病で奈女に奉仕し、後生に天下の病を一掃することを願い、現世で医師になったことを明らかにし、誹謗を戒める。

庭鐘はこれをもとに十回の章回小説『耆婆伝』に仕立てた。《耆婆経》と比べると次の三点で改変が目立つ。

・（a）の前に宴会場面を付加（＝第一回）
・（b）の耆婆と医師らとの問答を改変（＝第三回）
・（c）の耆婆の治療例を増加（＝第五回から第七回）

『耆婆伝』についてはすでに福田安典、劉菲菲等による分析・考察がそなわっているが、本稿では右の改変された三点について考察を加え、この作品に込められた庭鐘の思いを読み解きたい。

（以下の『耆婆伝』の引用は版本による。引用符のない語句のフリガナは版本による。引用にあたっては通行の字体に改め、適宜ふりがな・濁音符・句読点を加減した。また、筆者の私注を括弧内に小字で示した）

二

『耆婆伝』第一回は、《耆婆経》の（a）の前に新たに付加されたものである。本節では、この回の作品構成上の意味と典拠について考察する。

第一回の内容は、累世強国の金鶏国王が暑気を避けて金北殿で母太后・皇后を招いて宴会を催し、余興として各国からの献上品が披露され、太后は維耶離《イヤリ》国の奈子《ナシ》《リンゴ》が気に入る、というものである。『耆婆伝』のクライマックスは、第七回後半から九回に至る、怒恚病《イカルイカル》で人を殺す王の治療譚で、《耆婆経》の（d）にあたる。そして、付加された第一回は、作品の構成上、その伏線となっている。

『耆婆伝』第七回後半からの金鶏国王の怒恚病《イカルイカル》の治療譚はほとんど《耆婆経》どおりである。耆婆が王の病の原因を薬王樹（『耆婆伝』では「薬王」）で探ると、蛇毒によるものと判明する。治療薬は醍醐であるが、醍醐はその名を口にするだけでその人を殺してしまうほどに王の大嫌いなものである。王の治療は耆婆にとって極めて危険なことである。治療の成功のためには、王が信じて疑わない太后・皇后に醍醐の精製を行わせ、王がそれを一気飲みするように仕向けなければならない。

ここで、第一回の王の様子、王と太后、皇后の関係がどうであるか確認しよう。

《耆婆経》の（d）では南方の大国は「萍沙及び諸小国皆これに臣属す」（原漢文。引用は大正新脩大蔵経による）と簡単に紹介されているが、『耆婆伝』第一回では国名を「金鶏国」、王名を「那羅鉢摩《ナラバツマ》」と具体化し、「累世国強クシテ付近ノ類国ニ指令ス。世代ノ王皆温柔ノ和アリテ四方ノ帰化ヲ受ク。今ノ王生得志気勇剛ニシテ四境ヲ威伏スルコト前代ニ越タリ。況ヤ臣庶ノ畏ル丶、常ニ戦兢ノ思ヲ免レズ」とする。これまでの王は温柔の和で四方の国々を従えていたが、それとは違い、今の王は生まれついて志気勇剛で、四方の国々を威服し、臣民も常に恐れて戦々兢々としているという。王の怒恚病《イカルイカル》がすでに発症していることをにおわせる記述となっている。

また、このあと宴会の場面に移るが、「(王は) 特《コト》ニ日ヲ撰デ親母太后翠雀娘娘ヲ請テ宴ニ臨マシメラル。其日ニ至リテ皇后阿斯夫人、親自《ミヅカラ》永安殿ニ到テ翠雀太后ノ輦《テグルマ》ヲ迎ヘ、与ニ金北殿ノ席ニ臨ミ」と、王が親母太后を大切にし、皇后は太后を敬い、三人の関係が良好である様子を描く。これらは、第七回後半から始まるクライマックスの伏線になっているといえるのである。

ここで『耆婆伝』第一回の宴会場面の典拠について確認しておきたい。

徳田武は『水滸伝』第一回の百官朝賀の場を思わせる、[1]とし、劉菲菲は『金瓶梅』第七十一回に拠った[2]と考える。

劉菲菲が指摘するように、『耆婆伝』と『金瓶梅』の場面展開はよく似ている。ただし、『金瓶梅』は公式の朝賀の場面となっているのに対し、『耆婆伝』は親母太后を主賓とする宴会の場面となっており、やがて珍品が披露される場面に移る。この、王が女性を喜ばせるモチーフ、珍品披露のモチーフには、『水滸伝』『金瓶梅』とは別に、近松門左衛門作の浄瑠璃『国性爺合戦』(正徳五年〈一七一五〉初演。以下『国性爺』とも)の影響が考えられる。『国性爺』の冒頭は、『三体詩』「鄴宮《ぎょうぐう》」を利用して、大明思宗烈皇帝が国乱を招くほどに遊宴酒食におぼれるさまの序詞で始まり、思宗烈皇帝を次のように紹介する(傍線は筆者による。引用は小学館「新編日本古典文学全集第七十六巻」所収『国性爺合戦』による)。

> そも〳〵大明十七代思宗烈皇帝と申し奉るは．光宗皇帝第二の皇子代々の譲りの糸筋も．たえず乱れぬ青柳と．なびき従ふ四方の国．宝をつんで貢物．歌舞遊宴に長じ給ひ．玉楼金殿の中には三夫人．九嬪、(中略)凡そ三千の容色顔《かんばせ》を悦ばしめ．群臣諸侯媚をもとめ珍物奇翫の捧げ物．二月中旬に瓜を．献ずる栄花なり

皇帝は毎日のように歌舞遊宴を楽しみ、多くの宮中の夫人を喜ばせている、という。このあと、寵姫華清夫人の出産をひかえ宮中が盛り上がっている場面に移る。そして、韃靼国から使者が来て、この華清夫人を韃靼王の

妃にほしいと望み、「虎の皮豹の皮、南海の火浣布、到支国《しし》（スリランカの漢名）の馬肝石（薬石。また硯にも利用）、その外辺国島々の宝、庭上に並べさせ」る展開になっている。

この『国性爺』の冒頭の、皇帝が宴会で宮中の夫人たちを喜ばせる、珍品が披露される、というモチーフは、『耆婆伝』第一回のものと同じである。

これに加え、『耆婆伝』で金鶏国王を「四方ノ帰化ヲ受ク」と紹介していたが、これは、『国性爺』の「なびき従ふ四方の国」の漢語的表現である。また、『国性爺』に「二月中旬に瓜を献ずる栄華なり」とあるが、『耆婆伝』で「李ヲ沈メ瓜ヲ浮ベ」とあるのも偶然ではないであろう。(3)

ちなみに、宝暦十年（一七六〇）十一月に大坂で『国性爺合戦』の公演があったという。(4)『耆婆伝』刊行のおよそ二年前である。中国かぶれであった庭鐘が中国を舞台とする『国性爺合戦』に興味をもち、その影響を受けた可能性は考えられないことではないであろう。

なお、この『耆婆伝』第一回の宴会場面の献上品披露の記述の原拠については、すでに福田安典の考察がそなわっている。(5)宝暦十年（一七六〇）に行われ、庭鐘も参加した薬品会の記録『文会録』の記述方法が取り入れられているという。

そうすると、王の様子や王・太后・皇后の関係を描く第一回は、作品の構成上、第七回以降の王の疾病とその治療のための伏線として付加されており、宴会場面を『金瓶梅』、『国性爺』に借り、献上品披露に『文会録』の記述を取り入れ、献上品に奈子を入れることで第二回の奈女の誕生の契機としていることになる。

三

この節では『耆婆伝』第四回から七回前半にみえる、薬王樹を使った透視による七例の治療譚について考察したい。

七例の治療譚のうち、①脳を虫に食べ尽くされた十五歳の女の治療例（第四回）、②木馬から落ちた男児の治療例（第五回）は、《耆婆経》にもみられるものである。そのほかに、《耆婆経》にはない次のような治療例が五話付加されている。

③三年前に出産して以来不調の婦人の治療例（第五回）。これは『金瓶梅』第五十五、六十、六十一回を利用したものであることはすでに劉菲菲により明らかにされている。

④病苦を訴える大蟒蛇《モウジヤ》の治療例（第五回）。蛇が謝礼の珠を授けるために再度現れる点で、『捜神記』巻三の、隋侯が小蛇を救って珠を授けられる話に似る。

⑤虎に嚙《か》まれて倀鬼（虎に操られる死者）となった男の治療例（第六回）。『太平広記』「荊州人」などにみえる人虎伝に似る。

⑥鬼胎の症の妻の治療例（第六回）。『禅真後史』五十五回に拠ることは、すでに劉菲菲により明らかにされている。

⑦狐妖に魅入られた若君の治療例（第七回）。患者が貴家の若君で、声色《セイシヨク》《イロノミチ》を好まないのに狐妖に魅入られ、欲事過度で生命の危機に陥る点で、『聊斎志異』の「董生」に似る。

これらの治療譚は章回小説にするために付加されたと考えられる。そのうち③から⑥は、どちらかというと、滑稽な内容となっている。③回回身毒《ホイホイケンドク》という医師が見当違いの診断を下すが、耆婆が薬王樹で透かし見て彼が藪医者であることを見抜く。④蛇が脱皮するのは自然であるにもかかわらず、これを病気とする。⑤倀鬼となって飢えた男を焦米《イリゴメ》の芳ばしい匂いで我に返らせて蘇らせる。また、⑥奇胎の症の病因は緑柳樹の根元に棲む怪物によるもので、原話は瞿琰《くえん》という男の武勇譚なので、鎗で退治することになっているが、『耆婆伝』では殺虫剤の散布で退治することに改変している。医師庭鐘ならではの改変である。

⑦の治療譚は、③から⑥のとは少し趣きが違う。原話は、董生と王九思が狐妖に魅入られ、先に死んだ董生が王九思の夢に現れ、彼の忠告どおり香を焚くと妖狐が死んで助かる、というもの。これを『耆婆伝』では、狐妖が耆婆の到来を恐れて自ら身を引き、姿を消すことに改変している。この改変は耆婆が超人化していることを示すものとなっている。耆婆の超人化はこのあと、金鶏国王の怒恚《イカルイカル》病の治療譚への自然な連続を目論んだものとみられる。

四

この節では、『耆婆伝』第三回の耆婆と医師らの問答に込められたことがらについて考察したい。

先の、『耆婆伝』第四回から七回前半にみえる治療例は非現実的で荒唐無稽なものである。これに対し、第三回の耆婆と医師らの医学問答は、全く真面目なものとなっている。

《耆婆経》の（b）では医師になることを望む耆婆のために父王が国中の名医を招くが、耆婆は医師らに学ぶことが無い。医師らが耆婆に自分たちに学ぶようにと促すと、耆婆は医師らに本草薬方針脈諸経について具《つぶさ》に質問する。それは幾代にもわたる不明なことがらであり、医師らは答えることができない。そこで耆婆が医師らにそれらについて説き明かす。そのため医師らは耆婆を神聖な存在と知り、かえって耆婆から教えを受け歓喜する、となっている。

『耆婆伝』第三回も同様の展開であるが、耆婆が医師らにした質問は次のようである。

本草薬方、服スレバ便《スナハチ》病ニ可ナリ。針脈諸論、病源ヲ察シ虚実（衰弱と亢進）ヲ識ル。何レヲ先トシ何レヲ急務トス

薬に関することと病源の診断に関することと、どちらの不明点が急いで解消されなければならないかというも

のである。

これに対し、医師らが口を揃えて「本草ノ諸物」だと答える。すると耆婆は、「太古《タイコ》《ヲ、ムカシ》病苦アリテ後薬物アリ。今ヤ薬物アツテ後病アリ。備テ待ベシ。是治事庸易ナルノ一幸」だと言う。薬草については、副作用などの弊害があり、その効果は半ばであるが、太古から研究され、今や病に備えて待つことができるので、治療がしやすい、というのである。だから、「夫後トセンカ」と言う。そして、それ以上に不備なのが、「針脈諸論」、つまり病源の診断に関することだとして、耆婆は次のように言う。

奈《イカン》セン悉皆憶説《ヲクセツ》《イフテミル》、死論《シロン》《イフタバカリ》、暗中模索《アンチウモサク》《クラガリサグル》。精《クワシ》カラザレバ利害《リガイ》《イキシニ》ニ渉リ。精クセントスレバ弊モ亦少カラズ。傍流《バウリウ》《ソレニヨル》スル所ノ諸典、総テ是想像《サウシヤウ》《ヲモイヤリ》、僻見《ヘキケン》《カタヨリリヤウケン》。是ヲ得テ足リトセンヤ

診断は体外にあらわれた徴候から体内の病源を判断することである。そのため体内の臓器や働きについては「憶説」、「死論（裏づけのない無意味な論）」、「暗中模索」にならざるをえないであろう。耆婆はそれを嘆く。「精カラザレバ利害ニ渉リ」とは、「針脈諸論」が正確でなければ生死にかかわる、ということで、これは当然のことであろう。そして、「精クセン」として生じたものが「傍流」であるが、その諸典もやはり「想像」「僻見」ばかりで「弊モ亦少カラズ」だという。このようなありさまでは、医師らは正しい診断ができないことになる。耆婆が「我庶幾（願う）スルハ其境ニアラズ」と言うと、医師らは耆婆を神聖と認め、「願ハ太子ノ発明スル所ヲ悉《ツク》シテ臣等年来ノ結凝ヲ開解シ玉ヘ」と、耆婆の知ることをすべて教えてほしいと願う。

耆婆は、いまだに解決されていないこととして「呼吸痛快ハ自己ノ身中《ミノウチ》ニ考ヘ知ベケレドモ、病形ノ深浅ハ直ニ人ノ腹内ヲ視ニ非ンバ何ニヨリテ理会《リクハイ》《ガテンスル》シ得ンヤ」と、患者の体内を直接視てこそ正しい診断ができるはずであるが、それができなければどうしたらよいかということを問題にする。すると、医師らは、「目下御厨ノ包官（料理役）ニ就テ牛腸、鹿腹ヲ仔細ニ点検スベシ」とか「典獄ニ計テ死囚ノ体殻ヲ取テ、逐一ニ認《シタタメ》テ自得スベシ」と、牛や鹿、また死刑囚を解剖して腹内の様子を確認することを提案する。しかし、耆婆はこの提案を「賤ナル哉計

ル所。庸易ナル哉見ル所。衆師ノ挙スル所ハ世間ニ異ナルコトナシ」とし、吐綬鶏の例をあげて退ける。吐綬鶏はキジ科の鳥で、繁殖期にのどをふくらませる。それが綬（紐の一種）を吐くように見えるという。耆婆は、この鳥が生きているときは綬が現れるのに、殺して探しても綬がどこにも見当たらないことを例として、屍体の解剖が無意味であることを説くのである。

この耆婆と医師らのやりとりは、福田安典も指摘するように、『蔵志』を踏まえたものであろう。『蔵志』は、山脇東洋が宝暦四年（一七五四）に官許を得て屍体解剖を行い、その五年後の宝暦九年（一七五九）にその観察記録として刊行したものである。『蔵志』が世間に与えた影響は大で、「その実証精神が同時代に刺激を与え各地で解剖実施の気運が興って、新しい医学研究の道を開いた」（『国史大辞典』「蔵志」）という。

しかし、当初はこの解剖に反対する意見が強かったという。このときの反対意見の主なものとして養老孟司は次の三種をあげる（「『解体新書』――身体から自然へ」〈『古典の扉1』中央公論社、二〇〇五〉、要約）。

(1)解剖に用いたのは刑死人の遺体であったが、それを刃物を用いて解剖するのは、刑を償った遺体にさらに刑を加えるようなもので、倫理にもとる。

(2)医者のつとめは病人の病苦を救うこと、扶けることだ。死者を解剖することはその中には入らない。

(3)死んだ身体を解剖しても生きている人のことは分からない。

耆婆の吐綬鶏を例とした屍体解剖無意味論は、このうちの(3)と同じである。庭鐘が『耆婆伝』執筆を思い立った理由の一つは、耆婆の口を借りてこの意見を述べるためであったろう。『耆婆伝』刊行は宝暦十三年（一七六三）であるが、序文の日付は「宝暦己卯（九年）春月」となっている。『蔵志』の跋文の日付が「宝暦己卯春正月」であり、刊行されたのがこの日からほど遠くないとしたら、庭鐘は『蔵志』を目にしてすぐに、『耆婆伝』で耆婆の口を借りて、屍体解剖が無意味である、という考えを世に問おうとした、ということができる。

五

この節では、『耆婆伝』第三回の耆婆と医師らの問答に込められたことがらについて、もう少し考察したい。

さて、しかし、屍体解剖が無意味で、人の体内について直接知る事ができないとしたら、医師はどうすればよいのだろうか。耆婆は医師らに次のように言う。

只生活動作ノ人ニ就テ、其患《ウレイ》何ノ蔵ニ生《ナリ》テ深キカ。此傷《イタミ》何ノ府ニアツテ浅キカ。或ハ営衛ヨリ気血ニ往ク(食べた物が血液などになって体内に巡り働くこと)、論ノ立ルノミニシテ見ベカラザルカ。譬《タトヘ》バ血色ノ如キ、皮膚ヲ出テ殷紅《インカウ》ナレドモ内ニ在テ何ノ色トカスル。精液ノ粋白ナル、其源ニ在テ如何ナル。熱ノ去来スル、何ノ処ニカ去リ何レノ処ヨリ来ル。喜怒ノ心肝ニ発スル、現ニ何ノ模様ヲカ為ス

耆婆は、生きている人についての病源の臓器、病の程度、食物の体内摂取のしくみは理論だけで実際を見ることはできないのだろうか、血液の体内における色、精液の源の状態、熱が去来するしくみ、心肝から喜怒が発する具合はどうなっているのだろうか、と言う。ここには生きている人の体内の様子を知ることができないもどかしい気持ちが現われている。そのもどかしさを解消するのが、かざすと人の体内を透かし見ることができる薬王樹である。第四回の冒頭で耆婆はそれを手に入れ、その後名医の名を馳せ、金鶏国王の治療を言いつかることになる。しかし、第三回のこの時点ではまだ薬王樹はない。医師はどうあるべきか。耆婆は続けて言う。

是又一人ヲ挙テ衆人ヲ例スルコト謂《イハレ》ナシ。其人ニ就テ其内ヲ見ザレバ的当トセズ。人命重シ。仔細ニセズシテ可ナランヤ

「仔細ニセズシテ可ナランヤ」は反語的表現で、耆婆は、一人の症状を他の多くの症例と同じとみることには根拠がない、一人一人の症状は違うのだからその人の体内を直接見るのでなければ正確な診断はできない、人命は

重い、仔細にしなくてはあり得ない、という。体内を直接見られないなら体外の徴候を診察して診断を下すことになる。そうすると、診察を仔細にしなくてはならない、というのであろう。

この「人命重シ。仔細ニセズシテ可ナランヤ」と同じ内容をもつと思われる一文を『一本堂行余医言』巻之一の冒頭の「診候」に見出す事ができる。次はその全文である。

大凡病人を診候するは、必ずまさに精細周悉、極て委曲を尽くすべし。努てその衷情を知り、証状を察識し、多方深考、意匠遺愆する無んことを欲す。是故に古四診と称す。而今六候を挙は、只是反復丁寧、厳に欽慎の意を致す。冀くはすべからく臨視惑こと無く、治療誤ざるべし。一著も（少しも）苟且（いいかげんに）せずして、以て人命至重の戒を存す（原漢文。以下同）

『一本堂行余医言』は、庭鐘の医学上の師である香川修庵の著した医学書である。そして冒頭の「診候」は、診察時の医師の姿勢を教え示すものである。修庵は、「精細周悉」「極て委曲を尽くす」「反復丁寧」など、診察を仔細にするように、ということを、言葉を変えて繰り返し述べる。そして最後にもう一度、少しもいいかげんなことをしないようにと念を押し、それにより「人命至重」の戒を守るように、と結ぶ。

先の耆婆の言葉「人命重シ。仔細ニセズシテ可ナランヤ」はこの「診候」の教えに準じており、これを踏まえていると言ってよいであろう。耆婆は医師らに神聖な存在であると認められていた。その耆婆に修庵の診察の姿勢を言わせている。このことから、庭鐘が修庵の診察の姿勢を強く支持していたことがうかがわれる。

ところで、診察を仔細にするのは「人命重シ」、「人命至重」だからではあるが、その根底にあるのは耆婆の場合、「一人ヲ挙テ衆人ヲ例スルコト謂《イハレ》ナシ」という考えである。修庵も一人一人の症状が違うから診察を仔細にせよと言うのであろうが、『一本堂行余医言』「診候」の中では具体的には「意匠遺愆する無ん」ため、「治療誤ざる」ためだとしている。耆婆の「一人ヲ挙テ衆人ヲ例スルコト謂ナシ」は何に拠ったのだろうか。

福田安典によれば、『耆婆伝』の耆婆と同じように屍体解剖の無意味を主張するものに佐野安貞の『非蔵志』（宝暦十年〈一七六〇〉）があるという。そこに次のような記述がみえる（引用は京都大学貴重資料デジタルアーカイブによる）。

衆病一人の病む所に非るなり。而て因と証（診断結果）、胗看度量すれば虚実察すべし。（中略）度量我に在る、我即法則。我即法則、生れながらにして之を知るに非れば、学て能く此の如し。内経（『黄帝内経』）を去て何の学ぞ。其の法を以て其の業を張る（原漢文）

ここにみえるのは、診断を下す法則は、学んで得るものであり、それには『黄帝内経』を学ぶ以外にない、という『黄帝内経』を絶対視する立場である。その根底にある考えは「衆病一人の病む所に非るなり」、すべての病はその人だけが病むものではない、つまり、一人の症状は他の多くの症例と同じである、というものである。先の耆婆の「一人ヲ挙テ衆人ヲ……」という言葉はこれを否定するものとなっている。

『耆婆伝』の刊行は『非蔵志』のあとである。先の耆婆の言葉「一人ヲ挙テ……」は、『黄帝内経』を絶対視する『非蔵志』の「衆病一人の……」に反発したものであるとは考えられないだろうか。『一本堂行余医言』自序によると、修庵は『黄帝内経』など既存の医学書を邪説として退けたという。庭鐘は、『非蔵志』の佐野安貞が自分と同じく屍体解剖無意味論を唱えるものの、『黄帝内経』を絶対視することなどは、見のがせなかったのではないだろうか。

さてしかし、医師らは具体的に自分たちがどうあればよいのかわからなくなり、一つ一つ教えてほしいと願う。すると、耆婆は次のように言う。

此事別ニ傍様《ボウヤウ》《テホン》ノ把与フベキ無シ。医タルモノ生涯ノ任トシテ常住坐臥ニ置《ステ》ズ、是ヲ思ヒ、是ヲ思ヒ、復是ヲ思ハヾ、見ヨ精思ノ得ル星数《セイスウ》《ホシノコト》スラ策ニ布《シク》。何ノ通ゼザル所アラン。衆師平日此心ヲ忘レズンバ、有智ノ者先早ク得ル処アラン（中略）晩生（耆婆の謙遜の自称）発明スルトコロノ『命論』『五臟論』『八十四問』（いずれも架空の書）アリ。他日衆先生ト相議《アイハカツ》テ寿域ノ階梯ト成ンお手本はない、医師は自分の任務として常住坐臥どうあるべきか考えつづければ、いつかわかることがあろう、と言い、自分が新しく考えた方法を著した『命論』などをもとに、互いに意見を出し合って長寿のための医学の第一歩としよう、と言う。

ここで、傍線部に込められたことがらついて考察しておきたい。

この一文でまた思い出されるのが、やはり香川修庵の『一本堂行余医言』の自序である。それによると、姫路出身の修庵は儒者の道を志して上京し、伊藤仁斎の門に学んだ、しかし諸般の事情を勘案して医の道に進むことを決意し、後藤艮山に入門した、そして古今の多くの医学書を読んだが得るところがなく、次のように艮山と問答を交わした、という。

是において創《はじめて》一本の宗旨（自分が信じる方法）を発明するを得。之を先生に質す。先生曰、我亦久く旧医説を疑ふ。然りと雖も此乃古今の一大結構（できあがった理論）。老子（文中の艮山の自称）の及ぶ所に非ず。故に未だ決せざる也。爾後講習討論略〻緒に就くを得たり。惟恐らくは我より古を作るは人々の憚る所。然りと雖愚者の一得。殆ど已むべからず。若し是に因て罪を得るは。我辞せざる所也

修庵は「創《はじめて》一本の宗旨を発明するを得。之を先生に質」したところ、先生も旧医説を疑っていたが、それはすでにできあがった体系的な理論で、すぐに結論を出すことはできないという。そして、「講習討論（集まって学習したり討論したりすること）略〻緒に就くを得たり」という。

ここには修庵の医学を学ぶ際の姿勢が示されている。医学の道を志したからには医学書を片っ端から読む、しかしそれを鵜呑みにするのではなく、そこから自分なりの方法を見つけ出そうとする、すでに評価されている医学書でも、師弟が会合し互いに意見を交換し、さらなる進歩を求める、というものである。この姿勢は、『耆婆伝』の耆婆が医師らに、常に「是ヲ思ヒ、是ヲ思ヒ、復是ヲ思」うことを勧め、自分の発明した『命論』等をもとに医師らと議論して、長寿のための医学の第一歩としよう、という姿勢と相似である。庭鐘は修庵の医学に対する

姿勢を強く支持し、その姿勢を耆婆を通して読者に伝えようとしたのであろう。

六

先の節で『耆婆伝』第三回の耆婆と医師らの問答に込められていることがらについて考察した。その結果、一つは屍体解剖は無意味であるという考え、そしてもう一つは、師の香川修庵の診察と医学に対する姿勢を強く支持する庭鐘の気持ちが込められていることを読み取ることができた。この二つのことがらは、福田安典が指摘するように、ともに『蔵志』の記事に対する反発の気持ちに根ざしている、ということができる。屍体解剖無意味論は『蔵志』の本論に対するものであるが、修庵支持の気持ちは、『蔵志』附録「論業弁序」にみえる修庵批判に対するものとみられる。それは福田安典が考える以上に厳しいものであった。

『蔵志』附録「論業弁序」は、医師という仕事についての山脇東洋の考えを述べたものである。そこに次のような記述がみえる。

（仲景は）周漢の遺書を集録し、経験の方を掇拾し、傷寒雑病論を作り、以て帳中の秘書と為す。なお王氏の外台秘要の有るごとし。豈に後人妄意杜撰、自我作古（我より古を作る）の比かな（原漢文。以下同）

文中の『傷寒雑病論』は中国後漢の仲景が編した医学書、『外台秘要』は唐の王燾編著の医学書で、いずれも修庵、東洋ら古医方派が重視する医学書である。右の文の意は、これらがあるのに、後人が医学書を作り、妄意杜撰なことに「自我作古」と称する、しかしそれは前の二書と比べものにならない、と考えられるものである。

福田安典は、文中の「自我作古」は先の香川修庵の『一本堂行余医言』の自序を踏まえるもの（前節引用文参照）で、東洋は修庵に対し「妄意杜撰」と厳しく批判している、と指摘する。「自我作古」という修庵の言葉は彼の門人の間でさえ傲慢と受け取られたほどであったという。東洋がこれを批判するのももっともなことかもしれない。

しかし、東洋の批判は「自我作古」という言葉をとがめているだけではない。『蔵志』は、先の文に続けて次のように記す。

故に其書専ら方技を説くのみ。宜《むべ》なるかな、道と学に至り、則ち一語これに及ぶもの無きなり。尚徳（山脇東洋の名）窃《ひそ》かにこれを思う、道学欠くると雖も、然も聖経賢典の載する所、儼然と知るべきなり

その書はただ技術を説くだけだ。道と学についてはなにも述べていない。自分が思うには、道学を知らないが、聖経賢典の内容がおごそかなものだということはわかっている、という。

修庵は、儒と医は分つべきものではない、という考えから「一本堂」と号したが、『蔵志』附録「論業弁序」は、修庵の儒医一本説を全面的に否定していることになる。実は、『蔵志』附録「論業弁序」は、医に道学は不要であり、医は貴賤にかかわらず生と死についての責任は重く、質と学と術が大切である、と説き始められている。そして、この「論業弁序」全体から修庵の儒医一本説に対する強い批判の気持ちが伺える。

『蔵志』刊行は宝暦九年（一七五九）で、修庵没後四年になろうというときであった。『耆婆伝』序文の日付が宝暦九年春正月であることから、庭鐘は『蔵志』に目を通すとすぐに『耆婆伝』執筆を思い立ち、これに屍体解剖が無意味であること、修庵批判に対する擁護の気持ちを込めようとしたと考えられる。

ところで、『耆婆伝』の序文によると、二十年前に行脚の僧が残していった「耆婆演義」を「貧家」が訳したが、今これを「後生の徒」（庭鐘）が校訂して出版元に渡した、とある。『耆婆伝』の作者は「貧家」であるが、その名は不明ということになる。しかし「耆婆演義」は実在せず、実際は庭鐘自らが《耆婆経》を翻案したものであるという(8)。

序文の署名は「六蔵」である。「六蔵」は庭鐘の通称である。戸田旭山主宰の薬品会の記録『文会録』（宝暦十年〈一七六〇〉刊）には、附子・文石の出品者として「都賀六蔵」の名がみえる。そして、『耆婆伝』第一回にはこの『文会録』の記述方法が取り入れられていた。『耆婆伝』の読者は、「耆婆演義」が存在しようとしまいと、『耆婆

伝』にみえる『文会録』の利用、屍体解剖無意味論、文中ににじみ出る修庵擁護の立場からみて、作者が序の署名者の六蔵、つまり庭鐘であることを確信したはずである。

では、なぜ、すぐにわかるような仕方で作者名を朧化しようとしたのであろうか。

屍体解剖無意味論は医師としての意見であり、庭鐘には名を隠す理由はなかったであろう。ただし、修庵の擁護を弟子である自分が行うのは、身贔屓であると読者に一蹴されかねない。そのため、作者を別に設定し、これをかわそうとしたことが考えられる。

そう考えると、末尾で、奈女らの悟りにかこつけて語り手が次のように言う意味がわかるのではないだろうか。

世上功名ヲ勉ルノ人、口誅《コウチユウ》筆罰《ヒツバツ》《クチデコロシフデニテツミス》ヲ慎ミ、他人ヲ誹謗セズ、自己《ワガミ》能忍ビハ外病永ク生ゼズ富貴自ラ期《ゴ》スベシ

「世上功名ヲ勉ルノ人」とは暗に東洋をさし、その人が修庵に対する口誅筆罰を慎み、誹謗せずにいたら、長生きができ、お金持ちになれるだろう、という意味に解することができる。『者婆伝』の作者名は隠そうとして隠しおおせるものではない。軽くふざけて、修庵を批判する東洋を揶揄し牽制した、と解することができるのである。

『者婆伝』は『英草紙』（寛延二年〈一七四九〉刊）と『繁野話』（明和三年〈一七六六〉刊）の間に書かれたもので、『英草紙』の序文に「此の草紙を記して、同社中の茶話に代ふる」、『繁野話』序文に「茶話に代ゆ」と記している。『者婆伝』も同社中の医家書生を意識し、屍体解剖無意味論と亡き師修庵の医師としての姿勢を強く支持する気持ちを伝えようとして書かれたことは十分考えられる。

注

（1） 徳田武「「仏説奈女耆婆経」と『通俗医王耆婆伝』」（『日本近世小説と中国小説』青裳堂書店、一九八七）。

（2） 劉菲菲「都賀庭鐘『通俗医王耆婆伝』典拠考」（『國語と國文學』九二-三、二〇一五）。以下、劉の見解はこれによる。

（3）首尾の叙述の形式にも類似がみられる。
『国性爺』では、①冒頭は、『三体詩』の陸亀蒙の鄴宮《ぎょうぐう》の詩を引用した格調高い口上、②和藤内の活躍によるハッピーエンドのあと、末尾に国家繁栄を寿ぐ詞を付す。

一方、『耆婆伝』では、①冒頭は、陶淵明の詩「読山海経」の後半を引用し、改まった漢文訓読口調で小説の効用を述べ、②物語は奈女等の宿願がかない、耆婆も長生して奇跡を顕したというハッピーエンドのあと、末尾に釈迦を寿ぐ言葉を付す。

『耆婆伝』は『国性爺』に《耆婆経》をはめこんだものとみることができる。

（4）立命館大学アート・リサーチセンター公開の日本芸能・演劇総合上演年表データベースによる。

（5）福田安典「都賀庭鐘『通俗医王耆婆伝』について――医師の描く戯作」（『平賀源内の研究　大坂篇――源内と上方学界』ぺりかん社、二〇一三）。以下、福田の見解はこれによる。

（6）天明八年（一七八八）刊。目録では三十巻となっているが、現存本は二十二巻。

（7）酒井シヅ『日本の医療史』（東京書籍、一九八二）によると、『一本堂行余医言』は「「症候論」に詳しく、原因を論ずるよりも症候を並べ、治療法を述べている」という。

（8）中村幸彦「都賀庭鐘の中国趣味」（『中村幸彦著述集』第十一巻、中央公論社、一九八二）、徳田武の前掲論文など。

怪談が語られる「場」
――『雉鼎会談』を素材として

近衛典子

はじめに

『〈中古雑話〉雉鼎会談』は全五巻五冊の怪談集である。作品冒頭の「発端」及び見返しによれば、本書は貞享年中（一六八四―八八）のある年、武蔵野の一寺に集まった三人の武士が月待ちをしながら徒然に任せて語った物語を、たまたま隣室にいた藤貞陸なる人物が密かに聞き取り、書き留めたものであるといい、宝暦五年（一七五五）正月に江戸の書肆、藤木久市、三河屋半兵衛によって刊行された。現在、刊本としては立教大学池袋図書館本（江戸川乱歩旧蔵書）、国立国会図書館本の二本が知られ、刊本を細密な字で書写した写本（挿絵ナシ）が早稲田大学図書館に蔵されている。

収載されている話のいくつかを紹介すれば、[1]（一）道心堅固な僧が鼠を愛し、鼠もよく懐いていたが、或る晩に煩悩を起こして夢に邪淫戒を破り、鼠を撃ち殺して以来、妄執に囚われてついに乱心、磔刑に処せられ、その後亡魂となって人々を脅かした話（巻一―一「鼠を愛して道徳を失ふ」）、（二）京都高尾で山崎宗鑑の霊に出会い、俳諧を論ずるのを聞き、さらに嵯峨野のある屋敷に伴われて不思議な歌仙興行を見た話（巻二―一「嵯峨野の俳仙」）、（三）ある青年が山中で美しい女人と会い、一夜の契りを結んだ後、一物に痛みを生じ、ついに女体に変じた話（巻三－一「男、女に変ず」）、（四）親の戒めも聞かず、山の神の使いである猿を捕らえてきた兄が、神罰により行方知れずとなり猿に姿を変えられるが、妹のお蔭で元の身となった話（巻四－一「猿の怨《あだ》、猿の情け」）など、新奇で興味深い話題が多く、また教訓的な言辞もまま見られる。また、『南柯記』の影響を受けた話（巻四－二「蜂の楽しみ、蜂の患《うれ》へ」）や、恋人の追う敵が我が父であると知った女が、恋人を欺き自ら恋人の手に掛かって命を落とす、袈裟御前と俤の通い合う話（巻五「義死孝女」）などもあり(2)、他にも典拠を持つと思われる話がある。

この『雉鼎会談』を論ずるに当たって、まずこの作品の基礎的な事項、すなわちその成立の背景が問題となってくると思われる。そこで本稿では、従来ほとんど知られていなかったこの作品について、成立や作者の問題を踏まえた上で、怪談が語られた「場」についての検討を行ない、『雉鼎会談』なる怪談の性格の一端を見ていきたい。

一　『雉鼎会談』の成立と作者の問題

この『雉鼎会談』の成立を考察するに当たっては、群牛なる人物によって付された序文と、貞陸が記した物語の「発端」とを併せて考える必要があると思われる。そこで、まずは序文と「発端」の全文を掲げ、『雉鼎会談』の成立について考察していきたい。

本書がいかなる経緯で出版されたかという事情は、群牛の序文によって窺い知ることができる。

雉、鼎《かなへ》に雊《な》き、牛、庁《ちやう》に倒る怪を見てあやしまざれば、その怪おのづから壊《やぶ》るる、徳に勝つことあたわざる也。怪と妖とすこしくかわるか。怪や、見る時は壮士も恐怖し、聞いては児女も雀躍す。

ここに一書あり。匱《はこ》にかくれて世にしらざる事久し。是なん藤田某、愛女に譲らんが為に自書自画せるの草稿也。篇中、詞《ことば》の花、筆林に匂ひ、鵆《ちどり》の跡、硯の海に深し。

予、不思議にしてこれを得て、雪の夜、雨の朝、座右に友とする事、年あり。書肆玉海堂、その旨を聞いて、ひたすら梓行せん事をのぞむ。かかる功を秘して世にとなへざらんも作者の妄執ならめと、新たに訂考して前後二篇とす。それ、三士、鼎に座して語れる俤《おもかげ》をしたひて、雉鼎会談《ちていくわいだん》と題する事しかり。

東都府南蓬廬裡群牛

これによれば、本書は藤田某が愛娘のために自ら文章を綴り、挿絵も描いた書であり、永らく世に埋もれていた作品であった。東都府南蓬廬裡の、すなわち江戸南部に隠棲する群牛なる者がたまたまそれを入手、愛読書としていたが、書肆に乞われ、考訂を施した上で出版するに至ったものであると、出版の事情を述べる。また、ここには「前後二篇」としたという。確かに見返しに「藤貞陸編／雉鼎会談〈前編〉／玉海堂」、目録題にも「中古雑話雉鼎会談　前集」とあり、また目録末尾には「雉鼎会談後集五巻　近刻」とあるが、後集は今のところ存在が確認されず、出版されたか否かは不明である。そして、一書の題名の由来を述べる。「三士、鼎に座して語れる俤をしたひて」、すなわち、次に挙げる作品冒頭の「発端」に述べられるように、本書が「燈を中にして鼎《あしがなへ》の形に座」した三人の武士が語った怪談を聞書したものであるという経緯に従って、群牛が『雉鼎会談』と名付けたというのである。

この序文に続いて、本作の作者である貞陸による「発端」が置かれる。そこで次に、この「発端」について検討していきたい。長くなるが、以下に全文を引用する（傍線・二重傍線、筆者。以下同）。

武蔵野誓願寺《せいぐわんじ》は江城《こうじやう》の東北《とうぼく》にして、仏法繁昌《ぶつぽうはんぜう》の地なれば、境内《けうだい》ひろく木立古《こだちふり》て、物《もの》ごとに殊勝《しゆせう》なり。貞享《ぜうけふ》年中《ねんじう》、順慶和尚《じゆんけいおしやう》、増上寺の壇所《だんじよ》より入院《じゆいん》したまひし時《とき》、三月ばかり侍りしに、九月末《ながつきすへ》の六日、残智《ざんち》坊《ぼう》が寮《りやう》に武士《もののふ》三人入来りて、暁《あかつき》出《いづ》る月を待《まつ》に、燈《とぼしび》を中にして鼎《あしがなへ》の形《かた》に座《ざ》せり。小さきわりご、ささゐなど引き散らしたるも、いとわびぬるわざと心ありて見えし。

さて終夜《よもすがら》物語するを聞けば、あやしき事《こと》のみながら、また「さも有《あり》つべきものよ」と思ふにつけて、いとおもしろかりければ、次《つぎ》の間にうづくまりてひとつひとつ書記《かき》すをば、此人《このひと》々は知らざりけり。

　されば、其ことがらをも見まくほしく覚へて、ひそかに障子《せうじ》のすきまよりさしのぞくに、一人は帆《ほ》懸船《かけぶね》の紋付《もんつけ》て年五十余《よ》の人なり。南《みなみ》にむかひて座《ざ》したるは、折敷《おしき》に三文字《さんもんじ》の紋《もん》にて、およそ七旬《じゆん》に過《すぎ》たる人なり。縁《えん》の柱《はしら》に添ひて居《い》たるは、鷹《たか》の羽《は》の紋着《もんき》て六十路《むそじ》ばかりと見えし。いづれもさる侍《さむらい》とおぼしきにつけて、その姓《せい》に思ひあたれば、まづ帆《ほ》懸船《かけぶね》は伯耆《ほうき》の名和《なわ》の紋《もん》なり。折敷に三文字は予州《よしう》の河野《かうの》、鷹《たか》の羽《は》は筑紫の菊池《きくち》。「是《これ》なん、後醍醐《ごだいご》のいにしへ、おのおの無二《むに》の宮《みや》がたにて、度《ど》々の軍《いくさ》に名《な》をあげし人々の末葉《ばつよう》にやあらん」と昔しのばしく、しぜんに其功尊《そのこうたつと》くおぼへければ、「かりにも偽《いつは》りを言わざるものよ」と、信《しん》をとつて聞居《ききい》たるに、かの人々のいわく、

「そもそも武士《ぶし》の身《み》の一生《いつせう》が間《あいだ》、不思議にあふ事、珍しからぬ所《ところ》なり。各《おのおの》われら一代の怪談《くわいだん》して慰まん。但一《ただしいち》期《ご》の間、さのみ不思議は多からぬものなれば、身《み》の上の事《こと》はさてのみ言葉少なし。人の語り伝へし怪異《けい》も、古きは『おとぎ婢子《ばうこ》』などいふがごとくして珍しからず。近きころ聞《きこ》へたる物語、世《よ》にふれざる珍事《ちんじ》を語《かた》らん」

とて、その詞《ことば》をたくみにす。

　三士《さんし》の物がたり、凡百《およそもも》に及べども、或《あるい》は大きにけやけき事、また至つてすさまじきをば、これを除く。其《その》故《ゆへ》は娘にゆづらんがためなれば、多く女のことのみをあげたり。もし是世《これよ》に漏れなば、よしや笑草《わらいぐさ》の枯残《かれのこ》りて履下《りか》の芥《あくた》ともなれかし。

　　親の思ふこころの森のことの葉はかくこそ残せ水ぐきのあと　　貞陸

　これによれば、本書は貞享年中（一六八四―八八）のある年九月二十六日の晩、武蔵野の誓願寺の宿坊、残智坊に月待ちにやってきた三人の武士が、無聊を慰めるため飲食しつつ夜もすがら語った物語を、次の間で密かに聞いていた貞陸が面白さのあまり書き留めたものであるという。

貞陸が障子の隙間から覗いて見ると、二重傍線部にあるように、三人の武士はそれぞれ、「帆懸船」紋を付けた五十代の男、「折敷に三文字」紋を付けた七十代の男、「鷹の羽」紋を付けた六十代の男であった。この紋所から、彼らの姓がそれぞれ「伯耆の名和」、「伊予の河野」、「筑紫の菊池」と分かったという。これらの紋所はいずれも『太平記』に見られるもので、[3]「帆懸船」については『太平記』巻十四‐九「長年帰洛事付内裏炎上事」に、「那和伯耆守長年」（名和長年）の紋として「帆掛舟の笠符《かさじるし》」と見える。また「折敷に三文字」は同書巻九‐六「六波羅攻事」に、「河野七郎通遠」の鎧の笠符《かさじるし》に「傍折敷《そばをしき》に三文字」とあり、河野家の紋であったことがわかる。「鷹の羽」は同書巻十四‐五「官軍引退箱根事」に、「鷹の羽の旗一流《ひとながれ》指し揚《あげ》て、菊池肥後守武重」が馳せ参る、とあり、九州に勢力を張った菊池氏の紋を指す。そして、今ここに月待ちをしている武士たちがこの立派な三家の子孫であるならば、嘘偽りなど言うはずがない、と思い、話に耳を傾けていたのだという。この三家はいずれも南朝の遺臣であり、江戸時代には表舞台に登場しない一族であることが共通している。

彼らは『伽婢子』の名を出し、「人の語り伝える怪談も『伽婢子』に類して珍しくもないので、最近の怪談や奇談を語ろう」といって語り始めた。そうして語った話はおよそ百に及んだが、貞陸はその中で異様な話やすさまじい話はこれを除き、娘に聞かせるのにふさわしい話を選び出した、多くは女に関わる話を挙げたのみである、という。

今、この「発端」の記述のうち『雉鼎会談』の成立に関わる点に注目すれば、貞享年中のある晩の聞書であるということであり、内容は三人の武士が鼎座して語った怪談であること、話は百に及んだこと、貞陸がそのうちの幾つかを選び出して綴った物語であることがわかる。

これらの群牛の序文と貞陸の「発端」を素直に読めば、貞享からほど遠からぬ頃に、貞陸が娘のために書いた怪談を、後世の群牛が発掘し、考訂して出版したということになる。しかし、ことはそう簡単ではない。

貞陸が話を書き留めたという貞享年中（一六八四―八八）と群牛が出版した宝暦五年（一七五五）とは、約七十年の懸隔がある。「発端」の「貞享年中～三月ばかり侍りしに」という物言いから考えて、貞陸が草稿を執筆したのは貞享からある程度時間が経ってからであるとしても、群牛が何十年も前の作品を「訂考」して上梓したという『雉鼎会談』は一体どの程度に原形を残しているのだろうか。というのも、この七十年の間に、従来の日本の怪談を一新したとされる『英草紙』（寛延二年〈一七四九〉刊）が出版されているからである。本書を、太刀川清が『百物語怪談集成』解題に提示する怪談集の性格の変遷のうちに位置付けようとすると、案外難しい[4]。

　太刀川によれば、当初は怪異が真摯に受け止められていた百物語怪談集が、延宝（一六七三―八一）頃から次第に享楽性を強めていく。一方、寛文六年（一六六六）に出版された『伽婢子』は教訓性を強く打ち出し、追随作を生む。しかし宝永三年（一七〇六）刊の『御伽百物語』や享保十七年（一七三二）刊『太平百物語』に至って、その両方の性格を兼備するようになり、名称として百物語を名乗るという状況になっていく。他方、『英草紙』（寛延二年〈一七四九〉刊）出版の頃を一つの画期として、寛延（一七四八―五一）頃から中国俗文学の影響の強い作品群が生まれてくる。この新しい潮流に対し、百物語怪談集は従来の日本の伝統的な怪談集として対抗、宝暦・明和（一七五一―七二）頃には多くの怪異小説の発生を見たが、次第に諸国の奇事異聞を語るものに変質していくという。『雉鼎会談』は、「発端」の「凡百《およそもも》に及」んだ話の中から一部を選んだという記述、また三人の男の怪談会の場で生まれた物語であることに従えば、一見、百物語の系譜の中に位置付けられるように思われる。しかし、『雉鼎会談』の作品構成を見てみれば、そうとばかりは言い切れないのである。『雉鼎会談』に収められた話は、次の九話である。

巻一　「鼠を愛して道徳を失ふ」　三文字談　摂州
　　　「蘭を夢みて美女を産む」　帆掛舟談　伯州
巻二　「嵯峨野の俳仙」　鷹之羽談　山州
　　　「武蔵野の神童」　三文字談　武州

巻三「男、女に変ず」　帆掛舟談　奥州
　　「女、夫を嚼《くら》ふ」　鷹之羽談　総州
巻四「猿の怨《あだ》、猿の情け」　三文字談　三州
　　「蜂の楽しみ、蜂の患《うれ》へ」　帆掛舟談　奥州
巻五「義死孝女」　鷹之羽談　下総

各話の下段にある「三文字」「帆掛舟」「鷹之羽」の語は、三人の武士たちのそれぞれの着物に付いていた紋を表わし、これにより誰が語ったかを区別している。また、その下の国名は物語の舞台である。この目録を一瞥してわかるように、巻一から巻四までは各巻二話を収め、また、各巻における二話の標題は対句仕立てとなっており、整然とした形になっている。それに対し、最後の巻五のみ、長編の一話を収める。

この五巻九話という形式は『英草紙』と同じである。『英草紙』は九篇の物語で構成され、巻三のみ一話、他は各巻二話を収める。『英草紙』に倣った後年の読本『雨月物語』（明和五年〈一七六八〉成）も巻四のみ一話の全九篇で『英草紙』の形を踏襲していることを考えれば、『雉鼎会談』の五巻九篇という形式にもやはり、『英草紙』の影響があったと考えるのが妥当ではないだろうか。

ちなみに、「発端」に言及のある『伽婢子』は十三巻六十八編である。また太刀川の『続百物語怪談集成』解題によれば[5]、百物語と称するもので文字通り百話を収めたのは『諸国百物語』のみで、その他の百物語怪談集の説話数は一定せず、『古今百物語評判』四十一話、『諸国新百物語』二十二話、『御伽百物語』二十七話といった具合であるという。『英草紙』出版後の作品を見ても、『万世百物語』（寛延四年〈一七五一〉刊）は『雨中の友』（元禄十年〈一六九七〉刊）の改題本であるが二十話、『新説百物語』（明和四年〈一七六七〉刊）は五十三話、『近代百物語』（明和七年〈一七七〇〉刊）は十五話が、いずれも五巻のうちに収められている。しかし、この中に置いてみても、やはり九話というのは際立って少ない。

もちろん、『雉鼎会談』の場合、三人の登場人物に等分に語らせるためには三の倍数の九話が都合が良く、また、最後の巻五は巻四までの対になった物語を統べ、全巻の総まとめの役割を持たせるために、敢えて二話ではなく一巻一話にしただけであって、結果的に五巻九篇となったに過ぎないという考え方も成り立つかもしれない。しかし、

（一）五巻九篇という形式
（二）整然とした構成意識に基づく標題の付し方
（三）一つ一つの物語がそれなりのボリュームを持ち、従来の百物語に比して長編化していること
（四）草稿は貞陸が自書自画したものと言うが、『雉鼎会談』には各巻に二枚ずつ、それぞれ各話にふさわしい挿絵が添えられていること

などを総合的に考えれば、仮に貞陸が実際に書き残した草稿があり、それに基づいているとしても、刊本『雉鼎会談』自体は明らかに『英草紙』を意識していると考えられる。では、序者である群牛の関与はいかほどのものだろうか。もしかして貞陸なる架空の人物に仮託して群牛が執筆した可能性はないのだろうか。もしそうであるとすれば、『雉鼎会談』は『英草紙』が刊行された寛延二年（一七四九）以降、宝暦五年（一七五五）以前の成立ということになる。

従来、貞陸と群牛の二人の事績は判明していなかった。しかし、「藤貞陸」が群牛の序にいう「藤田氏」であるとすると、意外な人物が浮上する。川越藩主秋元氏に仕えた貞門俳人で、八百屋お七の手習いの師匠だったという伝承のある、藤田貞陸なる人物が実在するのである。川越鍛冶町の名主、中島孝昌が著した川越の地誌『三芳野名勝図会』(6)（享和元年〈一八〇一〉跋、写本）には、「貞陸翁は秋元侯藩中、俗藤田佐助と云。貞徳門の正統にて、俳諧をよくす。若き時浪人して、江戸に有。其頃、八百屋お七が手習いの師たり。彼少女は犯罪の婦、憚ありといへども、戯場等に名高く、普く児女の知る所なれば、しるす」と記される。川越市の浄土宗寺院、大蓮寺に現存

する墓碑には「老樹翁行誉貞陸居士霊位／延享三丙寅天／七月十日」とあって、延享三年（一七四六）まで存命であった。お七と言えば貞享三年（一六八六）刊行の西鶴『好色五人女』に描かれており、その師というのは一見年代が合わないように思われる。しかし、延享三年三月の跋文を持つ貞陸の百歳記念の賀集『鶴のあそび』が出版されており、貞陸がこの年に百歳に達していたことは確実であって、お七の師匠だとしても矛盾はない（ただし、生年に関してはなお考究すべき点があるが、紙数の都合上、貞陸の事績の詳細については稿を改めて論じたい）。

一方の群牛については未だ資料がないが、少なくとも貞陸と群牛が別人であることは明白となった。次に考えるべき問題は、群牛がこの貞陸に仮託して創作した可能性はないかということである。しかし、もし仮託するなら、一般的に考えてより著名な人物を選ぶのではないだろうか。今は、群牛が全く一から『雉鼎会談』を創作した可能性は低く、貞陸が執筆した草稿が存在し、それを入手した群牛が手を入れて出版したと考えておく。

ここまで至ってもなお、『雉鼎会談』の草稿成立の年代も群牛が手を入れた度合いも不明である。しかし、少なくとも刊本『雉鼎会談』については、主にその形式面から考えて、貞享（一六八四―一六八八）以降、延享三年（一七四六）以前に成立した草稿をもとに、寛延二年（一七四九）以降、宝暦五年（一七五五）以前に今の形にまとめられた、ということを前提に、以下の論を進めていくこととする。

二　怪談が語られる「場」（一）――誓願寺

この三人の武士の話が語られた、『雉鼎会談』の物語の舞台となった場所は、誓願寺であった。江戸城の東北にある誓願寺とはいかなる寺であろうか。僧侶が「増上寺の壇所より入院」する寺であるから、浄土宗の寺であると考えられる。

そこで『新纂浄土宗大辞典』(7)で「誓願寺」を検してみると、江戸近在には二つの寺がある。現在の荒川区南千住にある豊徳山恵心院誓願寺と、関東大震災後に府中市紅葉丘に移転したが元は浅草田島町にあった田島山快楽院誓願寺で、いずれも方角としては江戸城の東北に当たる。千住の豊徳山誓願寺は「奈良時代末期〔宝亀一一年〔七八〇〕頃〕に草創され、長保元年（九九九）源信（恵心僧都―筆者注）が東北地方に布教を行った際、天台宗の寺院として開基されたと伝えられている。その後、荒廃したが慶長元年（一五九六）中興である増上寺一八世随波により復興され、天台宗から浄土宗へと改宗し、増上寺の末寺となった」といい、一方、田島山誓願寺は「単立。江戸時代には天徳寺・本誓寺・大養寺とともに江戸四箇寺の一つだった。天正一八年（一五九〇）本誉が小田原（神奈川県）に創建。のち神田白銀町に移転。中興は嶺学。明暦三年（一六五七）大火後浅草に移る。一六世龍岳のときに徳川綱吉母桂昌院の帰依をうけ、二〇〇石の寺領を寄進され、さらに常紫衣格の寺院になった」とあって、両者とも江戸時代になって興隆した寺であることも共通する。貞享年中に増上寺の壇所から順慶和尚なる人物が三ヶ月ほど入院した、という事実をいずれかに確認できればよいのだが、管見の限り特定する資料は見出せず、順慶和尚についても未詳である。しかし、以下の点から、この寺は田島山誓願寺を指すと見たい。

田島山誓願寺は、『江戸名所図会』巻之六に次のように紹介されている(8)。

快楽院《けらくいん》と号す。東本願寺《ひがしほんがんじ》の北にあり。浄土宗江戸四ヶ寺の一室にして、開山は見蓮社東誉《けんれんしやとうよ》上人〔魯水齢祖、一五四三―一六〇七〕なり。本尊弥陀如来は安阿弥《あんあみ》の作にして、世に歯吹《はふ》き如来《によらい》と称せり。伝へいふ、往古《そのかみ》建仁三年《ママ》〔一二〇三《ママ》〕十二月二十八日、元祖円光《えんこう》大師〔源空、一一三三―一二一二〕室《しつ》に在《いま》して集会《しゆうえ》念仏のとき、金《こん》像《ぞう》の弥陀尊、仏堂の屏障《へいしよう》に映現《えいげん》し、須臾《しゆゆ》にして没す。大師感嘆して、すなはち仏工安阿弥《あんあみ》に命じてかの尊容を写し、御長《みたけ》三尺に彫刻せしむ。みづから開眼《かいげん》ありてつねに持念したまふ。同三年十月十五日かの尊像忽然《こつぜん》として口を開き、音《こえ》を発し親しく大師に十念を授けたまふ。しかりしより面門《めんもん》つひに啓《と》け、歯微《すこ》しく露《あらわ》れ、息を吹き、語《ことば》を発するの状《かたち》に髣髴《さもに》たり。時の人称して歯吹きの尊像といふ（中略）。大師の滅後、勢観坊源智《せいかんぼうげんち》上人〔一一八三―一二三八〕（中略）、貞応〔一二二二―一二二四〕のはじめ高野山に常行念仏《じようぎようねんぶつ》の道場を創起し、蓮華《れんげ》三昧院《さんまいいん》と号し、かの尊像を伝持して本尊とす。つひに安永〔一七七二—八一〕の末、ゆゑありてここに移したてまつるとぞ。当寺往昔《そのかみ》相州小田原にありしを、天正十八年〔一五九〇〕台命によつて当国にうつされ、文禄元年〔一五九二〕本銀町《ほんしろがねちょう》一丁目においてはじめて寺地《てらち》を賜ふ。また慶長〔一五九六—一六一五〕のころ神田《かんだ》須田《すだ》町へ移され、明暦の火〔一六五七〕後、浅草《あさくさ》にて替地《かえち》を賜ふ。元禄〔一六八八—一七〇四〕中用誉竜岳《ようよりゆうがく》上人国寵《こくちょう》を蒙り、常紫衣《じょうしえ》を賜る。しかりしより已降《このかた》、檀林《だんりん》の中より住職す。すなはち当寺の規模とせり。

東本願寺の北にあるというから、浅草寺のすぐ近く、西南方向にある寺である。江戸四ヶ寺の一つで、徳川家康の命により小田原から江戸の地に移され、明暦の大火後に浅草へと移転したというのは、先述の辞典の記述とほぼ同じである。本尊の阿弥陀如来は源空（法然上人）ゆかりの仏像で、ある時、口を開いて源空に十念を授けるという奇瑞を顕し、以後、言葉を発するかのように歯を見せた姿となり「歯吹き如来」と称されて有名だったという。しかし、これが高野山を経て宝永年中に東都の田家にもたらされ、伝通院、小石川光円寺を経て誓願寺に安置されたのは、『御府内寺社備考』「田嶋山快楽院誓願寺」の項によれば安永九年〔一七八〇〕のことであるから、[9]『雉鼎会談』出版の二十五年後のことである。ちなみに、この歯吹き如来は残念ながら関東大震災で焼失したという。[10]

元禄年中には十六世住職の用誉龍岳上人が幕府から重用されて常紫衣を許され、これ以降、住職は檀林の中から選ばれたという。また、『新纂浄土宗大辞典』「引込紫衣地《ひっこみしえじ》」の項には、「江戸時代における寺格の一つ。紫衣檀林寺院に相当する名刹。京都の金戒光明寺・清浄華院・知恩寺、岡崎の大樹寺、駿府の宝台院、江戸の天徳寺・誓願寺の七箇寺。これらの寺院は、本山や幕府の菩提寺である（後略）」とあり、誓願寺が引込紫衣地であったことがわかる。[11]かなり格式の高い寺院であった。

先に挙げた『御府内寺社備考』「田嶋山快楽院誓願寺」を確認すれば、[12]京都知恩院末寺で、境内拝領地一万七千二百六坪余、御朱印寺領四百石に及ぶといい、相当な名刹であった。明暦の大火後に拝領した境内は一万五百五十六坪であったが、元禄九年（一六九六）に四千二百六十坪の添地、さらに元禄十六年には二千三百九十坪の添地があって、この広大な領地となったことがわかる。いずれも用誉龍岳の時代のことであり、この急激なる誓願寺の寺領地の拡大は五代将軍綱吉（常憲院）、及びその生母である桂昌院が帰依したのがその大きな要因であった。特に桂昌院の肩入れは甚だしく、寺領や御朱印の増加、常紫衣も桂昌院の配慮によるものであることが、次の資料からも読み取れる。(13)

○再中興十六世寂蓮社用誉上人龍岳和尚

常憲院様、桂昌院様御帰依、時々登城、又はお成り先々にて御講釈拝聴、御能拝見等仰せ付けられ、これに加えて桂昌院様両度まで当山江《へ》お成りなされ、寺領四百石、御朱印並びに常紫衣仰せ付けられ、寺格結構になし下され、お目見え席、御白書院内に一畳、（後略）

また、元禄九年（一六九六）には桂昌院の先祖位牌所ともなったという。(14)『江戸名所図会』に言うところの用誉の「国寵」とは、このような用誉に対する桂昌院の厚遇を指すのであろう。

一方、もう一つの千住の豊徳山誓願寺は日光街道沿い、隅田川にかかる千住大橋の南側の袂にある。千住は江戸四宿の一つで、芭蕉が『奥の細道』の旅に出る際、知人たちと別れを惜しんだ場所としても知られ、江戸の内外を分ける地である。船便による物資の集散地であり、貞陸が後年住んだ川越との関わりで言えば、川越夜船に代表される船便で多くの物資が運搬されたため、川越の住人にとって千住は馴染みのある土地であっただろう。

しかし、『雉鼎会談』「発端」に誓願寺が「江城の東北にして、仏法繁昌の地」にあると設定されていることを考慮すれば、江戸における寺町ともいうべき浅草がよりふさわしく、(15)物語の舞台は、寺格も高く、幕府とも密接な関係のあった田島山誓願寺であったと考えるのが妥当ではないかと思われる。『雉鼎会談』が出版された宝暦五年以降の江戸の庶民たちにとっては、誓願寺が幕府の尊崇篤い寺であるということは周知の事実であっただろうし、その寺で語られた怪談ということであれば、よりいっそう親近感や好奇心をそそられたのではないだろうか。

なお、誓願寺なる名称の寺が咄の場と強い関わりを持っていることについては、角川源義『語り物文芸の発生』に言及がある。就いて見られたい。[16]

三　怪談が語られる「場」(二)――二十六夜待ち

さて次に、この誓願寺に三人の武士が集まり語り明かしたのが九月二十六日であった点に着目したい。人々が寄り合い、飲食をともにしながら夜を過ごすという行事としては庚申信仰がよく知られているが、ほかにも特定の月齢の夜に人々が集って飲食し月を待つ、月待ちの行事もあった。ここで二十六日の夜というのも、二十六夜待ちの行事であることを示していると考えられる。桜井徳太郎編『民間信仰辞典』の「二十六夜待」の項には次のようにある。[17]

旧暦七月二六日の夜同信の者が集まってお籠りなどをして、月の出を拝む行事。正月や他の月に行う所もある。二十六夜の本尊を愛染明王だと考えその絵像を掛けて講をしたり、小高い丘や海岸に出て月待をしたりした。江戸ではこの夜の月を弥陀三尊の出現と考え、高輪や品川の海岸は二十六夜待をする人々でにぎわった。八丈島では七月二六日をロクヤサマといい、この夜の月はからかさが踊っているとか三人の神様が船に乗ってやってくるなどといって、大いに飲み食いをしながら月の出を待った。染物業者が二十六夜待をする所も少なくないがこれは藍と愛染明王の愛との音が同じところから始まったものかとも考えられている。

ここにあるように、江戸では高輪や品川の月待ちが有名で、『江戸名所図会』巻之一にも「高輪海辺七月二十六夜待」の図が描かれている。[18]ただし、これらには「七月」と明記されている。一方、『民間信仰辞典』には「正月や他の月に行う所もある」という記述もあるが、九月に二十六夜待ちがあったかどうかについては判然としない。飯田道夫は『日待・月待・庚申待』第二章「文献にみる日待、月待」において、操巵子『諸国年中行事』（享保二年〈一七一七〉）や『増補江戸年中行事』（享和三年〈一八〇三〉）、斎藤月岑『東都歳事記』（天保九年〈一八三八〉）を取り上げ、『諸国年中行事』では正月と七月に触れるものの『増補江戸年中行事』では七月のみ、『東都歳事記』には「今は七月のみにして、正月廿六夜は寒気にたへざるが故、拝するものなし」とあることを紹介し、『増補江戸年中行事』が出版された頃にはもう正月の行事はすたれていたのだろうと推測する。[19] しかし、やはり九月の二十六夜待ちに触れることはなく、ここからは二十六夜待ちは七月にのみ行われたように解される。

しかし、飯田の同著にはこれとは別に、石井子彭が著した『東都歳時記』（『東都歳事記』ではない）の一月二十三日、二十六日の条（両日で一項目）に、「民家あるいは草蔬（青物）をもって日月を祭る。親族、朋友を招いて食し、瞽女《ごぜ》、歌妓、俳優を召して飲食、絃歌をおこない、旦《あした》まで徹する（中略）五、九月も同じ（原漢文）」とあることも紹介している。[20] 飯田はこの『東都歳時記』の成立年代が定かでないとするが、頼祺一「《資料紹介》石井子彭著／頼春水写『東都歳時記』」[21] によれば、石井子彭（蠡・士彭とも。一七三八―一八一二）は館林藩士で、江戸詰であった広島藩儒、頼春水と親交があった。天明六年（一七八六）十二月一日付の弟春風宛て春水書簡に、春水が子彭から本書の校正を託されたことが記されており、翌年一月に春水自身が書写した写本も残っているという。そうであるなら『東都歳時記』の成立もこの前後と考えることができ、『雉鼎会談』刊行より約四十年後の天明年間において、江戸で九月の二十六夜待ちがあったことの例証となる。

また、俳諧に目を向けて見ると、『俳諧糸車大成』には「二十六夜待」の語があるが、七月のみならず、「兼三秋」としている。ここからも、二十六夜待ちが七月に限らず秋の行事と捉えられていたことがわかる。秋の夜長、遅い月の出を待ちながら、人々は集い、語り明かしたのである。

ところで、先に取り上げた『民間信仰辞典』に、「江戸ではこの夜の月を弥陀三尊の出現と考え」ていたこと、八丈島では「三人の神様が船に乗ってやってくる」と考えられていたことが目に留まる。これは七月の二十六夜待ちについての記述であるが、他の月の二十六夜待ち一般にもこの考え方が通用したと考えるのが自然であろう。

「弥陀三尊」と「三人の神様」、この両者に共通するのは「三」という数字である。これについて、飯田前掲書第二十四章「二十六夜待」において、次のように述べる[22]。

月は十五夜を過ぎると、段々とやせていき、月の出もおそくなる。二十六夜月は三日月と同じ形で、ちがいは弧が逆向きであることと、三日月は縦向きなのに、こちらは横向きになっている。そこで月の出の際、月の尖端の一つが先ず現われ、つづいて他方の尖端が現われる。そして最後に本体が姿を見せ、これを三光と称し、弥陀三尊の化現とみたわけである。二十六夜待が二十六夜でなければならなかった理由がここにある。

「二十六夜待ち」と言えば神仏の「三尊」「三柱」というのが常識であったとすれば、『雉鼎会談』において、月待ちをするのが「三人の武士」と設定されていることも、これに関連するのではないかと推測されるが、いかがであろうか。

終わりに

ここまで、『雉鼎会談』の成立と作者の問題や、序文及び「発端」を手掛かりとした物語の「場」に関する分析を重ねてきた。しかし紙数も残り少なくなった。最後に、残された課題のいくつかを列挙することで、本稿の締め括りとしたい。

『雉鼎会談』の怪談史上の位置付けについては第一章で述べた。本稿ではもっぱら『雉鼎会談』の形式に着目して考察を試みたが、さらに『伽婢子』や『英草紙』との関係など内容の面も併せ考えた上で、改めて文学史上における本作の意味合いを考察する必要があると思われる。なお、今回は紙面の都合上割愛したが、序文の内容と書名については別稿を用意している。また、著者である藤貞陸についてはいささかの事績を明らかにしたが、さらに俳人としての経歴や川越における活動など、文学的な事績の更なる探求も求められよう。また、内容に関して言えば、愛娘に読ませるために著したという『雉鼎会談』中には、筋を乱すほどの注釈がまま見られる。ここには教訓の意図があったと考えられるが、本作における教訓の意味合いとはどのようなものであったのだろうか。女訓としての意味合いがあるのか、また、なぜその教訓を「怪談」で行う必要があったのか。

他にも、誓願寺での怪談の語り手を南朝方の武士の子孫とした理由の考察、各話の内容の検討や典拠の探索など、検討すべき点は未だ多く残されている。いずれも今後の課題としたい。

注

（1）立教大学池袋図書館本（江戸川乱歩旧蔵書）を底本とした。

（2）水谷不倒『選択古書解題』（奥川書房・釣之研究社、一九三七年。復刻版、書誌書目シリーズ四一『和漢名著解題選』七、ゆまに書房、一九九八年）「雉鼎会談」の項に指摘がある。

（3）後藤丹治・釜田喜三郎校注『太平記』一・二（日本古典文学大系三四・三五、岩波書店、一九六〇／六一年）による。

（4）太刀川清『百物語怪談集成』（叢書江戸文庫二、国書刊行会、一九八七年）解題。

（5）太刀川清『続百物語怪談集成』（叢書江戸文庫二七、国書刊行会、一九九三年）解題。

（6）埼玉県立図書館ライブラリー（lib.pref.saitama.jp）、埼玉県立熊谷図書館所蔵『武蔵野三芳野名勝図会』による。

（7）浄土宗大辞典編纂委員会監修『新纂浄土宗大辞典』（浄土宗、二〇一六年）。

（8）市古夏生・鈴木健一校訂『新訂江戸名所図会』五（ちくま学芸文庫、筑摩書房、一九九七年）による。

（9）『御府内寺社備考』第三冊（名著出版、一九八六年）巻之四十七、寺院部二十三「田嶋山快楽院誓願寺」の項。

（10）注（7）に同じ。

（11）注（7）に同じ。「紫衣地」とは、『新纂浄土宗大辞典』によれば、やはり江戸時代の寺格の一つで、「住職が永代紫衣を着用することを許可された寺院のこと。知恩院をはじめとする四箇本山や檀林の一部、あるいは徳川氏と関係の深い寺院や由緒寺院などである」といい、ここからも格式の高さが窺える。

（12）注（9）に同じ。

（13）注（9）に同じ。

（14）『日本歴史地名大系』（平凡社、一九七九―二〇〇五年）「浅草田島町」の項。

（15）松井圭介「寺社分布と機能からみた江戸の宗教空間」『地学雑誌』一二三-四（二〇一四年九月）によれば、十八～十九世紀初頭における江戸市中の寺院九七一寺のうち一七二寺が浅草に集中しており、下谷地区と併せ全寺院の約四分の一がこの地区にあったという。

（16）角川源義『語り物文芸の発生』（東京堂出版、一九七五年）第二篇「語り物文芸の発生（第二稿）」。

（17）桜井徳太郎編『民間信仰辞典』（東京堂出版、一九八〇年）。なお、月待ちに関しては、庚申懇話会編『日本石仏事典』（第二版）（雄山閣出版、一九八〇年）、飯田道夫『日待・月待・庚申待』（人文書院、一九九一年）等も参照した。

（18）市古夏生・鈴木健一校訂『新訂江戸名所図会』一（ちくま学芸文庫、筑摩書房、一九九六年）による。

（19）注（17）飯田前掲書。

（20）注（17）飯田前掲書。なお、『東都歳時記』は『続日本随筆大成』別巻一一「民間風俗年中行事　上」（吉川弘文館、一九八三年）所収。

（21）頼祺一「《資料紹介》石井子彭著／頼春水写『東都歳時記』」『日本研究』二（広島大学総合科学研究科日本研究会、一九八六年八月）。

（22）注（17）飯田前掲書。

付記

＊本稿執筆に際しご高配を賜った大蓮寺ご住職の石村晃龍氏、立教大学池袋図書館に感謝申し上げます。

綾足・伎都長歌考
——伝説歌の位置

奥野美友紀

はじめに

和歌のうち、短歌が現代でも詠まれているのに対して、長歌は時代とともに衰退していった型である。『万葉集』中、二六五首を数えた長歌は、続く『古今和歌集』でわずかに五首となった。[1] 後継の歌集では衰退したがゆえに、長歌は『万葉集』の特徴、つまり万葉らしさを伝える表現であるとも言える。

長歌は、その名の通り「長」い「歌」であるが、しだいに衰退した長歌が復興した時代があった。それが、国学者の近世である。復古主義を掲げる国学者のなかでも、長歌について多く言及したのが賀茂真淵である。真淵の長歌復興は、門人をはじめとする同時代の、また後代の国学者たちに大きな影響を与えた。

いったんは衰退した長歌というものを、取り立てて詠んだのが国学者たちである。「古風（＝万葉風）の長歌、必ずよみならふべきこと也」（『宇比山踏』寛政十一年〈一七九九〉刊）と本居宣長が言うように、国学者にとって歌は詠まなければならないものであったにせよ、長歌には、短歌にはない表現上の魅力と可能性があったのではないか。そして各人に、それぞれ好んで詠みたいと思う主題があったのではないか。

国学者は長歌表現にどのような可能性をみていたか。その一例として、建部綾足と妻・伎都《きつ》の長歌を取り上げたい。

一　綾足長歌の主題――旅を詠むこと・旅に詠むこと

国学者は、古典研究のかたわら、いわば実践的な活動を行った。古典に出典をもつ古語を用いて和歌和文を創作したのである。綾足もまた、自ら提唱した片歌（綾足は、俳諧から国学へとその活動を変容させ展開していくなかで、五七五型の短歌片歌と、五七七型の旋頭歌片歌の二種を提唱した）や短歌・長歌の創作を行った。ほかにも、『万葉集』や『伊勢物語』などの古典に出典をもつ古語で書いた和文や小説（読本）など多岐にわたる作品は、研究の実践や習作という域を超えて知られ、一定の評価を得てきた。

長歌という形式に対する綾足自身の考えを、その著作にうかがうことは難しい。しかし、晩年の有力な門人かつ後援者であった尾張鳴海の下郷学海宛書簡に、

あすはまかむづるとて、何くれと事をはたすわざにいとまなみ、居さふちふ今度の喜びは、さきに聞え参らせし長歌のまに〳〵はべる。（明和七年六月二十日　書簡番号一一三）

とある。この直前、綾足は名古屋で古典講義を行っており、学海はこれを機に門人となっている。「さきに聞こえ参らせし長歌」とは、『綾足家集』にも収載される長歌「比呂伎主におくる」(2)である。綾足の「今度の喜び」を明らかにするのが、長歌という形式であることを確認しておきたい。取り立てて表現したいことが詠まれているのである。では、綾足が詠みたかった長歌、心入れをした主題とは何か。

そこで綾足長歌の全体を俯瞰してみよう。【表・建部綾足長歌一覧】は、綾足長歌の詞書を一覧にしたものである。綾足は長歌を三十九首詠んでいるが、そのほとんど（三十七首）は、家集である『建部綾足家集』に収載される。うち七首は、綾足の紀行文にも見える。『三野日記』（明和三年〈一七六六〉成）一首、『桜日記』（明和五年〈一七六

八〉成）三首、『卯の花日記』（同）一首、『やはたの道行ぶり』（明和七年〈一七七〇〉成）二首。残る二首は、『しぐれの記』（同）と『東の道行ぶり』（安永三年〈一七七四〉の紀行。同年に綾足が没した後、安永四年にかけて伎都が加筆）に一首ずつ収載されている。

綾足が和歌を本格的に詠むようになったのは明和三年頃だが、『綾足家集』収載歌のうち、判明しているかぎりでもっとも成立年次が早いのは、その年に成った『三野日記』所収の作品である。『綾足家集』は綾足自身の編集ではないが、その和歌創作の実際がうかがえる。『綾足家集』収載歌数は、『建部綾足全集』の本文に従えば七九七首であり、その全体に占める長歌の歌数の割合は約五％である。

同時代の国学者たちは、どのような内容・主題の長歌を詠んでいたのであろうか。綾足と同じ賀茂真淵門である加藤千蔭・村田春海・本居宣長の長歌について、田中仁氏の言及がある。(3)

まず千蔭の長歌について、「追悼・送別・四季の長歌が比較的多く、神祇・述懐の長歌を一首も詠んでいない」こと、また、「親しい門人や知友に宛てたもののほかに（中略）貴顕との交友から生まれた作品も少なくない」と述べる。実際、田中氏による整理からも、追悼・送別・祝賀の長歌で全体の半数以上を占めていることがわかる。また、春海の長歌については、「四季・追悼・詠史の長歌が比較的多く、千蔭と同様に神祇の長歌を一首も詠んでいない」「とくに四季の歌については、春海の長歌三十首中十首と、全体の三分の一を占めている」とする。一方、宣長の長歌については、「自然（四季）詠が少なく人事詠が多い」「門人・知人から短冊や色紙、軸物への揮毫や画賛などの依頼が多く寄せられていたことが知られ（中略）そうした依頼のなかには長歌の創作（揮毫）を求めるものも少なからず含まれていた」と指摘している。

千蔭と春海は「比較的多くの四季の長歌を詠んで」おり、「真淵や宣長が神祇の長歌を多く詠んでいるのに対して、千蔭や春海はそれを一首も詠んでいない」。つまり、長歌に何を詠むかという観点からみると、千蔭と春海は四季、宣長は人事と神祇という主題に特色があると言えそうである。

【表・建部綾足長歌一覧】

	出典	詞書	句数	主題	参考
1	綾	初春の哥幷短歌	43	四季	
2	綾	雪の哥幷短哥	47	四季	
3	綾	豊前の中津の君、めあひし給ふをほぎ奉る	31	祝賀	
4	綾	防人宇麻伎主、任果て東へかへり給ふを	75	送別	
5	綾	蒹葭堂を称へてよめる	19	贈答	
6	綾	中津の君、さちの鳥にこがねくはへてたうびけるいや聞え奉るとて	67	贈答	
7	綾	石井に落てこやせる兎を見てよめる	35	詠物	
8	綾	比呂伎主におくる	11	贈答	（＊1）
9	綾	大和なる高枝主、あづまに行をおくる	25	送別	
10	綾	加茂川の橋のべの石間にこやせる人のありといふをきゝてかなしみて	49	追悼	行路死人歌
11	綾	能保野の御神に奉る哥	97	神祇	伝説歌（卯）
12	綾	大徳寺にて石に称へてよめる	23	詠物	
13	綾	小林氏のいへとじたひらかにしたまひながら、俄のことにて産屋さらずみまかり給ふをかなしみて	75	追悼	
14	綾	但馬にて雪のふりける日	75	羇旅	四季
15	綾	ゆきのあしたによめる	47	四季	羇旅
16	綾	養雉をあはれみてよめる	95	詠物	羇旅
17	綾	雉がこたふる歌	131	詠物	羇旅
18	綾	さつをが獲て来つるわしをみてよめる	71	詠物	羇旅
19	綾	但馬の国生野の里に来て、こがね白がねをほりたる山をみて	96	羇旅	
20	綾	浪花海より防人をおくる	25	送別	
21	綾	北の山に古きとつ宮の侍るに、紅葉おほくうゑられたるを、長月の末、友がきと参りて物ごしにをがみてよめる	69	四季	羇旅（や）
22	綾	高雄山にやどりてもみぢ葉をみて	34	四季	羇旅（や）

23	綾	中津の君に奉る歌	55	贈答	(三)
24	綾	いはぶちにてよめる	15	羈旅	
25	綾	吉野山にのぼりていにしへをおもひて	23	羈旅	伝説歌(桜)
26	綾	南の宮跡をみてよめる	51	羈旅	伝説歌(桜)
27	綾	岩飛てふ事をよめる	11	羈旅	詠物(桜)
28	綾	あづまのすみ田川にあなる梅若丸の墓を見てよめる	145	羈旅	伝説歌
29	綾	敦盛卿の墓をみてよめる	126(96)(＊2)	羈旅	伝説歌
30	綾	芦の屋の里のをとめ塚をみて	127	羈旅	伝説歌
31	綾	柳が浦の古へをおもふてよめる	97	羈旅	伝説歌
32	綾	ゆくら主、まなごまうけ給ふにおくる	15	祝賀	
33	綾	東山にのぼりて雪をみてよめる	41	四季	
34	綾	湯くら主、祖母の刀自七十年のほぎ事し給ふによみておくる	29	祝賀	
35	綾	実丸の母とじの八十年のほぎ事したまふによみておくる	31	祝賀	
36	綾	かせきの主、去年の春みやこにて身まかり給ひぬるを、今年其比にもなれば、後の事ども物すとて、妹君うからをゐてのぼりきつゝ、いたみかなしみ給ふに、よみておくる	31	贈答	
37	綾	木足主に、家にはやかへり給ひねといふ事を申とて	21	贈答	(＊3)
38	し	富士川を渡りて、原の長てをゆく〳〵、ふじの雪をみてよめる哥並短哥	31	羈旅	
39	東	……それがなべに、古きさまになぞへて、哥よみける。(＊4)	13	羈旅	

・「主題」は、重複する要素がある場合、「参考」にも掲げた。長歌が重複して載る場合、「参考」にその出典を示した。
・書名の略語は以下のとおり。
綾：建部綾足家集　し：しぐれの記　東：東の道行ぶり　卯：卯の花日記　や：やはたの道行ぶり　三：三野日記　桜：桜日記

（＊1）明和七年六月二十日付書簡（書簡番号一一三）別紙。なお、明和七年六月二十九日付書簡（同一一五）別紙には、詞書を改めた形で収載される。

（＊2）句数は諸本により異なる。

（＊3）『建部綾足全集』第五巻では別本（京大本・国会本）の本文とする。

（＊4）詞書がないため、直前の本文より一部を掲げた。

では綾足はどうか。

綾足がもっとも多く詠んだ内容は羇旅で、十二首である。続いて四季・贈答が六首ずつ、詠物が五首、祝賀四首、送別三首、追悼二首、神祇一首となる。

贈答・祝賀の長歌は、主として、綾足が仕えていた豊前中津藩主松平昌鹿や、前出の下郷学海およびその周辺の人々に宛てて送られている。綾足の文芸を支える人間関係を反映しており、特色のひとつといえる。

羇旅歌として分類したもの以外の長歌でも、綾足長歌において旅は創作の場であり、源となっていた。例えば表中、15「ゆきのあしたによめる」、16「養雉をあはれみてよめる」、17「雉がこたふる歌」、18「さつをが獲て来つるわしをみてよめる」の四首。いずれも雪と鳥を主題とした詠であるが、これらの長歌は、前後に収載される長歌から判断して、但馬国で詠まれた一連の長歌群とも呼ぶべきものである。これもまた旅のなかから生まれ、旅をモチーフとした作品といえる。

また、四季歌に数えた21「北の山に古きとつ宮の侍るに……」、22「高雄山にやどりてもみぢ葉をみて」の二首は、紀行『やはたの道行ぶり』にみえる。さらに追悼歌のうちの一首、10「加茂川の橋のべの石間にこやせる人のありといふをきゝてかなしみて」は、行路死人歌である(4)。晩年、京に住んでいた綾足にとって「加茂川」は旅先ではないが、歌に詠まれたのは旅先で亡くなった者の追悼であり、羇旅歌としての要素をはらんでいる(5)。

十二首の羇旅歌に加えてこれらの例からも、綾足長歌と旅との大きな関わりをみてとることができよう。実際、故郷を出奔して後、俳人（俳諧師）としての活動に始まって以来、国学に転じてからもずっと、綾足の活動の基盤には各地の門人とのつながりがあり、その生活も旅と切り離すことはできなかった。旅は綾足の文芸活動を支え、しばしば作品の主題ともなった。紀行作品も多い。近世の長歌作者がそれぞれに主題の傾向をもつなかで、綾足がとりわけ旅を多く詠んだことは、その活動の軌跡を思えばある意味当然のなりゆきであろう。当然であるかもしれないが、他の長歌作者にはない主題的特徴であることを確認しておきたい。

二 長くなる長歌――綾足の伝説歌

次に、一首の句数、という方向からそれぞれの長歌を眺めてみたい。

長歌というのは文字どおり長々と歌う型である。なぜこのように長いのか。国学者が長歌が長くなるのは、まず、万葉歌をふまえるためであろう。枕詞を詠みこみ、また万葉歌の語句表現をふまえると、歌はどんどん長くなる。国学者としては『万葉集』をリスペクトしたレトリックが大事（国学者の長歌には長い作品が多々ある）、とはいえそれにしても長くなるのは、まず、歌いあげたいことが多々あるからではないか。詠みたいことがあればそれだけ歌は長くなる（句数は多くなる）。歌の長さは、主題に対する作者の思い入れと、その主題が、表現上の制約が少なく自由度が高いことの表れであろう。そのような観点から、綾足はどの主題に思い入れたのか、について考えてみたい。

綾足長歌の句数は、11句から145句にわたる。もっとも長いものは「あづまのすみ田川にあなる梅若丸の墓を見てよめる」と題された長歌である。145句の長歌がどれくらい長いか、比較のため『万葉集』の有名な長歌を挙げてみよう。山部赤人「不盡山を望てよめる歌」（巻三）は19句、長歌二首の問答体である山上憶良「貧窮問答歌」（巻五）は33句と49句である。ちなみに、『万葉集』最長の長歌は巻二に収められる高市皇子挽歌で、149句を数える。

さて、〈長い長歌〉のイメージを確認したところで、綾足長歌のうち、ひとまず100句前後を越える作品を〈長い長歌〉、すなわち、いろいろ詠みたいことがある長歌としよう。そこで該当するのは、表のうち、

11　能保野の御神に奉る哥（97句）
16　養雉をあはれみてよめる（95句）
17　雉がこたふる歌（131句）

19　但馬の国生野の里に来て、こがね白がねをほりたる山をみて（96句）
28　あづまのすみ田川にあなる梅若丸の墓を見てよめる（145句）
29　敦盛卿の墓をみてよめる（126句〈または96句〉）
30　芦の屋の里のをとめ塚をみて（127句）
31　柳が浦の古へをおもふてよめる（97句）

といったあたりである。

番号が前後するが、まず16・17・19は、前節でも触れた、但馬国で詠まれた長歌の連作である。とくに16と17は問答形式になっており、16の（人間の）問いかけに対し、17では雉が擬人的に答えるという趣向になっている。このような虚構的趣向は綾足長歌の特徴であって、綾足が詠みたかったことがらのひとつではないかと筆者は考えている。(6)

11は、能褒野の建備神社参詣の折に詠まれた歌である（『卯の花日記』）。そのいきさつは、『折々草』（明和八年〈一七七一〉成）夏の部「伊勢の能褒野に石文を建る条幷倭建命のみ哥をあげつろふ」にも記されるが、倭建命を顕彰する長歌で、倭建命とその片歌を顕彰した『望雲集』（明和八年序）にも収められている。表では、「能褒野の御神」が詠まれているので神祇歌に分類したが、倭建命の伝説を詠んでいるということから、伝説歌としての性格も帯びているといえよう。

残る28〜31に注目したい。いずれも羇旅歌であるが、これら四首も、11同様にいずれも伝説を主題とするという共通点がある。人買いにさらわれ、隅田川のほとりで亡くなった梅若丸（28）、一ノ谷の戦いで敗れた平敦盛（29）、二人の男から求婚されて自ら命を絶った菟原処女《うないおとめ》（30）、源氏に追われ柳ヶ浦に身を投げた平清経（31）を詠んでいる。これら四人は、みな能楽の詞章である謡曲にうたわれた人物でもある。「謡は俳諧の源氏」（其角『雑談集』元禄四年〈一六九一〉刊）というが、いずれも近世人にとってその物語を知られた人物の伝説を、綾足は長歌として、句数を尽くして詠んでいるのである。これらの長歌を、伝説歌と見なすことができよう。

『和歌文学大辞典』は、伝説歌という用語は後人の用語であり、明確な定義はないとしつつも、「伝説上の人物について歌ったものを広く伝説歌と称している。伝説歌の源流は「……を通過するにあたって……を見る歌」にあるとする説が有力」とする。(7)

『万葉集』の伝説歌としてまず挙げられるのは、高橋虫麻呂の長歌であろう。「葛飾の真間娘子《をとめ》を詠む歌一首」（巻九・一八〇七）、「菟原処女が墓を見る歌一首」（同・一八〇八）はその代表作であり、虫麻呂は伝説歌人とも称される。

虫麻呂の長歌は、綾足の長歌表現にも影響を与えている。例えば28「あづまのすみ田川にあなる梅若丸の墓を見てよめる」の冒頭は、

鶏がなく　東の国に　いにしへに　有ける事と　今までに　絶ずいひ来る　かつしかの　すみた川べに　年を歴し　梅若丸の　はかはこゝ……

であるが、これは虫麻呂の真間娘子の長歌の冒頭「鶏鳴《トリカナク》　吾《ア》妻乃《ツマノ》国爾《クニニ》　古昔爾《イニシヘニ》　有家留《アリケル》事登《コトヽ》　至今《イママテニ》　不絶《タエ》言来《スイヒクル》　勝《カツシ》牡鹿乃《カノ》　真間乃《ママノ》手児奈我《テコナカ》……」（『万葉集』寛永版本）をふまえる。梅若丸の「かつしか」は、手児奈の伝説を端緒として詠われるのである。綾足は、伝説を詠む虫麻呂の表現をふまえた。伝説の地「葛飾」また「かつしか」を、梅若丸を通して近世的に追想したといえよう。

さて、梅若丸・敦盛・清盛の長歌が、中世以降の伝説をふまえているのに対し、菟原処女は、虫麻呂のほか、田辺福麻呂（巻九）や大伴家持（巻十九）も長歌に詠んでいる。しかし綾足が拠ったのは、『万葉集』ではなく、『大和物語』百四十七段に書かれた菟原処女伝説の内容であった。

菟原処女伝説とはどのようなものか。（摂津国）芦屋に、菟原処女という美しい娘がいた。この娘を妻にしようと、菟原壮士《うないおとこ》と茅渟壮士《ちぬおとこ》という二人の男が争った。妻争いの激しさのあまり、処女は嘆き悲しんで自ら命を絶っ

た。男たちも後を追い、死後には三つの墓ができた。虫麻呂歌（福麻呂歌・家持歌に比べて、伝説の内容を詳しく述べる）をもとに概要をまとめると、以上のようになる。

一方、『大和物語』百四十七段は、大きく三部構成となっている。すなわち、

①『万葉集』にも詠まれた妻争いの伝説

②後代、この伝説を描いた絵をもとに詠まれた和歌についての逸話

③妻争いの後日譚

（ある旅人が塚のあたりに宿っていると、どこからかいさかいの音が聞こえてきた。その夜、旅人のもとに血にまみれた男が現れ、憎い敵に仕返しをしたいから腰の太刀を貸してくれという。気味悪く思いながら貸してやると、激しい争いの音の後に、先ほどの男がやってきて、感謝するとともに伝説について語るのであった。朝になると男の姿は消えていたが、しかし血の痕があったという）

というものである。

綾足の長歌30「芦の屋の里のをとめ塚をみて」は、このうちの③、つまり旅人が登場する後日譚の部分をふまえている。紙幅の関係で全体を取り上げることはできないが、後日譚としての性格は冒頭より明らかである。

いにしへの　ことにぞ有けむ　草枕　旅ゆく人の　これなる　芦屋の里に　行なづみ（中略）塚のべに　いつゆともなく　栲のほの　しろき衣きて　ますらをの　あれ出来たり　旅人に　のりていへらく　我はしも　泉の国ゆ　此里に　来立通ひて　さにつらふ　あしやをとめに　朝にけに　こひつゝあるを　我ごとや　うなひ男も　こひわびて（後略）（以下、傍線は引用者による）

「我」は思いを晴らさんとする茅渟壮士であり、「うなひ男」に相対する。「あしやをとめ」は、菟原処女を指す。能のワキのごとく登場する旅人に、ますらを（＝「我」すなわち茅渟壮士）が語りかけていることから、この長歌が『大和物語』をふまえているとわかる。

幽霊登場のエピソードはどのように終わっているのであろうか。『大和物語』は、「いとうとましくおぼゆる事なれど、人のいひけるまゝ也」（北村季吟『大和物語抄』承応二年〈一六五三〉刊）と結んでおり、後日譚について、気味悪くいやな感じの話であると評価している。一方、綾足の長歌30は、

（前略）あと見れば　太刀をも返し　塚みれば　三つぞならべる　三栗の　中なるは其　をとめ塚と　今しもしりて　後の世の　ことにはあれど　その墓を　見つゝしをれば　むかしおもほゆ

と結ぶ。さらに反歌は、

おきつものよるかたわかでさきくさの中なるをとめ苦しかりけむ

と詠む。『大和物語』が茅渟壮士に「うとましく」、つまり忌避的な気味悪さを表明するのに対して、綾足の長歌は異なる。設定や趣向の面では『大和物語』をふまえながらも、詩情としては哀れみ慕う心を述べる。つまり、（墓の）「故縁《ゆえよし》聞きて　知らねども　新喪のごとも　音《ね》鳴きつるかも（寛永版本「故縁聞而《ユヘヨシキヽテ》　雖不知《シラネトモ》　新裳《ニヒモ》之《ノ》如毛《コトモ》　哭《ネ》泣鶴鴨《ナキツルカモ》」）」（墓の由来を聞いて、知らない人たちではあるけれども、まるで最近の喪に服するときのように声をあげて泣いてしまったことだ）と結ぶ虫麻呂歌のような、伝説歌の方向性である。(8)

三　新たな伝説を詠む――伎都の長歌

伝説歌とは、言い伝えられる著名な人物を詠む長歌である。とすれば、当代の人物を伝説的に詠んだ歌もまた、伝説歌としての可能性をもちうる。新しい伝説歌の誕生であり、長歌に詠むことで新たな伝説となるのである。

本節では、当代の人物を詠んだ長歌について取り上げたい。作者は綾足の妻・伎都である。伎都もまた歌を詠んだ。綾足が女性向けの教訓書として著した『女誡ひとへ衣』（明和八年〈一七七一〉刊）には、伎都による詳細な注が付けられており、古典に対するその見識をうかがうことができる。このほかにも伎都は、綾足の著作の清書を

行い、書簡を通して門人らとともやりとりをするなど、綾足の学問・文芸を公私ともに支える存在であった。

伎都が長歌に詠んだ人物は、若狭国の孝女・糸である。下郷学海宛の書簡に次のような長歌がみえる。後に続く文章とともに引用する。

若狭の国早瀬てふさとにすめるをみなあり。我せの父にかしづく心いと深し。その真ごゝろをめでゝよめる。

こまつるぎ　わかさの国の　早瀬とふ　さとにしすめる　をとめごが　うへをしきけば　むらぎもの　真う
らかなしも　いさなとり　三潟の海の　うみのへの　のどけきがごと　浪の音の　さやけきがごと　まそ鏡
清き心に　太舟の　おもひたのめる　わがせこが　ちゝのみことに　しゝじもの　いはひつかへて　望月の
みてるおもわに　髪だにも　かきはけづらず　ひたさ麻《ヲ》を　裳にはおり着て　朝なぎに　海辺に至り　浪の
むた　来よる深みる　夕なぎに　来依なはのり　深みるの　ふかき心に　しろたへの　衣手ひつち　なはの
りの　たゆることなく　ひりひつゝ　父にまつれり　父はしも　いたくおいなみ　泣子なす　言もかよはず
みどりごの　乳こふがごとく　時とあらぬ　物もこひのむ　それをしも　父にたがはず　ゆふつゞの　か行
かくゆき　とめ得ねば　空うちあふぎ　ゆふだすき　かたにとりかけ　玉ちはふ　神にこひのみ　あらたま
の　年のを長く　父のみの　父のみことに　ねもごろに　つかへまつれば　天地の　神もしるがに　その国
の　ひとこの守の　きこしをし　とひさけたまひ　みたからも　さはにたまはり　その妹の　其いさほしを
こと〳〵も　めで給ふとぞ　人づてに　しかきくわれも　しぬび得ず　なみだしながる　うつせみの　世の
人誰か　めでざらめやも

反哥

をとめこがそのいさほしは住なれし早瀬のうらにはやもたちけり

片哥

妹があたりさはによらなむ玉藻沖津藻

右伎都

こは、わかさの国にありし事とて、友がきめでつゝ哥よみて、さくら木にして末の世までのこすとなん。

こゝ友がらもみなよみ給ふ。そこ御友がらもよみてこし給へとぞ。

しはす末一日

伎都

湯鞍君

実丸君みもとへ

（学海ら宛きつ状、明和七年十二月二十一日　関連書簡番号三〇）

若狭国早瀬の孝女を詠んだ長歌および反歌（短歌と旋頭歌片歌）である。若狭の国の早瀬の里に住む女性（をとめご）は、舅によく仕え、貧しい生活をしながら、朝夕、漁に出ていた。年老いた舅はまるで赤子のようになり、わがままを言うことがあった。あるときも舅が季節に合わない食べ物を欲しがったので、季節はずれであるにもかかわらず漁に出た。しかし魚を獲ることができない。孝女はなんとか魚を得たいと空を仰いで神に祈るばかりであったが、長年にわたる舅への孝心が天地の神に通じたのであろうか（魚を獲ることができ、またさらには）、藩主（ひとこの守）のたずねるところとなって、褒美を受け、顕彰されたという。人づてにこの話を聞いた私も、いてもたってもいられず涙が流れることだ。世の中の人がどうして賞嘆しないことがあろうか——伎都は糸の孝徳に深く感じ入り、長歌を詠んだのである。

糸の逸話は、夫である綾足の和文集『折々草』（明和八年成）「冬の部」「若狭国の孝女を云る条」にも見える。綾足が和文に著したエピソードを、伎都は先んじて長歌および反歌二首に詠んだというわけである。傍線部は、

【図版】『若州良民伝』巻二より魚を得た糸の図（個人蔵）

先にも触れた高橋虫麻呂の真間娘子の長歌の表現をふまえる（「望月之《モチツキノ》　満有《ミテル》面輪《オモワ》二《ニ》」「髪谷母《カミタニモ》　掻者《カキハ》不梳《ケツラス》」「直佐麻《ヒタサ》乎《ヲ》、裳者《モニハ》織服《ヲリキ》而《テ》」寛永版本）。伎都の手紙は、「友がき」が孝女を讃えて「歌」を詠み、出版するという。ついては自分もこのような歌を詠んだから、ぜひ学海も孝女を讃える歌を詠んで送ってほしい、という趣旨である。

孝女を顕彰して編む「歌」の集とは、『孝婦集』（明和八年跋）を指すのであろう。時代は下るが、天明元年に刊行された、地元若狭国の孝子良民の伝記『若州良民伝』巻二「早瀬浦佐左衛門妻いと」の項に、「村の長《おさ》三《み》宅《やけ》某此いとが孝状を感じ誹諧《はいかい》の発句《ほく》に賦《ぶ》し、猶他邦《たほう》に求《もと》めて詩《し》歌《か》発句《ほく》等若干を得《ゑ》、これを上瀬《うはせ》の宮に納《おさ》め、梓《あづさ》に鋳《ちりば》め孝婦集と号《なづ》けて世に広《ひろ》む」(9)とあることからも明らかである。

長歌にもあるように、糸は藩主より顕彰された。明和七年五月のことである（『若州良民伝』）。これを記念し、村長でもある三宅宗春が、若狭国の内外に詩歌発句を募って編んだのが『孝婦集』である。『孝婦集』は、序文（三宅嘯山）によれば、奉納した詩歌発句を「模写して、梓に鏤め」(10)たものという。『孝婦集』に収載される俳諧や漢詩を、伎都は「歌」と呼んでいる。綾足が五七五の俳諸発句を「短歌片歌」と称したためであろう。

孝女の歌はその後どうなったか。尊王思想家で寛政の三奇人として知られる高山彦九郎は、各地に孝子良民を訪ねている[11]。安永四年の『乙未の春旅』[12]において、彦九郎は三宅彦左衛門の案内で糸を訪ねており、その折に綾足や伎都らの歌にも接している。

今夜古絵名筆を出しみせる。綾太理が仮名序ありて歌
白玉の子にだにあらば鳥じもの□□□ま丶しを翁《ヲヂ》をしいかに
若狭路はかみか（マヽ）るならしよき子いだせる
又或侯の歌
　きようある女の上を聞てよめる
なよ竹の直なる御代に住かいの□□□□直きことなしぞ思ふ
□□□侯のよめるあり
　綾太理が妻の歌は□□
乙女子のみのいさをしは住馴し早瀬の浦にはやも立けり
　同じく片歌
妹があたりさはによらなん玉藻沖つも
房麻呂歌に
　玉なせる妹にもあるかも其親につかへまつれるうつし魂はや
とありける。軸物にして見せ侍るなり。

綾足・「或侯」・伎都・綾足の養子総丸（房麻呂）の名がある。このうち短歌「乙女子の」と片歌「妹があたり」が、先に挙げた伎都書簡に記された歌と一致する。書簡の日付（明和七年十二月二十一日）は、『孝婦集』の編纂の

動きとも重なり、糸の顕彰にこたえ、歌に詠もうとする動きが伝わってくる。求めに応じ伎都、そして綾足らが詠んだ歌は、若狭早瀬の人々のもとに届いているのである。

彦九郎の日記に伎都の長歌は見えない。一方、「綾足が仮名序」とあるのは、長歌を指す可能性もある。仮にそうであるなら、短歌「白玉の」、片歌「若狭路は」は、長歌に対する反歌ということになる。また「或侯」が誰を指すのかは明らかではないが、歌の配列からみて綾足の門人ではないかと考えられる(13)。

なお、綾足は明和五年に若狭を訪ねているようだが(14)、伎都書簡との関連にかんがみるに、右の歌は訪問時に詠まれたのではなく、糸顕彰の後、若狭からの求めに応じて送られたと想像される。綾足が、藩主の顕彰に先んじて糸その人に会ったかどうかは明らかではないが、少なくとも伎都については、長歌の「人づてにしかきく」という表現に拠るならば、実際に会ったことはないということになろう。伎都にとって糸は、伝え聞く話のなかに存在する人物なのである。

孝女糸の逸話に関心があったのか、伎都は学海に向けて再び詠歌を呼びかけている。

若狭のをみなの歌よみ給はゞおこし給へ。こゝの歌どもはいとことおほくて、下書のまに〳〵みせまいらす。

(学海ら宛きつ状、明和八年二月下旬・三月上旬頃。関連書簡番号三一)

糸の歌を詠んだならばお送りください、と述べ、ついで注目したいのは、「こゝの歌どもはいとことおほくて」、つまり、自分の歌はたいへん「こと」、すなわち言葉が多い、と述べている点である。言葉が多いとは、歌が長い(句数が多い)という意味であり、先に送った自らの長歌を指すと考えられる。長い長歌なので、まだ推敲が必要な段階だが披露した、という断りである。

実際この長歌は、現在確認できる伎都の長歌(15)のなかでも、綾足一周忌の折に詠まれた長歌(『東の道行ぶり』)と並んでもっとも長い。綾足を偲ぶという主題が伎都にとって重要であり、詠むべきことがらの多い長歌であることは言うまでもなかろうが、孝女糸を讃えることもまた重要な主題であったと見ることができよう。

綾足が伝説歌を詠み、伝説とその人に思い入れていたように、伎都もまた、伝え聞く孝女糸に思いをはせたのであろう。前出の『ひとへ衣』は、明和七年十一月から翌八年一月にかけてほぼ成稿したとされ[16]、二月初旬、綾足は学海らに校合を依頼してもいる。一方では『ひとへ衣』の編集が進む状況のなかで、伎都にとっての孝女糸の位置づけも高まっていったと思われる。長歌として詠われることで、糸は伝説の孝女となる。そして、糸を詠んだ歌は伝説歌としての性格を帯びるのである[17]。

おわりに

建部綾足の長歌において、羇旅歌の位置づけは大きい。旅のなかで歌が生み出され、伝説歌への志向も見てとれる。なかでも『万葉集』の伝説歌の情趣をふまえて、近世人にとって近しい梅若丸・敦盛・清経らの伝説を詠む試みは、綾足長歌を特徴づける表現である。綾足が旅のなかで見た、伝説にちなむ風景があってこそであろう。伝説歌の新たなる展開は、同時代の孝女・糸を詠むという趣向にもつながっていった。ひとつの題材について、伎都は長歌に詠み、綾足は和文で書いた。この一例は、綾足の創作の広がりを象徴するとともに、綾足と伎都の活動が緊密に行われていたこと、その連関の一端をも示している。

注

(1)『日本古典文学大辞典』第四巻（岩波書店、一九八四）「長歌」の項（岡部政裕執筆）。

(2)【表・建部綾足長歌一覧】8。

(3) 田中仁『江戸の長歌——『万葉集』の享受と創造』（森話社、二〇一二）。

（4）「路上・山中・海浜などに倒れ死んでいる者に対して詠まれた挽歌の総称。死者は「死人」「屍」と呼称され、詠者と直接の関わりを持たず、どこの誰ともわからない身元不明の死者として哀悼される」（「行路死人歌」土佐秀里執筆、『和歌文学大辞典』古典ライブラリー、二〇一四）。

（5）「行路死人歌・伝説歌・荒都歌などは旅の歌の下位分類に位置づけられるものであり、そのため表現・発想に共通点があると考えられる」（出典は注（4）に同じ）。

（6）拙稿「雉の歌――『綾足家集』の長歌」（『日本文学』二〇一二年四月号）。

（7）「伝説歌」廣川晶輝執筆。

（8）なお、近世長歌のアンソロジーである『近葉菅根集』（清水浜臣編、文化十二年刊）には、荒木田久老「処女塚長歌」が載る。久老の菟原処女の長歌は、「親族どち　いよりつどひて　後の世の　しぬびにせよと」（引用は佐々木信綱編『近世長歌今様歌集』続日本歌学全書第九巻、博文館、一九一三）といったように虫麻呂歌をふまえる。

（9）小浜市史編纂委員会編『小浜市史』史料編第一巻（一九七一）。

（10）『蕪村全集第八巻　関係俳書』（講談社、一九九三）。

（11）勝又基『孝子を訪ねる旅――江戸期社会を支えた人々』（三弥井書店、二〇一五）に詳しい。綾足の短歌については同書でも紹介されている。

（12）日記。引用は『高山彦九郎全集』第一巻（博文館、一九四三）による。

（13）綾足が仕えた奥平昌鹿は、豊前国中津藩主であり「侯」と称される可能性のある人物だが、不明である。

（14）「明和五年京津久井市十郎建凌岱来る」『稚狭考』第四。引用は『小浜市史』史料編第一巻。『建部綾足全集』年譜（第九巻、国書刊行会、一九九〇）の明和五年の項には「この年の夏、若狭に行くか」とする。

（15）いずれも句数は85句。この二首を除く伎都の長歌は九首、いずれも綾足の紀行文のなかに確認できる。九首の長歌の句数は、もっとも短いもので27句、多いもので53句であり、85句という句数は突出して多い。

（16）『建部綾足全集』第七巻（一九八八）解題（風間誠史執筆）。

（17）糸は、伴蒿蹊『近世畸人伝』（寛政二年刊）にも「いとめ」として載る。蒿蹊は綾足の『すずみぐさ』（明和八年成、寛政六年刊）に序を寄せるなど、関わりが深い。

付記

＊引用に際し、表記を私に改めたところがある。

『雨月物語』の「音」
――名作の理由

井上泰至

「音」の作家、「眼」の作家

俳諧には、「音」の作家と「眼」の作家がいる。

海暮れて鴨のこゑほのかに白し　芭蕉

さみだれや大河を前に家二軒　蕪村

冬の薄暮の鴨の声を「白し」と飛躍する発想は、およそ音についての微細な感覚なしには生まれえない。さらに言えば、「海暮れてほのかに白し鴨の声」と定型に収めず、「ほのかに」を中七から下五にまたがらせ、「声」を「白し」と表現することを焦点化してみせる、リズム感もまた絶妙と言うべきだろう。(1)

片や、家二軒と五月雨の大河を、緊張感を以て対照させる道具立ては、絵の構図に通い合う。加えて高浜虚子が喝破したように、「大河の前の家二軒」では、「大河の前にある家二軒」というだけのことになってしまうのを、「に」にすることで「大河を前に控えている」という感が生まれ、引き締まった口調のなかに「情(緊迫感)」を込めることとなった。(2) 物の配置にイメージを込める、画家ならではの視線が選ばせた助詞の周旋と言えようか。

さて近世小説に目を移せば、西鶴は「眼」の作家であり、秋成は「音」の作家ではなかったか。怪異描写にその質の違いを見て取れる。

……降り続く五月雨《さみだれ》の淋しさに頼りて、世の咄も重なる。雲間に入り日の影わづかに、木枯らしの森うつろひ、「今日こそ気も晴れける」と、遠山久しぶりにて眺め、「傘乾《からかさほ》せ。庭の溜り水かへ出だせ」など、小者に申し付けしに、この水竹縁《たけえん》の下に細く流れ込み、千丈《せんぢやう》の堤、蟻穴《ありあな》より崩るがごとく、見しうちに滅入《めい》りて、柱もゆがみ壁もこぼれ、「これは不思議の事ぞ」と、この土中《どちゆう》こころもとなく、鋤《すき》・鍬《くは》早め上土《うはつち》のければ、死人形も崩れず見えける。(3)

（『武家義理物語』巻四の三「恨みの数読む永楽通宝」）

梅雨の長雨に降り込められる「淋しさ」は、大御所家康のお膝元府中に単身赴任する武士の孤独と重なる。一転府中郊外の歌枕「木枯らしの森」に晴れ間が行き渡り、富士・愛鷹の遠山も見渡せるまでになるが、竹縁の下に溜水が染み込み、蟻の穴というより蟻地獄のように土が崩れ、役宅の柱もゆがみ、壁も破損してゆく。そしてその水を吸い込んだ先には、形の崩れていない遺体が姿を現す。無駄のない情景描写の転換が、サスペンスを呼び込む。実は、この話の冒頭、寅年はなぜか洪水が多いと語られ、この掘り出される遺体のイメージを先導していた。つまり、この異常な事件の描写は、読者の視覚の経験を巧みに喚起して成ったものであった。対する秋成の『雨月物語』はどうか。

看《み》る看る日は入り果てて、宵闇《よひやみ》の夜のいとくらきに、灯《ひ》を点《あ》げざればまのあたりさへわかぬに、只澗《たに》水の音ぞちかく聞ゆ。あるじの僧も又眠蔵《めんざう》に入りて音なし。夜更けて月の夜にあらたまりぬ。影玲瓏《れいろう》としていたらぬ隈《くま》もなし。

（「青頭巾」）

西鶴同様の視覚的な情景描写にも見えるが、傍線部に注意すれば、音の感覚の刺激を読者に与えることで、「ろくなことは起こらないから、この寺に泊まるのはよした方がいい」と言い残して、院主が「眠蔵」に入っていった後の、沈黙の闇が追体験され、怪異登場直前の緊迫感が用意される。果たして、この冷ややかな美をたたえた「玲瓏」な月光とともに、院主は食人鬼の正体を現して、快庵禅師の姿を狂ったように探し回る。沈黙の闇の呼吸あっての、怪異描写であった。

「音」の怪談『雨月物語』

西鶴について、今詳しく述べる余裕はないが、少なくとも『雨月物語』の怪談性は、その「音」の描写によって効果的に喚起された、心理的影響によって成り立っていると言って過言ではない。

猶心怠《おこた》らず供養《きようやう》す。露いかばかり袂《そで》にふかかりけん。日は没《い》りしほどに、山深き夜のさま常《ただ》ならね、石の牀《ゆか》木の葉の衾《ふすま》いと寒く、神清《しんす》み骨《ほね》冷えて、物とはなしに凄《すざま》じきここちせらる。月は出でしかど、茂《しげ》きが林《もと》は影をもらさねば、あやなき闇《やみ》にうらぶれて、眠《ねぶ》るともなきに、まさしく円位《ゑんゐ》〳〵とよぶ声す。眼《め》をひらきてすかし見れば、其の形異《さまこと》なる人の、背《せ》高く痩《や》せおとろへたるが、顔のかたち、着たる衣の色紋《いろあや》も見えで、こなたにむかひて立てるを、西行もとより道心《だうしん》の法師《ほふし》なれば、恐ろしともなくて、ここに来たるは誰《た》そと答ふ。

（「白峯」）

「白峯」は、周知のように無記名の記録者の、自記の体裁をとって語られ始め[4]、タイトルと歌枕探訪の僧、および「仁安三年の秋」というヒントから、記録者が西行であることを仄めかしつつ、崇徳院陵の前に額づき、生前の活躍に比した哀れな最期に思いを致し、経を供養する。引用は、初冬の寒さの中、腰掛石[5]にも理力を乱さない、主人公兼記録者の身体感覚を再現しつつ、「円位〳〵」というリズミカルで、かつ主人公との親密さを示す、一般に通用していない呼び名で呼びかける声を先導として、崇徳院の亡霊が登場する。三島由紀夫がいみじくもここに怪談がある（「小説とは何か」[6]）といった、現実から非現実への飛躍には、この「声」のリアリティが働いていた。

母をすかして前《さき》に臥さしめ、もしやと戸《と》の外《そと》に出でて見れば、銀河《ぎんが》影きえぎえに、氷輪《ひようりん》我のみを照して淋しきに、軒守る犬の吼《ほ》ゆる声すみわたり、浦浪の音ぞここもとにたちくるやうなり。月の光も山の際《は》に陰《くら》くなれば、今はとて戸を閉《た》てて入らんとするに、ただ看《み》る、おぼろなる黒影《かげろひ》の中に人ありて、風の随《まにまに》来るをあやしと見れば赤穴宗右衛門なり。踊《をど》りあがるここちして、小弟《せうてい》蚤《はや》くより待ちて今にいたりぬる。盟《ちかひ》たがはで来り給ふことのうれしさよ。いざ入せ給へといふめれど、只点頭《うなづ》きて物をもいはである。（「菊花の約」）

文字通り「菊花の約」が果たされるか否かの瀬戸際、傍線部の犬の声と遠い潮騒に、待ち焦がれる赤穴宗右衛門の姿が見えないことと、それを待つ丈部左門の絶望が象徴されている。あきらめて家に入ろうとする所、闇のなかからすうっと現れる宗右衛門に勇躍する左門だが、再会の喜びも語らない宗右衛門の沈黙に、読者は左門とは対照的に事の成り行きの暗転を予感する。音がしないというのは、音がないのではない。無音という音を人は聞き取るのだ。先の「青頭巾」でも、「沈黙」の効果は絶大であった。

ここ二十歩《ほ》ばかりを去りて、雷《らい》に摧《くだ》かれし松の聳《そび》えて立てるが、雲間《ま》の星のひかりに見えたるを、げに我が軒の標《しるし》こそ見えつると、先づ喜《うれ》しきここちしてあゆむに、家は故《もと》にかはらであり、人も住むと見えて、古戸《ふるど》の間《すき》より灯火の影もれて輝《きら》々とするに、他人《こと》や住む、もし其の人や在《いま》すかと心躁《さわが》しく、門に立ちよりて咳《しはぶき》すれば、内にも速《はや》く聞きとりて、誰そと咎《とが》む。いたうねびたれど正しく妻の声なるを聞きて、夢かと胸のみさわがれて、……　（「浅茅が宿」）

声で長年連れ添った妻と知れるのは当然としても、「いたうねびた」るところまで演出するのは、芸が細かい。妻宮木が生きていたのかどうか、読者は宙づりの状態にあり、少なくとも妻の苦労が尋常でなかったことを知らせることで、やはり宮木は生きていたのかと読者も多くは思うだろう。実は亡霊に過ぎなかったことは、その後の展開まで持ち越されるが、この声の設定が、読者に妻の生存を一旦は多くに信じさせるのに、大きな役割を果たしていたのである。

鳥の音《ね》も秘密《ひみつ》の山の茂《しげ》みかな

旅硯《たびすずり》とり出でて、御灯《みあかし》の光に書きつけ、今一声もがなと耳を倚《かたぶ》くるに、思ひがけずも遠く寺院の方より、前《さき》を追《お》ふ声の厳《いかめ》しく聞えて、やや近づき来たり。何人の夜深《ふ》けて詣《まう》で給ふやと、異《あや》しくも恐ろしく、親子顔を見あはせて息《いき》をつめ、そなたをのみまもり居るに、はや前駆《ぜんぐ》の若侍《わかさむらひ》、橋板《はしいた》をあらかに踏みてここに来る。おどろきて堂の右に潜《ひそ》みかくるるを、武士《ぶし》はやく見つけて、何者なるぞ。殿下《でんか》のわたらせ給ふ。疾《と》く下《お》りよといふに、あわただしく簀子《すのこ》をくだり、土に俯《ふ》して跪《うずすま》る。程なく多くの足音聞ゆる中に、沓音《くつおと》高く響《ひび》きて、烏帽子直衣《ゑぼしなほし》めしたる貴人、堂に上り給へば、従者《みとも》の武士四五人ばかり右左《みぎひだり》に座をまうく。かの貴人、人々に向ひて、誰《たれ》々はなど来らざると課《おほ》せらるるに、やがてぞ参りつらめと奏《まう》す。又一群《むれ》の足音して、威儀ある武士、頭《かしら》まろげたる入道《にふだう》等うち交《まじ》りて、礼《ゐや》たてまつりて堂に昇《のぼ》る。貴人、只今来りし武士にむかひて、常陸《ひたち》は何とておそく参りたるぞとあれば、かの武士いふ。白江《しらえ》熊谷《くまがへ》の両士、公《きみ》に大御酒《おほみき》すすめたてまつるとて実《まめ》やかなるに、臣も鮮《あざらけ》き物一種《しゆてう》調じまゐらせんため、御従《みとも》に後《おく》れたてまつりぬと奏《まう》す。（「仏法僧」）

タイトルにもある霊場高野山にふさわしい仏法僧鳥の鳴き声を聞いて、発句を詠んだ俳諧数寄者拝志夢然が、さらに耳を澄ませていると、深夜の奥の院にふさわしからぬ先払いの声が近づいてくる。物語の設定は、旧暦四月初旬の初夏、「更けゆく」空は新月かそれに近く、ただでさえ鬱蒼とした森に囲まれた墓所群の先にあるこのあたりは、「道に界《さか》ふ水の音ほそぼそと清《す》みわたりて物がなしき」闇の中とされていた。(7) そのことは夢然が詠んだ発句の、「秘密」と「茂み」という措辞からも実感されよう。果たして、亡霊一行の登場は、問題の玉川を渡る橋板を荒く踏み渡る前駆の若侍に始まり、夢然一行の平伏というブラインドの効果をさらに設定して、主役の「貴人」の「沓音」も高い一行が、灯籠堂の階を上がる音に連なり、とどめに貴人から伺候が遅いと指摘された「威儀ある武士」や入道も混じる新たな一行が、加わって堂上に上がることで、行列の完成を見る。これは亡霊一行登場を演出する、「音」の三段論法であった。

かくして四十二日といふ其の夜にいたりぬ。今は一夜にみたしぬれば、殊《こと》に慎《つつし》みて、やや五更の天《そら》もしらじらと明けわたりぬ。長き夢のさめたる如く、やがて彦六をよぶに、壁によりていかにと答ふ。おもき物いみも既に満《み》てぬ。絶えて兄長《このかみ》の面《おもて》を見ず。なつかしさに、かつ此の月頃の憂《う》さ怕《おそ》ろしさを心のかぎりいひ和《なぐさ》まん。眠《ねぶり》さまし給へ。我も外《と》の方に出でんといふ。彦六用意なき男なれば、今は何かあらん、いざこなたへわたり給へと、戸を明る事半《なか》ばならず、となりの軒にあなやと叫ぶ声耳をつらぬきて、思はず尻居《しりゐ》に座す。

（「吉備津の釜」）

正太郎への陰陽師からの予言めいた忠告、およびそれを受けての正太郎の物忌みは、夜毎に恐ろしさを増す磯良の「声」による襲撃未遂を除いて、主に三人称の視点で語られていた。しかし、この最後の場面は、彦六という第三者に沿った一人称的語りが中心となり、恐怖を読者に実感させる。描写は、一旦は助かったと思わせる正太郎の言葉から、急転正太郎の絶叫によって緊迫する。「用意なき男」とあることで、客観的に語られる彦六への評価を読む読者は、戸を開けてはいけないと思うことだろう。以上は以前も述べたことである(8)。問題は、語りの視点が、「壁」を隔てた会話の応答を通して、巧みに正太郎から彦六に移動している点で、この下ごしらえがあってはじめて、耳をつんざく正太郎の絶叫は、彦六より半歩先に惨劇を予想したばかりの読者に突き刺さり、この後は、正太郎に何が起こったのかという恐怖を孕んだ謎を軸に、物語の結末へとテンポの速い文章で読者の心はぐんぐん引っ張られてゆくこととなる。

二日の夜、よきほどの酔《ゑひ》ごごちにて、年来《としごろ》の大内住《うちずみ》に、辺鄙《ゐなか》の人ははたうるさくまさん。かの御わたりにては、何の中将宰相《さいしやう》の君などいふに添ひぶし給ふらん。今更にくくこそおぼゆれなど戯《たはむ》るるに、富子即《やが》て面《おもて》をあげて、古き契《ちぎり》を忘れ給ひて、かくことなる事なき人を時めかし給ふこそ、こなたよりまして悪《にく》くあれといふは、姿《かたち》こそかはれ、正《まさ》しく真女子が声なり。聞くにあさましう、身の毛もたちて恐しく、只あきれまどふを、女打ちゑみて、吾が君な怪しみ給ひそ。海に誓《ちか》ひ山に盟《ちか》ひし事を速《はや》くわすれ給ふとも、さるべき縁《えにし》のあれば又もあひ見奉るものを、……

（「蛇性の婬」）

かつて平安文学に心酔して、現実とロマンを混同し、蛇の化身だった謎の女真奈児に振り回され続けた豊雄も、経験を経た今となっては、大人の余裕を以て、内裏で采女を務め、都風に磨かれた富子の過去の恋に嫉妬してみせる、巧みな愛情表現でふるまってみせた。ところが、その豊雄を大人にした初婚の当人である真奈児の声が、やおら富子の口から語られることで、余裕すら漂っていた恋の場面は一転恐怖に転化する。

原拠「白娘子永鎮雷峰塔」（『警世通言』巻二八）では、杭州で許宣を待ち受けていたのは、白娘子本人であったのだから、「声」の憑依というこの設定は、やはり秋成自身の工夫ということになり、現代風に言えば、ストーカー的なこの蛇の化身の女の執拗さは、「声」の劇的なしつらえによって怪談として結晶度をはるかに高めたのであった。

その「声」はかつて、豊雄が最初に誘惑された際、「外《と》の方に麗《うるは》しき声して」「梢《こずゑ》たちぐく鶯の艶《にほひ》ある声」と印象づけられていたことに思いを致す時、豊雄が忘れようにも意識下に忘れ得なかった声であるが故、今最もその女に聞かれてはならない、徒な豊雄の誘惑の言葉に対する、妖異からの異議申し立てとして、用意周到に準備された設定であったことに気づかされる。

「夢応の鯉魚」と「貧福論」には、このような「声」や「音」の効果は見られないが、それはこの二話が、恐怖を喚起する「怪談」というより、やや明るい雰囲気の「奇談」であることに気づけば、例外として処理しても差し支えなかろう。

これまでの江戸怪談の読書を自身振り返ってみても、ここまで徹底して意識的な「音」の効果を狙った怪談集を他に知らない。逆に言えば、秋成の怪談作家としての成功の要因として、「音」の問題は重大事案であったことになる。

芸能的な怪異描写――清涼井蘇来の場合

このように鮮やかな秋成の手際を確認してしまうと、大量に残る他の怪談、および怪談集の描写は、いかにも素朴で平面的な印象を拭えない。今仮に、秋成と同時代の、宝暦末年から明和にかけて江戸で活躍した清涼井蘇来の怪談小説『今昔雑冥談』（宝暦十三年刊）をサンプルとして、いくつか例を挙げてみよう。彼の作品を取り上げるのは、秋成と同時代に怪談をものしたという理由からだけではない。秋成ほどではないが、この作家の筆は比較的高く評価されているからでもある。(9)

既《すで》に翌日《よくじつ》の夜にもなれば人にもしらせず、父が所持《しょじ》せし弓箭《ゆみや》の内、手《て》ごろなるを取り出し更《ふく》るを待ちて、其の頃と思ふ時分《じぶん》ひそかに立ち出で、彼《か》の廟所《びやうしよ》にちかちかとすすみ寄《よ》る。あわひ十間ばかりを隔《へだ》て、一村薄《むらすすき》を小だてに取り、いまやいまやと待《まち》かけたり。程《ほど》もなく例《れい》の青火陰《せいくわゐん》々と燃《も》へ上つて、物の姿《すがた》はさだかならねど、泣きまどふ声《こへ》をしるべに弓箭打《う》ちつがい、ひいふつと切てはなせば、あやまたずまつただ中とおもふ所にぐすと手ごたへして、たちまち火きえ声止《や》んで、何《なに》やらん、ばたつく音《おと》す。「すわや」と声《こへ》をあげ、「あやしき物を射《い》とめたり。人々おり合い給へよ」と細《ほそ》き声ながらがんばつてよく響けば、家内《かない》は勿論《もちろん》、隣家《りんか》の人々おどろきあわて、提灯《てうちん》・松明《たいまつ》ともしつれてぞ入《い》り来る。先《ま》づおりうが体《てい》を見るに、振袖《ふりそで》のうへにたすきをかけ、帯高《おびたか》く裾《すそ》みじかにしやんと結《むす》びあげ、白き細帯《ほそおび》にて鉢巻《はちまき》し、弓箭《ゆみや》たづさへ立ちたる風情《ふぜい》、柳《やなぎ》の腰《こし》のたよたよと、誠《まこと》に優《ゆう》にやさしきとはこれをや云ふべし。　（巻一の一「渡辺勘解由が娘、幽霊を射留し事」）

忠義の武士には一人娘しかいなかった。男子のみが家系を継げる武家の社会では、婿養子を迎えるほかない。父も相手は決めていたが、その相手の家は罪を被り逼塞、その渦中に父もこの世を去った。娘は評判の美人で、悪人の権力者も目をつける。さてこの娘の運命やいかに。ところが、ここで物語はやおら怪談の色を帯びる。

娘は泣きわめく父の亡霊の登場を、慄いたり悲しんだりせず、家の不名誉と悔しがり、女ながらに幽霊の正体を確認しようとする。娘に似合わぬこの男性性が、物語のカタルシスを支えるキャラクター設定であった。怪異を見ても、娘は動じない。父の亡霊がこの世に思いを残して現れるのなら、まず自分に姿を見せるはずだし、そもそも父は迷い出て泣きわめくような人ではなかった。これは、女主である自分を侮った妖異の仕業に違いないと、冷静に判断、むしろ妖異の退治を志す。翌日の夜、待ち構えた娘は、青白い陰火と共に出現した、泣きわめく亡霊に弓を射かける。[10] これが引用の場面である。

怪異の音は、問題の霊の鳴き声、そして暗中矢が的中する音を示して、隣家の人々による照明で、この水際だった娘の、凛々しくも美しい姿の描写に至る展開まで、段取りを踏んでいて用意周到である。ただし、暗中の矢の的中の正体や如何にという、音の使い方は、恐怖に読者を引き込む機能より、読者を飽きさせず次の展開に引き込む、娯楽小説や講談の方法が透けてみえる。音の描写の、目的・機能が違うのである。

> 跡《あと》は次第にひつそりとして更け渡《わた》る秋の夜の景色《けしき》、村立雲よりはこび来る雨の音、そよ吹く風の扉《とぼそ》をおとなふまでにて森々《しん》と物すさまじく、生きて居《い》る時《とき》さへおそろしき者の、まして死て形《かたち》も替り我を取り殺《ころ》さんとする鬼の背中《せなか》に一夜を明す心の内、おもひやらるるばかりなり。はや初夜も過ぎ、程なく後夜にも成りければ、今までつめたかりし骸《からだ》のそろそろとあたたまり来るにぞ、中々おそろしいの怖《こわ》ひのと云ふ段《だん》にはあらず。いつそに死に入るばかりにて、仏名《ぶつめう》を唱《とな》へ、ひしとしがみ付きて居るに、忽《たちま》ち人肌《はだ》に成るやいなや、気《き》に乗《じやう》じて一声の風、どつと落《おと》してむくむくと起き上《あが》り、くわつと見ひらく眼《まなこ》の光《ひか》りに、虫《むし》の這《は》うまであざやかに、ほつと一息《いき》つくよと見へしが、唯《ただ》火を吐くとばかり見へてすさまじ。
>
> （巻一の二「野州の百姓次郎三郎妻、鬼に成る事」）

秋夜のつるべ落としの闇に、村雨の音を重ねるやり方は、型通りの展開というべきで、いささか説明的な道具立てである。ある意味、分かりやすいと言ってもよかろう。

物語は嫉妬のあまり悪鬼となった妻に命を狙われた夫が、大般若経を背中に書いた上、夜通し鬼をつかんで離さぬよう厳命する僧の言葉に従って、これを実行する部分である。僧の戒めとはいえ、鬼の背中を取り押さえて長い夜を過ごす、その恐怖と孤独を象徴する音の描写ではあるが、演劇の効果音のようなこの音の機能は、秋成の小説的な音の働きとは異質なものと言えるだろう。

蘇来の経歴はよく分かっていないが、怪談小説である本作以外の作品を見渡しても、筋の展開を、読者に飽きさせないよう、泣き・笑い・恐怖・恋と話材を変えてゆく方法などが確認できる。さながら講談の語り口である(11)。この作家の怪異の音が、芸能的な場で怪異の存在を観客・聞き手に分かりやすく知らせる、音響効果に近い機能を果たしていた理由も、その辺りに原因があるのではないかと思えてくる。蘇来の怪談の音は、芸能的であり、その分大衆的であり、近代小説の「語り」を知ってしまった現代の読者には、『雨月物語』のそれに比べて、いささか古めかしくも見えるものであった。

秋成のその後——『春雨物語』

秋成の晩年の傑作『春雨物語』は一読、『雨月物語』と違うことをやっているのが分かる。怪談性の後退は誰の眼にも明らかだ。秋成は同じことを何度もやる作家ではなかった。だからといって、かつて一部で言われたように、怪談を描く筆力が後退したとする見方(12)は、全く当たらない。

雨ふりて、よひの間も物のおとせず。こよひは御いさめあやまちて、丑《うし》にや成りぬらん。雨止て風ふかず、月出て窓あかし。一こともあらでやと、墨すり筆とりて、こよひのあはれ、やや一二句思ひよりて、打ちかたぶきをるに、虫のねとのみ聞きつるに、時々かねの音《ね》、夜毎《よごと》よと、今やうやう思ひなりて、あやし。庭におり、をちこち見めぐるに、ここぞと思ふ所は、常に草も刈はらぬ隈《くま》の、石の下にと聞さだめたり(13)。

（「二世の縁」）

以下は以前述べたことだが、[14] この作品の冒頭の展開は怪談そのものである。発端で「高槻《たかつき》の樹の葉散りはてて」とあるのだから、季節は初冬である。冬の夜は重厚な感じがあり、また森閑として雨の音ばかりが澄んで聞こえる。主人公の豪農で知識人の男は、耳を澄ませている。読書にふけっているうちに雨は止み、月が出て歌の一二句思いついたところで、虫のものと思っていたその音に不審を抱く。もう虫は死に絶えているはずだ。音は本物の鉦のもので、庭の片隅の土中からそれは聞こえる。冬の雨音から始め、読書から詠歌へ、さらに鉦の音へと読者を不可思議な世界に引き込む筆の運びには無駄がなく、むしろ『雨月物語』以上に冴えている。

母からの夜更かしへの忠告があったにもかかわらず、この夜に限っては読書に夢中になってその戒めを破ったと書かれており、この前提も、戒めを破って怪異に出会う、あるいはそれを描くことで怪異の出現を読者に予告する、典型的な怪談の運びとなっていた。

ただし、ミイラを掘り出して蘇生させるところまでは怪談じみても、蘇生した男の不甲斐なさは、仏教の因果説を相対化する寓意的存在として描かれ、話は怪談から随筆的な世界に転じてゆく。掘り出した知識人の男は、知識人たるがゆえに、おそらくは即身成仏の存在を書物で知っており、何とか蘇生させて生前の記憶を取材し、あわよくばこれを書き伝えようとしていたのであって、好奇心に動かされて、恐怖心などなかった理由が想像される。

しかし、そういう好奇心にも応えられない定助の存在は、人々が仏教に抱くかなりの思いを幻滅させる鏡のような生のあり様を展開し、後家との結婚と後家の経済的不満を描いて、これが「二世の縁」ならば、仏説ではどう説明するのだろうと、シニカルに一編を終える。世間一般における運命観を相対化してみせるところに、秋成の「命禄」へのこだわりが透けて見えるが、[15] こうした批評的小説の展開は、『雨月物語』とは別世界のものであり、むしろ秋成は即身仏の蘇生譚といった一般的な怪談・奇談・随筆の語りを引用しつつ、相対化しているとさえ言えよう。

老曽《おいそ》の森の木隠《こがく》れ、こよひまくらもとめて深く入りて見たれば、風が折りたりともなくて、大木吹たをれしをふみ越えては、さすがに安からぬ思ひす。落葉、小枝、道をうづみて、泥田をわたりする如し。神の社たたせます。軒こぼれ、御《み》はしくづれて、昇るべくもあらず。すべて草たかく、苔むしたり。誰やどりし跡ならん、少しかき払ひたる所あり。枕はここにと定む。おひし包袱《つつみぶくさ》ときおろして、心おちゐたり。風ふかねば、物の音ふつに聞こえず。木末《こぬれ》のひまにきらめく星の光に、あすのてけたのもし。露ひややかに心すみて、いといたうさむし。あやし、ここにくる人あり。

（「目ひとつの神」）

歌学びのため、母の諫めも聞かず上京しようとする主人公の設定自体、「二世の縁」同様怪談仕立てである。そもそもタイトルが「目ひとつの神」となっているのだから、老蘇の森でのこの神との邂逅するという物語の展開は、読者にある程度予想可能である。廃社のくずれと泥田のような落葉・小枝の落下は、風の神として知られた目ひとつの神の住処であることを読者に暗示するものであろう。

東路の思ひ出にせんほととぎす老蘇の森の夜半の一声　大江公資

（『後拾遺集』）

と詠まれた歌枕として、男には意識されていたのだろう(16)が、読者から見れば、それは甘い考えということになる。男も大木が吹き倒れたところを越えるあたりで、心穏やかではなくなるのだが、誰かが野宿した跡の残るあたりで荷物を下ろすと落ち着いて、風の音もなき沈黙の中、明日の天気の良さを予想していよいよ都だと期待を膨らませる。ここは樹下石上に和歌修行を重ねた西行を想起していたかもしれない。しかし、露の冷ややかさに、心も澄んで、寒気を感じると、怪しい者たちが闖入してくる。このようにこの一節は、主人公と読者の視点をずらせながら、不安と期待に揺れる主人公の気持ちを描き、音の描写もその効果を高めるべく機能していた。

いちいち再記しないが、こういう語りによる怪異の呼び出しの描写は、『雨月物語』でも行われていた(17)。その際、注意すべきは、この情景描写が、無音や怪奇の予告の音としてのみ機能する蘇来のような素朴なあり方ではなく、読者と主人公の心理的なずれを用意し、主人公自身も読者と同じ不安を一旦は持ちながら、ついには怪異の存在に無頓着となり、結果怪異と出会ってしまうという「揺れ」の心理まで秋成が描いている点である。音の機能も含め、秋成の怪談の語りは、読者の心理の操縦のため、秘密と罠を駆使する戦略的で芸の細かい点こそが、見逃すべきでないその特徴だった。

ただし、こうして、目ひとつの神とその眷属の酒宴に紛れ込んでしまうところまでは、怪談仕立てであるものの、話が進むと、目ひとつの神は、今の都で歌を学べる人などいないという議論を持ち出して、主人公もそれに従い帰郷を決意する展開となる。ラストの空中浮遊の場面は怪談的であるが、この時期秋成も実質的な隻眼であったことに思い致すと、この歌の議論は当代の歌壇に対して秋成が抱いていた思いという寓意を込めた存在であったことも了解される。やはり物語は、怪談の枠内に収まらない、歌人の「命禄」の問題を孕んでいた。

この大蔵と云ふあぶれ者は足もいとはやくて、まだ日高きに、御堂のあたりにゆきて、見巡る程に、日やや傾きて、物すさまじく風ふきたちて、杉むら檜原さやさやと鳴りとよめく。暮れはてて人無きに、ほこりて、「此のわたり何事かあらん」。山の僧のいひおどろかすにぞあれ」とて、雨晴れたれば、みの笠投やり、火うち、たばこくゆらす。いとくらうなりしかば、「さらば、上の社と申す所に」とて、木むらが中を、落葉ふみ分てのぼるのぼる。十八丁となん聞えたり。ここに来て、「何のしるしをかおかん」とて見巡るに、ぬさたいまつる箱のいと大きなるあり。「是かづきおりてん」とて、重きをこころよげに打《うち》かづくとするに、此の箱ゆらめき出《い》でて手足おひ、大蔵をつよくとらへたり。「すは」とて、力出して是をかつがんとす。箱におひ出たる手して、大蔵をかろがろと引きさげ、空に飛びかける。ここにて心よわり、「助けよ助けよ」とをらぶ。こたへなくて、空をかけり行く。「波のおとのおそろしき上を走り行くよ」とおぼえていと悲しく、「ここに打《うち》やはめつ」とて、今は是《これ》をたのまれて箱にしがみつきたり。夜漸《やうや》く明けぬ。この神は箱を地にどうと投げおきてかへりたり。

（「樊噲」）

ピカレスク「樊噲」の冒頭部、僧さえ下山する恐怖の山たる大山権現に、いらぬ腕自慢から、夜登ることになった大蔵が焦点化される。博打宿の仲間でも分別のある男は、必ず神に引き裂かれ捨てられるだろうと発言している。これは無謀な大蔵と読者の心理のズレを生じさせて、怪談を設定する常套である。

果たして、山に登ると風はただならず、読者には容易ならぬ事態と読めるが、大蔵は気にも留めず、不敵にも煙草を喫して、夜中奥の院へ上る。落葉を踏む音は、禁忌の領域を踏みにじる緊迫感を生じさせる。事もあろうか賽銭箱を背負って登山の証拠にしようとすると、案の定神の手が大蔵をつかみ、空中を移動する。波音の轟きに、流石の大蔵も弱って、箱にしがみつく様はユーモラスだが、やはり「音」の三段論法はここでも、計算の上実行されていた。

近世小説史の二つの文脈

秋成は、晩年『雨月物語』と同じことをやろうとしなかっただけで、『春雨物語』に断片的に残る怪談的要素においても、その筆の冴えは衰えを見せていなかった。それどころか、場合によっては『雨月物語』以上に省略の効いた筆で、この前代未聞のスタイルと内容を持った新たな物語の、一要素として、その腕を揮っていた。怪異的場面ではないが、音の表現がリアリティを支えているというケースなら、すでに冒頭の歴史小説群にその指摘はある(18)。

もし、江戸怪談の中から、秋成作品に並ぶ、あるいはこれを凌駕する作品があるというのなら、聴覚への刺激に限らず、怪異を生み出す感覚的表現に、同等かそれ以上の筆の冴えのあることを証明した時にこそ、大方の首肯は得られよう。

なお、秋成のこの筆の冴えは、彼によってよく計算された、言い換えれば人は何に恐怖するのかよくわきまえた上での描写であったという点からして、その根拠を彼の天分に求めるべきでもあろうが、彼が「語り」の点で強く意識したであろう、西鶴の達成と、その後の浮世草子の筋本位という、描写の「低迷」という流れを、子細に確認したうえでこそ、本稿で取り上げた問題は小説史に定位されよう。

さらに言えば、先に挙げた蘇来の作品が、人情本や合巻に仕立て直して売り出されていた事実に端的に示され[19]るように、西鶴・秋成といった描写・語りの主峰[20]とは別の小説の可能性を、人情本も学ぶことの多い、八文字屋本以来の娯楽小説の流れが、近世小説史にはあったと予想できる点で、また別の大きな課題がその先に控えている問題系でもあるのかもしれない。

注

（1）片山由美子「定型・字余り」（井上泰至編『俳句のルール』笠間書院、二〇一七年）。
（2）井上「虚子と蕪村」（『近代俳句の誕生──子規から虚子へ』日本伝統俳句協会、二〇一五年）。
（3）引用は、井上・木越俊介・浜田泰彦『武家義理物語』（三弥井古典文庫、三弥井書店、二〇一八年）による。
（4）井上『雨月物語論──源泉と主題』（笠間書院、一九九九年）第一章三「『雨月物語』の遊戯性」。
（5）『四国遍礼霊場記』の挿絵に登録されており、「白峯」の挿絵にも描かれている。
（6）三島由紀夫「小説とは何か」（『三島由紀夫全集』第三三巻、新潮社、一九七六年）。
（7）田中康二「高野山の一夜──「仏法僧」の闇と夢」（『江戸文学』一四、一九九五年五月）。
（8）井上「語りと隠喩──『雨月物語』の近世と近代」（『読本研究新集』七、二〇一五年七月）。
（9）水谷不倒『選択古書解題』（『水谷不倒著作集』第七巻、中央公論社、一九七四年）、中村幸彦『近世小説史』（『中村幸彦著述集』第四巻、中央公論社、一九八七年）、浜田啓介「古実今物語」（『日本古典文学大辞典』岩波書店、一九八四年）。
（10）井上校訂代表『清涼井蘇来集』（『江戸怪談女芸名作選』第三巻、国書刊行会、二〇一八年）解説。本作の校訂は郷津正。

（11）井上（10）前掲書解説。
（12）松田修「「血かたびら」の論――春雨物語の再評価」（「文学」三二・二、一九六四年二月）。
（13）以下、『春雨物語』からの引用は、通俗的小説性の色が残る文化五年本系統の昭和女子大学図書館本によった。
（14）井上・一戸渉・三浦一朗・山本綏子『春雨物語』（三弥井古典文庫、三弥井書店、二〇一二年）。「二世の縁」の担当は井上。
（15）長島弘明「秋成にとって『春雨物語』を書く意味とは」（松田浩・上原作和・佐谷眞木人・佐伯孝弘編『古典文学の常識を疑う』勉誠出版、二〇一七年）。
（16）森山重雄『幻妖の文学　上田秋成』（三一書房、一九八二年）。
（17）注（8）前掲論文。
（18）飯倉洋一「「血かたびら」の語りについて」（『秋成考』翰林書房、二〇〇五年）。
（19）内田保廣「「不才」の作家」（水野稔編『近世文学論叢』明治書院、一九九二年）、鈴木圭一『中本研究――滑稽本と人情本を捉える』（笠間書院、二〇一七年）「写本『古実今物語』・『当世操車』考」。
（20）井上「『武家義理物語』の語り――西鶴・秋成・虚子」（「日本文学」六六・一、二〇一七年一月）。

化け物としての分福茶釜

網野可苗

はじめに

『文福茶釜』は、巌谷小波によって「日本昔噺」叢書（全二十四冊）の一冊として、明治二十八年（一八九五）に博文館より刊行された。あらすじは次の通りである。

昔、上野国館林の茂林寺に、茶の湯好きの和尚がいた。和尚はある日立派な茶釜を手に入れ自慢していたが、和尚の居眠り中に足の生えた茶釜が歩き回っているのを弟子坊主が見つける。一向に信じようとしない和尚であったが、その晩茶釜を火に掛けると「熱い」と言って飛び出した。困った和尚はこの怪しい釜を出入りの屑屋に売り、屑屋は大喜びで持ち帰る。その晩、枕元で呼ぶ声がし、見れば手足の生えた茶釜が、「文福茶釜という狸の化けた茶釜」と名乗り、自分を大切にすれば幸福が訪れると言う。狸は養ってもらう代わりに見世物小屋で軽業を披露すると、忽ち評判になり、大繁盛。屑屋は欲深くない男であったため、毎日働かせることを可哀想に思い、稼いだ金の半分を添えて茶釜を茂林寺へ返した。その後、文福茶釜とあがめられ、寺の宝物となった。

「日本昔噺」叢書は、社告に「敏妙無類の奇想を凝らし快筆を揮ひ、古搆に就て新案を立て、一層面白くして有

【図1】『日本名作おはなし絵本　ぶんぶくちゃがま』表紙（富安陽子・文、植垣歩子・絵、二〇一〇年、小学館）

【図2】館林市観光マスコットキャラクター「ぽんちゃん」

益なるやう綴らる、[1]」と記されるように、近世以前の古伝承を踏まえながらも、打ち出した新奇な趣向が眼目であったようで、同叢書がそれ以後の昔話に与えた影響は極めて大きかった。『文福茶釜』に関しても、現代の我々が想起する茶釜の体をした狸が見世物小屋で綱渡りする愛らしい様子【図1】はまさにこれ以降固定化したといえる[2]。

この『文福茶釜』の狸は、現在群馬県館林市の茂林寺に由来するキャラクターとしても広く認知されているようで、館林市の公認キャラクター「ぽんちゃん」【図2】は分福茶釜を下敷きにしたものであるし、日本国内の土産物として一定の人気を保つ「ご当地キティ」も、館林では分福茶釜に扮している。

このように現在においてもキャラクター性を確立している分福茶釜であるが、そのあらすじに関して言えば案外統一されているとは言いがたく、それは児童文学の一として出版された冊子のいくつかを見ても明白である。例えば児童文学作家として有名な瀬田貞二によって綴られた分福茶釜の話[3]は、貧しい老爺が子供にいじめられていた小狸を助けたところ、その小狸は恩返しとして茶釜に化け、自らを寺へ売るよう助言、その通りに行動した老爺が金を得るという報恩譚となっている。また寺村輝夫が採録したのは、貧乏な老爺を化かそうとして懲らしめられた狸が、命を助けてくれれば代わりに金持ちにしてやると言って、右と同様に展開する話(4)であるなど、その形の一様でないことがわかる。

このあらすじの曖昧さは、巌谷以前の古典や伝説において、この説話が常に転変の波にもまれてきたという歴史と無関係ではないだろう。そして、「狐狸が化けていたずらをする」という怪談が狐狸の話にあってはポピュラーな部類に入るにもかかわらず、前述した明治以降の扱われ方が影響したのであろう、現代の我々は分福茶釜に対し、そうした怪談話としての認識をほとんど持ちあわせていない。

しかし近世期において、分福茶釜にはたしかに怪談として語られていた側面がある。そしてそれに留まらず、一方では化け物として登場しながらも、一方では恩返しのために主人の敵討を手助けする狸として登場するなど、現代の昔話（童話）に描かれるような愛らしさ以外の要素が数多く見出せるのである。

本稿では、近世期における分福茶釜説話の流れを押さえた上で、草双紙における怪談としての側面や、特にこれまで注目されてこなかった様々なキャラクターとして登場する分福茶釜に注目し、分福茶釜説話の跡を辿りたい(5)。

一　分福茶釜説話の諸相

まずは、先行研究をもとに巌谷以前の様々な分福茶釜説話を、そのルーツごとに整理しておきたい。

①茂林寺の分福茶釜

群馬県館林市の青龍山茂林寺は、曹洞宗の名刹にして、いくら湯を汲んでも尽きることがないと言われる分福茶釜を什物として所蔵していることで知られている。当寺に分福茶釜が伝えられることになった経緯は次の通り

である。(6)

応永三十三年（一四二六）、当寺の開祖大林正通に従って伊香保からやって来た守鶴は、代々の住職に仕えていた。元亀元年（一五七〇）、七世月舟正初の代に千日法会が行われることとなり、大勢の来客をもてなすための湯釜が必要になるが、守鶴が一夜のうちに茶釜を調えてきた。この茶釜はいくら湯を汲んでも尽きることがなく、守鶴自ら「分福茶釜」と名付け、茶釜の湯を飲むと八つの功徳を授かるということであった。しかし守鶴はその後、居眠りをして狸の正体を晒してしまったため、寺を去ることとなり、去り際には源平の屋島の合戦を再現して見せ、人々が感涙にむせぶ中、飛び去ったという。

このように、狸の化身であった僧守鶴によってもたらされた不思議な釜こそが分福茶釜であった。この守鶴の登場する分福茶釜説話は、茂林寺の縁起として様々な形で残っている。(7) 近世期の開帳に合わせて刊行されていた略縁起（『分福茶釜略縁起』）に伝わっているほか、地方の伝承を採録した菊岡沾凉『本朝俗諺志』（延享三年〈一七四六〉刊）巻一の十九「茂林寺の鶴」にも、元禄年中に館林の茂林寺にやってきた守鶴が狸という正体を見顕され、寺を立ち去る際に、庭に讃州八幡元暦の合戦や源平の戦い、霊鷲山説法の様子などをあらわしたと書き留められている。また名文章家として知られる清田儋叟も『孔雀楼文集』に「記茂林寺二異」として茂林寺と守鶴にまつわる話を記している。さらに近世後期に広く読まれた実録風読物『真書太閤記』にも、「廐橋城寄手難戦の事　分福茶釜の事」として茂林寺の守鶴についての記事があり、当時茂林寺の古狸の神通力によって火事がおさまるなどの奇特が起きたとある。(8)

このように茂林寺に伝わる分福茶釜説話は、極めて広く受容されていたことがわかる。なかでも『本朝俗諺志』は、かつて稿者も指摘したように、(9) 近世中期以降の草双紙作品の重要な取材源ともなっており、分福茶釜説話においても『分福丹頂鶴』など本書に取材した草双紙が作られていることから、茂林寺系説話が広く認知されるきっかけを作った作品であるといえよう。

そして、この伝承について留意しておきたいのは、茶釜には湯が尽きないという奇特こそあれ、狸が化けていたのはあくまでも守鶴であって、決して茶釜ではないということである。つまり、いくら茶釜を火にかけたところで、手も足も尾も出ることはない。

②狸が化ける茶釜

一方で、僧守鶴が登場せず、狸（や狐・貉）が茶釜それ自体に化けていたという話も数多く伝わっている。その例として『京東山ばけ狐』に連なる赤本作品を挙げることができる。赤小本『京東山ばけ狐』[10]、改題本である赤本『ぶんぶく茶釜』（近藤清春画、享保頃刊、稀書複製会本）、及びその改作である赤本『ぶんぶく茶釜』（国立国会図書館蔵）は、狐と貉という違いや清春による趣向の凝らしこそあれ、ほとんど同内容である。いま仮に『ぶんぶく茶釜』（国会本）によって話の概要を記すと、東山殿の茶坊主に捕らえられた貉は、逃げだして茶釜に化けるが、坊主に火に掛けられたために暴れ、「分福茶釜に尾がはえた」と寺中大騒ぎになる。その罰として追い出された坊主に睾丸を広げかぶせた貉は、結局坊主に捕らえられ、御前に引き出される。ここには茂林寺も狸坊主も登場しない。

このような茂林寺の縁起とは関係のない作品、かつ狸が分福茶釜に化ける話が広く享受されていく背景には、「分福茶釜に毛が生えた」という囃子詞が一つの流行語となっていた当時の状況があった。

俳諧撰集『武運福茶釜』には、守鶴の正体がばれ、寺を去ったことを記した後、「分福茶釜に毛が生たといふ諺は此時よりいふなるべし。元禄の頃[11]」と記されており、元禄頃から使われはじめたものであったという。この語は、近松門左衛門の浄瑠璃『双生隅田川』（享保五年〈一七二〇〉初演）でも「ぶんぶくちやがまにけがはえた。ちやせんでそつてもまだそれぬ[12]」と記されるほか、右に挙げた赤本にもその使用が認められること、榎本の指摘するところである[13]。

当然のことながら、この囃子詞は茶釜の正体が狸であってはじめて成立するため、狸が守鶴に化けていた茂林寺系の話からこの詞が生まれたと見るのは不自然である。むしろ全国各地に分布が確認できる分福茶釜伝承をその発生の背景として考えるべきであろう。昔話の分布に関する諸研究(14)からも明らかなように、狐狸が茶釜に化けて寺に渡るという話型は全国的に見え、茂林寺以外の寺院でも縁起として組み込まれている場合がある。恐らく近世前期頃にはこのような形で狸が茶釜に化ける話が存在しており(15)、そこから囃子詞が生まれ、右の赤本のような出版が重なることで、更なる流行が生まれたのであろう。

こうした複雑な流れにいち早く反応し、見解を加えていたのもまた、先述した菊岡沾涼『本朝俗諺志』であった。本書は茂林寺系の話を採録するものの、流行していた囃子詞との間にある齟齬を無視することができず、次のような説明を加えている。

ぶんぶく茶釜に毛がはへたといふ口ずさみは、此守鶴よりおこりける。守鶴茶釜を金十両にてあつらへ出来の良金子をすかし、釜をとりて帰る。跡にて見れば、件の金子みな木の葉なりける。おどろき追かけ此事をいふに、「急けるほどに、さやうの事もあるべし。」といふ。我は茂林寺の守鶴也。いつのころは誠の金を倍にしてつかはすべし」といふ。「さてはしれもの也」とて帰りぬ。此の釜を庵室の囲炉裏《いろり》にかけ置、一度水をさせば、五七日がほど涌出て、水をさす事なし。常にぶんぶく〳〵と沸《たぎり》ける。守鶴生をあらはしければ、「此釜のぬしは毛が生《はへ》たり」と人々いひあへり(16)。

すなわち、「ぶんぶく茶釜に毛がはへた」とは「茶釜に毛が生えた＝狸が茶釜に化けていた」という意味ではなく、「ぶんぶく茶釜の主人に毛が生えた＝狸が茶釜の主人に化けていた」という意味であると、わざわざ茂林寺系の話に沿うような解説を付け加えているのである。ここからわかるのは、『本朝俗諺志』出版時にこのフレーズがかなり一般的であったであろうことで、これはその齟齬を埋めるための補足説明と見るのが自然であろう(17)。

このように流行していた狸が分福茶釜に化ける話には、他にも十返舎一九の黄表紙『化物小遣帳』（寛政八年〈一七九六〉刊)、同『増補分福茶賀間』(寛政十一年〈一七九九〉刊)、大田南畝『四方の留粕』(文政二年〈一八一九〉刊)下巻「狸の図賛」など数多くあり、茂林寺系の説話とは異なった受容の流れがあったことが窺えよう。

狸が分福茶釜に化ける作品について榎本は、「(茂林寺の)文福茶釜の伝承が一人歩きを始め、守鶴を介在しない別のストーリーに展開し」たものとし、「近世中期以降、茂林寺の伝承を基にした守鶴の伝説と、狸等が文福茶釜に化ける話の二つが混在していた」と論じる。首肯すべき見解であろう。ただし、この見解に一点補足をしておきたい。すなわち、もともと全国各地に存在した狐狸のいたずら話の一パターンであった「狸が(分福)茶釜に化ける」という話型のうち、主として茂林寺縁起が『本朝俗諺志』をはじめとする出版物に取り上げられたことで、舞台を「館林茂林寺」に設定する作品が目立つようになるものの、文芸作品においてその舞台設定はさほど重要ではなかった。なにより「化狸の話」(「分福茶釜に毛が生えた」という流行語)を取り込むことが眼目であったために、守鶴という僧を介在させる必然性がなくなった結果、彼の登場する作品が減少し、「茂林寺」という舞台も作品内容に深く関わることなく、いわば有名無実化していったと考えるべきではないか。[18]

たとえば、『分福茶釜/功薬鑵平』(鳥居清経画か、明和九年〈一七七二〉刊)は後述の通り笠森お仙事件を当て込んだ鍋や薬罐らが登場する作品である。作中には「鶴」と名の書かれた狸が描かれ「もりんじのぶんぶく」という語が見えるものの、その設定が作品に活かされることはなく、さらに茶釜と狸が一体化した絵からも、もはや一つ一つの要素が意味を失いつつあったことが看て取れよう。[19]

こうして、現代まで続く「茂林寺の分福茶釜」「狸が化ける茶釜」という要素は、近世中期頃に至って綯い交ぜになったのであった。

③「とんだ茶釜」との接近

「分福茶釜に毛が生えた」という流行語が、分福茶釜を取り込んだ文芸作品の広がりに大きく関係していることを述べてきたが、さらにもうひとつ別の流行語もこの説話の広がりに少なからず影響を及ぼしたと考えられる。それが「とんだ茶釜」である。

「とんだ茶釜」という流行語に関しては、大田南畝『半日閑話』の記事に詳しい。

> とんだ茶釜　明和七年庚寅二月、此頃とんだ茶がまが薬罐に化けた、と云詞はやる。按るに、笠森お仙他に走りて、跡に老父居るゆへの戯れ事とかや。[20]

ただし「とんだ茶釜」という語は明和以前にも見られることが木村八重子によって指摘されており[21]、必ずしもその発生が明和に求められるわけではないが、「とんだ茶釜」が流行語になったのには、この笠森お仙の事件が大いに関係していることは確かである。

富川房信画『化物とんだ茶釜』（安永頃刊）はいたずら狸が茶釜に化けるが、和尚に火にかけられて正体を顕し、山へ飛んで逃げたことから「とんだ茶釜」という語ができたのだと結ぶ。本作は、「とんだ茶釜」の語源である笠森お仙の一連の出来事を取り扱った浮世草子『風流茶人気質』に取材しながら、「とんだ茶釜」という流行語を軸に分福茶釜の世界を取り入れたものであることが、すでに松原哲子によって指摘されており[22]、他にも笠森お仙事件と分福茶釜話を組み合わせた作品として『金時／狸の土産』や『分福茶釜／功薬鑵平』などが紹介され、単なる「茶釜」つながりではあるが、思わぬところで分福茶釜が利用されていたということがわかる。

ちなみに、黄表紙『辞闘戦新根』（恋川春町作、安永七年〈一七七八〉刊）では時代遅れの流行語として「とんだ茶釜」が登場することから、（当然ながら）流行語の命は短かったことがわかる。しかし分福茶釜はその廃りとは命運を共にすることなく、その後も広く登場していた。

二　化け物分福茶釜

ここまで主に近世期における分福茶釜説話の諸相について略述してきたが、この説話にある種の怪談・奇談的要素を見出し、真っ向から論破しにかかったのが、『陰陽外伝磐戸開』という一書に収まる一段である。(23)

本書は烏伝神道の創唱者でもある賀茂（梅辻）規清が、様々な怪異を取り上げその虚を暴き理を説くもの。その内の「分福茶釜之辨」では、まず茂林寺系の分福茶釜話を紹介し、「此物語《このものがた》り遍《あまね》く世上に弘《ひろま》り、分福茶釜の咄《はな》しは立子《たつこ》居《い》去子《ざるこ》迄言《いゝ》もてはやせり」とその話が子供達をはじめとする多くの人々に広く認識されていたことを記す。その上で、「但《たゞ》し上件々《かみけん〳〵》の物語《ものがた》りは土民《どみん》の伝《つたへ》にして其実《そのじつ》を不知《しらず》と雖《いへども》　酷《はなはだ》　不審《ふしん》也」と続け、「県主《あがたぬし》の考《かんがへ》いかにと或人問ひければ」と、以下「県主」（規清）の説を述べる。すなわち、古来闇夜に狐狸が臆病な人間を化かすことはあるが、白昼に人間に化け、長年住僧として人と交わるといった例は存在しないことから、茂林寺系の分福茶釜話を「考《かんか》ふるまでもなく虚語《きだん》なり」と一蹴する。しかし、人々の胸中にはそれぞれ貉がおり、それゆえ人道に外れた所行をなすのであり、まさに我々は皆「貉の主客《しゆかく》」であると説き、この分福茶釜の話は「玄妙悟道を得たる時、弥々貉の離て天心合一に成たる義」を後学に示した方便であるなどと答えたという。

持論を説く一つの取掛かりとして分福茶釜が挙げられているが、そのねらいを措いても、ここには怪談の虚を暴く弁惑物のごとき趣きがあり、このような記事自体が、逆説的に分福茶釜に怪談・奇談的要素を見出した人々の存在を示している。

その萌芽を、あるいは早く各地の奇談を多く収録した『本朝俗諺志』に見出すことも可能であろう。ただその淵源はどうであれ、広く持たれていたと思しい分福茶釜説話への怪談・奇談的意識が背景にあったためだろうか、分福茶釜というキャラクターそれ自体が化け物として扱われていく例が近世中後期に非常に多く見られるのであ

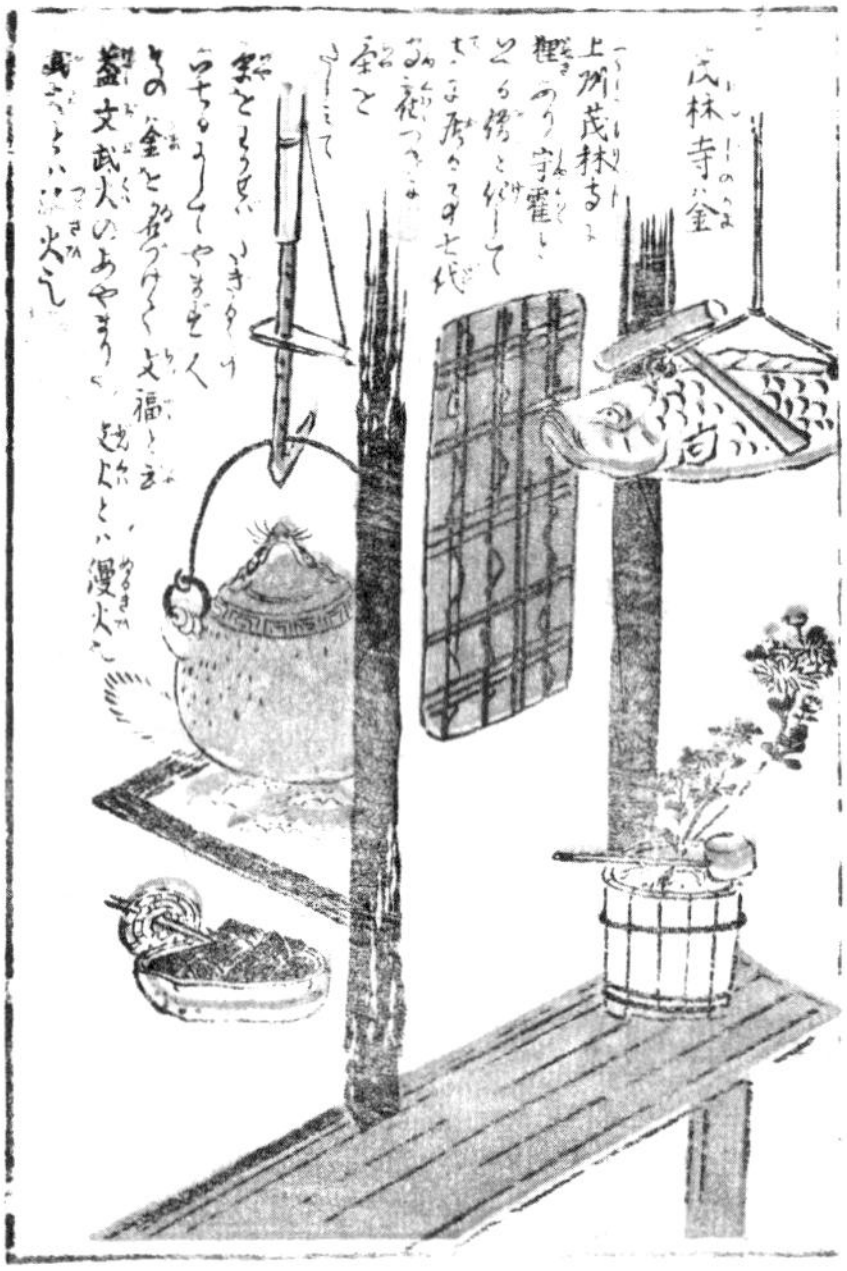

【図3】『今昔百鬼拾遺』「茂林寺釜」（国立国会図書館蔵）

る。

妖怪画で名を馳せた鳥山石燕の手に成る『今昔百鬼拾遺』（安永十年〈一七八一〉刊）に「茂林寺釜」と題した一図がある【図3】。文は守鶴が不思議な釜を持ち来たったという茂林寺の縁起を承けたものであるが、一方でその図に描かれるのは茶釜から狸の頭や尾が出た姿であり、狸と茶釜とが融合した一つの妖怪としての認識を窺わせる(24)。

いま一つは、分福茶釜が江戸を代表する「当地の化物」として描かれた『古今化物評判』である。本作は談洲楼（烏亭）焉馬作、五渡亭（歌川）国貞画の合巻で、文化十一年（一八一四）江戸西村屋与八より刊行された。酒呑童子ら上方の化け物が世渡りのため江戸へ向かうが、歌舞伎の名俳優たちの化け物っぷりに驚き退散する羽目になる。打つ手のなくなった童子は当地の化け物を頼るよりほかないと、茂林寺の狸を訪ね、助言を乞う(25)。

かうづけの国茂りん寺にむかししゆくわくといふなつしよ坊主、これは名のたかい古だぬき。文ぶく茶がまに毛がはへたトいふことはざあり。此たぬきをたのまんとたずねゆき（中略）やがて化ならいの狐のぶすまなどをよびあつめ、ぶんぶく茶がまにて茶をせんじ(26)

と、着物姿の古狸が描かれる。茶釜と古狸（守鶴）とが分けられた形であるが、狸の化けるそれは「化け物」に他ならず、その威は上方の酒呑童子と並ぶほど、まさに江戸の土地を代表する化け物として遜色のない知名度を誇ったのだろう。

また化け物界のお家騒動を描いた曲亭馬琴『化競丑満鐘』（寛政十二年〈一八〇〇〉刊）にも「文武火茶釜《ぶんぶくちゃがま》」が登場する。三ツ目入道の子息白狐之介と見越し入道の子女ろくろ姫との婚姻に際し、互いの家の重宝を交わす段で、見越し入道の忠臣であった山寺の狸が保管していた重宝の文武火茶釜は天狗らの謀略で奪われてしまう。しかし狸の機転により、無事天狗らから茶釜を取り戻すことに成功する。茶釜自体が妖怪化してはいないものの、妖怪の重宝として登場することには注目される。また、茶釜を持つ狸には、狸和尚であった守鶴の像が反映されていることは想像に難くない。

このように化け物の文脈で語られはじめた分福茶釜であったが、しかし一妖怪として消費されるに留まることはなかった。それは分福茶釜が「狸」と密接な関係にあることが大いに影響していたと言えよう。

三　化け狸の恩返し

分福茶釜の草双紙には、第一節で紹介した茂林寺系と狸が茶釜に化ける系統の二つに加え、狸（または狐）の報恩譚があるという。(27)狸（狐）の報恩譚そのものは決して珍しいものではないが、それが草双紙において分福茶釜と結びついたことは興味深い。

捨楽斎作の談義本『当世穴噺』（明和八年〈一七七一〉刊）(28)は、書名からもわかるように、同書刊行の二年前（明和六年）に出版され、大ヒットした談義本『当世穴さがし』の影響を強く受けた作品である。本作は、茶商人である冨田が代々愛用していた茶釜が、ある日報恩のため高祖頭巾に変じ、二人は江戸見聞の旅に出るというもので、この頭巾を被ると人々から姿が見えなくなり、物が話す言葉がわかるようになるので、辻駕籠や古着、古本などの話を聞いてまわっていく。

茶釜とあるものの、一見分福茶釜との関係はわかりづらい。しかし、序に「童子之聞レ言ヲ則昔々瀛令旧狸豊福茶釜化与《ケスト》焉根ニ附《モトツイテ》于此一而一篇之作《ナシテ》ニ興談一而徒然之為レ助」とあることから、本作構想の契機に分福茶釜があったことがわかる。また自序「是や茶釜がやくわんに変ぜしと世人の口ずさみ理りなれや」の一文や主人公「冨田《とんだ》」の名から、「とんだ茶釜」の流行にあてこんだものであったことも明白である。前掲の「分福茶釜之辨」と同様、平易な談義のため分福茶釜が利用されていることは、受容の広さを窺わせる。

さらにこうした分福茶釜の報恩譚は、山東京山作・勝川春扇画の合巻『物草姫昔雛形』（文化八年〈一八一一〉刊[29]）にも取り入れられている。本作は、佐々木春時が異母弟八剣左衛門に暗殺されることで巻き起こるお家騒動の話である。

本作でまず注目したいのは、佐々木春時暗殺の罪を着せられた金魚屋女房お金が、以前助けた狸によって難を逃れる場面である。お金は佐々木家御出入りの金魚屋で、春時暗殺の黒幕が八剣左衛門であることを知ってしまったことで、暗殺の濡れ衣を着せられてしまう。その牢に捕らわれたお金を助けたのは、以前屋敷の金魚を食い荒らし、それがばれて殺されそうになったところをお金に助けられた一匹の狸であった。

人のものいふごとく、ことばをいだし、「それがしはもりんじの山にとらふる、ぶんぶくといふたぬきなり。さきごろおんみにあやうき一命をたすけられ、そのおんをむくはんため、ひとやの内より此ところへぬけあなをほりうがち、おん命をたすけし也」

ここでお金を助けた狸は「もりんじ」の「ぶんぶく」という狸であり、彼はお金を牢より救い出すため、一夜のうちに抜け穴を掘って、恩を報ぜんと馳せ参じたのであった。そして八剣の悪事を阻むため「ぶんぶく」は茶釜に化ける。

かねぐ〵ひぞうありしあしやがま、ほうぞうよりとりいだされ、（中略）これまではあやしきこともなかりしが、こいちやをたてんとなしけるとき、あやしきかな、あしやがま、おのれとうごきいだし、としふるたぬきとなってにはへとびいで、たぬき人のものいふごとくいひけるは「われはさきの日、氏王どのにたすけられたるぶんぶくといふたぬきなるが、八つるぎざへもん、けふの茶のゆにあしやがまを用い、かまの内へどくをぬり、お国ごぜん氏王どのをがいせんとはかりしゆゑ、われあしやがまにすがたをかへ、此ばのなんぎをすくひし也」といづくともなくとびさりけり。

「ぶんぶく」は、かつてお金や氏王丸に命を助けられた報恩のため、「芦屋釜」に変じ、八剣による毒殺の謀から救うことに成功する。

ところで本作は、右のように茶会や茶の湯が話の鍵となるなど、随所に取り入れられた茶道の要素に大きな特色がある。その理由として、京山が茶道を得意としていたことが指摘されているが[30]、ここではむしろ先行する浄瑠璃『十帖源氏物ぐさ太郎』（浅田一鳥他作、寛延二〈一七四九〉年十一月四日、大坂豊竹座初演）を下敷きにしていることに目を向けるべきであろう。『十帖源氏物ぐさ太郎』は佐々木家当主佐々木義賢の暗殺事件をきっかけとしたお家騒動の話であるが、『物草姫昔雛形』との共通点は、話の筋立てをはじめ、金魚屋金八夫婦や、お国御前、芦屋姫といった登場人物の一致からも明らかで、さらには登場人物名の説明として、『物草姫昔雛形』作中に、

作者曰、金魚屋の金八といふ名は、かの物ぐさ太郎の浄瑠璃本に見ゆるゆゑにこゝにかり用ゆ

とあることからも両者の密接な関係は疑いようがない。

『物草姫昔雛形』の右の引用で「ぶんぶく」は「芦屋釜」に化けているが、この「芦屋釜」は『十帖源氏物ぐさ太郎』においても重要な道具として登場しており[31]、『物草姫昔雛形』の「芦屋釜」の趣向が『十帖源氏物ぐさ太郎』を下敷きにしたものであることは明らかである。

『物草姫昔雛形』の趣向に関する詳述は稿を改めるが、話の枠組みだけでなく、同作の特徴として挙げられる茶の趣向の大半が先行作に材を得たものであることから、敵の詮義の鍵となる「芦屋釜」がまず念頭にあり、そこに京山が分福茶釜の要素を取り入れ、さらに「茶づくし」の作品としたのであろう。

これら分福茶釜の登場する作品が報恩譚という性格を持つことは、前述の通り昔話では珍しくなかった狐狸による報恩譚の存在からも自然な発生と捉えられようが、ここで注目すべき要素は、それらが徐々に敵討物の様相を呈してきたということである。これは寛政の改革以降の敵討物の流行とも相即するものと思われるが、こうした傾向が一層強まった作品が不乾斎雨声作・喜多川月麿画の合巻『復讐文福茶家満』（文化九年〈一八一二〉刊[32]）である。

貧農次郎作は、近福寺の僧「文めい」の正体が狸であることを知るが、口外しないことを約束する。ある夜次郎作は頼母子講で大金を受け取った後、寺の食客武八の誘いで寺に一泊するが、武八は次郎作を殺して金を奪う。三年後、次郎作法要の場に訪れた旅僧文めいは、次郎作が武八に殺された経緯を伝え、次郎作が文めいの正体の秘密を守り通した恩を返しにきたと言って消える。事実を知った次郎作妻子は、かつて武八に父や妹を殺された浪次郎らと共に敵討に出立し、侍に化けた文めいの幻術という助けもあり、無事に武八を討ち果たす。

本作は、末尾の作者口上にある「御子様方御存のぶんぶく茶釜に流行のかたき討をこぢ付[33]」という文言からも明らかなように、敵討の話に分福茶釜の様々な要素を組み合わせたものである。分福茶釜説話と比べると、茂林寺ではなく近福寺が舞台となっていること、守鶴一人が担っていた、茶釜を持ち来ることと正体が狸であることの二つの役割が、それぞれ僧「はくがく」と僧「文めい」に分けられていることなど、異なる点も多いものの、特に序盤は分福茶釜の要素が大いに利用されながら話が展開していく。

しかし、ここで注目したいのはむしろ敵討の要素が濃くなる後半である。狸の「文めい」は秘密を守り通した次郎作の恩に報いるため、妖術を駆使して武八に幻の大屋敷を見せ、武八への敵討に一役買うこととなる。敵討話として再構築されるなかで、様々な人物に化けたり、人を幻術で惑わせたりするという、分福茶釜における茶釜への変化という要素以外の、いわば化け狸によく見られる要素が強められており、まさに分福茶釜の怪談的側面の増幅を見ることができよう。

このように前代から存在した報恩譚としての話型に加え、近世中期以降の時流にも乗って敵討話との接近が顕著となってきた分福茶釜は、その過程で広く化け狸の要素と深く結びつき、奇談・怪談的要素を増やしながら展開していったものと思われる。

まとめ

以上、分福茶釜説話の近世期における展開を整理した上で、特に近世後期、時流に即した敵討物との融合が進んでいくこと、そしてその背景にある既存の化け狸イメージとの接近や、分福茶釜に対する奇談怪談としての認識を見てきた。

明治三十五年（一九〇二）に三新堂から刊行された揚名舎桃李口演・浪上義三郎速記『文福茶釜茂林寺奇談』は、茂林寺近くに住む新六の子新蔵が溺れたところを茂林寺の狸が助け、それが縁で親しくなり、新六の敵討を狸の神通力などで手助けする話である。序では書肆の次のような言が述べられている。

茂林寺の怪や人皆是を知る。然れども唯た一面なり。童話として是を知れるのみ。書肆感ずることあり、当代知名の揚名舎桃李氏に托して新に流暢塊麗の弁を以つて是を写す。真に絶代の傑著なり。敢て一本を読者諸君に推す。(34)

ここからは、明治も半ばを過ぎた頃には、分福茶釜説話が専ら童話として認知されていたことが窺え、その現状に業を煮やした書肆の要請によって、「茂林寺の怪」の童話以外の一面を揚名舎桃李が口演したものであると記される。近世後期の流れを汲み、分福茶釜が幻術を使い恩人の敵討を手助けするという本作は、まさに前代の精神が息づく作品なのであった。

明治期における昔話の活字化は、昔話を童話として広範に普及させるという大きな役割を果したが、その一方で、一つの話・キャラクターを様々な形に生み変えていくという、近世期のそこに当然としてあった想像力を封じ込め、固定化させていく過程であったともいえよう。それは分福茶釜に限らず、浦島太郎や物くさ太郎なども同様である。現在私たちのよく知っている昔話の登場人物や妖怪が、実は近世期にはそうした束縛からは自由で、より闊達に動き回り、様々な作品に顔を出していた様子は、彼らのまた違った魅力を私たちに伝えてくれる。そしてその大らかさこそが近世中後期の草双紙の特色と言えるのではないだろうか。

注

（1）第一冊「桃太郎」初版に掲載されたもの。本文は国立国会図書館蔵本（特四七‐六七三）の国立国会図書館デジタルコレクション画像による。なお引用に際し、適宜私に表記を改めたところがある（以下同）。上田信道「巌谷小波「日本昔噺」叢書の書誌的研究」（『学大国文』第四五号、二〇〇二年三月）によれば、この社告は創刊の辞として位置づけられ、無署名ながら企画意図を伝える。

（2）ただし、早く竹内栄久画『ぶんぶくちや釜』（明治十三年）や木村文三郎編『ぶんぶく茶釜』（明治十五年）にも見世物をするぶんぶく茶釜の描写が見出せ、それ自体を巌谷独自のものであるとすることはできない。とはいえ、「日本昔噺」の後代における享受の広さを考慮に入れるならば、現在の分福茶釜のイメージは、巌谷の『文福茶釜』とそれを下敷きにした多くの出版物によって形作られていったのだろう。ちなみに「見世物小屋」のイメージは、幕末明治期の見世物の流行と無関係ではないように思われる。前掲の木村文三郎編『ぶんぶく茶釜』が、

「なりものにつれおどりをなし、しょげいをすること、たけざはとうじもなか〳〵かなわぬくらゐなり」

（傍線は稿者による〈以下同〉。本文は国立国会図書館蔵本〈特六〇‐四八六〉の国立国会図書館デジタルコレクション画像による）

と当代の名人竹沢藤治を引き合いに出していることも、その徴証となろうか。

（3）初出は『母の友』一九六一年二月号であるが、近年復刻版として刊行された『さてさて、きょうのおはなしは……日本と世界のむかしばなし』（二〇一七年、福音館書店）にも採録されている。

（4）寺村輝夫文・ヒサクニヒコ画『寺村輝夫のむかし話　日本むかしばなし5』（一九八二年、あかね書房）。

（5）本稿の「ぶんぶくちゃがま」の表記は、それぞれの書名などに合わせる場合を除き、「分福茶釜」に統一した。なお「ぶんぶく」の表記やその由来についても、はやく新渡戸稲造「分福茶釜の解」（『教育報知』第六五四号、一九〇四年二月）や志田義秀「分福茶釜の伝説童話」（『日本の伝説と童話』一九四一年、大東出版社）で論じられているが、本稿では触れない。

（6）『甲子夜話』巻三五所収「縁起」。国立国会図書館蔵『諸国寺社諸縁起』所収「分福茶釜略縁起」と同文で、榎本千賀「茂林寺と分福茶釜」（『大妻女子大学紀要文系』二六号、一九九四年三月）によれば寛政十二年（一八〇〇）の開帳の際に版行されたと推測される。なお茂林寺公式ホームページにも詳しい。

（7）茂林寺の略縁起に関しては注（6）榎本稿に詳しい。なお榎本稿にはその他、寺院の調査や伝承の整理などの成果があり、分福茶釜の諸問題を考える上で参考にした。

（8）加えて、『一言一話』「狸塚」などの随筆類や、録山人信鮒の咄本『文武久茶釜』（享和二年〈一八〇二〉刊）序に茂林寺の名が見えているほか、名古屋藩士の句を集めた大鶴庵塊翁編の俳諧撰集『文武具茶釜』（文政三年〈一八二〇〉刊）の序でも、茂林寺系説話が引かれており、作品ジャンルを超えて見られることからも、人口に膾炙していたことが知られる。

（9）拙稿「『物くさ太郎』享受の一側面――黒本における物くさ太郎像を中心に」（『上智大学国文学論集』四七号、二〇一三年）。

（10）現在は所在不明。水谷不倒は菱川師宣画と推定する（『草双紙と読本の研究』一九三四年、奥川書房）。

（11）藤園堂文庫蔵本。国文学研究資料館所蔵紙焼写真（D七七三二）による。書名は内題により、統一書名は『文武具茶釜』。

（12）本文は『近松浄瑠璃集下』（新日本古典文学大系九一、松崎仁他校注、一九九五年、岩波書店）による。

（13）注（6）榎本稿。

（14）『日本昔話事典』（稲田浩二他編、一九七七年、弘文堂）、注（6）榎本稿など。

（15）他にも小谷成子「ぶんぶく茶釜考――話の変遷を中心に」（『愛知県立大学文学部論集　国文学科編』三四号、一九八四年）は享保頃の赤本と『分福丹頂鶴』以降の草双紙との内容の断絶に注目し、後者の内容が地方の伝承を記す『本朝俗諺志』の延長上にあることから、「茂林寺の話は、赤本とはよく似た別種の話として存在していた」と指摘する。

（16）本文は国文学研究資料館蔵本（ヤ六-四六-一）の新日本古典籍総合データベース画像による。なお引用文について、本稿では原文に適宜句読点を補っている。

（17）『分福丹頂鶴』にも「しゆくわくたちさりしのち、此かまの事をぶんぶくちやがまのぬしにけがはへたといふ事也」とあり、

『本朝俗諺志』にあるこの説明が特に茂林寺系説話を採る作品に受容されていたことがわかる。

(18) もちろん近世中期の文芸作品における分福茶釜説話において、先の茂林寺系の説話が茶釜に化けた狸の話に取って代わられたというわけでは決してなく、随筆等の縁起を記すという意識の強い作品には、茂林寺や守鶴の話が数多く載る。

(19) 他にも『増補分福茶賀間』（十返舎一九作）では、捕らえられた狸が逃げ出し、和尚秘蔵の分福茶釜に化けるが、その舞台はどこの国かわからない、「ぶんぶく寺」であり、茂林寺の名は出ない。

(20) 『日本随筆大成』第一期第八巻（一九九三年、吉川弘文館）による。

(21) 木村八重子他校注『草双紙集』（新日本古典文学大系八三、一九九七年、岩波書店）解題。

(22) 松原哲子「富川房信画『とんだ茶釜』考」（『實踐國文學』六〇号、二〇〇一年十月）。

(23) 『陰陽外伝磐戸開』全四篇（嘉永元年〈一八四八〉以降成）については『烏伝神道』（続神道大系論説編、第四巻、二〇〇一年）の末永恵子解題に詳しい。版本は初篇のみ明治二年（一八六九）に刊行されたが「分福茶釜之辨」は含まれない。のちに井上勝五郎によって明治二十四年（一八九一）に刊行された活字版には、二篇以下を含む全体の翻刻が備わり、それに照らせば益田勝実旧蔵の写本『分福茶釜』は、『陰陽外伝磐戸開』から「分福茶釜之辨」部分を抜き出したものであることが知られる。本稿の引用はこの写本（国文学研究資料館紙焼写真〈E二五九七〉）によった。

(24) なお本書は「ぶんぶく」をその由来から「文武火」と表しているが、同様の表記は後掲曲亭馬琴『化競丑満鐘』や大田南畝『一話一言』などにも見える。また「文火とは縵火也。武火とは活火也」との説明が『佩文韻府』の注と通じることからも、「文武火」の表記に何かしらの典拠を求められる可能性がある。また、少し遡れば明和四年（一七六七）七月十五日山下市山座初演『諺《ことわざ》倍福茶釜由来《ぶんぶくちゃがまのゆらい》』があり、他に例が見出せない「倍福」の表記と内容との関連性も注意されるが、この件は稿を改めたい。

(25) 『日本古典文学大辞典』（一九八四年、岩波書店）「古今化物評判」項目、延広真治執筆。

(26) 都立中央図書館蔵本（二〇一一‐九）。本文は国文学研究資料館所蔵のマイクロフィルム（二五‐一〇九‐一四）による。なお横山泰子『江戸東京の怪談文化の成立と変遷——一九世紀を中心に』（一九九七年、風間書房）にも翻刻が備わる。

(27) 鈴木重三・木村八重子編『近世子どもの絵本集　江戸篇』（一九八五年、岩波書店）解題。

(28) 矢口丹波記念文庫蔵本（ヤ八‐八三‐五）による。本文等は国文学研究資料館蔵マイクロフィルム及び新日本古典籍総合データベース画像による。

（29）以下、本作の本文は専修大学向井信夫文庫蔵本（Z〇〇－M一六一六）、國學院大學図書館蔵本（九一三・五八－Sa六七－一）による。

（30）津田眞弓『山東京山年譜稿』（二〇〇四年、ぺりかん社）。

（31）すなわち、佐々木義賢の妹芦屋姫詮義のため、姫を名古屋山三宅より連れ戻すという大役を命じられた物ぐさ太郎（実は千利休）は、姫の名前を忘れぬようにと、芦屋釜を持って行く。芦屋姫を出せと迫る物ぐさ太郎に対し、芦屋姫の身代わりとして首を差し出したのは、千利休の娘早枝であった。名古屋山三が早枝の首を持って出ると、物ぐさ太郎は千利休という正体を顕し、持参の芦屋釜で悠然と茶を点てる。その姿に人々は全てを悟るという、大当たりの場面である。

（32）抱谷文庫蔵本。国文学研究資料館所蔵の紙焼写真（E九八五〇）による。

（33）「御子様方御存のぶんぶく茶釜」とあるものの、これはいわゆる茶釜に化ける狸のパターンをとらない。すなわち守鶴型が依然として命脈を保っていたことを窺わせる。

（34）国立国会図書館蔵本（特一〇－一五一）の国立国会図書館デジタルコレクション画像による。

「不思議」の展開
――近世的世界観の一端

宍戸道子

はじめに

文化五年本の「目ひとつの神」(『春雨物語』)は、「ふしぎ」についての文章で結ばれている。

乱たる世は、鬼も出て人に交り、人亦おにゝ交りておそれず。よく治まりては、神も鬼もいづちにはひかくるゝ、跡なし。ふしぎなし。ふしぎはあるべき物ながら、世しづかなればしるし無し。なき物とのみいふ博士たち、愚也。おのが心の、西に東にと思ふまゝに行るゝも、ふしぎ也。文にたばかられて、無しといふは無識の学士也。信ずべからず。(1)

秋成は、「ふしぎはあるべき物」であり、「ふしぎ」の存在を否定する学者たちを「無識の学士也」と批判する。『胆大小心録』第一三段や二九段で狐狸の怪異の実在を主張し、履軒ら儒学者の態度を「無識」と罵ったのと同様の口吻である。『春雨物語』という小説内部の語りであることに留意は必要だが、秋成の怪異観の一端を示すものとみてよいだろう。(2)

この「目ひとつの神」の末尾部には、「ふしぎ」について、なお留意すべき視点が提示されている。秋成はここで、「鬼」や「神」のみでなく、「おのが心の、西に東にと思ふまゝに行るゝも、ふしぎ」だという。世が治まり、鬼や神があからさまに姿を見せなくなっても、たとえば自身の心が西に東にと自由に思いを馳せる、それもいわば「ふしぎ」だという視点である。ここでは「ふしぎ」という言葉の対象が、超自然的存在のみでなく、人心の日常の働きという普通の事象にまで拡げられている。

当時、こうした視点はひとり秋成のみに特殊なものではなかった。たとえば宣長は、「あやし」という言葉を用いて以下のように言う。

又人の此身のうへをも思ひみよ、目に物を見、耳に物をきゝ、足にてあるき、手にて万のわざをするたぐひも、皆あやしく、或は鳥虫の空を飛び、草木の花さき実のるなども、みなあやし、又無心の物の有心の鳥虫などに化するたぐひ、狐狸のかりに人の形に化するたぐひなどは、あやしきが中のあやしき也、されば此天地も万物も、いひもてゆけばことごとく奇異からずといふことなく　（『くず花』上、安永九年成）[3]

人間の心身の働き、鳥や虫の活動、草木の生育、ひいては天地万物が不思議であるというこの種の観念は、宣長以外にも『徂徠先生答問書』（享保十二年刊）や、大江文坡『抜参残夢噺』（明和八年刊）といった著作の中にも見ることができる。近世中期の知識人層においては、むしろ一般化していた観念だと考えられるだろう。

万物は不思議であるという観念や文辞は、近世怪談の中にもしばしば見られる。特に怪異を説明・否定する弁惑物怪談においては、こうした観念は怪異否定の論理の根幹に関わっていたといってよい。万象は不思議であるが、その根底には「理」が存在し、個々の不思議はその理によって解釈可能であるという論法は、怪異弁惑の基本的姿勢のひとつであった[4]。

だが、秋成や宣長に見るように、日常を不思議とするこの観念は、怪異否定の方向にのみ結びつくものではない。秋成においては怪異を否定する学者らへの反論に繋がり、徂徠は朱子学批判の一端としてこれを用い、宣長は「神」の絶対性を説く方向へと進んでいく。万物は不思議であるという観念が、いかなる主張と結びついて展開されていくのかは、決してひとつの道筋に収束されてはいない。

それでは、日常的な事柄や、さらには万物を不思議とする観念は、近世においてはいつ、いかなる形で現れ、どのように共有され、展開されていったのであろうか。本稿では、この「不思議」の観念について、怪談を含む種々の著作の記述から、その流れの幾筋かを辿ることとする。

一 「不思議」の対象

元来、「不思議」という言葉は、何を指して用いられてきたのであろうか。「不思議」はもと仏語であり、一般的には、考えや説明のつかないこと、怪しいことを指していう。しかしその言葉の対象には、時代と共にいささかの変遷が生じているようだ。

奈良期から平安中期には、文学作品中に「不思議」という言葉はあまり多く見られないが、たとえば『日本霊異記』には、「心波若経の不思議なり」(5)(上巻第十四)など、仏教の霊験を指して使われている。また『今昔物語集』における「不思議」の用例を見ると、『今昔』でも「不思議」という言葉は仏の霊験、諸経の功徳など仏教的諸現象に対して多く使われ、非仏教的な現象に対してはほぼ使われていない(6)。

しかし『保元物語』では、「不思議」は戦乱によって現実世界の秩序や道徳が崩壊した現象を指すようになり、『保元物語』以前とそれ以後では、「不思議」の対象に明らかな内容の違いが生じていると大野順一氏は指摘している(7)。『方丈記』に描かれた「世の不思議」もまた、安元の大火・治承の辻風・福原遷都・養和の飢饉・元暦の大地震という、現実世界での異常や社会的・歴史的な事件であった(8)。ただし、「不思議」が仏教的現象であっても、現実世界の事象であっても、あくまで非日常的な事柄を指していたのは違いがない。「不思議」は、異常な、予想外の、もしくはあるまじき出来事であった。

「不思議」という言葉の対象が、いつ非日常から日常の事象にまで拡がっていったのかは、正確には判然としえない。だが近世においては、早く『清水物語』（寛永十五年刊）に、「万の事、みな不思議」という言葉と観念が明確に示されているのが見られる[9]。やや長くなるが、以下に引用する。

> 少人とふていはく、ばけ物ぞ、きどくふしぎぞといへる事はあることや、なき事かなといふ。
>
> 老人きいて、よき不審にてこそ候へ。（中略）①よろづの事、みなふしぎきどくなるゆへに、わきてきどくとも、ふしぎともいふべき事なし。②見なれたる事はふしぎになきと思ひ、みなれぬ事あれば、きどくふしぎと思ふ事にて候。
>
> 其子細は、鳥の空とぶもふしぎにて候はずや。おさなきよりみなれたるゆへに、きどくともおもはぬにてこそ候へ。さりとては、きだいふしぎの第一なり。魚の水にすむも、草木の花のいろ〳〵染いだすも、何者かありて、か様に才工をいたすともしらぬは、みなふしぎ也。
>
> これからみれば、天地のうちに、だれがするともしらぬふしぎは、なにほども有べしと、心をすへて、③其上にわが心に、こゝろえられぬ事あらば、みなれ、きゝなれぬにてこそあれ。ことはりを思ひあたりたらば、ふしぎにても、きどくにても、あるまじきと思ふべし。
>
> 石が物をいひ石が空をとぶとも、有まじきごとく、おどろくべからず。これは何ゆへにかくのごとく、あるぞと、しりたる人にといたらんは、うたがひはれてゆくべし。そのほか狐狸のしはざまでも、よくことはりをしりぬれば、おどろく事さらになし。
>
> きどくふしぎは、めなれぬものと、きゝなれぬ事なりとおもへば、きどくもふしぎもなし。神の事も仏の事も、きどくなる事はまことの道にあらず。きどくなきが、みなきどくとおもふべし[10]。

万物は元来みな不思議であり、ゆえに特別に不思議なことはない（傍線部①）という考えは、このように仮名草子の三教一致文芸の中に既に見ることができる。また、見慣れないものは不思議に思われる（傍線部②）が、その根底には「ことはり」があり、それを了解すれば不思議ではなくなる（傍線部③）という考えも同時に示されている。

さらに、『清水物語』を論評した『祇園物語』（寛永末頃刊）もまた、一旦はこれに賛意を示して言う。[11]

大神反経と申に、一切の諸法、みな神反なりとのべたり。老人の申されしと同じ事やらん。心かわり候やらん。されば、何物ものこらずきどく神反なれば、一を取いだし、きどくと申べき物なし。（中略）されば石の水に沈も、人の両足にてあるき、目にて色を見、耳にて声をきゝ、緑葉紅花も、みなふしぎ、きどくなれば、わきてふしぎ、きどくと申べき事なし。[12]

『祇園物語』は、諸法（全ての事物や現象）はみな神反（神変に同じか。人智では測れない不思議な変化）であると、仏教的言辞をもって『清水物語』に同意する。しかし『祇園物語』は、『清水物語』の論にまずは同意し、続けて反駁するという構成を多く採っており[13]、ここでもその論は反駁に転じていく。「きどくもふしぎもなし」とする『清水物語』に対し、『祇園物語』は、「さはあれど、又きどく神反もあらんか。怪《あやしみ》もなきにはあらざらんか」と反論していく。

右のごとくのきどくと申は、一法〳〵の定れるきどくにして、その上に異相のきどくを、きどく神反とも申べし。石の水に沈は定のきどくなれば、さしてふしぎと申さず。何もふしぎ奇特のゆえに、又、石仏の波に乗り、石燕の雨に飛は、よの石にかわりたる異相なれば、ふしぎと申すべし。（中略）一々の法、みな目前に見へたる事きどくにて、其上に異相あるを、きどく神反と申にや。人の両足にて往来するは、きどくなり。魚の水にすみ、鳥のそらを飛も、ふしぎなり。人の水に臥、そらを飛、魚のそらを飛は、ふしぎと申さんか。この異相も、真如の理に万法を具しける。その真如、随縁して、万法となる時、一々の法ももろ〳〵徳あり。是を以て、異相のふしぎあり。

『祇園物語』は、通常の事象を「定のきどく」、異常な事象を「異相のきどく」として、やはり「異相のきどく」は「ふしぎ」と言うべきものだと位置付ける。また、『清水物語』が万象の根拠として朱子学的な「理」を掲げていた一方で、『祇園物語』が掲げたものは仏教的な「真如の理」であった[14]。

さらに『祇園物語』は、怪異的現象を怪しむべきか否かという問題についても異議を唱える。『祇園物語』は、「又、あやしみも怪しまざればあやしみなし」として、『性理字義』を挙げて一旦は『清水物語』に同意する。

> しかれば、怪をあやしまぬ時は、あやしみもなし。只、人の心よりおこると申也。此よし、性理字義などにも記せり。

『性理字義』は、朱熹の高弟陳淳による朱子学概説書で、寛永九年に和刻本『北渓先生性理字義』が刊行され、林羅山の『性理字義諺解』(万治二年刊)も後に備えられた[15]。怪異が「人の心よりおこる」という言辞は、『性理字義』巻下の「論㆓妖由㆑人興㆒」[16]による。怪異は人の心から起こるのであり、怪を怪しまなければ怪異もないとして、『祇園物語』は『清水物語』の「きどくもふしぎもなし」という姿勢に同調するのである。

しかし『祇園物語』は、ここでも途中から反駁に転じ、『史記』の記事を挙げつつ「怪をあやしまねば、叶わぬもある」と主張する。

> 夏の大戊の時、桑穀が朝に生て、暮には大拱と申て、一かいほどになりしを、伊陟が妖は徳にかたず、徳を修したまひしに、桑かれ消にしとなり。又、武丁の時は、雉飛来してかなへの耳にのぼり鳴きしを、政徳をなして凶事をはらふとなり。黄石公の事をば怪しむべきと、史記にも書せり。(中略)怪をあやしまねば、叶はぬもある事なれば、武丁文王などみなあやしみ給ひしぞかし

殷の大戊の時の桑の木の怪事、同じく武丁の時の雉の怪事は、いずれも『史記』殷本紀に見える。大戊の時は、賢臣伊陟が「妖は徳にかたず」として帝に修徳を勧め、それによって桑は枯れたといい、武丁の時もまた政徳によって凶事が消えたとされる。『祇園物語』はこれらを挙げ、怪事を怪しむがゆえに徳が行われた例もあると、その意義を主張するのである。仏者が史書や儒学書を援用して自説を補強するという手法は、三教一致文芸の中でよく見られた姿勢であったが[17]、ここでは特に朱子学概説書である『性理字義』や、『史記』が利用されているとい

う点に注目しておきたい。

以上のように、『清水物語』『祇園物語』の二書からは、近世初頭の段階で「よろづの事、みなふしぎ」という観念が明確に示されており、そこへの同意と反論もまた備わっていたことが分かる。万物を不思議とし、その上で怪異をどのように扱うかという問題は、このとき既に提出されているのである。

二　怪異の否定と合理化

『清水物語』に示された「ふしぎ」の観念は、後続の仮名草子の啓蒙的側面を通じて、怪異を合理的に解釈し、その神秘性を否定する弁惑物怪談の姿勢へと繋がっていく。不思議に見える物事の背後にも「理」が存在し、怪事は「理」によって説明可能であるという儒教的な合理主義の態度は、啓蒙的仮名草子『飛鳥川』（中川三柳、慶安五年刊）にも強く示され、さらに後には弁惑物怪談の基本的姿勢のひとつとして展開されていった。(18)

たとえば、『古今百物語評判』（山岡元隣・元恕、貞享三年刊）は、さまざまの怪異的現象に対し、陰陽五行説や和漢の故事を用いて説明を加えた弁惑の書である。巻四の八「西寺町墓の燃えし事」では、墓から火が燃え出るという現象を「理」によって説明した後、次のように言う。

元より水火は天地陰陽の精気にて分のたゞしき物なれば、其あるべき処にあたりてはあらずといふ事なく、なかるまじき所にあたりてはある事なし。されども鬼神幽冥の道理なれば、人悉く其理をわきまふるに及ばず。其珍しきに付きて、或はばけ物と名付け不思議と云へり。世界に不思議なし、世界皆ふしぎなり(19)

ここには、『清水物語』に見られた、万物は不思議であるがゆえに特別の不思議というものはなく、不思議だと思うのは見慣れないためだという怪異観がほぼ踏襲されている。その怪異観を基盤とし、「理」による個々の現象の具体的説明を行うことを『古今百物語評判』では主眼としていた。

『三才因縁弁疑』（村上俊清、享保十一年前編刊・同十三年後編刊）もまた、種々の事象を解説する弁惑書であるが、その解き明かす対象は『古今百物語評判』よりも拡がりをみせている。対象は幽霊や狐つきなどの怪異のみならず、日月や星辰の動き、雲や虹などの気象、雷や地震、さらには「魚の水にすむ因縁」「鳥の虚を飛因縁」（後編巻上）、「花の咲因縁」（後編巻中）[20]といった自然の事柄により多くの項目が割かれている。『清水物語』が「魚の水にすむも、草木の花のいろ〳〵染いだすも」、「鳥の空とぶもふしぎ」とした不思議の対象は、理によって具体的な解釈と説明を行う対象とされていくのである。

また『祇園物語』は、怪異の存在を決して否定はしていないが、そこに援用された『性理字義』の「妖由レ人興」という考えや、『史記』の「妖不レ勝レ徳」という姿勢は、怪異弁惑の場において大きな役割を果たすことになっていく。

先に挙げた『飛鳥川』は、「儒教的合理主義を拠り所とする怪異弁断の代表例[21]」とされるが、その怪異否定の記述は多く『性理字義』に依っている。[22]『飛鳥川』は、『性理字義』に見られる「妖由レ人興」という言葉を援用して、怪異は人の心の惑いから起こるものだと主張した。

かゝる事は、皆是をのが心より邪をまねくと知べし。邪来りて人心をおかすにはあらず。是を以て前哲も妖由レ人興といへるなる　（下巻第三段）

又、左伝に、妖由レ人興といふ時は、其中に於ても、愚心のまどひより出る事おほかり。（下巻第五段）[23]

『性理字義』の「妖由レ人興」という言葉は、もとは『春秋左氏伝』荘公十四年にある言辞だが、『飛鳥川』は『性理字義』をも経由する形でこれを受容し、展開している。この言葉は後の弁惑物怪談の中にもしばしば繰り返されるもので、門脇大氏は『太平弁惑金集談』（宝暦九年刊）の例を挙げて弁惑物における『性理字義』受容の様子を論じ、「妖由レ人興」という言辞が「弁惑物の一つの姿勢を象徴している[24]」と位置付けている。

『史記』の「妖不レ勝レ徳」という言葉もまた、怪異をめぐる言説の中に多く利用された言辞である。元は為政者に善政を勧めた言葉であり、『太平記』等にも引用が見えるなど成句化しているが、近世の怪談類においては、怪異を克服し合理化する文脈でこの言葉がしばしば掲げられている。近藤瑞木氏は、近世日本の儒学者が「妖不勝徳」という論理に基づいて怪異を退けた説話の例を多く示し、この論理が儒家思想による怪異の合理化と秩序化のために機能していたことを論じている。(25)

このように、『祇園物語』自体は怪異の否定を旨とはせず、むしろ不思議を不思議とし、怪異を怪異とする立場を示していたが、そこで挙げられた二書の記述は、怪異の否定と合理化の論拠となる形で受容されていったのである。

三　不可知論の要素

万物は不思議であるという観念は、しかし怪異の否定や合理化の文脈の中にのみ展開されていたのではなかった。鈴木亨氏は、『祇園物語』の「道理」の論が不可知論の要素を含むことを指摘しており、(26)浮世草子怪談の『金玉ねぢぶくさ』(元禄十七年刊)巻八の三「菖蒲池の狼の事」は、怪異を語り、万象の不思議なることを述べるとともに、それが不可知論へと傾いていく様相を簡明に示している。

天地の変造化の巧のさま〴〵にあらはすところのしんら万像、一つとしてふしぎならずといふ事なし。天に日月のめぐり、地に草木の生じ、火のあつくして物を焼ほろぼし、水の冷かにして魚を生じ、土の万物をふくみ、鉄石のかたくして火を出し、鳥のそらをとび、うをの水をかける。あるひは雷鳴、大地ふるひ、雨露霜雪ふり、うしほわき、風ふき、春はかすみ、夏はあつく、秋は霧たち、冬はさむく、人の物謂、からだの働、惣じて一さいの事を心を付てあんじて見れば、世界はみなふしぎにてかためり。ちかく、人の生れ、又は死する、是いづくより来り、いずくへさり、我身は何の縁によつて生じ、何時縁つきて、又いづくへ帰る。

過去は何にて、未来は何に成るといふ事をわきまへず。三世了達の仏の智恵は各別、凡夫の料簡にて是をさとる事あたはず。いはんや其外のふしぎをや。[27]

日月の運行や気象・気候、物質や動植物の性質、人間の身体の働きのみでなく、さらには人の生死や存在の根拠もまた「ふしぎ」に数えられ、同時にここでは、「三世了達の仏の智恵は各別、凡夫の料簡にて是をさとる事あたはず。いはんや其外のふしぎをや」という不可知論的姿勢に結びついていく。

天地万物を不思議であると捉えた上で、人智には「理」の究極的な理解は不可能であること、あるいは「理」そのものの限界性を意識する時、それは容易に不可知論的姿勢へと導かれる。こうした不可知論は仏教的な立場からのみでなく、徂徠のように朱子学的な理を批判する立場からも提出された。『徂徠先生答問書』巻上（享保十二年刊）には次のように言う。

風雲雷雨に限らず、天地の妙用は、人智の及ばざる所に候。草木の花咲き実り、水の流れ山の峙ち候より、鳥の飛び獣の走り、人の立居、物をいふまでも、いかなるからくりといふ事をしらず候。理学者の申候筋、わずかに陰陽五行などと申候名目に便りて、おしあてに義理をつけたる迄にて、それをしりたればとて誠に知ると申物にては無レ之候。[28]

この種の不可知論は、朱子学的な理による怪異弁惑の隆盛と表裏一体をなすものと考えられるが、より後年になると、怪異弁惑を行う通俗教訓書の中にも不可知論の姿勢が顕在化しているのを見ることができる。『居行子』後編（西村遠里、安永八年刊）「妖怪之説」には次のように言う。[29]

聖人も龍は変化自由をなす事をいひをけども、その然る道理は沙汰なし。天地を鑪《たたら》とし、造化を細工人とし、陰陽を炭として万物を生々する事なれば、いかやうな不思議な物が出来まひともいはれず。宋儒の致知格物の流義にならひ、天地の間の事を理をしにせふとしては、宇宙の闊《ひろき》万国の州々、気候土気の殊なる色々の希有なる事ありて、弁のつまる事だらけなものなり。（中略）惣じての奇怪妖怪よりも、自身の手足の自由、声音言語の出る事、歩行起臥、生死の道理、日月の運行、太虚蒼《おほぞら》の際限、風雨霜雪の然る所縁、いかにと心をつけて不審せば、一つもあやしからぬ事あるべからず。伊藤仁斎童子問にいはれし通なり。かくの如きの事なれば、一切世界の不思議は有はづの事として、一つ〳〵奇怪な事に理を窮たがることをやめて、此方の心さへまよはず正しければ、かまはぬこと、ひろく思ふべし。我身の上さへ不審なきやうになれぬもの、造化の不測、万物に於てはいろ〳〵の不思議、有はづと知べきなり(30)

ここでは、世界万物は不思議であり、その「然る道理」は「宋儒の致知格物」では説明し尽くせないものだとする。そして一々の怪事に対しては「理を窮たがることをやめ」、「心さへまよはず正しければ、かまはぬこと、ひろく思ふべし」という態度が勧められる。朱子学的窮理に対して不可知論の姿勢を取った上で、心が正しければ怪異には煩わされないという教訓性が導かれるのである。

四　神秘主義的志向

天地万物は不思議であるという不可知論的立場から、さらに神秘と怪異の実在を説く態度を示したのが大江文坡であった(31)。文坡『抜参残夢噺』（明和八年刊）は、是道子『抜参夢物語』（伊勢神宮への抜け参りの批判書）に対して、抜け参りを肯定する立場から書かれた書である。書中、文坡は朱子学の窮理や『万物怪異弁断』（西川如見、正徳五年刊）などの弁惑書を批判し、多くの書物の事例を挙げて、神の霊験や不思議な現象を信じるべしと説く。

斯の如き世界をつゝみたる天地なれば、夫を己一人の偏見邪説で弁断せんとは、蟻が鯨をひかんとするより愚なり。然れば此天地の内神異怪異なくて叶はず。（中略）人々各々自身を顧れば、奇妙な細工不思議な作物にて、頭を動かし手足のはたらき、万物を見分聞わけ理屈をいひ弁舌をふるふて、己より外智恵ある者なしと我慢邪見をなせど、焼ば灰埋《うづめ》ば土となつて、へんてつもなき肋《あばらぼね》かなと一休禅師に詠ぜられ、又鎌倉の大覚禅師の歌に、春毎にさくや吉野の山桜木を割て見よ花のあるかはと詠じ給ふ。先天地の事はしばらく置て、自身がこの自由自在をなすものは何ものぞ。なんと奇妙不思議な物ではないか。(32)

自身を顧みれば人間の存在自体が奇妙不思議であり、この広い天地を「己一人の偏見邪説で弁断せんとは、蟻が鯨をひかんとするより愚なり」と文坡は言う。そしてこの天地の中に「神異怪異なくて叶はず」と、広大で不思議な天地であるからこそ、なお怪異はあるべきものと説くのである。

中野三敏氏は、文坡のこうした姿勢の中に、当時の科学思想と不可知論的神秘主義が併存していることを述べ、実証性と神秘主義とが共生した当時の思想傾向が、宣長や秋成の思想形成にも大きく関係したことを指摘している。(33)宣長もまた、天地万物を「あやし」と認識していたことは、「はじめに」に掲げた『くず花』に見える如くである。『くず花』にはまたこのように言う。

神代の事の奇異《クスシクアヤシ》きは、人の代の事と同じからざる故に、あやしみ疑ふなれ共、実は人の代の事も、しなこそかはれ皆奇異きを、それは今の現《ウツ》に見なれ聞なれて、常に其中に居る故に、奇異きことをおぼえざる也、まづ此天地のあるやうを、つら〳〵思ひめくらして見よ、此大地は空にかゝりたらんか、物のうへに著《ツキ》たらんか、いづれにしても、いと〳〵奇異き物なり（中略）かくの如く大に奇異き天地の間に在ながら、そのあやしきをばあやしまずして、たゞ神代の事をのみあやしみて、さることは決て無き理也と思ふは、愚にあらずして何ぞや。(34)

天地万物はみな「あやしき」ものであり、神代の事柄を否定することは「愚にあらずして何ぞや」という。そして宣長はここから、「神」の絶対性を称揚する方向へと進んでいく。

されば此天地も万物も、いひもてゆけばことごとく奇異からずといふことなく、こゝに至ては、かの聖人といへ共、その然る所以の理は、いかに共窮め知ることあたはず、是をもて、人の智は限ありて小きことをさとるべく、又神の御しわざの、限なく妙なる物なる事をもさとるべし。

一方で秋成は宣長のごとき「神」の絶対視へとは進まないが、その思想に不可知論的姿勢が強く根ざしているのは、比較的早い時期の著である『加島神社本紀』（安永三年成）に、「不可思議の天地之間に生れて、事物の理を推究んとするは、却て小智の愚昧、哂《わらふ》べし」(35)とあることからも分かる。その後も、『呵刈葭』や古典研究の面において、秋成の不可知論的学問姿勢はしばしば露わにされるところであった(36)。そしてその怪異に対する態度は、『胆大小心録』で狐狸の怪異の実在を主張した如く、実体験や実証に基づいて、そのあるべき事を信じるという姿勢である(37)。

ただし、「ふしぎはあるべき物」とする「目ひとつの神」の描写には、ここまで挙げた「不思議」についての他者の言とは、いささかの色合いの違いも存する。『清水物語』以降、宣長に至るまで、世界の不思議なることの主張は、天地・気象・動物・草木・人間の挙動等の一々を挙げて説かれることが多く、その描写はやや定型化・形式化している。万物は不思議であるという観念が一般化するに伴い、その表現もまた踏襲されていったことによるものであろう。

対して「目ひとつの神」では、小説の文辞としての配慮もあるであろうが、その例を「おのが心の、西に東にと思ふまゝに行るゝも、ふしぎ也」と挙げるのみである。ここには形式化した冗漫な文辞とは別の、自らの心を顧みて得た実感の存在が感じられる。秋成は世界に「ふしぎ」の存する事を、既に常套化した観念の表出としてではなく、自身の感じ得た認識として記述したのではないだろうか。

おわりに

以上見てきたように、天地万物を不思議とする観念は、近世初頭の『清水物語』『祇園物語』の中に既に示され、論じられていた。そこに示された怪異に対する姿勢は、後続の仮名草子の中に受け継がれて怪異弁惑の基本的論法となり、一方では必然的に不可知論と結びつくこととなる。そして不可知論と結びついて認識されたこの観念は、霊異や神秘の存在を認め、志向する方向へもまた進んでいく。近世期の怪異認識は、世界を不思議とみなすことを基本とし、さらに各々の立場によってさまざまに展開されたのである。

本稿では触れることができなかったが、この「不思議」の観念の展開は、また別の道筋にも追うことができよう。吉江久彌氏は、『清水物語』に示された怪異観が、西鶴の「人は化物」観に通底することを指摘し、この怪異観が西鶴作品中にいかに反映されているかを論じた。現実の人間の様相を不思議とする視点は、一方で『百物語評判』といった弁惑物や、『怪談登志男』（寛延三年刊）など怪談作品にも示され、世相批判と教訓を伴う形で展開されている。世界の不思議が人間こそ不思議という視点へと転じ、それが教訓と世相批判に結びついていく道筋については、改めて考察することとしたい。

注

（1）『上田秋成全集』第八巻（中央公論社、一九九三年）。以降、文献の引用に際しては、私に適宜表記を改めた。

（2）秋成の怪異観については、中村幸彦「上田秋成の人と思想」（『近世文藝』五、一九六〇年五月）、中村博保「『目ひとつの神』研究」（『上田秋成の研究』ぺりかん社、一九九九年、初出『近世中期文学の諸問題』明善堂書店、一九六六年）、同「上田秋成の神秘思想」（『上田秋成の研究』、初出「国文学研究」二六、一九六二年十月）等に詳しい。

（3）『本居宣長全集』第八巻（筑摩書房、一九七二年）。

（4）弁惑物怪談とその手法については、堤邦彦『江戸の怪異譚――地下水脈の系譜』（ぺりかん社、二〇〇四年）第三章「江戸時代人は何を怖れたか」、佐藤太二「弁惑物怪談の視角」（野村純一編『伝承文学研究の方法』岩田書院、二〇〇五年）、門脇大「弁惑物の思想基盤の一端――『太平弁惑金集談』の一篇を中心として」（神戸大学「研究ノートの会」編『国文学研究ノート』四四、二〇〇九年三月）、同「弁惑物と狐憑き・狐持ち――『三才因縁弁疑』と『人狐物語』を中心として」（『国文学研究ノート』四六、二〇一〇年九月）、同「前近代における怪異譚の思想変節をめぐって」（緒形康編『アジア・ディアスポラと植民地近代――歴史・文学・思想を架橋する』勉誠出版、二〇一三年）に詳しい。

（5）出雲路修校注『日本霊異記』（新日本古典文学大系三〇、岩波書店、一九九六年）。

（6）佐原作美「『今昔物語集』の一考察――「不思議」の用法と対象」（『苫小牧駒澤短期大学研究紀要』一三、一九八一年三月）。

（7）大野順一「不思議についての考察」（『平家物語における死と運命』創文社、一九六六年）。

（8）『方丈記』における「世の不思議」については、小林智昭「方丈記・「世の不思議」考（一）」（『専修国文』七、一九七〇年一月）に論じられる。

（9）吉江久彌「筍殺人事件考――西鶴における怪異と人間」（『西鶴　思想と作品』武蔵野書院、二〇〇四年。初出『鳴尾説林』一、一九九三年九月）は、西鶴の「人は化物」観との関連で『清水物語』の当該箇所をとりあげている。

（10）朝倉治彦編『仮名草子集成』第二二巻（東京堂出版、一九九八年）。

（11）『祇園物語』の思想および『清水物語』との対比については、鈴木亨「祇園物語小考」（『島根大学文理学部紀要　文学科編』一、一九六七年十二月）、青山忠一「『祇園物語』の研究（上）」（『二松学舎大学東洋学研究所集刊』二一、一九九一年三月）、同「『祇園物語』下の研究（構成篇）」（同誌二四、一九九四年三月）、同「『祇園物語』下の研究（思想篇）」（『二松学舎大学論集』三七、一九九四年三月）等に詳しい。また、怪異観の面から『清水物語』と『祇園物語』の当該部分をとりあげたものに、木場貴俊「一七世紀の怪異認識」（関西学院大学人文学会編『人文論究』六二―二、二〇一二年九月）がある。

（12）朝倉治彦編『仮名草子集成』第二二巻（東京堂出版、一九九八年）。以下、『祇園物語』の引用は同書による。

（13）前掲注（11）鈴木論文。

（14）ただし、この二書の姿勢が「思想的な差異はあっても、万物に道理（「真如の理」）が存在し、それを理解することで不思議（異相のきとく）を克服する点」において基本的に共通することは、前掲注（11）の木場論文で指摘される通りである。

（15）林羅山の怪異観と『性理字義』の受容については、木場貴俊「近世の怪異と知識人――近世前期の儒者を中心にして」（一柳廣孝・吉田司雄編『妖怪は繁殖する』ナイトメア叢書③、青弓社、二〇〇六年）に論じられる。

（16）『北渓先生性理字義』（早稲田大学中央図書館蔵本）。

（17）和田恭幸「『伽婢子』考　序文釈義」（高田衛編『見えない世界の文学誌――江戸文学考究』ぺりかん社、一九九四年）。

（18）弁惑物とその手法については、前掲注（4）参照。

（19）太刀川清校訂『続百物語怪談集成』（叢書江戸文庫二七、国書刊行会、一九九三年）。
（20）名古屋大学附属図書館神宮皇学館文庫蔵本（国文学研究資料館マイクロフィルムによる）。
（21）前掲注（4）堤書「怪異との共棲――『宿直草』に萌すもの」。
（22）三浦邦夫「仮名草子『飛鳥川』の性格」（『近世初期文芸』一一、一九九四年十二月）。
（23）朝倉治彦編『仮名草子集成』第一巻（東京堂出版、一九八〇年）。
（24）前掲注（4）門脇論文「弁惑物の思想基盤の一端――『太平弁惑金集談』の一篇を中心として」。
（25）近藤瑞木「儒者の妖怪退治――近世怪異譚と儒家思想」（『日本文学』五五-四、二〇〇六年四月）。
（26）前掲注（11）鈴木論文。
（27）木越治校訂『浮世草子怪談集』（叢書江戸文庫三四、国書刊行会、一九九四年）。
（28）中村幸彦校注『近世文学論集』（日本古典文学大系九四、岩波書店、一九六六年）。
（29）門脇大は、本書の説にみられる不可知論的姿勢を指摘している（「『居行子後篇』巻之四「妖怪之説」――近世怪談の一脈」『日本文藝研究』六七-二、六八-一合併号、二〇一六年八月）。
（30）早稲田大学中央図書館蔵本。
（31）大江文坡については、中野三敏「大江文坡のこと」（『経済往来』二七-七、一九六五年七月）、浅野三平「大江文坡の生涯と思想」（『女子大国文』三二、一九六四年二月）、田中則雄「大江文坡における思想と文芸」（『読本研究新集』六、二〇一四年六月）等に詳しい。
（32）『京都大学蔵潁原文庫選集』第六巻（臨川書店、二〇一八年）。
（33）前掲注（31）中野論文。
（34）前掲注（3）書。
（35）『上田秋成全集』第一巻（中央公論社、一九九〇年）。
（36）秋成の学問における不可知論的態度については、拙稿「上田秋成の学問姿勢と「不可測」の認識」（『近世文芸研究と評論』六八、二〇〇五年六月）に述べた。
（37）前掲注（2）中村幸彦論文。

文化五年本『春雨物語』「樊噲」と阿闍世説話

三浦一朗

はじめに

『春雨物語』「樊噲」では、その序盤で主人公大蔵による父兄殺しが描かれる。とりわけ親を殺すことは、当時、主を殺すことと並んで法的にも倫理的にも最も重い罪とされた。後にその大蔵が大悟して高僧となるという設定と併せて、この父殺しの意味をどう考えるかは「樊噲」の主要な論点の一つである。この問題について、『臨済録』などの禅語録に、何者にも囚われることなく仏教的真理を求めることを比喩的に「父母に逢うては父母を殺し、（中略）始めて解脱を得、物と拘らず、透脱自在なり」（『臨済録』「示衆」一〇）[1]などと表現した例が見えることを指摘し、「樊噲」との関係を論じた高田衛氏の次のような見解がある。傍線は引用者による。

「殺父母」は五無間業のうちの第一と第二であった。（中略）『臨済録』が、形式的な仏道修行をにくむこと甚だしきがゆえか、「示衆二十二」にいたって、

大徳、五無間業を造って、方に解脱を得。

と断案する。これでは「五無間業」のすすめではないか。とすれば、これは妖魔のことばではないか。／短絡をおそれずにいえば、大蔵の〈父殺し〉と〈遷化〉を結ぶ、思想の回路とは、この断案ではないか。（中略）

私たちが心得なくしてはならぬことは、大蔵の〈父殺し〉と〈遷化〉をつなぐ思想的回路は、禅理において説明しうる。しかしながら、そのような「禅理」において〈父殺し〉を書くとすれば、これは奇怪なまでの反「仏教」小説となる、ということである。（中略）秋成は『臨済録』的「無間業」公案を逆説としりつつ、あえてそれを「生」のなりゆきとして、文学言語の世界に移しかえてしまったのである。(2)

高田氏は、大蔵の父殺しと後の大悟をつなぐ思想の回路として五無間業をめぐる禅の公案を想定し、「樊噲」を「反「仏教」小説」と読み解く。しかし私は、後述するように、「樊噲」が反仏教的な作品であるとは考えていない。単に仏教的な悪人発心譚の一つだというのではないが、少なくとも反仏教的とは言えないという立場である。また、五無間業をめぐる禅の公案と、作品としての「樊噲」の間には言うまでもなく大きな質的相違がある。前前者を後者に置き換えることも不可能ではないかもしれないが、そのためにはかなりの抽象的な操作が必要とされよう。少なくとも、『臨済録』に見えるような比喩的表現としての父殺しではなく、事実として父を殺した者が後に大悟を開くことを記した文献や作品があるのであれば、まずはそれらと「樊噲」との関係が問われるべきであろう。そうした文献や作品は管見の限りこれまで指摘されていないが、これに該当するのが『大般涅槃経』（以下『涅槃経』）や『教行信証』などに見える阿闍世《あじゃせ》説話である。本稿ではまず阿闍世説話との比較検討を行い、それが「樊噲」の重要な典拠の一つと考えられることについて論じる。また、それが認められるとすれば、「樊噲」の作品世界はどのように把握できるのかという点にも言及することにしたい。

なお、本稿における秋成の著作からの引用は『上田秋成全集』（既刊十二冊、中央公論社、一九九〇〜九五年）による。『涅槃経』の引用・参照は『新国訳大蔵経　大般涅槃経（南本）Ⅰ〜Ⅳ』（大蔵出版、二〇〇八〜九年）による。引用に際して一部漢字を現行の字体に改め、適宜濁点を補い、句読点の別を設けるなど本文を改めたところがある。また、『涅槃経』の読解に際しては、中村元訳『ブッダ最後の旅——大パリニッバーナ経』（岩波文庫、一九八〇年）、および田上太秀『「涅槃経」を読む　ブッダ臨終の説法』（講談社学術文庫、二〇〇四年）を併せて参照した。

一

まず、文化五年本『春雨物語』「樊噲」の本文で、大蔵が親兄と友人を殺害する場面を引用する。

谷のかけはしある所にて、友達一人行あひ、「こはいかに、兄も親も、何者とかしてかくする」と、立むかふあいだに、兄追つきたり。二人に成しかば、力足つよくふみて、兄をば谷川のふかきに蹴おとしたり。友だちはきととらへて、「おのれが親兄か、我親兄也。入ぬ骨ついやすか」とて、是も谷へ投おとす。父、又追つきて、「おのれ赦さじ」とて、鎌もて肩に打たてたり。いさゝかの疵にても、血あふれ出ぬ。①「子を殺す親もありよ」とて、父に打かへす。咽にたちて、「あ」と叫びてたをるを、「兄とゝもに水に入たまへ」とて、かた手わざして、父をも谷のふかきに落しつ。淵ある所に三人とも沈みて、むなしく成ぬ。②さて、恐ろしく思なりて、銭を懐にして、夷駄天走りして、行方しらず逃たり。

（文化五年本「樊噲」、全集八巻・二一〇〜一ページ、傍線引用者）

日頃から父と兄は大蔵に対して冷淡に接するところがあったが、それでもなお大蔵には親に対する一定の信頼があった。傍線部①「子を殺す親もありよ」という言葉は、その前提が覆されたことに驚愕し、かつ憤る大蔵の姿を示すと共に、父に見捨てられた子の悲哀も帯びる。そうした複雑な思いを抱え、激昂した大蔵は打たれた鎌を取って父の喉に突き立てた上、深い谷底へと投げ落とした。先に投げ落とされていた兄や友人とともに、父はそのまま淵に沈んで亡くなってしまう。それを受けて、傍線部②「さて、恐ろしく思なりて」とあり、大蔵が父・兄を殺した直後、ふと我に返ったときに、自分がなしたことの罪深さを自覚し、恐れを抱いたことが描かれている。該当する場面が、富岡本では次のように描かれる。

兄と父とは追兼て、此間にやう〳〵来て、銭只うばひかへさんとす。今はあぶれにあぶれて、親も兄も谷の流にけおとして、韋它天足して、いづちしらず逃うせぬ。ち、兄も、淵にともにしづみてえあがらず、こゞへ〳〵て死たり。一さと立さうどきて追へど、手なみは見つ。目代へかけり行て、しか〳〵の事と、うたへたり。

（富岡本「樊噲」、全集八巻・三五八〜九ページ）

富岡本では、大蔵が「あぶれにあぶれて」父兄を谷の流れに蹴落とした後、そのまま逃げて行方知れずとなったことが淡々と記される。大蔵に罪の意識や悔恨の念はうかがえない。この点は、天理冊子本も同様である。右に挙げたのは父や兄を殺す場面のみだが、木越治氏が指摘するように、富岡本「樊噲」の大蔵は暴力的でありながらも、むしろ「神に許されたものとしての奔放さ」が魅力的に描かれるのに対し、文化五年本「樊噲」の大蔵には罪の意識が記されることが特徴的である。(3) ここで一々を挙げることはしないが、文化五年本では右に引用した場面以降も、諸国を逃亡しながら悪事を重ねる大蔵が、父や兄、友人を殺したことをはじめ、自分の所行に罪の意識を抱え続けていたことが折に触れて描かれている。

そのことを確認した上で、次に『大般涅槃経』巻十七「梵行品第二十の四」・同巻十八「梵行品第二十の五」の記述に基づき、阿闍世説話の梗概を紹介する。便宜上①〜⑭の部分に分けて掲げる。

①古代インド、摩伽陀《まがだ》国の王である阿闍世は、「其の性は弊悪にして、喜《この》みて殺戮を行い、口の四悪を具え、貪・恚・愚痴なる其の心は熾盛《さか》んなり」という悪人だった。

②阿闍世は現世での欲を満たすために、罪もない父頻婆《びんば》娑羅《しゃら》王を殺して国と王位を奪った。

③しかし、父を殺すという五逆罪の一を犯した阿闍世は心に悔恨の念と罪の意識を抱え、その心ゆえに総身に悪臭を放つ瘡が生じる。（「父を害《そこな》い已るに因りて、心に悔ゆる熱を生じ、（中略）心の悔ゆる熱の故に、偏体に瘡を生ず。」）阿闍世は自業自得だと思い、現世で既にこの報いを得たのだから、自分が地獄に墜ちる時も遠くないと考える。

④母后韋《い》提希《だいけ》は、阿闍世のために様々な薬を塗ってやるが瘡が癒えることはない。阿闍世は、瘡は自分の心に

起因するもので、誰にも治療出来るはずがないと言う。

⑤六人の家臣たちが阿闍世の罪についてそれぞれに理を説き、彼を外道（「六師外道」）の教えに導こうとする。

⑥名医である耆婆は阿闍世に、衆生が救われるためには慚愧する心が必要であることを仏の教えとして説き、彼がそれを備えることを喜ぶ。（善き哉、善き哉。王よ、罪を作ると雖も、心に重悔を生じて、慚愧を懐けり。大王よ、諸仏世尊は常に是の言を説きたもう、「二の白法ありて、能く衆生を救う。一は慚、二は愧なり。（後略）」）

⑦耆婆は仏が、「衆くの僧を破壊し、仏身の血を出だし、蓮華比丘尼を害」うという三逆罪を犯した弟提婆達多のために種々の法要をなし、その罪を「微薄」なものとしたことなどを告げ、阿闍世を堕地獄から救済することができるのは、いま抜提河のほとりで涅槃の教えを説いている仏以外にないことを説く。しかし、阿闍世は自分の罪深さを思い、なお仏のもとへ行くことをためらう。

⑧父王の声が虚空に響き、耆婆の言うところに従い、速やかに仏世尊のもとへ行くよう阿闍世に促す。聞き終えた阿闍世は恐怖のために悶絶して地に倒れる。総身の瘡はさらに増えて熱を帯び、一層の悪臭を放った。

（以上、『涅槃経』巻十七）

⑨仏は、阿闍世とは一切の「五逆を造る者」であり、全ての「煩悩等を具足する者」、「仏性を見ざる衆生」なのだとし、彼のためにまだ涅槃には入らないと人々に告げる。そして、阿闍世のために瞑想（「月愛三昧」）に入り、大光明を放つ。その清浄な光が阿闍世のもとにまで届き彼を照らすと、悪臭を放つ身の瘡は全て治癒した。

⑩耆婆は阿闍世に、仏の慈悲について述べる。子供たちに対して父母の心に分け隔てはないけれども、病気の子に対してはより慈しみが大きい。それと同じように、衆生に対して仏の慈悲の心に分け隔てはないけれども、仏は罪ある者に対してより慈悲深いのだと説く。

⑪そのとき仏は人々に、衆生がこの上ない悟りを開くために善知識（「善友」）がいることに勝るものはない。阿

闍世がもし耆婆の言葉に従わなかったら、来月七日に必ず「阿鼻獄」に墜ちていただろうと告げ、阿闍世を仏の教えに導く善知識として耆婆がいることを喜ぶ。

⑫阿闍世は耆婆とともに仏のもとを訪れる。仏は、自分は地獄に墜ちるに違いないと言う阿闍世に、先王がかつて悪心から家臣に命じて一人の仙人を殺させたことがあり、現世で横死したのはその報いであり自業自得であること、またそもそもこの世の全てが無常であり空であることなどを説いて、彼を悟りへと導く。

⑬阿闍世は仏の導きによって初めて揺るがぬ信心を得、「我れは今、仏に見《まみ》えたり。是の仏に見えて得る所の功徳を以て、衆生の所有《あらゆ》る一切の煩悩・悪心を破壊《やぶ》らん」と誓う。仏が必ずその誓いが実現することを証すると、国中の数え切れないほど多くの人々が無上の真の悟り（「阿耨多羅三藐三菩提心《あのくたらさんみゃくさんぼだいしん》」）を開いた。この功徳によって、阿闍世の父王殺しの重罪は「微薄」なものとなる。そして、阿闍世と夫人、後宮の女官たちも皆無上の真の悟りを開いた。（「是くの如き等の無量の人民が大心を発こすを以ての故に、阿闍世王の所有《あらゆ》る重罪は即《ただ》ちに微に薄らぐを得、王及び夫人・後宮・采女は悉皆《ことごと》く同じく阿耨多羅三藐三菩提心を発こせり。」）

⑭阿闍世は偈頌を述べ、仏を賛嘆する。（以上、『涅槃経』巻十八）

性弊悪にして（①）、現世での欲を満たすために父を殺した男（②）が、その後自らの所行に罪の意識を抱えながら生き（③④⑦⑫）、しかしそのように慚愧する心があったからこそ善知識の導きを得て仏の慈悲とその教えに触れ（⑥⑦⑨⑩⑪⑫）、やがて悟りを開く（⑬）。最後に偈が示されること（⑭）をも含めて、右に掲げた阿闍世説話の設定や展開が、特に文化五年本「樊噲」との間で重なり合うことは明らかであろう。大蔵もやはり悪徒として登場し、父を殺すことはもちろん、大蔵が罪の意識を抱えること、後に那須野で出会う「直き法師」が彼にとっての善知識であること、作品末尾で侍者や客僧に遺偈の代わりに自己の半生を語って聞かせる「みちのくに古寺の大和尚」が、「直き法師」に教えを受けて修行し大悟したその後の大蔵の姿であることなどを、具体的に阿闍世説話と対応する要素として挙げられる。

二

ところで、そもそも大乗仏教にとって阿闍世説話を取り上げるということは、「小乗にたいして自らを大乗と言うとき、殺父や殺母の人をも漏らさないと言いうるのか、そして漏らさないと言うならば、その根拠は何であるか」という問題について自ら問い、答えることを意味する。(4) 衆生済度という大乗仏教の教義の根幹と存在理由に深く関わる重要な問題である。したがって阿闍世説話を取り上げる大乗経典は『涅槃経』に限らず、他にも『阿闍世王経』『大阿弥陀経』『無量清浄平等覚経』など少なくない。(5)『観無量寿経』のように、阿闍世説話の一部のみを取り上げる経典も含めればその数はさらに増える。ただし、『涅槃経』は大乗経典の中でも主要なものであり、かつ、後述するように秋成が『涅槃経』に目を通していることも確実なので、本稿では『涅槃経』をもって阿闍世説話を取り上げる大乗経典を代表させることにする。

大乗経典以外にも目を向けると、『教行信証』信巻に『涅槃経』からほぼ丸ごと引用する形で阿闍世説話が見える。親鸞がいわゆる悪人正機説を確立する上で、『涅槃経』の阿闍世説話が極めて重要な役割を果たしていることは『教行信証』信巻に明らかである。(6) 浄土真宗において阿闍世説話は特別な意味を持つことがわかる。他に『今昔物語集』巻三「阿闍世王殺父王語第二十七」、『三国伝記』巻七の七「阿闍世王事」、『宝物集』（三巻本）巻下など、説話集にも阿闍世説話を収めたものがある。(7) 阿闍世説話を載せるこれらの文献や作品について、前節に掲げた阿闍世説話の梗概との対応関係を整理して、文献・作品ごとに対照できるようにした一覧表を論文末に付したので参照されたい。一口に阿闍世説話を載せると言っても、諸文献の間で内容には繁簡の差があるが、『涅槃経』およびそれを引用した『教行信証』が最も委しい。また、父を殺した阿闍世が耆婆の導きを得て仏の教えに出会い、やがて大悟する経緯が描かれる中で、罪の意識と悔恨の念が彼にあることが重視されるのは、『涅槃経』と『教行信証』に特徴的なことである。同じく父を殺しながら後に大悟する大蔵が、罪の意識を持つことが特徴的である文化五年本「樊噲」との対応関係を考える上では、阿闍世説話を載せる諸文献の中でも『涅槃経』ないし『教行信証』の記述に注目すればよいことになろう。

そこでまず『教行信証』について秋成が目を通しているかどうかを検討してみると、『諸道聴耳世間狙』巻二の二に「正信偈」の名が見え、それでなくとも「正信偈」であれば秋成が目を通していて何の不思議もない。しかし、『教行信証』の全体を読んでいたかどうかは秋成の著述から確認できない。一方、『涅槃経』は大部の経典であり、誰もが目を通すという類のものでないことはもちろんだが、結論から先に言えば、寛政十二年から享和三年にかけての間に、万葉集研究の一環として『涅槃経』を丁寧に読む機会があったことを秋成の著述から確認できる。次に引用する『楢の杣』（寛政十二年〈一八〇〇〉成）および『金砂』（享和三年〈一八〇三〉成）それぞれの一節に注目したい。

・黒闇は天の夜色、涅槃経にと聞。　（『楢の杣』巻五、全集二巻・三五八ページ）

・黒闇云レ死。涅槃経、有二功徳・黒闇姉妹之天女一。譬二以生死一。　（『金砂』巻十、全集三巻・三五二ページ）

いずれも、『万葉集』巻五冒頭の「大宰帥大伴卿の、凶問に報へし歌一首」（七九三）と、山上憶良の「日本挽歌一首」以下の歌群（七九四〜七九九）との間に置かれた漢文のうち、「三千世界、誰能逃二黒闇之捜来一」云々という一節[8]に関する注釈である。そのうち「黒闇」という語句の出典について、『楢の杣』では「涅槃経にと聞」と、伝聞の形で『涅槃経』の名が挙げられる。こうした伝聞の情報源がどこであるのかは確定できないものの、たとえば『万葉代匠記』精撰本では、後に抹消される部分ではあるが、右の「誰能逃黒闇之捜来」という一節に「涅槃経云。」という注釈が付されている。もっとも、当時流布することがなかった『代匠記』精撰本を秋成が直接目にしたとは考えがたい。一方、『代匠記』初稿本の段階では「黒闇」について「黒女天也。経云。」とあり、この記述だけで出典が『涅槃経』だと理解することは難しいように思われる[9]。今のところ私は、享和三年以前の注釈書で右の「黒闇」という語句の出典を『涅槃経』と指摘したものを『代匠記』精撰本の他に見つけられていないのだが、契沖が指摘していたことを、秋成は誰かを通じて間接的に聞き知ったということだろうか。推測の域を出ないが、いずれにせよ『楢の杣』の記述からは、秋成がこの時点では実際に『涅槃経』を見て確認できていないことがうかがえる。また、「黒闇」について「天の夜色」と説明するのも、注釈として的を射ていないように思われる。

一方、『金砂』の記述を見ると、『涅槃経』に「功徳・黒闇姉妹之天女」のことが生死の比喩として見えると明確に指摘し、「黒闇」は死を言うとする。これは、具体的には『涅槃経』巻十一「聖行品第十九の一」に見える次のような一節に対応する。

ある人の家に功徳大天と名乗る女性が訪れ、自分は訪れた相手に「種種の金・銀・瑠璃・頗梨」以下の財宝や恩恵をもたらすという。主人は彼女を喜んで迎え入れる。ついで、同じ家に黒闇と名乗る女性が訪れ、自分は訪れた相手の財宝の全てを衰耗させるという。それを聞いて彼女を殺そうとする主人に対して、黒闇はその愚痴なることを諭し、自分と功徳大天は姉妹であると告げる。功徳大天もそれを肯い、二人は常に合い離れないこと、「若し我れを愛せば、亦た応に彼れをも愛す」べきことを伝える。家の主人は二人共に立ち去るよう告げ、実際に帰り去ったのを見て心から喜んだ。仏はこの話を迦葉に示した上で、次のように説く。

迦葉よ、菩薩摩訶薩も亦復《ま》た是くの如く、天に生ずることを願わず。生ずれば当に老・病・死有るべきを以ての故なり。是《こ》こを以て倶に棄てて、曽て受心無し。凡夫・愚人は老・病・死等の過患を知らざれば、是の故に生・死の二法を貪受するなり。
（『新国訳大蔵経　大般涅槃経（南本）Ⅱ』三二八ページ）

功徳大天と黒闇の姉妹が、生あれば必ず死があることの比喩として用いられていることが確認できる。

このように、少なくとも『金砂』執筆の時点までには秋成が『涅槃経』に目を通していたことがわかるが、そもそも『今昔物語集』や『三国伝記』などにも見える著名な阿闍世の父殺しの説話を秋成が知らないはずはない。

そして先に見たように、文化五年本「樊噲」と阿闍世説話とは、父殺しの大罪を犯したものが、罪の意識を持ち、善知識の導きを得て後に大悟するというその特徴的な設定や展開の上で重なり合う。だとすれば、「樊噲」で大蔵の父殺しを描く秋成の念頭に阿闍世説話があったこと、また、とりわけ重なるところが大きい文化五年本「樊噲」については阿闍世説話が重要な典拠の一つであることは認められてよいと考える。

一方、富岡本「樊噲」および天理巻子本「樊噲」断簡では、本稿第一節に見たように大蔵に罪の意識が見られない。また、現存しない作品後半に大蔵を導く善知識に当たる人物が登場するかどうか、大蔵がやはり大悟するのかどうかは確かめようがない。そもそも富岡本「樊噲」と天理巻子本断簡に続く部分が未完に終わった可能性も否定できない。現存する部分がより少ない天理冊子本「樊噲」断簡についても同様である。いま仮に大蔵の罪の意識の有無に限って見ても、富岡本・天理巻子本や天理冊子本の「樊噲」と阿闍世説話とは、文化五年本に比べて関係が密ではないと言えるだろう。また、『春雨物語』の諸本それぞれに完結した「樊噲」が存在していたのだとしても、阿闍世説話との関係を考える上で鍵となる父殺しへの罪の意識が少なくとも作品前半部の大蔵に認められないことから見て、富岡本・天理巻子本や天理冊子本の「樊噲」の後半部は、文化五年本とは異なる展開と結末になっていた可能性が高いと思われる。推測の域を出ないが、阿闍世説話が文化五年本「樊噲」の典拠と認められる場合に考えられることとして記しておく。

なお、一つ付け加えるならば、文化五年本「樊噲」に、石川の山中温泉と粟津温泉を舞台とする次のような場面がある。

ことしの雪いと深しとて、湯あみ等かたりあふ。山寺の僧の、匏籥もて来て吹て遊ぶ。樊噲面しろく聞て、「をしへたまはんや」と云。僧喜びて、よき友設たりとて、喜春楽と云曲を、先教ふ。うまれつきて、拍子よく節に叶ひ、咽ふとければ、笙のね高し。僧よろこびて、「修行者は、妙音天の、鬼にてあらはれたまふや」。（中略）「面しろき冬ごもり也。されど、寺に一たびかへりて、春の事ども設して、又こん。今一曲を」といへば、「いな、一曲にて心たりぬ。おほく覚んは煩はし」とて、習はず。「春は必山に来たりたまへ。あたら妙音ぼさつや」とて、出たつ。（中略）

（粟津温泉に移っても――三浦注）れいの喜春楽、夜昼ふきて遊ぶ。城市の人、「さても〳〵妙音也。たゞ一曲にとゞまりたまふ、又妙也。我はよこ笛吹」とて、とり出てふき合す。「節よく、音高く、いまだかゝるを聞ず。我宿にも、一二夜やどりてよ」とて、あした迎ひの人来たる。（中略）酒、あつ物、あぶりものさゝげ出て、「法師は一向宗にやおはす。湯本にてきらひなく物まいるを見し」とて、いろ〳〵すゝむ。酔ほこりて、笙とう出て吹く。「一向宗の一向一心に、一曲の妙得たまへり」とて、幾たびも倦ず、感じ入たり。

（文化五年本「樊噲」、全集八巻・二一九～二二〇ページ）

山中温泉で知り合った山寺の僧に「喜春楽」を教わると、それで十分だとして、粟津温泉に移動しても一曲だけをひたすらに妙音の笙で吹く大蔵の姿を見て、「一向宗の一向一心に、一曲の妙得たまへり」と感嘆する土地の人の言葉がある。浄土真宗が深く根付いた北陸の地を舞台に、自らの才に誇らず、必要とするもの以上には欲を見せず、一つのことに打ち込んで倦むことがないなど、仏道修行に取り組む上でも美質となりうるものを大蔵が持つことが描かれている。先に触れた通り、阿闍世説話は親鸞が自らの思想的立場を確立する上で極めて重要な役割を果たしており、浄土真宗の教義において特別な意味を持つ。父を殺し、後に大悟する大蔵が、一つのことにひたすら打ち込めるという美質を持つことが、ここで「一向宗の一向一心に」と表現されるのも決して偶然ではなかろう。秋成は浄土真宗の教義と阿闍世説話が密接な関係にあることを知っているからこそ、その境遇が阿闍世と重ね合わされた大蔵に対して、「一向宗の一向一心に」と、浄土真宗の教えにも適う心性が付与されているのではないか。もっとも、秋成は浄土真宗に対して「肉食妻帯宗といひたいものじや」（『胆大小心録』一一七）などと批判、揶揄することがあり、右の引用文中でも、大蔵が「きらひなく物まいる」のを見た人が「法師は一向宗にやおはす」と判断するところなどに、同じような揶揄を読み取ることができるのも確かである。しかし、引用した部分の最後に「幾たびも倦ず、感じ入たり」とあるように、「一向宗の一向一心」に物事に打ち込むこと自体を揶揄したり批判したりする意図は読み取れず、それが大蔵の美質としてはっきり肯定的に描き出されていることは動かない。

以上のようなことを根拠に、私は文化五年本「樊噲」の典拠の一つとして阿闍世説話が踏まえられた可能性が高いと考える。そして、「樊噲」の作品世界の背景、枠組みとして阿闍世説話を想定するならば、従来論点とされて来た本編における父殺しの設定に関する疑問は氷解する。父殺しの大罪を犯した者が罪の意識と悔恨の念を持ち、善知識の導きによって仏の教えに触れ、後に大悟することには、大乗仏教の教義から見て十分に論理的整合性、必然性があると言える。本論の「はじめに」で、私は「樊噲」が反仏教的な作品だとは考えていないと述べた所以である。作品末尾に「釈迦、達磨も我もひとつ心にて、曇りはなきぞ」という大蔵の遺偈代わりの言葉があるが、このうち「ひとつ心」という語句は、「人の心は、真心という本質において、時代を通じて変わらぬ同じひとつのものなのだ」という国学的理念・主張を背景に持つものであることが指摘される(10)。この「釈迦、達磨も我もひとつ心にて、曇りはなきぞ」という一文が示すように、仏教の禅・浄二宗と国学それぞれの思考や認識のあり方が相互に重なり合う地点で「樊噲」の作品世界が成立しているのだと私は考える。

三

次に文化五年本「樊噲」と阿闍世説話との違いや、「樊噲」において阿闍世説話の枠組みに収まりきらない要素について考えてみたい。

大蔵には、本編の題名の由来でもある漢の高祖に仕えた樊噲をはじめ、『水滸伝』の魯智深、武松といった豪傑たちの面影が重ねられていることは周知の通り(11)。彼らは親を殺しこそしないが、『史記』や『水滸伝』に描かれた、その暴力的でありながらも読者にむしろ痛快さを覚えさせる活躍ぶりは、悪行の後、自らが犯した罪の大きさに恐れおののく阿闍世の姿とは明らかに異質なものである。「樊噲」には阿闍世説話にない悪漢小説としての側面があり、それが作品の大きな魅力の一つとなっていることは疑いない。一方で、樊噲や魯智深らのごとき豪快な大蔵の活躍ぶりを描きたいというだけであれば、阿闍世説話の設定や展開を作品に持ち込む必要は無かったはずである。また、作品の結末、落としどころとして大蔵の大悟が必要だということであれば、『水滸伝』における魯智深の半生を踏まえれば事足りるであろう。つまり、阿闍世とは違い、樊噲や魯智深といった豪傑達にも引けを取らない悪徒として、大蔵の豪快かつ稚気あふれる活躍ぶりが魅力的に描かれるにとどまらず、さらに魯智深でもしなかった親殺しの大罪を大蔵が犯すという設定が加わっており、彼が罪の意識を抱えながらも逃走する先々で悪行を重ねていった末に、その大悟した姿が描かれる。こうした設定と展開に、樊噲や魯智深とも、また阿闍世とも異なる、大蔵の描かれ方の特徴があることを確認できる。

『涅槃経』巻十八のうち、本稿第一節に掲げた阿闍世説話の梗概で言えば⑩に当たるところで、衆生に対して仏の慈悲の心に分け隔てはないけれども、仏は罪ある者に対してより慈悲深いのだと説くところがある。大蔵は、言わば父殺しの阿闍世がさらに悪行を重ねた存在であり、より罪深い者として描き出されている。素朴に考えるなら、その大蔵が「直き法師」との出会いを通じて仏の教えに接し、やがて大悟することは、阿闍世に対して見せた以上に大きな仏の慈悲が大蔵に与えられたものと把握することができそうである。ただし、その一方で、大蔵を阿闍世以上に罪深い存在として描き出すことは、ここまで罪を重ねた者でも仏の慈悲は与えられるのかと、あたかも仏を試すような意図を持つものとして把握することもできよう。(12)仏の慈悲を試すとは言っても、何か宗教的な懐疑を仏に対してぶつけるといった深刻なものではなく、もっと遊び心のある、悪戯めいたものをここでは考えている。

改めて振り返るならば、作品冒頭近く、伯耆大山の神に大蔵が驕慢を咎められる場面での、「ぬさたいまつる箱」

に手足が生え、大蔵をつかまえて飛び上がるという展開の奇想天外さや、力自慢で仲間に対しては一歩も引かない大男が、神に懲らしめられると途端に弱気になって助けを求めるという落差のおかしさなどに始まり、「樊噲」にはユーモラスな表現、笑いを誘うような場面が数多くちりばめられている。そうしたユーモアの要素が、殺人や盗みなどの悪事を重ねる大蔵の悪の活躍ぶりを描きながらも必ずしも深刻にならず、どこか飄々とした「樊噲」独特の作品世界を作り上げるのに一役買っている。そうした作品に対して大真面目に、仏の慈悲の偉大さを正面から賛嘆するような意図を考えるのは似つかわしくないだろう。阿闍世以上に罪深い存在として描かれる大蔵が後に大悟するという「樊噲」の設定を、如上のユーモアの要素に結びつけて考えるなら、それは大乗仏教の教義を深く理解した上での悪戯めいた挑発、遊び心の現れとして解釈することができるのではないか。

晩年に移り住んだ京都で秋成は何度も転居をしているが、転居先に選んだのは知恩院門前袋町や南禅寺山内の小庵、また同寺山内の西福寺など、多くは寺院とその周辺であった。また、秋成が自らの寿蔵を西福寺内庭に定めたのは、文化二年以降西福寺の住持だった玄門和尚と格別の親交があったからである(13)。秋成と親交のあった僧侶として他にも、実法院主の釈広餕、建仁寺塔頭両足院の高峰東晙、南禅寺塔頭牧牛庵の桃隠禅師といった人々の名前を挙げることができる(14)。晩年の秋成にとって、仏教は身近にあるものであった。『茶痕酔言』異文・二一に見える桃隠禅師とのやりとりなど、その関係が真に忌憚のない「知音の交り」（同異文・二一）であったことをうかがわせるに足る。「樊噲」の設定と展開を大乗仏教の教義に対する悪戯めいた挑発として解釈できるとすれば、本編は、忌憚なくものを言い合えるこうした僧侶たちとの親交の中で生まれた、仏教の教義への深い理解と相互の信頼を前提とする遊び心から生まれた作品として理解することができるだろう。

注

（1）『臨済録』の引用は、入谷義高訳注『臨済録』（岩波文庫、一九八九年）による。同書九七ページ。

（2）高田衛「「樊噲」の一問題――〈父殺し〉と〈遷化〉」（森山重雄編『日本文学　始源から現代へ』笠間書院、一九七八年）、二五一～二五六ページ。引用文中のスラッシュ（／）は、原文でそこに改行があることを示す。

（3）木越治「樊噲像の分裂」（『秋成論』ぺりかん社、一九九五年）、二九六ページ。

（4）『平川彰著作集　第六巻　初期大乗と法華思想』（春秋社、一九八九年）「第三章　大乗経典の発展と阿闍世王説話」、七三ページ。

（5）平川注（4）前掲書、八〇～八六ページ。

（6）星野元豊「『教行信証』の思想と内容」（『日本思想大系一一　親鸞』岩波書店、一九七一年）、五五四～六ページ。

（7）『今昔物語集』の引用・参照は今野達校注『新日本古典文学大系　今昔物語集　一』（岩波書店、一九九九年）による。『三国伝記』は池上洵一校注『中世の文学　三国伝記（下）』（三弥井書店、一九八二年）に、三巻本『宝物集』は『続群書類従第三十二輯下　雑部』（続群書類従完成会、一九二四年）による。

（8）『万葉集』の引用は、佐竹昭広他校注『新日本古典文学大系　万葉集　一』（岩波書店、一九九九年）による。同書四四五ページ。

（9）『万葉代匠記』精撰本、同初稿本の引用は、『契沖全集　第三巻』（岩波書店、一九七四年）による。同書一〇～一一ページ。

（10）内村和至「「ひとつ心」の国学――上田秋成と仮名序異文」（『上田秋成論　国学的想像力の圏域』ぺりかん社、二〇〇七年）、四四七ページ。

（11）中村幸彦「樊噲――春雨物語小論」（『中村幸彦著述集　第三巻』中央公論社、一九八三年）、堺光一「春雨物語「樊噲」と水滸伝との関係」（『日本文学研究資料叢書　秋成』有精堂、一九七二年）、中村博保「「樊噲」の原型」（『天理図書館善本叢書　秋成自筆本集』月報、天理大学出版部、一九七五年）など参照。

（12）同様のことを、井上泰至・一戸渉・三浦一朗・山本綏子編『三弥井古典文庫　春雨物語』（三弥井書店、二〇一二年）のうち、「樊噲」〔十九〕の「読みの手引き」（三浦執筆、同書二六九ページ）で既に述べたことがある。ただし、その際には見通しとして簡略に述べるに留まったので、本稿で改めて論じたい。

（13）鷲山樹心「南禅寺周辺と秋成」（『上田秋成の文芸的境界』和泉書院、一九八三年）、六四ページ。

（14）注（13）鷲山前掲書六九～七七ページ「知音の人々――僧侶観」。

付記

＊本稿は、日本文芸研究会平成二十七年度第二回研究発表会（二〇一五年一二月五日、於仙台市戦災復興記念館）での口頭発表に基づき、大きく加筆修正したものである。発表時に御教示頂いた方々にこの場を借りて御礼を申し上げます。

【表】阿闍世説話を載せる主な文献・作品一覧

		① 阿闍世の悪人性	② 父殺し	③ 父殺しに対する阿闍世の悔恨・罪の意識	④ 母が治療を試みるが阿闍世の毒瘡は癒えない	⑤ 六人の臣下達が阿闍世を六師外道の教えに誘おうとする	⑥ 耆婆が悔恨と慚愧心の重要性を説く	⑦ 善知識として耆婆が阿闍世を仏のもとに導く
A	『涅槃経』巻十七「梵行品第二十の四」・同巻第十八「梵行品第二十の五」	●	●	●	○	○	●	●
	『観無量寿経』	●	●					
	『教行信証』信巻	●	●	●	○	○	●	●
	『今昔物語集』巻三「阿闍世王殺父王語第二十七」		●	△（＊1）				●
	『三国伝記』巻七の七「阿闍世王事」		●	△（＊2）				●
	『宝物集』巻下		●					●

B

⑧	虚空に亡き父の声が響き、阿闍世に耆婆の言に従うよう促す	○		○			
⑨	仏は阿闍世のために「月愛三昧」に入り、大光明を発して阿闍世の毒瘡を治癒する	○		○			
	仏が光明を発して阿闍世を照らす				○	○	
⑩	耆婆が仏の慈悲と悪人救済について述べる	○		○	○	○	
⑪	仏が善知識の重要性を説く	○		○			
⑫	仏の教えが示される	○		○	○	○	○
⑬	阿闍世の開悟	●		●	●	●	
⑭	阿闍世、偈頌を述べて仏を賛嘆する	●		●			

・丸数字は阿闍世説話の梗概に付した通し番号に対応。

・○●印はAに挙げた各文献が、Bに該当する要素を持つことを示す。●印は「樊噲」との関係を考える上で特に重要なものに付した。

＊1　『今昔物語集』巻三・第二十七では、「我逆罪を造れり」と阿闍世が罪の意識を持っていたことがわかるが、『涅槃経』のように、阿闍世が罪を許され、後に大悟するに至る経緯の中で必須の要件として位置づけられることがない。

＊2　『三国伝記』巻七・第七でも「我父を殺せる罪人なり」と見えるが、『今昔物語集』と同様に、その罪の意識が後に阿闍世が大悟するに至る経緯の中で必須の要件として位置づけられることがない。

『小萬畠雙生種蒔』考
——二ツ岩団三郎の怪談と読本

高松亮太

はじめに

平成六年（一九九四）に公開された映画『平成狸合戦ぽんぽこ』（スタジオジブリ制作、高畑勲脚本・監督）は、多摩のニュータウン建設のために住処を追われることになった狸たちが、人間の手から自分たちの故郷を守るために「化学《ばけがく》」を駆使して奮闘を繰り広げるファンタジー作品である。物語序盤、総会を開きニュータウン開発への対策を練った狸たちは、人間に対抗する智恵を伝授してもらうため、全国に名を馳せていた四国と佐渡の化け狸のもとに使者を派遣することを決定する。このとき、多摩の狸たちが頼った佐渡の狸が二ツ岩団三郎であった。団三郎の招聘を託された水呑み沢の文太であったが、団三郎は猟師に撃たれて既にこの世に無く、失意のうちに多摩に帰還し、開発によって変わり果てた故郷の森の姿に愕然とする。

ここでその名が登場する佐渡の二ツ岩団三郎は、現在では安産・家内安全・諸災消除にご利益のある二ツ岩大明神（佐渡市相川地区）として崇められ、島民の信仰を広く集めている伝説上の狸（貉）である。(1)しかし近世期においては、むしろ巧みに化けて人を騙す化け狸として知られており、佐渡のみならず、全国各地にまでその名を轟かせていたほどで、曲亭馬琴も『燕石雑志』（文化八年〈一八一一〉刊）において、団三郎の伝説を詳細に報じている。先の『平成狸合戦ぽんぽこ』に用いられた団三郎のイメージも、こうした近世期におけるイメージを踏まえたものに他ならなかった。

本稿では、江戸時代の随筆類や稿者の郷里である佐渡に伝わる二ツ岩団三郎の怪談を整理したうえで、馬琴をはじめとする江戸の戯作者たちとも親交のあった石井夏海の読本『小萬畠雙生種蒔《こまんばたけふたごのたねまき》』の創作技法について考察を加え、地方出来の〈伝説もの〉読本の特色を考えてみることにしたい(2)。

一　石井夏海『小萬畠雙生種蒔』について

佐渡相川の人石井夏海が著した『小萬畠雙生種蒔』は、二ツ岩団三郎の伝説をはじめとするさまざまな佐渡の伝承を綯い交ぜにした読本である。序や口絵を備え、引札まで作られていることから、出版を企図して稿本が作られたものと思われるが、結局出版されることはなく、現在は前半部分の稿本が佐渡市の山本修巳家に伝わるのみである(3)。夏海がこのような読本を調製するに至った背景には、まずもってその広い交友関係、とりわけ江戸の戯作者たちとの交流があった。彼の伝記について、まずは相川町史編纂委員会編『佐渡相川郷土史事典』（相川町、二〇〇二年）を引くことにしよう（山本修巳執筆）。

> 一七八三―一八四八　地方《じかた》御役所絵図師。天明三年、相川で郷宿を営む石井善兵衛の長男として生まれる。幼名秀次郎のち静蔵と称し、安瀾堂《あんらんどう》と号す。幼少より絵を描くことを好み、のち絵画を紀南嶺《きなんれい》・谷文晁《たにぶんちょう》に学び、また、司馬江漢《しばこうかん》について測量術・天文学、西洋の遠近法の画法や油絵などについて研究する。文化十二年（一八一五）地方御役所絵図師にとりたてられ、郷宿は弟に譲り家をおこす。手当は御蔵御払米一か月五斗。文政元年（一八一八）、高橋三平奉行の佐渡巡村に同行し、巡村道中の絵図を作製する。天保七年（一八三六）、長男の文海とともに、佐渡国絵図作製を命じられる。享和三年（一八〇三）の伊能忠敬の測量をもとにして、

翌年に国絵図完成《ママ》し、江戸御勘定所に納める。この褒美として、夏海は町年寄格になる。また、夏海は交遊が広く、滝沢馬琴・太田蜀《ママ》山人・北川真顔・式亭三馬・近藤守重・谷文晁・良寛などの書や来信、自ら彫った赤穂四十七士の篆刻などを貼り合わせた「貼交帳《はりまぜちょう》」を、六〇歳の時に作っている。なかでも、北川真顔に俳諧歌の教えを受け、判者を許され、相川で仲間を集めて指導していたので、北川真顔との俳諧歌に関わるものが「貼交帳」には多く残っている。なお、佐渡の歴史や伝承を題材にした「小萬畠雙生種蒔《こまんばたけふたごのたねまき》」という戯作の稿本がある。夏海は生来多芸で、書斎のほか、絵画・彫刻・雑の部屋を持っていたといわれる。嘉永元年六月十三日、六五歳にて死去。

ここに記されるように、夏海は江戸の曲亭馬琴や大田南畝、北川（鹿都部）真顔、式亭三馬らと交渉のあった人物で、真顔の高弟として知られるなど、特に狂歌を能くした。また後述するように、『滝沢家訪問往来人名簿』、『燕石雑志』、『烹雑の記』および日記や書簡などからも馬琴との盛んな交流が知られ、このような戯作者たちとの交わり、なかんずく馬琴との親交は、彼をして稗史小説の執筆へと向かわしめたことであろう。

こうした人的交流を背景として著された『小萬畠雙生種蒔』は、右の引用にも記されているとおり「佐渡の歴史や伝承を題材にした」ものであった。その大概については、彼自身が序（文化十二年〈一八一五〉正月）で次のように語っている[4]。

> 稗史を作る業は田畑を作るにひとし。されば土肥たる大江戸の功者なる作者が心の種の一粒を言の葉数多に作りひろぐるは筆の耕おこたらず、学び米の貧しからざるゆゑなりかし。此冊子は我狭門の国なる二ツ岩の在昔談を種として、小万畠の童謡に詞の花を咲せんと、農夫弾作が粒々辛苦して育てあげたる二人の小児め《ママ》ぐる因果の龍骨車に河の浦川の毒水をひく、その弥三郎が母刀自の邪見の剣に若苗の根をたち、葉を枯さんとせし物語に、猶檀風の謡曲に聞えたる資朝卿の配流の種、本間三郎が義心善報の種、駄栗毛左京が勇壮出世の種、医師伯詮が隠徳の種、光明仏の後生の種さへ取まじへ作りなして、双岩孖の種本と早乙女の菅笠素

人なる題号をうち冠らせ、只田植に雇ひし画工と筆耕のまめなる力をかりて、漸く六把ひとからげのとぢ本となしぬ。痩田の粃元より実のなき作なれども、見功者のよく見て刃なす籾糠の悪しきをさらば、其身はしらげの米とならん。(下略)

稗史小説の製作を、田畑の開墾に喩えつつ、馬琴ら江戸の読本作家らが稗史小説を知的・学的考証を行いながら盛んに世に出し続けている筆力を賞賛したうえで、その驥尾に付して著した自らの『小萬畠雙生種蒔』について、「二ツ岩の在昔談」を種としながら、いくつかの説話を繋ぎ合わせ、練り上げたものであったことを述べているのである。「光明仏の後生の種」に該当する記述は見られないものの、本稿で縷々述べていくように、ここに記されたさまざまな要素を巧みに撮合したところに、夏海の高い構成力と知巧性を認めることができよう。

続いて、本作の梗概を記しておく。行論の都合上、適宜段落に分け、各段落に①から⑨までの番号を附した。

①元応元年、佐渡の南片辺に住む農夫弾作は溺死しそうな貉を助けた。その年の秋、山仕事中に傷を負った弾作のもとに、三十歳ほどの女性が訪れ介抱してくれた。二人はのちに夫婦となり、二人の子を儲けるが、先に生まれた長女は人身であったものの、後に生まれた長男は貉であった。嘆く弾作に女性は自らの正体を明かし、長女は弾作が、長男は自らが養育するよう告げて姿を消す。長女をお万と名付けた弾作は、後に捨て子の男の子熊若を拾い、二人を育てることになる。

②日野資朝は流罪となって佐渡へ流されたのち、介錯本間三郎の手により処刑される。資朝配流に際して越後弥彦から付き添ってきた乳母お虎は、弾作の後妻となるが、嫉妬深く貪欲無道で、鳥獣魚肉は何でも口にするため、鱈の背のような悪瘡ができ、鱈刀自と渾名される。鱈刀自は近隣に住む悪党河豚七と姦通したのち、毒水の流れる川に弾作を押し込み殺害する。遺されたお万は相川山崎町へ遊女小万として売られ、熊若は弾作から実父の武将がいると教えられていた檀風城へ向けて出奔する。

③資朝流罪の後に京で出生した梅若は、父資朝との対面を望み、資朝の大恩を受けた熊野の阿闍梨と、お虎

の甥弥三郎とともに佐渡へ渡る。お虎こと鱈刀自から資朝処刑の由を聞いた梅若は本間三郎への敵討を誓う。一方の鱈刀自は河豚七とともに、資朝の余類注進による褒美を狙い、阿闍梨を毒水川で殺害して梅若を召し捕えようとするが、計画を盗み聞きした弥三郎が身替りとなって死ぬ。悪計を知られた二人の注進によって派遣された捕手により、梅若と阿闍梨は捕縛され、檀風城へと連行される。

④二人を捕縛した功に加え、弓の達者でもあった河豚七は、本間家の家人に召し抱えられ、北向毒右衛門と改名する。梅若を処刑し、阿闍梨を追放するよう命じられた本間三郎だが、梅若を助けたいという気持ちから、二人が小木の港から渡海できるよう一計を案じる。

⑤檀風城からの帰路、越の松原で熊若と邂逅し、自らの息子であることを悟った三郎は、檀風城にいる父に逢いたいと願う熊若を、父は冥途にいると偽って首を切り、その首を梅若の首として毒右衛門に差し出す。

⑥奥方が病気になった檀風城主本間高滋は、沢根城主本間永州の家宝の名刀楊梅を枕にすると平癒すると聞き、これを借りるために使者を派遣する。永州の家人駄栗毛左京が持参しようとするが、道中で毒右衛門の家来らに刀を奪われ、左京は逐電してしまう。高滋のもとでは、奥方の病気を平癒させるには貉の生血が必要であるとの占いが出たため、弓の達者毒右衛門が貉狩りに向かう。

⑦二ツ岩で貉の親子二匹を見つけた毒右衛門は、親貉を射殺したものの、足を射た子貉の行方を見失い、さらには楊梅までも紛失してしまう。足を射られた貉は、相川の伯詮という名医の治療を受けるが、正体を見破られたため、自分は弾作と先程射殺された母との間に生まれた弾三郎であることを告げ、遊女として売られた姉小万を請け出し、毒右衛門を討って欲しいと、金子と楊梅を置いて帰る。

⑧一方、逐電し河原田辺に隠れ住んでいた左京は、楊梅詮議の手掛かりを求め、山崎町遊郭に通い、小万と馴染みになっていた。小万に思いを寄せる毒右衛門は、左京を亡き者にしようとする。弾三郎の依頼を受けた伯詮は、小万身請けの手付として金子と楊梅を差し出すと、小万は身請けを承諾し、楊梅を預かる。

⑨小万からの手紙を受け取った左京は急ぎ小万のもとに向かうが、道中黒雲から現れた鬼女に襲われ、これを退けたものの、手紙を落としてしまう。それを拾った毒右衛門は、金を奪い、楊梅を取り返そうと山崎町へと向かう。

序には「漸く六把ひとからげのとぢ本となしぬ」と、本来六巻であった由が記されていたが、同じ序に記された他の諸要素がほとんど本作に盛り込まれていることを考えれば、実際に六巻にまで及んでいたのかどうかは疑わしい。とはいえ、右の梗概からも、本作が後半を欠いていることは明らかである。序の末尾の一文からは、本作が勧善懲悪の趣意によって貫かれていたことも知られ、内容面でも馬琴を追随せんとする意識が働いていたものと思われるが、遺憾ながらその全貌を窺い知ることはできない。未完であったか、あるいは失われたものか。しかし、前半からだけでも本作の典拠や創作技法を窺うことは十分に可能である。次節からは、右の梗概を適宜参照しながら、各場面に取り入れられた伝説と、その構成方法の特色について分析していくことにしたい。

二　二ツ岩団三郎の怪談

外題に「弥三郎姨／弾三郎貆」とあり、また序文にも「二ツ岩の在昔談を種として」とあったように、作品の骨子には大臵二ツ岩団三郎の怪談があった。とはいえ、団三郎に関する佐渡に残る伝承、あるいは近世期の文献に載る記事は決して一様ではなく、数多くの説話が伝わっている。まずは、『小萬畠雙生種蒔』の分析に先立って、この団三郎伝説の跡を辿ってみることにしよう(5)。

団三郎に関する伝承がいつの頃から佐渡に存在したのか、明確には定めがたい。とはいえ、『佐渡奉行代々記』には、

明暦三酉年

この年貉の皮、越後より取寄候処、越後商人団三郎と申候者より貉の子の買入れ、始て当国に貉渡る。段々出来夫故へ、相川団三郎と申す貉の名前へに成る。全くは貉にて無レ之と伝る。(6)

という、団三郎という名の由来が残っており、団三郎の伝承が江戸時代前期には既に口碑として広まっていたことが窺える。(7)また、成立年未詳『佐渡年代略記』には、享保三年(一七一八)九月の出来事として、窪田松渓なる外科医が刀による切り傷を負った急患を手当てした話が載っており、(8)後述するように最も人口に膾炙した話型の原型が、享保年間には既に出来上がっていたことも知られる。

こうした口碑で、またはいくつかの文献で断片的に伝わる団三郎の話が初めて集成され、近世期において最もまとまった形で伝わっているのが、佐渡の特に相川周辺の伝奇伝説を集成した称光主人『佐渡怪談藻塩草』(安永七年〈一七七八〉成)である。(9)本作には三十九話の怪談奇談が収められており、団三郎にまつわる説話、あるいは団三郎とおぼしき相川の貉にまつわる説話は実に七話を数える。(10)

「鶴子の三郎兵衛狸の行列を見し事」は、佐和田の鶴子に住む百姓三郎兵衛が、二ツ岩の前で団三郎が化けた大名行列に遭遇した話、「窪田松慶療治に行事」は、相川柴町に住む外科医窪田松慶が刀傷を負った団三郎を治療した話、「寺田何某怪異に逢ふ事」は、下戸番所の寺田弥三郎が方角を惑わした団三郎を切りつけた話で、窪田松慶が治療した話と一連のものとして伝わる。「仁木与三兵衛大浦野にて狢をおびやかす事」は、貉を竹杖で打った仁木与三兵衛が、貉に母が病気になったと謀られ、母は与三兵衛が相川で口論したと謀られるという仕返しをされる話、「高田備寛狸の火を見し事」は、佐渡奉行の地役人高田備寛が夜釣りで鯑を獲っていたのを見て、その方法を貉が真似した話、「百地何某狸の諷を聞事」は、相川雑蔵谷に住む百地弥三右衛門が夜更けに縁側で寝ていたところ、謡曲『実盛』が聞こえてきたが、その主は特定できず、団三郎の仕業と合点したという話、「井口祖兵衛小判所にて怪異を見る事」は、昼番をしていた相川金山小判所の役人井口祖兵衛が、小判所内で見かけた渋衣の老僧が密室で姿を消したため、狸と悟った話である。

このように佐渡において語り継がれ、読み継がれてきた団三郎の伝説は、近世中期以降も新たな伝説を生んだり、従前の伝説の変質・生長を伴ったりしながら、佐渡において広く行われていたようである。その実態を伝えてくれるのが、佐渡の人々はもとより、佐渡を訪れた人々、とりわけ相川に置かれていた佐渡奉行所に勤務する役人の随筆・日記類である。例えば、天明元年（一七八一）から同六年（一七八六）まで佐渡奉行を勤めた、冷泉派歌人としても知られる石野広通の『佐渡事略』（天明二年〈一七八二〉成）には、

山獣は狸兎の外かつてなし。狐あらずして、狸よく人をたぶらかすといふ。団三郎といへる古狸ありて、往年伊勢参宮せしよし。其外さま〴〵の奇怪をかたる。(11)

とあって、団三郎がかつて伊勢参宮をしたという話を伝えている。この団三郎の伊勢参宮については、佐渡の地役人で、里村昌逸および里村昌同に連歌を学んだ海老名義恭の著した『都の行かひ』にも見える。同書は、弘化元年（一八四四）六月二日、義恭が在京中に聞いた話として、かつて小沢蘆庵の居住していた太秦の山寺が怪異の発生により廃寺となっていたところ、天保十三年（一八四二）に団三郎が伊勢参宮の道中に一宿したことで怪異が止むという不可思議な出来事があったことを伝えており、(12)団三郎の伝説としてよく知られたものであったらしい。

また、天明四年（一七八四）から同七年（一七八七）まで佐渡奉行を勤めた根岸鎮衛の『耳袋』には、

佐州相川の山に二ツ岩といへる所あり。彼所に往古より住める団三郎狸といへるある由、彼地の都鄙老少となく申唱へけるに、古老に其証を尋しに、誰見しといふ事はなけれ共、古来より申伝へぬる由なり。(13)

と、佐渡において団三郎伝説が喧伝されている様子を記したうえで、寺崎弥三郎なる役人が狸を抜き打ちにしたこと、その狸を「何の元忠」という外科医が治療したことを伝えている。役人の名も医者の名も異なっているものの、前述した『佐渡怪談藻塩草』に載る窪田松慶の話の異聞（あるいは誤伝）であることは疑いない。

さらに、川路聖謨が佐渡奉行として天保十一年（一八四〇）六月から翌年六月まで在勤していた折の記事を書き留めた『島根のすさみ』には、天保十一年九月八日に二ツ岩の団三郎の住居を訪れたことが記されるとともに、

団三郎が地役人に贈る餅菓子が岩の上にあった話、団三郎に誑かされて下男となって使われた話、伊勢の盲人の子が神隠しにあい団三郎のもとで世話になっていた話、下戸御番所の広間役寺田権右衛門が切った団三郎をその夜医師久保田秀桂が治療をしたという、これまた『佐渡怪談藻塩草』所収話の異聞が記録されている。(14)

このように、遅くとも近世初頭には発生していた団三郎伝説は、近世期を通じてさまざまな形に派生しており、その内容は伝える文献によって区々であった。そのなかにあって、怪我をした団三郎を相川芝町の医師が治療する話型が最も流布したものであったことは、ここまでの整理からも明らかであろう。そして、本稿で分析する『小萬畠雙生種蒔』に取り入れられた団三郎伝説もまたこの類話であり、作者の夏海が主として用いた話（に最も近いと考えられる話）は、曲亭馬琴『燕石雑志』が伝える次の話であった。あらすじを記しておく。

佐渡の医師伯仙は、三代続く名医である。その父がかつて佐渡に住んでいた時、急病人がいるとのことで、駕籠で迎えがやってきた。医師はその家に行き、湯薬や膏薬を与えて、また駕籠で送られて帰った。四五日後、病人自身が全快の感謝を述べに訪れ、謝礼として金数両を差し出したが、不審に思った医師が素姓を尋ねたところ、病人は二ツ岩弾三郎であると名乗る。弾三郎が悪さをして蓄えたものと疑い、金銭の授受を断固拒否する医師に、弾三郎は兵火や洪水などによって埋もれたものを拾い集め、貧人を救うために蓄えたものであると弁明する。それでも承諾しない医師に対し、翌日弾三郎は秘蔵する相州貞宗の刀を一振持参して謝礼として渡し、姿を消してしまった。

この話は、馬琴自身が『燕石雑志』で、

この書稿じ果たる頃、佐渡国雑太郡相川の人石井文吉（平夏海）、江戸に来てわが草廬を訪れしかば、彼二ツ岩なる老貍弾三郎が事、医師の奇談など、その虚実を問ば、みな是古老のいひ伝たる処にして虚談にあらず。かゝる著述あるべしとは思ひかけねど、こたみ夏海が東都へまゐるによりて、みやこ人にかたりつがばやとて、九月十八日の朝まだきより、彼の二ツ岩へいゆきて、みづから図したる一張をもて来れり。(15)

と記しているとおり、馬琴と夏海の共有するところであった。[16] 両者の対面は、『滝沢家訪問往来人名簿』に、

巳十月十六日入来
一 佐渡国相川 狂名平夏海[17] 石井文吉殿 改名静蔵

と記されるように、文化六年（一八〇九）十月十六日のことであり、『燕石雑志』にはこの時に夏海からもたらされた絵図の模写も掲載されているほか、『烹雑の記』（文化八年〈一八一一〉刊）が伝える佐渡の地理・風土・歴史・風俗・方言などに関する記事も一部夏海の報じるところであった。[18] 以来、二人には文通を以てしばしば交渉があったようで、例えば『南総里見八犬伝』第九輯の巻首には夏海の狂歌三首と、その狂歌を掲載するに至る事情を記した漢文が載っており、その詳細な経緯についても、天保五年五月二日付殿村篠斎宛馬琴書簡（早稲田大学図書館蔵）や『曲亭馬琴日記』の天保四年五月三日、同五年九月十一・十二日の記事から知られる。[19] また、萩野由之によれば、八犬士の一人を佐渡に誘致しようとした手紙のやりとりもあったという。[20]

種々の異聞が存する話型ではあるが、夏海が認識していた団三郎の伝説は、『燕石雑志』に伝わる話と同様であったと考えて相違ない。『燕石雑志』と『小萬畠雙生種蒔』にのみ伝わる主な要素として、医者の名が伯詮（伯仙）であること、湯薬や膏薬を与えていること、弾三郎の謝礼を伯詮が固辞すること、秘蔵の刀を残して姿を消すことが挙げられるが、これらの要素は前掲した他の類話にはない。つまり、夏海は馬琴と共有していた団三郎の伝説を種として『小萬畠雙生種蒔』の前述⑦に取り込むとともに、この伝説を軸にしながら同作全体の構想を膨らませていったのであった。

三 『小萬畠雙生種蒔』の方法――先行文芸と伝説の利用

前節で考察したように、本作の骨子となっているのは医師伯仙の登場する団三郎伝説であったが、序文で夏海

自身が示唆しているとおり、本作ではさまざまな佐渡の伝説が結合されている。ここでは、摂取された伝説や先行文芸を明らかにしながら、それらがどのように組み合わされ、構成されているのか、本作の創作技法について考えてみたい。

団三郎伝説に続いて本作の核となっているのが、作者自らが序文に「檀風の謡曲に聞えたる資朝卿の配流の種」と記しているとおり、謡曲『檀風』である。作者未詳ながら、世阿弥作とも伝えられる四番目・五番目物で、謡曲には珍しい『太平記』に材を取った一番である。取り入れられている部分は、前掲あらすじの②の前半と⑤。『檀風』のあらすじは次のとおりである。

元弘の変で流罪となった日野資朝を預かっていた本間三郎は、鎌倉から資朝の処刑を命じられる。都今熊野の阿闍梨とともに佐渡に渡った子の梅若は、処刑前に父との対面が叶ったものの、資朝は処刑されてしまう。梅若は父の敵の三郎を阿闍梨とともに討ち、海に漕ぎ出そうとするも船頭が許さない。しかし阿闍梨の法力によって出現した三熊野権現が船を吹き戻し、その船に乗ることが出来た二人は、三熊野権現が発生させた順風に乗って、すぐに若狭の浦に着き、無事に都へと帰還した。

流罪人日野資朝を預かったのち処刑する人物を本間三郎とする点、その資朝の息子を梅若と名付け、熊野の阿闍梨とともに佐渡に向かったとする点など、両者の共通点は明らかである。また、『檀風』の父資朝と子梅若の対面の場で、

ツレ「いかに本間殿へ申し候。近頃面目もなき申し事にて候へども。真は某が子にて候。この上は本間殿を頼み申し候。未だ幼き者の事にて候程に。あはれ御心得を以て、かの者を助け給ひ、都へ送り給ひ候へかし」本間「かかる痛はしき事こそ候はね。我等も始めよりさやうに見申して候へども。深く御隠し候程に申さず候。梅若殿の御事は、明けなば早船を拵へ、都へ送りつけ申し候べし。御心安く思し召され候へ」(21)

という、梅若の処遇を託す資朝とそれに応える本間三郎の慈悲深い人物像を踏まえ、『小萬畠雙生種蒔』でも「資

朝卿最期の際に宣ふやう、流罪の後に出生せし子あり。おん身宜しく頼み入るとの御一言、今猶耳に残り居れば、何卒助け申さん」と描いていることからも、『檀風』を種としているという、夏海自らが述べている言葉に偽りはない。

ただし、ここで梅若の身替りとなって実父三郎に切られた男児の名が熊若であったことには注意を要する。というのも、『檀風』および『小萬畠雙生種蒔』では梅若と名付けられていた資朝の子であったが、『檀風』の本説たる『太平記』においては、他でもない「阿新《くまわか》」[22]と名付けられていたからである。

『太平記』巻二「長崎新左衛門尉意見事　附阿新殿事」では、父資朝の死罪を伝え聞いた阿新が、処刑前に一目会うことを願って佐渡を訪れるものの、対面は叶わず、遺骨のみを手渡されたことに憤慨し、檀風城主本間泰宣の息子本間三郎を討って恨みを晴らす。梅若ではなく阿新となっていることや生前の親子の対面が叶っていないことを除けば、この大概自体は『檀風』と大差ない。しかし、阿新が京を出立するに際しての「今は何事にか命を惜むべき。父と共に斬れて冥途の旅の伴をもし、又最後の御有様をも見奉るべし」という言は、『小萬畠雙生種蒔』では冥土にいる親に逢わせてくれるという本間三郎に対し「旦那様はやう冥土へやつて下さりませ。（中略）はやう親達の居冥土とやらいふ所へやつて被ㇾ下と手を合す」という部分に、また檀風城に姿を見せた阿新を見た本間三郎の「今日明日斬らるべき人に是（息子）を見せては、中々よみ路の障とも成ぬべし」という心中思惟は、『小萬畠雙生種蒔』では、「いつそそちにもいひ聞かせ、親子の名乗をせし上にて、潔よく殺さうかと思しか共、なまなかにそちに言ひ聞かさば、女心のよも得心はいたすまじ」などと継承されており、夏海は『檀風』を粉本としながらも、その出典である『太平記』（ないしはそれに基づく伝承）を重ね合わせながら、『小萬畠雙生種蒔』を構成していたのであった。

したがって、「熊若」という名も、『太平記』の「阿新」を踏まえて命名されたものであり、資朝の子を梅若に、三郎の子を熊若に設定したうえで、熊若を梅若の身替りにするという、いわば典拠上における同一人物のすり替えを行っていたのであった。

ところで、こうした原拠の重ね合わせは、何も右の一件に限ったことではない。例えば、毒右衛門という命名、毒水川を利用した理由、南片辺という舞台もまた、複数の関連ある要素を結合し、設定したものであった。悪逆の限りを尽す悪玉毒右衛門の名の由来については、山本修巳が指摘するとおり「片辺鹿の浦中の川の水は飲むな毒が流れる日に三度」という古民謡からの着想であることは、本作でも「昔より河の浦中の川には日々三度づゝ毒水流るゝよし」と記されていることからも確かだろうが、[23] ことはそう単純ではない。というのも、佐渡の伝説上、片辺の川に毒が流れると言い伝えられるのは、佐渡に伝わる有名な「安寿と厨子王」の伝説に拠るものだからである。山本修之助『佐渡の伝説』をもとに整理して記しておこう。

讒言によって筑紫に流された岩城正氏の子安寿姫と厨子王丸は、母とともに筑紫に向かう途中で越後直江津で山岡太夫のために人買船に売られる。母は佐渡二郎の手に渡って佐渡片辺の鹿野浦に連れてこられ、虐待の果てに盲目になってしまう。丹波由良港の強欲な山椒太夫に厳しく使われていた安寿と厨子王は、母を迎えるため佐渡へと渡る。厨子王と別れた安寿は母を探し出したものの、村の悪童たちに騙され続けていた盲目の母は、本物の安寿が現われても信じることなく、杖で安寿を打ち殺してしまう。後に真実を知った母は安寿の亡骸を中の川の上流に埋めたが、以降安寿の涙によって、中の川には毒が流れるようになった。

説経『さんせう太夫』とも、また森鷗外『山椒大夫』とも異なった、佐渡ならではの独自の展開となっていることが看て取れよう。とはいえ、『小萬畠雙生種蒔』と「安寿と厨子王」の伝説では異なる点が余りにも多く、直接的な典拠関係を認めることは難しい。しかし、親子の別離と再会、親が自ら子を葬るという悲劇を構想するなかで、佐渡において有名な「安寿と厨子王」の伝説を想起しないことがあり得ようか。上記の類似点において二つの物語は細い糸で確かに繋がっているのである。『小萬畠雙生種蒔』が南片辺を舞台とし、悪党を毒右衛門と命名し、毒水川を出したのは、「安寿と厨子王」伝説から着想を得たものであったと思われる。

あらすじ⑨は、『佐渡風土記』等の佐渡の文献にも伝わり、また早稲田大学図書館所蔵の曲亭馬琴旧蔵書「曲亭叢書」内『縁起部類』にも伝わる、駄栗毛左京の伝説が利用されている。(24) 柳田国男も『山島民譚集』(創元社、一九四二年)で伝えるこの伝説のあらすじを、いま『佐渡風土記』によって簡略に示しておく。

沢根城主本間摂津守永州の家来駄栗毛左京は、ある夜主命によって河原田の東福城主本間高統の許へ馬を走らせるが、急に空を黒雲が覆い、左京は雲から現われた鬼女に襲われる。豪胆な左京は刀で鬼女の腕を切り、鬼女は雲間に消えていくが、幾晩か経って、鬼女は老婆の姿で左京の家を訪れ腕を乞う。左京が老婆の身の上話を聞いたうえで腕を返すと、老婆の姿は消え失せてしまった。

さながら『平家物語』剣巻にある一条戻り橋伝説や羅生門伝説の変形とでもいうべき説話である。鬼女(老婆)は越後国弥彦に住む弥三郎という者の母であり、この老婆が鬼女に姿を変えるという説話は「弥三郎婆伝説」などと呼ばれ、新潟県各地に少しずつ形を変えながら言い伝えられている。佐渡における伝説では、悪事を働いたために佐渡に流されたという設定がなされており、そこに駄栗毛左京の勇壮譚が結びつき、語り継がれていったのであろう。本作で梅若とともに佐渡に渡る男を弥三郎とするのはここからの命名であり、『佐渡風土記』で老婆が語る「悪念の因果によりて生ながら異形と成、通力自在の身と変、天を翔り地を潜り、人間は申に不ㇾ及、鳥獣迄も取候事数を不ㇾ知候」(25)という身の上は、本作における鱈刀自の「貪欲無道にして嫉妬深く大酒を好み、鳥獣魚肉は犬鳥のたぐひまでとり喰ひける故、悪身に悪瘡を生じ」という造型に引き継がれている。

ここまで分析してきたように、『小萬畠雙生種蒔』は佐渡に残る伝説や、佐渡に縁のある先行文芸を撮合した読本であり、創作にあたっては、さまざまな原拠を結合させるだけではなく、それらを破綻なく、有機的に因果関係で結びつけることに鮮やかに成功している。また、典拠上における同一人物のすり替えといった趣向に象徴されるように、その地に伝わる伝説や民謡、またその地に縁のある先行文芸を重ね合わせるという創意も凝らしながら、巧みに構成しているといった点も特色として指摘できよう。(26)

こうした典拠の結合や重ね合わせは、決して珍しいものではなく、馬琴をはじめとする先行読本においても既に用いられてきた技法であるし、遡れば読本前史に位置付けられる仮作軍記においても試みられていた趣向であった。(27)ただし、これらと本作との違いは、作品に利用されていたものに、「相当高度に文学的形象を与えられた」(28)文芸作品だけではなく、地方において語り継がれてきた口碑が多分に含まれているという点にある。こうした行き方は、地方における実録体小説の生長に、当該地域の伝説や巷説が関わっていることと類似しており、地方における文芸生成（生長）の特色として、留意すべき事柄であろうと思われる。(29)実録種の読本についても、また同一の巷説をもとにした実録と読本の差異についても、盛んに研究が進んでいるところであるが、地方における、あるいは地方を舞台とした文芸の生成に際し、各地の伝説（口碑）の果たした役割については、個別の事例に即した検討がなお必要となろう。(30)

他方、実録ではあくまでも実説めいたものにするための、あるいは筋を通すための増補が行われることが多いのに対し、本作のような読本が、伝説を利用しながらも、そこに本稿で縷述してきたような創意工夫を以て、ひとつの稗史として新たな構想を志向している点に、実録との違いがあったことも事実である。かつて横山邦治は、馬琴の〈伝説もの〉読本の特色として、登場人物が全て因果関係で結ばれていること、登場人物の性格の類型性、怪奇性の添加、敵討ち話の添加を指摘していたが、(31)〈伝説もの〉読本の他の後続作がそうであったように、本作もまた馬琴の〈伝説もの〉読本の在り方を確かに継承していたのであった。

最後に時代設定という観点から、一点付け加えておきたい。『小萬畠雙生種蒔』は、舞台を元応元年（一三一九）に設定していたが、窪田松渓（松慶）にまつわる団三郎の怪談については、例えば『佐渡年代略記』では「享保三年九月」、『佐渡怪談藻塩草』では「享保のはじめ」と記されているなど、口碑においては享保初年頃の出来事であったとされていた。これと関連して留意したいのが、あらすじの②でお万が遊女小万として売られ、⑧では名刀詮議のために左京が通っている遊郭が山崎町に設定されていることである。相川山崎町は近世前期に全盛を誇った実在の遊郭で、伊藤三右衛門『佐渡故実略記』には正保頃の山崎町の様子や遊女の人数が伝えられている。また、遊里全書ともいうべき藤本箕山『色道大鏡』巻第十三「遊郭図下」にも、

第十五　佐渡国鮎川
鮎川の遊女は、山崎町といふにあり。小木の遊女は、横町といふにあり。(32)

と記されているほか、『諸国色里案内』(貞享五年〈一六八八〉刊)には値段付も記載されており、それによれば長崎の丸山遊郭の太夫よりも値段が高く、江戸吉原に比肩する格の高さを誇った遊郭であった。(33)渡辺憲司によれば、山崎遊郭が陣屋に近く風紀を乱すという理由で、享保二年(一七一七)に十一軒の遊郭と三十人の遊女が水金町に移転したという。(34)移転の時期と口碑の時期の前後関係にやや正確性を欠くものの、どうやら夏海は、団三郎伝説に寄り添いながら、こうした遊郭の歴史も踏まえ、享保頃の相川を舞台にするという、ある程度厳密な設定を行っていたようである。

おわりに

以上、本稿では、佐渡の人や佐渡に縁のある人々によって伝えられてきた近世期の団三郎伝説について整理したうえで、石井夏海が著した『小萬畠雙生種蒔』の典拠や創作手法について考察してきた。

馬琴が夏海から仄聞した情報によれば、天保年間における佐渡では『南総里見八犬伝』が非常に流行したようで、貸本屋は大繁盛し、農夫や船頭、樵夫、鉱夫といえども『八犬伝』を読まざる者は恥と感じるほどの状況であったという。(35)多少の誇張があったとしても、佐渡において馬琴の読本が貸本屋を通じて広く読まれていたことは確かなようである。こうした佐渡における『八犬伝』流行に先んじて著された読本が『小萬畠雙生種蒔』であった。夏海は、馬琴をはじめとする江戸の人々との交流や、そのなかで触れた〈稗史もの〉読本の様式をもとに、

内容に佐渡の人々にとって馴染み深い歴史や伝説を持ち出し、それらを巧みに融合することによって、佐渡の読者たちの耳目を驚かさんとしたのであろう。佐渡における『八犬伝』流行の下地を作ったのは、あるいは夏海であったともいえるのかも知れない。

山本修巳の述べるように、幕領であった佐渡は、奉行や用人の交替、金銀輸送に関係する宰領役人の江戸詰などもあり、江戸との社会的・文化的交流が盛んであった[36]。その結果として、夏海のような戯作者だけではなく、江戸で学ぶ歌人や漢詩人、連歌師などを多く輩出してきたのであり、佐渡と江戸とは地理的距離に比してその関係は密であったというべきである。果たして佐渡の人々と江戸の人々との交流の実態はどのようなもので、そこからどのような文芸が生まれてきたのか。今後さらに考えを深めていきたい。

注

（1）　貉については、近世期においても現在においても、狸と同種の動物とするか別種の動物とするか見解が分かれており、定まった結論をみない。ただし、現在でも佐渡においては狸の別称として貉を用いていることから、本稿では同種のものとみなし、呼称は依拠する文献に従って表記した。そのため、表記に揺れがあることを予め断っておく。

（2）　ここでの「〈伝説もの〉」は、横山邦治「江戸における伝説ものについて（一）――馬琴の伝説ものを中心にして」（『読本の研究――江戸と上方と』風間書房、一九七四年）が〈稗史もの〉の下位分類のひとつとした「伝説に取材した作品」という位置付けを基本的に踏襲するものである。

（3）　あるいは本作を、山本卓「玉晴堂芝誘とその戯作グループ」（『近世文藝』第四十二号、一九八五年五月）や三宅宏幸「中西堂の実録写本」（『日本文学』第六十三巻第十号、二〇一四年十月）が言及するような、板本の体裁を真似た写本で、限られた範囲での回覧を意図して製作されたものと考えることもできようが、書肆が引札まで印刷していることも考え合わせ、一応ここでは出版を企図した稿本と考えておく。

（4）『小萬畠雙生種蒔』の引用は山本修巳氏蔵本により、適宜濁点や句読点等を補い、原則として旧字は通行の字体に改めた。以下同。なお、本作については、山本修巳「佐渡と江戸――戯作者石井夏海」（『文学』第五十四巻第十二号、一九八六年十二月）に序や引札、あらすじなど、大略の紹介が備わる。

（5）団三郎伝説の整理に当たっては、①山本修之助『佐渡の伝説』（佐渡郷土文化の会、一九八六年）、②同『佐渡の狢の話――伝説と文献』（佐渡郷土文化の会、一九八八年）を大いに参考にした。

（6）注（5）の②一四四頁。

（7）なお、寛延三年（一七五〇）の成立とされる永井次芳『佐渡風土記』には、寛文三年（一六六三）八月二十七日の記事に、団三郎でも狢でもないが、山田村助なる人物が二ツ岩で巨大な火を吹く犬を見た話が載っており、二ツ岩における出来事だけに団三郎の類話かも知れない。

（8）注（5）の②一二八―一三〇頁参照。

（9）堤邦彦・杉本好伸編『近世民間異聞怪談集成』（江戸怪異綺想文芸大系五、国書刊行会、二〇〇三年）所収（本間純一校訂）。

（10）梗概を紹介した七話は、団三郎と明記されているもの三話、および二ツ岩のある相川地区の化け狸が人を化かした話で、団三郎と考えられるもの四話である。『佐渡怪談藻塩草』には加えて「高下村次郎右衛門狸を捕へし事」と「小林清兵衛狢に謀られし事」という狢の話が二話掲載されている。

（11）引用は国文学研究資料館鵜飼文庫蔵本（九六‐五〇二）による。

（12）注（5）の②一四五頁参照。

（13）鈴木棠三編注『耳袋一』（東洋文庫二〇七、平凡社、一九七二年）一七六頁。

（14）川田貞夫校注『島根のすさみ――佐渡奉行在勤日記』（東洋文庫二二六、平凡社、一九七三年）一〇三―一〇六頁参照。なお、他に団三郎に関する記事の載る近世期の文献や記事には、田中葵園『佐渡奇談』、楼海散人『佐渡土産』、著者不明『佐渡相川誌』、丸山元純『越後名寄』、田宮仲宣『嗚呼矣草』（文化三年〈一八〇六〉刊）、海老名義恭『佐渡名所集』（天保七年〈一八三六〉成）、加藤典義「狢邱記」、円山溟北「二宮団三郎伝」、同「双岩行」、著者不明「佐渡怪談記」（岩木文庫蔵『雑録』所収）などがあり、それぞれに異なった団三郎の話を伝えている。

（15）『日本随筆大成』第二期第十九巻（吉川弘文館、一九七五年）四八五頁。

（16）両者の交流については、山本修之助「石井夏海宛江戸文人の書簡――馬琴・文晁・三馬・蜀山人・真顔」（『越佐研究』第二十四集、一九六六年六月）、柴田光彦「石井夏海貼交帖から――馬琴・佳木・真醒」（『近世文藝論叢』中央公論社、一九七八年）に詳しい。

(17) 引用は、早稲田大学図書館蔵本（イ四－六〇〇－一二〇、古典籍総合データベースにより披見）による。

(18) 『日本随筆大成』第一期第二十一巻（吉川弘文館、一九七六年）四二五―四五〇頁参照。佐渡の記事の末尾に「いぬる年、佐渡の相川なる夏海子に訪れしころ、親しく彼処の風土をきゝつ」とある。

(19) 柴田光彦新訂増補『曲亭馬琴日記』第三巻（中央公論新社、二〇〇九年）三九二頁、同第四巻（中央公論新社、二〇〇九年）二一二頁。

(20) 萩野由之『佐渡人物志』（佐渡郡教育会、一九二七年）の「石井夏海」項に「夏海又馬琴に嘱して、犬士の中の一人を佐渡に渡し給へといへるに、馬琴答へて、惜しいかな時後れたり。犬田小文吾を越後に遣したれど、既に引返せり。今又更めて遣はさんも趣向たゝず。佐渡の事は追つて工夫に上すべしといひしこと、馬琴の書簡に見えたれど、今其文を逸す」とある。

(21) 『謡曲大観』第三巻（明治書院、一九五四年）二〇一六―二〇一七頁。

(22) 後藤丹治・釜田喜三郎校注『太平記一』（日本古典文学大系三十四、岩波書店、一九六〇年）七二頁―七九頁。

(23) 注（4）山本稿。

(24) 本資料については、中野猛「曲亭叢書縁起部類の佚名略縁起――早稲田大学付属図書館蔵〔駄栗毛左京事〕と佐渡」（『略縁起集の世界――論考と全目録』森話社、二〇一二年）に紹介が備わる。

(25) 引用は、国文学研究資料館三井文庫蔵本（MX－三四一－二）による。

(26) なお、本間永州の家宝楊梅について附言しておくと、この楊梅も『佐渡風土記』に載る伝説から名前を借りてきたものである。当該伝説は、将監という男が妻と契る際に渡された名刀楊梅の徳によってさまざまな難を逃れる話であり、将監の家老が左京であること、目貫が伝存しているという家が新穂地区潟上の能太夫本間家であることも連想が働いたか。また、その目貫が葡萄に栗鼠の彫刻であったという記述は、本作で遊女小万が「ふと其脇差を見れば、葡萄に栗鼠の刀」という、楊梅に気付く場面に利用されている。

(27) 濱田啓介「仮作軍記の方法」（『近世小説・営為と様式に関する私見』京都大学学術出版会、一九九三年）参照。

(28) 注（2）横山稿。

(29) 例えば、土居文人「実録『播磨国書写敵討』の成立――地方実録の創作方法の一事例」（『近世文藝』第七十四号、二〇〇一年七月）は、既存の実録とともに、地元播磨の説話・伝承などを綯い交ぜにし、虚構性や通俗性を志向していたことを指摘する。

（30）なお、この点に関して、木越治は江戸怪談の特色のひとつに「地域限定型の怪談本の編集・刊行」を挙げたうえで、「時代がくだるほど目立つ現象で、地方文化の形成・確立という問題と不可分である」と述べ、地方怪談書の学問的解明の必要性を訴えている（木越治「怪異と伝奇Ⅰ――仮名草子・浮世草子と怪談」、揖斐高・鈴木健一編『日本の古典――江戸文学編』放送大学教育振興会、二〇〇六年）。

（31）注（2）横山稿。

（32）新版色道大鏡刊行会『新版色道大鏡』（八木書店、二〇〇六年）四一五頁。

（33）渡辺憲司「佐渡悲恋」（『江戸遊里の記憶――苦界残影考』ゆまに学芸選書ＵＬＵＬＡ十二、ゆまに書房、二〇一七年）。

（34）注（33）渡辺稿。

（35）前掲した天保五年五月二日付殿村篠斎宛馬琴書簡、および『南総里見八犬伝』第九輯巻首。

（36）注（4）山本稿。

付記

＊資料の閲覧に際してご高配を賜った山本修巳氏、国文学研究資料館に深甚の謝意を表します。なお、本稿はJSPS科研費JP17K13389の成果の一部です。

「お化」を出すか、出さないか
――泉鏡花と徳田秋聲から見る日露戦後の文学

大木志門

はじめに

徳田秋聲の自伝小説「光を追うて」（一九三八年「婦人之友」連載）には、泉鏡花から「湯島詣」（一八九九年、春陽堂）の構想を聞いた主人公の向山等（秋聲）が「お化《ばけ》だけは引込めた方が何うかしら」と言うと、鏡花に「どうも僕はこのお化が出ないとね」と微笑みながら返される場面が登場する。ともに金沢出身の尾崎紅葉門下であるにもかかわらず、自然主義文学流行の時代に決別し、里見弴「二人の作家」（一九五〇年四月「文芸」）で描かれる因縁の関係として知られる両者であるが、新進作家の時代には行き来をしてこのような文学談義を交わす間柄であった。

ここには「お化」を通じて、幻想・怪異小説で知られる鏡花と、市井の人間に密着して描き続けた秋聲とが対蹠的に表現されている。しかし、この挿話は同時に、おそらく当人たちは記憶しているであろう、その後の文壇における一つの文学的争点を示唆してもいて、それが若き日の秋聲が「光を追う」ことで成し遂げた出世物語としての本作の性格を密かに語っている。[1] 翌年九月に死去した鏡花はおそらく本作を読んでいなかったろうが、もし読んでいたらどのように思ったであろうか。もちろん一笑に付したであろうし、その後「お化」を書き続けることで文学史に名を遺した鏡花は、自身の判断が正しかったことを再確認したことであろう。

　本論は、ともに紅葉の硯友社周辺で活動していた秋聲と鏡花の分岐点となった自然主義文学の興隆期である日露戦争後の一九〇七（明治四十）年前後を題材に、両者の作風と文壇的評価の変遷、そこから逆照射される当時の文壇のパラダイムの問題を、秋聲が晩年に振り返った「お化」を鍵語としながら考察するものである。一つの時代の怪異の位相を示すサンプルとしてお読みいただきたい。

一　「鏡花式」の秋聲

　鏡花と秋聲の文学というと両極端のようだが、それは後年から見てのことで、紅葉門下の時代には必ずしもそのように見られていない。「夜行巡査」「外科室」（ともに一八九五年）「貧民倶楽部」（九五年）「化銀杏」（九六年）など鏡花の初期小説は悲惨小説・深刻小説・観念小説などと呼ばれた日清戦争後の文学傾向に合致するものであったが、これは秋聲にも通ずるものであり、新平民を扱った実質的な文壇第一作「藪かうじ」（九六年）を八面楼主人（宮崎湖処子）に評価されたことは、吉田精一が言うように同作が「悲惨小説に属する」性格があったからである(2)。続けて発表された、政界を舞台にした「三つ巴」（九七年）「風前虹」（九八年）「惰けもの」（九九年）、新時代の職業婦人を取り上げた「女教師」（九八年）「女はらから」（同年）「春光」（〇二年）は、観念小説などに次いで文壇が社会問題や政治問題を取り上げる小説を求める時流に影響を受けたという評価がある(3)。もちろんそれは両者の作風が特に近しいのではなく、時代の文芸の範疇に収まっていたに過ぎないのかも知れないが、自然主義文学流行以降よりずっとその距離が近いことはたしかである。

　言うまでもなく、鏡花には一方で「黒壁」（一八九四年）を嚆矢として「妖怪年代記」（九五年）「龍潭譚」（九六年）「化鳥」（九七年）「五本松」（九八年）「高野聖」（一九〇〇年）へと流れる異界を描く系譜があるが、実は知られていないが秋聲にも「浜の女神」（〇二年一月「新天地」）「白百合」（同年六月「青年世界」）「山の少女」（同年七月「青年界」）など鏡花的なあやかしの女が登場する短篇の一群がある。翻案まで視野を広げれば、コナン・ドイル原作の「氷美人」（原典「北極星号の船長」、一八九九年）「大実験」（原典「カインプラッツ市における大実験」、一九〇〇年）、ブルワ＝リットン原作の「暗剣殺」（原典「幽霊屋敷」、同年）など怪異や霊を扱った作品もあり（少年少女向け作品も含めればさらにある）、「徳田秋聲」という著者名だけから見ればより近いと言えるかもしれない。[4]

この両者の意外な「近さ」は、同時代評を見てゆくことでより明らかになる。もちろん鏡花についての評価史研究は既に村松定孝[5]、越野格[6]両氏の優れた成果があるが、それらはあくまでも鏡花単独の評価であり、秋聲を傍らに並べてみることで見えてくるものがあるのだ。

笠原信夫が「帝国文学」一九〇〇（明治三十三）年九月号の評「露伴隠れ、紅葉衰へ、柳浪又振はず。今後の小説壇は将に鏡花風葉二子の有に帰せんとす」を引いて言うように、「明治三十年代は間違いなく鏡花の時代であ」り、小栗風葉と鏡花の名が「並立して喧伝された」一時期であった[7]。紅葉はその死までまだ数年あるが、すでに往時の勢いはなく、この年「高野聖」で頭角を現した鏡花が、同門の風葉とともにポスト紅葉の筆頭となっていたのである。

それに対し、遅れて文壇に出た秋聲は、柳川春葉とともに「紅葉門下の秀才、鏡花風葉について有望なる作家」（「「雲のゆくへ」と「夢の夢」　秋聲と春葉」一九〇一年十一月二十五日「早稲田文学」）と目されていたが、具体的な作品については「春葉と此人は同じ紅葉門下ながらも、妙に風（風葉）、鏡（鏡花）の祖師伝承、露の垂りさうな艶ッポ気がない」（丁稚ング「大絃小絃」〇二年六月十五日「文庫」）、「此人春葉と列《なら》んで鏡花風葉に次ぐ二秀才を以て称せらるゝとか（中略）但此「春光」には聊か閉口したり」（崑崙山「甘言苦語　其四」同年九月十五日「新声」）などと、紅葉の存命期間にはついに鏡花の評価を上回ることはなかった。しかし、その一九〇三（明治三十六）年十月三十日の紅葉死去の前後を描いた秋聲「黴」（一九一一年「東京朝日新聞」連載）が、「M先生の歿後、思ひがけなく自然《ひとりで》に地位の押進められてゐることは、自分の才分に自信のない笹村に取つて、寧ろ不安を感じた」と主人公・笹村（秋聲）の気持ちを説明しているように、「M先生」（紅葉）の没後に文壇の光景は一変する。

そこで台頭したのが島崎藤村、田山花袋ら自然主義の作家たちであったが、花袋「露骨なる描写」（一九〇四年二月一日「太陽」）が「泰西革新派の奉する「露骨なる描写」」の新傾向の「間接、或は直接に充分に顕れて居る」作家として、広津柳浪、川上眉山、後藤宙外と並べ秋聲を名指しした頃に、(8)その評価は急上昇してゆく。

たとえば不動尊「甘言苦語」（一九〇四年七月十五日「新潮」）は、秋聲「前夫人」を「到る処硯友一派の自然的発展の恰も水が流るゝが如くなる描写法」で「独り春葉と作者と、紅葉の一方面を伝ふるに篤きが如く見える」としたのに対し、「風葉近時理を説いて露骨に過ぎ、鏡花また疇昔の範囲を出でず」と、春葉と秋聲を紅葉の後継者として名指しし、鏡花と風葉をそこから切り分けている。これと逆に紫紅「「かこひもの」と「琵琶歌」と」（〇五年六月一日「明星」）は、「同じ硯友社の中でも秋聲君の作は着想に於て紅葉式を放れたこと、先輩の鏡花君の文章と同じ趣があ」るとした上で、「この人の文章は軽い鏡花式である、暗い方面を捨てた鏡花式である」とする。こちらでは水と油のように考えられている鏡花に似た存在（「軽い鏡花式」）として秋聲が言及されており、現代の視点から見るとかなり驚かされる。

この秋聲の躍進に反比例して評価を急落させたのが鏡花で、例えば当時の文芸雑誌「文庫」から紹介すると、「天才は天才だが邪道は邪道だ。（中略）斯くの如くして、五年、十年、鏡花は果してどうなつてしまう積りであらうか。世はいつまで此の小説ともつかぬ、謎とつかぬ、おばけ小説に倦ずに居られやう」（至文「六号活字」一九〇五年七月「文庫」）や「鏡花〳〵邪道、遂に救ふべからず、慶すべからず、今にして大転化せずんば、風葉秋聲の彼を超越し去る事、正に近きにあらむ」（ケンペイ「六号活字」同年十二月「文庫」）という評に見られるように、「天才」ではあれ作風に変化がないこと、時勢に則していないことが批判の対象とされている。「文庫」（一八九五年創刊、一九一〇年終刊）は河合酔茗・小島烏水・千葉亀雄らが集った投稿文芸誌だが、同人の五十嵐白蓮「余が好む作家及び作物」（一九〇八年七月）が「曽ては「文庫」の同人が、揃ひも揃つて鏡花贔屓であつた」のが「今や件の鏡花熱、全然冷却しきつて了つた」と書くように、文学青年達の志向が反映されやすい同誌の鏡花評価には、文壇の見取り図の変化がよく表現されていると考えられる。

再び秋聲と比較した評を参照すれば、忘憂子「文壇時潮　一月の小説」（一九〇七年一月二十七日「読売新聞」）は秋聲「発奮」を「佳作である。青山巡査の性格もあり〳〵と見え、彼と社会との接触も又ほのかに窺はれる」とするのに対し、鏡花の「縁結び」は「事件も、人物も文章も皆廿世紀のものでない。（中略）何となく草双紙でも聞かせられるやうな心地。僕はこういふ作は嫌ひだ」と述べる。無署名「新年の小説界」（同年二月「趣味」）も「縁結び」は「例の通りの作物」で同じく鏡花「霊象」も「かなりの長篇であるが多くの人の期待して居る鏡花氏の一転化を劃すものでは無論ない」とする。また国木田独歩「恋を恋する人」は「評判程のものでもなく、秋聲氏の「発奮」の方が大に勝つて居る」と言うのだ。この時代になると完全に二人の評価が裏返っている。

鏡花の作風については、「湯島詣」（一八九九年）発表後に議論が起こったことが知られている。坪内逍遙、後藤宙外らが同作の写実的傾向を評価したのに対し、ニーチェの紹介者である高山樗牛が「自然を超越する所謂天地の秘密を云ひ、人生と宇宙との幽玄なる交通を云ふ」点に鏡花の「本領」はあり、「天才ある鏡花が邪道に迷わぬことを切に祈る」（「無題録」一九〇〇年一月「太陽」）と激励し、「帝国文学」誌が「鏡花はあくまで鬼体の詩を作れ（「批評・照葉狂言」同年六月）、さらにＸＹＺ「鏡花に与ふ」（翌月・同誌）が写実小説や社会小説を鏡花の「邪路」とし「断じて鬼語を以て一生の本領となすべし」と続き、幻想的な方向を支持した。[9] しかし、わずか五年後に評価軸が反転し、非写実性が糾弾されたのである。越野格は「肯定するにせよ否定するにせよ、妖怪作家（或いは江戸趣味作家）としての鏡花像は、すでに固定されたもの」となり、また「この世俗的常識を一層強固にしたのは、やはり明治三十八、九年から顕著な六号活字的文壇ゴシップ記事」と指摘する。[10] そして、その比較対象としてしばしば言及されたのが、「生れたる自然派」（生田長江）として文壇に再登録された秋聲だったのである。

秋聲「黴」は、紅葉の死の前後を描き、それが師の威光を汚すものとして鏡花や春葉の怒りを買ったことで知られる。筆者は神聖なる存在をモデルにしただけでなく、自身の結婚と作家生活を描いた同作が、当人の意図を越えて紅葉没後の文学的覇権を誇示したと受けとめられた可能性を論じたことがあるが[11]、実際、紅葉の死から直結する自然主義全盛期の文壇は、硯友社周辺の書き手たちの後継争いの側面がある。その最有力と見なされていた風葉と鏡花がそれぞれの理由で退却し、江見水蔭門下の花袋が抜け出すとともに、鏡花らの後塵を拝していた秋聲が追随したのである。一九〇五(明治三十八)年七月より二度目の逗子移住をした鏡花がその状況を「自然主義文学の奴らがこの俺に飯を食はせない[12]」と嘆いたとされる時代である。

ここでの要点は、同門の作家として秋聲と鏡花がそこまで遠い存在とは認識されていなかったこと、また明治三十年代の前半には望まれていた鏡花の幻想的・怪異的作風が、三十年代後半にはその「天才」ゆえに文壇から排除される方向で作用していたことである。それは時代の求める「文学」の姿が変わったということだ。

二　二つの「女客」

では、この時代の「文学」とは何だったかと言えば、そこではリアリズムの要請のもとで、実在の人物を描く「モデル小説」や、作家が自身の姿を描く「自己表象テクスト[13]」が盛んに試みられた。後年に花袋「蒲団」を名指しした中村光夫らにより日本的「私小説」の端緒と見なされた状況である。そこでは作者と作品を同一視し、文学作品に人生を見る読者が登場した。その過程で小栗風葉が代作問題で糾弾され、文壇を半ば追われるように豊橋へと去った[14]。自然主義文学の中心的作家にして、葛西善蔵らが師事した私小説の代表作家とみなされる秋聲だが、それまでは葉門の作家であり、むしろその流行に遅れて参入している。別稿でも述べたが[15]、秋聲が本格的にモデル小説・自己表象テクストを手がけるようになるのは一九〇八(明治四十一)年になってであり、私小説作家のイメージに比してかなり遅いのである。その後、妻の半生を描いたモデル小説「足迹」(一九一〇年「読売新聞」連載)および私小説的な「黴」という二篇の新聞小説でようやくその作風が定着してゆくことになったのだ。

対して、鏡花のこの時代は心身不調の中で自己の作風を模索した雌伏の数年とされ、前記のような文壇的傾向とは無関係と一般的には見なされている。しかし、実際には鏡花にもモデル小説・私小説的作品が存在する。それも秋聲にかなり先駆けてである。たとえば、短篇で久保田万太郎が鏡花に「先生のおばけの出る小説よりおばけの出ない小説のはうがより結構だ(16)」と言った「女客」(一九〇五年六月〈第二章まで〉/十一月〈全篇再掲載〉「中央公論」)である。独身の主人公・謹さんのもとへ親戚の女性・お民が子供を連れて上京する。世間話を交わすうちに、主人公はかつて濠から身を投げようとまで思いつめたがお民のことを考えて生き延びたと語り、お民もそれに呼応して二人の間に感情が高まってゆく。主人公は「国へ、国へ帰しやしないから」とかき口説くが、突然お民の子の譲が「お濠ン許で、長い尻尾で、あの、目が光つて、私、私を睨んで」いる「鼬《いたち》」の姿を見たと叫びだし、二人は我に返ることになる。本作は一九〇二(明治三十五)年の鏡花の又従妹・目細てるの来訪が下敷きになっているとされ(17)、もちろんイタチのくだりはフィクションであろうし、男女の会話も実話ではなく願望をこめたものかもしれない。しかし、実在のモデルと出来事を利用しながら現実感のある物語に仕立てたところが、この時代の鏡花として例外的に本作が高評価を得た理由である。

ところで、秋聲も数年遅れて同題の「女客」(一九〇九年九月「趣味」)を発表しており、こちらも事実を元にしているらしいことと、親族の女性が主人公宅を訪れる内容が鏡花作と共通する。作中の欽造とおえい夫婦(秋聲とはま夫人)や大阪の兄(警察官をしていた長兄・直松)とその親族など、ほぼ作中人物のモデルが特定可能である。ただしこちらで来訪するのは鏡花作のような艶っぽい客ではなく、年配の遠縁の女性(嫂の兄の妻にあたる)お貞である。お貞が嫂と折り合いが悪く大阪では身の置き場がないことや、おえいのお貞に対する遠慮とそれでも家庭で苦労する女同士で気持ちが打ち解けてゆく様子などが語られてゆく。さらにお貞の息子・芳雄が実は母親を煙たく思っており、自分の房州行を理由に用いて母親を帰郷させたことが、末尾の「新聞紙に包んだ鯵の干物を、かさりと其処へ投出してぼんやりと立つてゐた」芳雄のそっけない描写でほのめかされる。心中を逐一台詞で解説する鏡花「女客」とは対照的に、物事を外側から淡々と描くだけで人物たちの気持ちをほとんど説明しないのが秋聲作であり、それがかえって親族間の複雑な感情を絶妙に描き出している。とはいえ、一方で男女の切実な思いの描出や物語の緩急に長けた鏡花作の魅力も捨て難く、どちらが優れているかではなく、それぞれの方向性の違いを味わうべきであろう。

鏡花「女客」に話を戻すと、本作ではイタチの姿を子供が見ることで、母親の不義への傾斜すなわち家庭の危機を察知することがポイントになっている。イタチは古来より狐狸と同じく妖怪の類とされてきたが、子供はその姿を実際に見たと言うものの、大人たちには全く見えない。本作は「私の影ぢや、凄い死神なら可いけれど、大方鼬にでも見えるでせう」というお民の言葉のいわば実体化である幻覚と、子による母の思念の超自然的感応を描いた小説であり、視点はあくまでも此岸に据えられた「おばけの出ない小説」なのである。その題材については追って補足するが、ここでもひとまず確認しておきたいのは、鏡花の方が秋聲に先駆けて自身をモデルにした私小説的な作品を手がけていて、秋聲がその後を追いかけていたように見えることである。また鏡花作品には、やはり単純な自己表象の欲望ではなく、日常の中で超現実を描き出そうとする志向がうかがえることである。

三　私小説作家・鏡花

もちろん秋聲の「女客」が、鏡花の同題作に直接影響を受けて創作されたとまで言うことはできない。ただし、秋聲が鏡花の作品への強い私小説的関心を隠していないこともたしかである。

たとえば秋聲がモデル小説流行を受けて書いた「感想二つ三つ」（一九〇八年十二月十五日「文章世界」）では、「私の知つてゐるうちでは泉君が一番大胆に使ってゐる。「婦系図」などを見ると実際驚かされる程だ。泉君の小説は実際とは些し離れたやうに感じられるので、取渡そんなに大胆にモデルを使つてゐるやうに見えないが、それで居てなかなか突込んである」と述べ、「所感二三」（一九一〇年五月一日「秀才文壇」）でも再び「モデルを最も大胆に使ふのは泉君」であり「「風流線」にしろ、「白鷺」にしろ皆さう」で「昔から泉君の作物は殆ど其の周囲をモデルにしたもの」と言い切っているのだ。

これはもちろん鏡花文学への評価として例外的で、鏡花をそのように見ているのは秋聲以外にはいないと言ってよい。しかし、秋聲がそう断言できるのは、まだ関係がこじれていなかった時代に、近傍で鏡花の生活と創作を目の当たりにしていたからだ。それは冒頭に引用した「光を追うて」の直前の記述からわかり、「彼（鏡花）は榎町からしばらく等の部屋へ来て泊まつてゐたが、ちやうど興の乗りかゝつて来た其の作品の結構を等（秋聲）に話して聴せた。一応腹案を身近の人に話してみるのも、鏡花の一つの創作癖で、出来あがりの原稿を朗読して聴かせるものが傍にあれば、尚更ら心強く、弟斜汀がいつも其役割を引き受けてゐた」と回想されている。その「湯島詣」の蝶吉も伊藤すゞ（のちの鏡花夫人）をモデルにしたとされる作品だが、秋聲はしばしば鏡花から作品の構想を聞いていたということだ。また鏡花の弟・斜汀[18]と秋聲は紅葉宅裏の崖下の「十千万塾」で同居していた仲であり、斜汀を通してそれを聞くこともあっただろう。

後年の「泉鏡花といふ男」（一九三五年十二月「文藝春秋」）でも「具象的鏡花君の社会観、恋愛観」を見るのに「婦系図」などは「恰好な材料」で、それは「鏡花君の私小説である点で殊に興味がある」として、次のように述べる。

> 鏡花君が前身芸者であつたところの今の夫人と同棲生活――かういふ言葉は此人の場合には相応しくないが、兎に角紅葉先生には内密でそうなつたところから、それを感づいた先生が、別に怒つた訳ではないし、潔癖家の先生としては先生としての理由もあつて「お前達何故黙つて見てゐる。忠告して別れさせろ」と風

葉君と私とに言つたものである。私達はそれを伝達はしたけれど、鏡花君は夫人が最愛の祖母を大切にしてくれることや、世帯の切盛りの締つてゐる点などを挙げて、別れかねてゐたのである。
先生は鏡花君に取つても至上権威なので、辛かつたと見えて泣いてゐた。私達も強ひては言へなかつた。
（中略）事実はそんなやうなことだが、それが「婦系図」では虐げられた恋愛の形になつて現はれてゐる。

よく知られた鏡花と芸妓・桃太郎（すゞ夫人）をめぐる紅葉との確執である。秋聲は「わが文壇生活の三十年」（一九二六年「新潮」連載）で、紅葉の葬儀後に鏡花から「不思議に気持がからりとしたやうな事」を聞いたと記しており、芥川龍之介「枯野抄」[19]を挙げて「勿論これは夏目漱石氏の死から来てゐるもんだらう」とし、「紅葉さんの死に対してもやつぱりそれと同じやうな感じが幾らか吾々にもあつたといふ事は本当のことである」と、絶対的であるがゆえの師の抑圧感と、鏡花の紅葉に対するアンビバレンツな感情を解説しているが、これはつまり前記の事情があるからで、秋聲は「尾崎紅葉を語る」（一九三四年九月「講演の友」）では「「婦系図」と云ふ小説を読んで見ますと、泉が紅葉さんを馬鹿にして居つたことが分る」とまで書いている。北村薫の小説「火鉢は飛び越えられたのか」（二〇一七年五月「オール讀物」）では後年の鏡花による「徳田秋聲殴打事件」が検証されているが、火鉢を「飛び越え」たのは尾ひれがついた結果としても、少なくとも秋聲が鏡花に殴られても不思議でないことを口にしていたことはたしかなようだ。

ともあれ、その「婦系図」（一九〇七年「やまと新聞」連載）が鏡花の恋愛事件を巡る私小説・モデル小説として読まれてきたこともまた事実であり、対して近年の鏡花研究ではそれと離れた作品自体の価値が探求されてきた。しかし、鏡花の弟子である寺木定芳が「先生が自分の周囲を私小説的に、其儘らしく大胆に書いたもの」として「結婚直前を代表して「湯島詣」結婚直後を代表して「婦系図」、それから所謂倦怠期時代らしい「白鷺」」を挙げるように、鏡花がこれら「堂々たる三部作[20]」を集中的に書いたことにはやはり意味があるであろう。特に共通するモデルを持つ「婦系図」と「白鷺」（一九〇九年「読売新聞」連載）を自然主義全盛期の文壇において書いていることである。

金子亜由美は、[21]一九四〇（昭和十五）年六月「新潮」掲載の対談「文学雑談」で、秋聲と久保田万太郎が「婦系図」の主題を巡る応酬を行い、同作を「間違った家族主義への反抗」を描いた「伝記小説」と見る久保田に対し、秋聲があくまでも「自分のこと」、すなわち「鏡花自身の体験を反映させることに主眼が置かれた作品として「婦系図」を見ることにこだわった」ことを指摘した上で、鏡花が酒井の娘・妙子を「女学生」と設定したことを、「一般に「不遇の時代」と称されるこの時期に、鏡花はあえて風葉や天外といった「自然派」と同様の題材を取り入れることによって、文壇内でのヘゲモニー争いに積極的に参与していった」と指摘している。また、連載中に「主人公は鏡花自身ださうな、おしのといふ女性はもと紅葉館の女中をしてゐたもの」（「文界通信」一九〇九年十一月十九日「万朝報」）というメタ情報が流れた「白鷺」には、松村友視の「鏡花はこの作品が身近の事実と重ねて読まれることを想定して書いている」[22]との指摘がある。鏡花が意識的に時流に乗って創作を試みた可能性である。

ここでも、秋聲「黴」に先駆けて、鏡花は紅葉と自身と妻をモデルに二つの新聞小説を発表し、また秋聲がそれを強く意識していたことは間違いない。もちろん直接的に秋聲が自身の生活を題材とする参照先としたのは花袋「生」（一九〇八年「読売新聞」連載）であろうが、同門で競合関係にあった同郷の作家の刺激は間違いなく大きかったであろう。

その「婦系図」の新聞小説としての性格を問題にした鬼頭七美は、本作が花柳界や芸能記事を多く掲載していた「やまと新聞」の読者たちにとって、「主税が自由恋愛に基づく結婚の必然性を主張することで河野の「家族主義」に対峙する展開こそは、時代の一歩先を行くスリリングな内容として受容され」たであろうことを指摘している。[23]この意味で、「黴」と先行する「新世帯」（一九〇八年「国民新聞」連載）は、作中の結婚観において鏡花と好一対をなしている。「新世帯」の新吉・お作夫妻と妻の里帰り中に新婚家庭に転がり込んできた友人の妻・お国の三角関係は、見合い結婚で成立した家庭とそこに出来した恋愛の可能性を示しており、堅実な妻と異なる型の女性に惑う新吉だが最終的にお国を追い出して妻との間に二人目の子をなす。これは自堕落な女に半ば嫌気がさしたのが理由だが、つまり本作には自由恋愛への幻滅が描かれているということだ。

続く「黴」の方は、秋聲自身の自由恋愛の実践とその帰結としての結婚生活の倦怠が描かれており、なしくずしの同棲から子供が生まれ、ようやく籍を入れるも妻との諍いは絶えず、主人公は物語の最後で郊外へと逃走する。すでに「結婚難」(一九〇三—〇四年「読売新聞」連載)で「自由結婚」の困難を描いていた秋聲であり、こちらではロマンティックラブの話型を導入しながら最終的には家庭への帰属を促し、読者の女性たちの規範として働いた「家庭小説」の役割に忠実であったと言えようが(24)、「新世帯」「黴」においてはむしろ秋聲自身の認識が大きいであろう。鏡花も秋聲も当時ではまだ少数派の自由結婚をした存在だが、そこまでの経緯の違いか、それによって得られた恋愛観には差異があったようだ。なお、秋聲が妻の半生を物語化した「足迹」でも、半ば崩壊し形骸化しつつ存続する家族の姿が描かれている。

四　「お化」を出すか、出さないか

とはいえ、やはり「婦系図」と「白鷺」には単純な自然主義文学流行への目くばせとは異なる、鏡花文学の問題があることもたしかである。それが、「光を追うて」で秋聲が「引込めた方が何うか」と言った「お化」の存在である。それは先に見たように、鏡花を明治三十年代後半の文壇評価から遠ざけていた要因だが、秋聲はもっと早い段階で忠告していたということだ。なお秋聲は「予が半生の文壇生活」(一九一二年一月「新潮」)でも同様の回想をしており、より近い時代のこちらでは、秋聲が「お化を抜いた方が面白い」と意見した結果、「本になつたのにはお化は出て居なかつた」とある。つまり前述の「湯島詣」が一方で写実性を称賛されたことにこの回想は関わっているが、後年の「光を追うて」になると、鏡花がそのまま「お化」から離れ続けたらはたしてどうなったであろうという含意がある。

吉村博任は「婦系図」と「白鷺」のモデルの連続性を確認した上で、「酒井先生の紅葉像と「白鷺」における伊達画伯の姿を藉りた紅葉像」を比較すると、後者は「理想化されて、象徴化し、追悼された紅葉の理想像」であり、その「紅葉の再登場」には「「婦系図」の訂正を意味し、師恩に対する鏡花の心理的な懐疑の消失」が見られるとした(25)。筆者もこの紅葉像の変化ゆえに「白鷺」は「婦系図」ほどの物語的強度を持ち得なかったと考えるが、同時にそこには別の変化もあり、それが「お化」をめぐるものなのである。

両作品とも新聞小説らしく怪異よりも人間ドラマが主軸になっているが、やはりそこは鏡花作品であり、超常現象がスパイスとなっている。まず「婦系図」ではお蔦が落命する場面である。早瀬が「戸の外へ、何か来て立つて居て、其がために重いやうな気がして」予兆を感じるのに次いで、どこからか「早瀬さん」と呼ぶ声が聞こえ、「渠が病室の、半開きにして来た扉の前に、ちらりと見えた婦の姿」がある。次いで、「大きな、色の白い蛾《ひとりむし》」が飛んで「夢の覚際に耳に残つたやうな、胸へだけ伝わるやうな、お蔦の声が聞えたと思ふと、蛾がハタと落ちるのだ。ここでは、お蔦の霊が見えるのは一瞬で、早瀬の前に姿を現すのは彼女の化身のごとき蛾である。つまり先述の「女客」の「虫の知らせ」とも言うべき、死にゆくお蔦の念が空間を超越して伝わるのである。対して鏡花が「(高い声では申されませんが)幽霊も一寸出る」(「『白鷺』予告」)と予告した「白鷺」では、小篠の霊が二度にわたって登場する。それも「垣根の、内ともつかず、外ともなしに、すらりと立つ姿」で「最う此の世に居ない、小篠と云ふ其の芸者の顔」をはっきりと現すのだ。この違いをどのように考えればよいのだろうか。

この二作が書かれた、鏡花の「逗子時代」が苦難の時代であると同時に、以後の方向性を決するような作品が生み出されたのには、自然主義文学流行の逆風の裏側で追い風もあったからである。高山樗牛や姉崎嘲風らが主張した「ロマンチック」と呼ばれた新ロマン主義の風潮やシンボリズムの文芸思潮によって明治三十年代後半から四十年前後の文壇の一部で鏡花が再評価されたことは、先行研究が明らかにするとおりである(26)。さらに実質的には文壇的勢力とならなかったが、反自然主義派の後藤宙外、笹川臨風、中島孤島らが鏡花を担いだ「文藝革新会」が一九〇九(明治四十二)年に結成されたことや、薬種問屋の主人・田島金次郎を中心に熱烈な鏡花信者の親睦会である「鏡花会」[27]が発足したのも一九〇八年で、鏡花の周囲には様々な心強い援軍があったのである。その中で鏡花は「おばけずきの謂れ少々と処女作」(一九〇七年五月「新潮」)、「ロマンチックと自然主義」(〇八年四月「新潮」)などで反自然主義の立場とそれに対抗する「感情の具体化」としての「お化」を打ち出してゆく。

これも既に言及されていることだが、鏡花が自ら「白鷺」の連載売り込みをした、当時朝日新聞在籍の夏目漱石との関係も言い落とすことはできない。初期の漱石は「吾輩は猫である」(一九〇五―〇六年)や「坊っちゃん」「草枕」(以上〇六年)「三四郎」(〇八年)と並行して「倫敦塔」「幻影の盾」「琴のそら音」(以上〇五年)「趣味の遺伝」(〇六年)「夢十夜」(〇八年)などの幻想的な作品を発表しており、[28]「自然主義小説の躍進によってその影が薄れた時期(中略)、漱石が登場し、これと並列されたことは、鏡花にとって大きな援護射撃となったはず」と鈴木啓子は指摘する。[29]前述の新しい「ロマンチック」の潮流の上に自然主義文壇とは無縁な新進作家・漱石(もっとも鏡花の方が年下だが)が登場し、それと併称されたのだ。つまり鏡花の「婦系図」から「白鷺」への転回は、この文壇的評価を背景にした、怪異の方向への再転向、先鋭化であったと考えられるのだ。

ただし、ロンドン留学中は鏡花を「天才」と見ていた漱石だったが、「銀短冊」を「才のある人が邪道に入つて居るのは惜しい」(一九〇五年四月二日付野村伝四郎宛書簡)と評し、「海異記」は「どうも馬鹿々々しいと云ふ感より外に起らなかつた」(翌年一月九日付森田草平宛書簡)と見ており、その鏡花評は文壇の趨勢と大差ない。[30]「夢幻派」と一括りにされた両者であるが、ウィリアム・ジェイムズらの心理学への興味から無意識の描出に惹かれていた漱石と「お化」に拘った鏡花では、自ずと怪異の行く先が異なっていたということだ。

五　日露戦後の文壇と「お化」

ここまで見た秋聲と鏡花、あるいは鏡花と漱石がその文学的資質を超えて一時交錯した日露戦後の文壇は、自然主義文学流行の一方で「怪談」が流行したことでも知られている。その流行の母体となった鏡花周辺の人脈と柳田（松岡）國男との交流や、龍土会を中心とした花袋ら自然主義系作家との混交については大塚英志『怪談前後柳田民俗学と自然主義』（角川選書、角川学芸出版、二〇〇七年）や東雅夫『遠野物語と怪談の時代』（同前、二〇一〇年）に詳しいので、ここでは繰り返さないが、秋聲もやはり龍土会の席上でたびたび柳田に会っている。その『山の人生』（大正十五年）には、秋聲が幼少期金沢の浅野町時代に直接見聞した天狗による神隠しの話が収録されている。[31]つまり秋聲にも鏡花と同様の創作の源泉があったということだが、実作においてはほとんどそれを表現しようとしなかったのだ。

その龍土会に結集した才能が、やがて人間観の差異として柳田の民俗学と花袋の自然主義文学に分かれていくことを論じた大塚英志の前掲書が書くように、日露戦後の怪談流行の背景には欧米から流入したスピリチュアリズムとオカルティズムがあり、また「死傷者十五万人、出征した歩兵の十人に一人が戦死した日露戦争」が「『死者』を否応なく大衆たちが意識せざるを得ない事態を生んだ」ためであった。そして、明治の初めに新聞をにぎわした「妖怪」の記事が明治三十年代後半には殆ど見られなくなることから、「いわゆる「妖怪」ではなく「死者の霊」の方に「怪談の時代」の主たる関心はある」と大塚は述べている。つまり初の本格的な近代戦によって社会の中に出来した大量の死があり、それが死後の生としての怪異への関心を引き寄せたということだ。

この意味で、一柳廣孝が紹介する[32]鏡花や柳田を中心とした「怪談研究会」（一九〇八年結成）の創作集『怪談会』（〇九年、柏舎書楼）収録の水野葉舟「テレパシー」が死者の断末魔における思念の伝達を描いていることは、同様に極限状態における思念の伝達を扱った鏡花の「女客」と「婦系図」がまさしくこの科学とオカルトの時代の産物であったことを物語っている。一柳が言うように、「怪談」とは、近代を経由するなかで再発見された霊魂への関心にもとづく、いわば文学的現象」なのである。そして「琴のそら音」（〇五年五月「七人」）でやはり死者の念の知覚を描いた漱石ともニアミスしながら、鏡花の方は「お化」の顕在化に舵を切ったのである。

その一方で、自然主義文学全盛の文壇でも「死」の表象の質が転換している。それは科学的視点による生物としての死、そしてモデルを扱うことによる現実的な死の描出である。つまり日露戦後の文壇において、「怪談」が描く死と「自然主義」が描く死との競合があったということだ。自然主義文学が描いたものとして、花袋「蒲団」に象徴される「性」が強調されるが、もう一つは「死」であり、いずれも人間が人間である以上避けられぬ生物学的な問題である。花袋が「祖父母」（一九〇八年四月「中央公論」）「兄」（同月「太陽」）「生」（同年「読売新聞」連載）「死の方へ」（一一年六月「中央公論」）などで親族の死を、「一兵卒」（〇八年一月「早稲田文学」）「死屍」（同年十一月「文章世界」）「車の音」（同月「中学世界」）「死」（一〇年一月「太陽」）などで戦地における非英雄的な死を描いたのに並行して、秋聲もある時期より身の回りの死を積極的に取り上げるようになる。郷里の新聞社時代の上司・渋谷黙庵を描く「糟谷氏」（〇八年十月「新天地」）、金沢における老父の臨終を扱う「死後」（〇九年九月「早稲田文学」）、子供を死産した上に自らも病死する親戚の女性が登場する「足迹」が続けて書かれ、自分の遺体を死後解剖することを希望するＭ先生（紅葉）が登場し、「先生は矢張異常な脳を持つてゐられたさうだ」と、解剖学的にその死が記述される「黴」で一つの頂点に達する。

それは物語としての死ではなく、身近な現実としての死の作品化であることが重要である。そこで人間は生物学上の存在であり、死後は単なる物質となり、霊として後に残ることはない。これが秋聲作品に「お化」が登場しない理由であり、鏡花に対する「お化だけは引込めた方が何うかしら」というおせっかいな忠告は、そのような人間の身体性を超える見えない世界に対する根源的な認識の差異を示していたのである。

注

(1) もっとも、同題は編集部が決めたもので「強ち光なぞ追つてはゐなかつた」(『三代名作全集』あとがき)と秋聲は書くが、文壇から消えて行った多くの者たちが登場する、生き残った者からの視点で描かれているのはたしかである。
(2) 十文字隆行「徳田秋声初期作品に見られる社会小説的傾向についての考察」(一九八三年三月「日本文学論集」)。
(3) 村瀬紀夫「徳田秋声論——文壇雌伏期の明治三十年代」(一九八九年二月「大阪青山短期大学研究紀要」)。
(4) なお「浜の女神」「白百合」「山の少女」についても、掲載誌の性格から翻案の可能性が高い。
(5) 「鏡花文学批評史考　その1〜4」(一九七八年五月/八月、一九七九年五月/九月「学苑」)。
(6) 「泉鏡花文学批評史考(1)——鏡花文学における読者の問題」(一九八一年三月「北海道大学文学部紀要」)。
(7) 『評伝　泉鏡花』(白地社、一九九五年)。
(8) 鏡花については「明治文壇の異彩で、この思潮からは遠く独立してる」と、この傾向から排除されている。
(9) 以上は鈴木啓子「鏡花受容とロマンチック」(二〇〇六年十一月「國語と國文學」)を参照した。
(10) 越野前掲論文。
(11) 「徳田秋聲『黴』論——第六十八回削除の謎とリップ・ヴァン・ウィンクルをめぐって」(二〇一〇年三月「財団法人金沢文化振興財団　研究紀要」)。
(12) 中村武羅夫『明治大正の文学者』(留女書店、一九四九年)。
(13) 日比嘉高『〈自己表象〉の文学史——自分を書く小説の登場』(翰林書房、二〇〇二年)。
(14) 大東和重「文学の〈裏切り〉——小栗風葉をめぐる・文学をめぐる物語」(一九九九年九月「日本文学」、『文学の誕生』講談社選書メチエ、二〇〇六年)。
(15) 「秋聲文学における「自然主義」と「私小説」の結節点——明治四〇年代短篇小説の達成」(『徳田秋聲　21世紀日本文学ガイドブック6』ひつじ書房、二〇一七年)。
(16) 『泉鏡花読本』(三笠書房、一九三六年)。
(17) 吉田昌志「祖母の死と『女客』」(『泉鏡花素描』和泉書院、二〇一六年)。
(18) 後年、秋聲「和解」(一九三三年六月「新潮」)で斜汀の死とそれをきっかけにした鏡花との確執の解消が描かれる。

（19）原文では「冬の日抄」と記されているがもちろん誤りである。
（20）『人・泉鏡花』（武蔵書房、一九四三年）。
（21）「妙子という『婦』——『婦系図』を司るもの」（『明治期泉鏡花作品研究』和泉書院、二〇一七年）。
（22）「『白鷺』——語りの構造」（一九八九年十一月「国文学 解釈と鑑賞」）。
（23）「日蝕と月の女——新聞小説としての『婦系図』」（二〇一五年二月「国文目白」）。
（24）当時の家庭小説については同じく鬼頭七美による『「家庭小説」と読者たち——ジャンル形成・メディア・ジェンダー』（翰林書房、二〇一三年）が詳しい。
（25）『婦系図縁起「婦系図」成立の機縁について』（私家版、一九五四年）。
（26）鈴木啓子「鏡花受容とロマンチック」（前掲）、秋山稔「自然主義と鏡花」（二〇〇九年九月「国文学 解釈と鑑賞」）、越野格「朦朧体とは何ぞや——鏡花文学批評の一視点」（同前）など。
（27）これについては穴倉玉日「新資料　田島金次郎編「鏡花先生著作目録」上下」（二〇一四年三月／二〇一六年三月「財団法人金沢文化振興財団　研究紀要」）、「〝鏡花会〟の人々」（二〇一七年三月「財団法人金沢文化振興財団　研究紀要」）が詳しい。
（28）「吾輩は猫である」にも「感応」や「霊の交換」などのトピックが含まれることは上田正行「鏡花、漱石、そしてハーン」（二〇一四年三月「國學院大學大学院紀要」）が指摘している。
（29）鈴木前掲論文。
（30）上田前掲論文を参照した。
（31）秋聲は「屋上の怪音　赤い木の実を頬張つて」（一九三二年五月二十五日「アサヒグラフ」）でも同様の体験を紹介している。同文は全集未収録だったが、東雅夫編『文豪妖怪名作選』（創元推理文庫、二〇一七年）に収録された。
（32）『無意識という物語』（名古屋大学出版会、二〇一四年）。

付記

＊原則として本文中の徳田秋聲の引用は八木書店版『徳田秋聲全集』（一九九七—二〇〇六年）より、泉鏡花の引用は岩波書店版『新編　泉鏡花集』（二〇〇三—〇四年）より行った。

＊本論文は泉鏡花記念館での講演「一九〇七年の秋聲と鏡花――『文学』の二筋道」（二〇一七年八月五日）が元になっており、また JSPS 科学研究費補助金「〈私〉性の調査と〈自己語り〉ジャンルとの比較による日本『私小説』の総合的研究」（代表・梅澤亜由美・課題番号 17K02464）の成果でもある。

亡霊と生きよ
——戦時・戦後の米国日系移民日本語文学

日比嘉高

一　キャンプの亡霊——日本人強制収容にまつわる土地の記憶

コロラドのネイティブ・アメリカンたちが住んでいた家々には、日本人の亡霊が現れた。第二次世界大戦中、在米の日本人は強制収容され、そして戦争が終わりに向かう頃また収容所から戻されていった。ポストンにあった収容所から日本人が出て行ったあと、施設は解体されてその部材がネイティブ・アメリカンのコミュニティに与えられた。いくらかの家はそのまま彼らの家族に譲られたが、その家が亡霊に取り憑かれていたのだった。ただ、ネイティブ・アメリカンたちは亡霊たちを恐れなかった。なぜ亡霊が家を占拠しているのか彼らは知っていたし、米国における日本人の悲しむべき歴史も知っていた。だから彼らは、その亡霊が危害を与えないだろうこともわかっていたのである。彼らは、亡霊と共に生きることに決めた(1)。

アリゾナのネイティブ・アメリカン居留地にも同じ話がある。やはり、日本人たちが立ち去った後に残された家には、亡霊がいたと物語は語る(2)。

カリフォルニア州サクラメント近郊のシトラス・ハイツに建てられた家々にも、日本人カップルの亡霊が現れたという。その家々の建っていた敷地には、かつて第二次世界大戦中に日系人を強制隔離したツールレイク収容所のための貯蔵施設があった。亡霊は、ベッドルーム、リビングルーム、ガレージ、家の前庭にさえ現れた(3)。カナダ、バンクーバー近郊のホノックの借家には、白い犬の亡霊が出た。その家はもともと日本人家族の持ち物だったが、彼らが第二次世界大戦中、強制収容所に送られた際に失ったものだった。白い犬は、強制収容という不正義に苦しんだその日本人たちのペットだったのかもしれないという(4)。

*

真偽を問うことさえ馬鹿馬鹿しいお化け話、ではある。そもそも引用の出典となっているのは、インターネット上でオカルト話を集めたサイトであったり、お化け話を集めた気楽な本だったりする。まじめな分析の対象となりようはずがない。

だが、そうしたあやふやなお化け話も、注意深く読むうちに気になる表現に行き当たる。右の亡霊譚のすべてにというわけではないが、そのところどころで似たような響きをもつ感覚が繰り返されている。言ってみれば、それは「やましさ」の表現である。米国の日本人・日系人たち(5)が第二次世界大戦中に受けた強制収容という苦しい歴史は、アメリカ合衆国やカナダの政府にとっても負の歴史であり、一般市民たちが知ろうと思えば容易にアクセスのできる公的な歴史でもある。ましてその土地の人々にとってはなおさらである。

亡霊譚は、日系人の歴史を通常の歴史とは異なる形で語り直しており、日系人の強制収容にまつわる記憶を通常の記憶とは異なる形で想起し直していると考えてみよう。つまりお化け話は、土地の記憶を引き継ぐ一つの語りの様式なのだ。そして日々変わるところのない、決まりきった日常に突如として顔を覗かせる亡霊とは、安定した現在を揺るがす過去の記憶の変化《へんげ》なのだ。

こうした考え方はもちろん私一人のものではない。〈亡霊〉とは私たちの記憶の一形態であり、死者たちとの対話の一様式であると考え、亡霊の前での責任＝応答可能性を考えた哲学者に、ジャック・デリダがいる。デリダは『マルクスの亡霊たち』で次のように書いている。「この亡霊との共在はまた、〈単に〉そうだというわけではないが、記憶の、相続の、世代《ジェネラシオン》=生殖の政治学〈でも〉あることになるだろう」[6]。デリダは、亡霊とともにあることが、記憶や相続を世代的に引き継ぎ生殖していくことの政治学にもなるのだと述べる。亡霊は世代を超えて出現する。そうした世代を超えてなされる相続や生殖のあり方こそが重要だというのである。そこで前面に現れるのが、「幽霊の前での責任=応答可能性」という興味深い発想である。

> いかなる正義も何らかの責任=応答可能性〔reponsabilité〕の原理なしには可能ないし思考可能には思われない。一切の生き生きとした現在の彼方における責任=応答可能性、生き生きとした現在の節合をはずすものにおける責任=応答可能性、まだ生まれていない者もしくはすでに死んでしまった者たちの幽霊の前での責任=応答可能性なしには。その彼らが、戦争や、政治的その他の暴力や、民族主義的、植民地主義的、性差別的その他の絶滅や、資本主義的帝国主義あるいはあらゆる形態の全体主義による圧制、それらの犠牲者であろうとなかろうと。生き生きとした現在の、自己に対するこの非-同時性がなければ、その現前の正確さをひそかに狂わせるものがなければ、ここにいない者たち——すなわち〈もはや〉あるいは〈まだ〉現前しておらず生きていない者たち——への正義のための責任と敬意がなければ、「どこに?」、「明日はどこに?」(《whither?》)という問いを立てるどんな意味があるというのだろうか。(一三—一四頁)

歴史や世代は、過去から未来へと線条的に流れる。しかし亡霊は、歴史や世代を越えることができる。時間や世代を混乱させることができる。それが亡霊の持つ力である。亡霊は、私たちの安定した現在のあり方を狂わせる。

デリダの議論は、時間や世代を超える亡霊に対する責任=応答可能性へと展開する。デリダは「ここにいない者たち——すなわち〈もはや〉あるいは〈まだ〉現前しておらず生きていない者たち——への正義のための責任と敬意」を持つようにという。死者への、あるいは未だ生まれてこない者たちへの責任と応答の可能性。デリダの議論は難解ではあるが、根底にあるのは狭く限られた現在という時、そして場を越えた、正義と責任への指向であるだろう。亡霊はそのとき、いまここに縛られた限定的なあり方から私たちを離脱させて思考させる触媒となる。「幽霊たちとの交流なき交流のなかで、幽霊とともに生きることを学ぶ＝教えること」（一二頁）、それこそが選びとられるべき責任＝応答可能性の形である。

この論考では、米国日系移民の日本語文学を主な検討の対象としながら、亡霊と記憶と文学をめぐって考える。分析の対象とする作品は、戦後の米国日系人が刊行した日本語雑誌『南加文藝』所収の小説や詩歌、追悼記事、そして戦後の米国日系新一世による短編小説であるスタール富子「エイミイの博物館《ミュジアム》」、最後に戦時下の反米プロパガンダ移民小説である久生十蘭『紀ノ上一族』である。

亡霊とあわせて本論考が焦点をあわせるのは、記憶とその相続である。米国に限らず、日系人の日本語文学に固有の問題として、継承の困難さがある。日本で生を受け、その後移住地へとわたった移民一世は当然日本語を話すが、二世の多くは現地の言葉を主言語とするようになる。これにより、世代間のコミュニケーションの難しさが生まれるだけでなく、文学的にも断絶が引き起こされる。日系人の日本語文学は彼らの経験を伝える記憶のメディアだといえるが、そのメディアの中に形作られた記憶は、誰に手渡しうるのかという問いにさらされる。消え失せていく一世とその日本語の文学は、いかにして忘却にあらがうのかという問題系がここに立ち上がる。

戦時をくぐり抜け戦後を生きながらえた日系日本語文学は、数多くの仲間の、家族の、そして作り手たち自身の死を経験する。そこで文学の言葉は、死を語り、死者を語り、ときに死者に語らせはじめる。記憶の継承を求めた日系人の文学は、言葉を換えれば、のちの読者であるわれわれに、死者の言葉に耳を澄ませるよう求めているといえるかもしれない。死者を語る移民の言葉に耳を澄ませ、亡霊をして語らしめよう。

二　記憶を手渡す文学

戦後、浄土真宗の開教使として北米に渡り、サンフランシスコの北米毎日新聞社の社長も務めた野本一平に、「伝承のない文芸」という評論がある。自身も戦後カリフォルニア州の日本語文芸の活動に関わった野本は、在米の日本人たちによる日本語の文芸活動の孤立性を次のように論じた。

アメリカにおける日本文芸の不毛性は、墓石ほどの記録性もなく、まさしくそれは一代限りの文芸であり、文字だといえる。短歌や俳句の愛好者の集りをのぞいてみても、そこには後続する若い世代、それも可能性を抱えた世代の存在がなく、従って発展性ののぞめない集団である。その事情は、われ等が依る『南加文芸』でも同じことで、先が見えている。(7)

野本がこのように語るのには、日本人移民がたどった史的な背景がある。アメリカに渡って生活する日本人は「一世」の世代と数えられるが、その子である二世たちは現地の教育を受け、主たる使用言語が英語となっていく。仮に二世が文芸にたずさわるようになったとしても、通常は英語で創作を行うようになる。日本生まれの一世が次から次へと渡米してきて、その創作が連綿と続いていくならば日本語の文芸活動は持続するわけだが──事実、第二次世界大戦前においてはそのようにして一八八〇年代から一九四〇年代まで一世文学が持続した(8)──、戦後に関して野本は悲観的だった。日本語文芸を受け継ぐ人々が見当たらない、というのである。

一九七四年が初出であるこの野本の評論は、当たったともいえるし当たらなかったともいえる。彼が同人として連なった『南加文藝』は一九八五年に廃刊したし、日本語文芸の主要な発表媒体であった北米各地の日本語新聞そのものが次々に姿を消している。『NY文藝』『南加文藝』をはじめとした同人活動はあったものの、戦前ほどの隆盛はなかったのである。(9)

一方、「伝承」はなされているともいえる。北米の日本語文学の精華は出版物として世に送り出され、現在米国および日本各地の公立図書館や大学図書館に収蔵され、主要な作品集は復刻もされている。数は多くないが英語に翻訳された作品もある。人は消え失せても、彼らが残した言葉は物として世に残っていく。だが物と、そこに書かれたことを、誰がどう救うのかという問題は依然として残る。

野本の評論は戦後に出されたものだが、同じようなことを戦前に意識していた人々もいる。自分たちの文芸活動は自分たち自身のためだけに行われているのではない、それは後の世代に遺すメッセージであり自分たちが移民地に生きた証拠なのだ、と考えたのである。

戦前のカリフォルニアで活躍した詩人の山崎一心が編者となった『放浪之詩』の巻末には、次のように書かれている。「アメリカに放浪する詩人二十五名の作品が一冊の詩集と成つて移民地に遺る。たとへ我等の屍が異国の地に萌え出づる雑草の糧となり果てやうとも、我等が肉碑は地上にあつて彼等に遺る[10]」。たとえ我らがこのアメリカで死に絶えても、その作品はこの詩集をもって地上に残るのだと山崎は宣言する。

一九三〇年に刊行されたロサンゼルスの歌人会である南詠会の歌集においても、同様の意義が説かれている。「此集に歌を寄せられた人々の中には今は既に祖国其他に去つて米土に足跡を絶つた者もあれば、幽明境を異にして永遠に帰らぬ人もあり、一巻を輯め終つて実に感慨無量の思ひがある。年々歳々人同じからず……此集を世に公に為し得たことも意義深いことゝつく〴〵思ふ[11]」。帰国した者、世を去った者、さまざまにいるが、そのようにして変転する人の世の中に、この歌集を遺しえたことの意義を編者は説く。

作品集をこの世に遺そうという試みは、文芸集団によってのみなされたのではない。孤立した個人も、こうした意識を持っていた。戦後カリフォルニアの文芸誌『南加文藝』に依った郷田雄幸は、メキシコのメリダを訪ねた際の次のような経験を書いている。「老人は和歌の趣味をもち、メキシコに着いたときからずっと書き続けてきた、「虚庵集」と題する一冊のノートをわたしに差し出した。それは一人の人間の六十年間にわたる魂の結晶である。〔…〕「もう長いことはありませんから、どなたか日本人の方にあげてくださいい。うちの者はだれも読めませんからな」／そういって老人は虚庵集をわたしに手渡した。いまそれは週刊日墨社に保存されてある」[12]。六〇年間の個人史を書きとどめた私的な歌集。しかしその六〇年のあいだに、周囲から日本語話者が消え失せていった。「虚庵」という題が、その老人の抱え込んだうつろな思い――紡ぎ出す歌の言葉を誰も受け止めることなく、ただ庵の中に響き渡るだけ――をまさに現してもいるようだ。

文芸の言葉と、それを紙に定着し世に放つ書物。これらは世を去っていく一世や帰米[13]など日本語の創作者が、後の世代や見知らぬ読者たちに記憶を手渡す手段だったのである。

三　記憶のミュージアム――スタール富子「エイミイの博物館」

死者の記憶を事物が媒介するさまを描いた移民の小説もある。スタール富子による「エイミイの博物館《ミュジアム》」である[14]。あらすじを簡単に紹介しよう。

よしおの姉えみ子＝エイミイは、一九四八年に進駐軍の米軍兵士と結婚し渡米した。彼女は渡米以前から若くして働いて一家を支え、渡米後も月一〇〇ドルの仕送りを欠かさず送ってきた。よしおは、三〇年ぶりにルイジアナ州に住む姉を訪ねる。姉は優しい夫と子供たち、孫、家族にかこまれ、幸せに穏やかに暮らしている。よしおは勧められて家の中の「エイミイのミュジアム」を見る。それは母が姉に送り続けた、たいして高価でもない日本の雑貨の類いだった。ひさびさの帰郷を勧めるよしおの誘いを、姉は断るのだった。

姉の元に、母から届けられた日本の品々。それが姉のアメリカの家で、小さな「博物館」となっていた。作品は次のように描く。

姉が渡米してから、母が死ぬまでの二十年間、母が毎月送って来た品々だ、という。

部屋の隅には、茶道具が旅だんすのなかから顔を出している。〔…〕母はお茶が好きで、よく点前をしていたことがある。父が病気になってからは、決して他人《ひと》を茶に招ばなくなったが。母は、自分の一番大事にしていた茶道具を娘に贈ったのだ。幼かったよしおの記憶のなかの母が、ここに生きて、ひっそりと息をひそめて座っているかのようだ。

「わたしはお茶はできないけれど」

姉ははにかんで笑っている。その静かな笑顔は母のものだ。

〔…〕毎月毎月〔仕送りの〕受取りの代りに、姉のところへ日本から小包みが届いた。そして、それは姉ばかりでなく、この家の人たちみんなに喜びを運んで来た。〔…〕

よしおは、姉から百ドルが来ると仏壇に供えて父の遺影を見ていた、あるときの母の姿を思い出した。


（一六一―一六二頁）


ここで、日本から送られる雑貨は、近隣の米国人たちの日本趣味の対象――「学校の先生が生徒をつれて見学に来るのよ」（一六二頁）――となっていると同時に、姉弟にとって亡き母の記憶を呼び覚ます触媒ともなっている。よしおは、姉の保管する母の道具の中に「記憶のなかの母」を見、その母が「ここに生きて、ひっそりと息をひそめて座っているかのよう」な感覚に襲われる。そしてその道具を前に、母は茶を好んだが、わたしはお茶はできない、という姉の笑顔に母を見いだす。物が記憶を呼び起こし、目の前の人物に、過去の人物のおもかげを重ねていく。血の重なりと記憶の重なりと場面の重なりが交差する、優れた一節だ。

博物館が、時を超える装置だと論じたのは、記憶論で著名な文学史研究者アライダ・アスマンだった。アスマンは「私的な思い出の品」は「ミュージアムの理論家たちが「感覚的な惹起力」と呼ぶ力を発揮する。事物は想像力にとっての刺激剤として作用し、主体と客体とのあいだを、現在と過去とのあいだを暗示的に架橋することができる」(15)と論ずる。アスマンに付け加えるならば、事物は現在と未来とのあいださえ、架橋を行うだろう。それは母の死の先にあるえみ子＝エイミイの将来の死である。

では、姉が死んだら、あの「エイミイのミュジアム」はどうなるのだろう？　あの土地にも、あの家にも不似合いな一角、「エイミイのミュジアム」のことを、よしおは思った。

あの家のあの部屋にいつまでも残るのかな。それはそのまま残り、存在を続け、次から次へと世代をついで、学校の生徒たちが見学に来る姿をよしおは思い浮かべた。〔…〕

姉が金縛りにあっていたことも、その両親や弟が彼女を食いものにしていた罪も、すべては時が流してくれる、というわけか。そして、過ぎ去った戦争ももはや覚えているものはなくなっているであろう、その時には。（一七〇頁）

もちろん、実際には「エイミイのミュジアム」が残るかどうか不確かである。いや、おそらく一般の家庭の一部屋に設けられたというその「博物館」は、えみ子＝エイミイの死とともに処分され、消え失せる運命にあると想定するほうが確かだろう。

事物は、時を超え、形見となって死者の記憶を呼び起こす力を持つ。それは過去と現在をつなぐと同時に、その事物の存続の可能性と結びあいながら、未来におけるその持続へと現在の希望をつないでいく。

この作品が面白いのは、そうした記憶の存続と同時に、記憶の消滅もまた描こうとしていることである。引用が語るように記憶はいつも甘美であるわけではなく、人と出来事に由来する苦しみの思い出もまた存在する。事物の消滅は、忘れ去ることが慰安であるような種類の記憶の消滅をもたらすだろう。

「エイミイのミュジアム」が、個人の記憶と接触させながら、戦争の記憶を書いていることにも触れておきたい。言及されているのは、第二次世界大戦と朝鮮戦争という二つの戦争である。えみ子は、米軍の接収したホテルで働き、そこで夫のクリスと出会ったのだった。クリスは、朝鮮戦争で負傷した過去を持っている。作品は、「過ぎ去った戦争ももはや覚えているものはなくなっているであろう」と淡々と語る。だがテクストは、そう語ることによって、戦争の記憶の摩滅に逆らおうとしているというべきだろう。必要とされているのは、そのテクストの声に耳を傾け、それを語り直す読者の存在である。

四　追悼する『南加文藝』

随筆集『あめりか生活』の著者でもある佐々木さゝぶねは、第二次世界大戦中はモンタナ州のミズーラ抑留所に入っていた。そこでの生活のさまを記した『抑留所生活記』[16]には、次のような献辞が示されている。

此の書を抑留生活のまゝ
不帰の客となつた
同僚の霊に捧ぐ

抑留所とは日米戦争の開戦に伴って布告された大統領令に基づき、敵性外国人として逮捕され抑留の処分を下された者が送られた、司法省管轄の施設である[17]。抑留期間は人によって異なるが、一九四一年から始まり、長い者では終戦後の一九四六年までとどめおかれた。所内での衣食住や医療手当は（十分とは到底いえないまでも）保証されていたが、長期にわたる抑留生活の間に命を落とす者たちもいた[18]。

文学の言葉は、追悼の言葉ともなりえた。本論考でもすでにたびたび言及してきた雑誌に『南加文藝』がある。これはロサンゼルスを拠点とした文芸同人誌で、強制収容所時代に『若人』『鉄柵』『怒濤』などを刊行していた日本寄りの――戦時中、日系移民は日本か米国か支持が分れた――帰米二世が中心となり、その他に一世や戦後の移住者が加わって刊行されていた雑誌である。一九六五年から一九八五年まで、計三五号が刊行された息の長い雑誌である[19]。

『南加文藝』を通覧していくと、追悼記事が目立つことに気づく[20]。同人たちは戦前から渡米あるいは帰米した者も多く、戦後文芸活動を続けていく中で、次々に関係者が物故していくことになった。極めつけは、外川明の連載「南加詩壇回顧」（一〜二七号、一九六五〜一九七八年）だろう。外川は一九二三年の渡米で、商会や農産物販売業のかたわら文芸活動を行った。戦前の文芸雑誌『収穫』にはじまり、収容所の『ポストン文芸』、そして戦後の『南加文藝』に関わった人物である。カリフォルニア州の日本語の詩界を代表する詩人の一人といえる。[21] 外川の功績の一つとしてこの詩壇史「南加詩壇回顧」があるが、そこで目立つのが追慕の文である。大量にあるが、任意に抜粋してみる。

「その人の名は加藤泰山兒、一九二四年に亡くなってゐる。〔…〕気の毒なことには三十台で自殺したのださうだ」一号二八頁、「昼月がほんのり／緑の丘のスロープを／はひ上り　はひ上る草の波／三十代で死んだ友のことなど／ぼんやり私は考えてゐた」〔外川自身の詩集より。友とは江川矢意知〕四号四頁、「芳賀沼満のことを思ひ出す。彼も亦夭折した薄幸の詩人」四号五頁、「五十七歳で他界するまで不断の努力で自由律句作りに精進したのが彼〔下山〕逸蒼」一四号四三頁、「身弱くて逝きたる友らよわが書きし墓碑も二つ三つ加州にあるを」〔泊良彦〕一六号六二頁。「裏口からはいれば会へさうな草志がまぼろし」〔外川明〕一八号六三頁、「たんぽぽに佇ちつくしたる別れかな」〔田中柊林〕同頁、「息がとまればまこと仏や花を供へ句を供へ」〔泊良彦〕六四頁、「加州毎日〔新聞〕の文芸欄係りであり、私にとって最良の文芸友達、そして将来有為の彼〔伊丹明〕を自殺にまで追ひ詰めたのは戦争だ、日米戦争だったのだ」一九号五三—五四頁、「みとせにて帰るべかりしをアメリカに半世紀すみてこの土と化す／／右は去る四月八日に心臓麻痺のため急逝した貴家《さすが》しま子さんが、五年前（一九七三年）に亡くなった夫、貴家璋造氏の石碑に刻んだ法名代りの一首である」二七号四五頁、「瀬戸内海の水の美しさに憧れて、生田春月が入水自殺したのは一九三〇年のこと、脇水五郎はそれより二年早く太平洋に投身自殺をしたのであった。／そして一九二八年の秋〔脇水の遺書を託された〕林田盛雄君の詩集「何処へ行く」は出版され、彼は未だ達者で生きてゐる」二七号五一頁。

まさに逝きし詩人たちを送る言葉の連続である。関係者ならぬ通常の読者にはたどるべくもないが、外川の脳裏には書き記された人名の一つ一つからその人たちの面影が立ち上がっていたことだろう。外川の「南加詩壇回顧」は、こうして通覧すればあたかも連続した墓碑銘であるかのようだ。

五 「異郷山河の同胞の遺霊」は帰国するか

亡くなった移民たちの霊については、興味深い話がある。移民の魂は、死後、祖国へ帰るというのである。自身も南北アメリカでの生活経験をもち、のちに人類学者となった前山隆は「異邦に死ぬものの心について」(22)というエッセイで次のように書いている。

移民の死後観といったものはいったいどんなものだったのだろうか。一旗あげて帰るつもりの出稼ぎ意識が濃厚なころには、移民地で死ぬなどということはあくまで事故にすぎなく、それはどうも、「客死」とか、古い言葉でいえば、「行き倒れ」としか言えない性質のものであったようにみえる。「客死」をするものに、あらかじめ客死に関する死後観といった心得があるべくもない、といえばそれまでだが、客死が積み重なってくると客死らしくなくなってくるし、故郷は幻のように遠のき、否応なしにその移民地に足腰とられていることを知らざるをえなくなってくる。

「日本人が死ぬと、その人の霊は飛んで日本に還るのだという」

戦前ブラジルの日本移民について行われた調査の報告にこんな言葉がある。戦前の出稼ぎ移民の姿勢を想起すると、読み流すことのできない「つぶやき」である。

一世の短詩形文学の主要なモチーフの一つに郷愁がある。移民地に生き、太平洋を隔てて、身はなかなか帰郷を果たせない。その代わりに、心はしばしば記憶の中のふるさとを訪れる。その引き裂かれた郷愁に最終的に決着を付けるべく想像されたのが、この移民が死ぬと魂は日本へ帰るという伝説だったのだろう。

本論考でこのあと検討する久生十蘭の『紀ノ上一族』にも、登場人物の死の場面に、「いや、私こそ、長い間、色々お世話になりました。ぢや、ご機嫌よう……さうだとも、死ねば行動は自在だから、魂はまつすぐ日本へ帰つて行くよ……」（「最後の一人」第三回、四二頁）という台詞がある。

飛んで帰る移民の霊を想像したならば、その裏返しとして、帰れない霊を想像したとしても不思議ではない。戦前の移住・移民情報誌『海外移住』に「異郷山河の同胞の遺霊」という興味深い記事がある。[23]「〔国会に請願を出した〕大日本海外同胞慰霊堂建立会なるものがどういふ人によつて成立し、どういふ規模を以て、慰霊堂を建設するのか、判然しないけれども、願くば明治初年以来の、海外に於ける邦人の業績を研究し、これに打込むに、壮大悠遠な精神を以てし、異郷の山河に迷ふ幾百千の同胞の遺霊を、これに呼び集めんことを望む」（三六頁）。故国を遠く離れ、異土で客死した日本人移民の魂は、国に帰れずにいるのかもしれない。明治初年以来、日本人の海外発展にその身を捧げ、そのまま客死した「幾百千の同胞の遺霊」は、なお「異郷の山河に迷」っている。その霊たちを慰霊堂に呼び集めようという計画である。

図られようとしているのは、慰霊による国民の再統合である。米国の強制収容所での「忠誠登録」は米国に忠誠を誓うか否かなどを日系人に問うてコミュニティを引き裂いたが、その歴史が残酷に示しているように、海外に渡った日本人はいつまでも「日本人」として存在するわけではない。定住し、子を産み、社会で生きる過程で、彼らのアイデンティティは複雑に変容していく。日本人である意識が消え去るわけではないが、日本人なのかアメリカ人なのか、日本人なのかブラジル人なのか、という二者択一の問いに、単純に答えられなくなっていくのである。

日本に足場をおいた人々は、そうした移民たちの複雑な状況や心情を、必ずしも理解しない。慰霊堂が彼らの功績を称える善意から発したものだったとしても、それが一九三〇年代後半に実現したとするならば――実現した形跡はないが――、戦時体制が強化される時代の中で、その企図は挙国一致を求める国民統合の一部として組み込まれていっただろう。

六　皆殺しの移民――久生十蘭『紀ノ上一族』

最後に、ある移民の一党を、皆殺しにし根絶やしにすることによって記憶に刻み込もうとした、特異な文学的想像力を検討しよう。日米戦争下に書かれた、久生十蘭の『紀ノ上一族』である。同作は小説家久生十蘭が『モダン日本』や『新青年』などいくつかの雑誌に、一九四二年から一九四五年にかけて分載したものである。刊行の経緯はやや複雑で、詳細は注に記した(24)。

『紀ノ上一族』は和歌山県那賀郡紀ノ上村出身の五二名とその由縁の米国移民たちが、迫害により根絶やしにされていく物語である。一九〇六年のサンフランシスコ大地震のあと、「死の谷《デス・ヴァレー》」で一二名が殺される。パナマ運河の工事現場で五名の子供たちが死亡する。「処女諸島《ヴァジン》の紀ノ島」にいた一族も、数名を残して死に絶える。一九四一年、残り八名となっていた一族も、日米が開戦する中、次々と計略にはまり殺されていく。

川村湊が「「鬼畜米英」論」の中で論じていることからもわかるように、作品は敵国アメリカとアメリカ人を徹底して貶し、日本と日本人を称揚するという論理に貫かれている。作品の目的は、本文の中で次のように明瞭に語られる。

それよりも、われわれが甘んじてあいつらの手にかかつて、一族の最後の一人まで根絶やしになり、さういふ事実によつて、日本国民の心の中に米国と米国人にたいする大きな憤りを燃えあがらせたいと、私たちは、まあ、そんなふうに考へてゐるんです

（「最後の一人」第二回、四二頁）

どうせ死ぬ命なら、いつそ、出来るだけ残酷な方法で米国人に殺されてやれ。おれ達一族の命を賭けて、アメリカの歴史に、永劫、拭ふことの出来ぬ汚点を一つ増してやらうといふのだ。

（「最後の一人」第五回、三五頁）

いずれも最後の族長格、定松の台詞である。圧倒的な力の差の前で、紀ノ上の一族は次々と殺されていく外ない。根絶やしにされようとするまさにその時、殺されることによって反撃するという右の論理が語られる。アメリカの残酷さを刻み込むことによって、国民の「憤り」を喚起し、「アメリカの歴史」に汚点を刻み込もうというのである。

さて、この日米戦争下の国粋的イデオロギーに染まったこの作品の、一つの焦点となっているのが「神霊」の存在である。作品中にはわずかしか出てこない語であるが、移民の死を語る上で重要な機能を果たしている。先にも触れたとおり、在米の日系移民のアイデンティティは複雑であり、単純に日本人と同一化することはできない。だが、久生十蘭の『紀ノ上一族』は、移民たちの現実の経験と歴史、そこから導かれる自己規定の難しさを一顧だにすることなく、作中において単純に彼らを「日本人」として語っていく。そして米国に生きる彼らと祖国日本の結びつきを強化するものとして「神霊」を登場させるのである。真珠湾攻撃の知らせを聞いた登場人物たちは、次のような会話を交わす。

「松さん、あの三人をもう少し生かして置きたかつた」

松定は厳粛な顔で、

「心配するな。あいつらはおれ達より先に知つてゐる。いま、日本を導いてゐるのはあいつらを含めた神霊の力なんだぞ」

といふと、神棚の前へ行つて恭しく柏手を拍つて黙禱をはじめた。

（「最後の一人」第四回、四一頁）

アメリカで殺された移民も、日本を導く「神霊」の一部に加わっていく。真珠湾攻撃を「成功」させ、日米戦争へと突入する日本を導いているのも、そうした「あいつらを含めた神霊の力」なのだと主人公は語る。

『紀ノ上一族』は、日米戦争下の思想戦の一部として、圧倒的な国力の差を自覚する中で書かれた、弱者の反撃の物語といえるだろう。作品は、「日本（人）」の倫理的、審美的な優を説きながら、にもかかわらず優れた日本人が虐殺されていく〝不条理〟を書きつらね、感情的な反発へと読者を導く。その際に久生のテクストが利用したのが、国民的な怒りの感情であり、アメリカの歴史の毀損であり、そして「神霊」という移民と日本（人）の差異を無化する鍵語だった。

七　おわりに――英霊と、亡霊と

死者に口はない。その死者になお語らせようとして、死霊の表象が立ち現れる。語らせるのはつねに生者であり、生者の抱えもつ問題の構えが、死者の／をめぐる語りの構えを決める。久生十蘭の作品が利用したのは、移民と日本人の差異を無化し、日本の対外戦争への献身を後押しする「神霊」の表象だった。それは自らの歴史観や価値体系に合致するよう仕立て、祭り上げる〈英霊〉である。

一方、当然のごとく続く日常に異化をもたらし、慣れきった価値観に居心地の悪さを忍び込ませるような死霊の表象もある。強制収容所の負の記憶を背負って、日本人移民の亡霊は現在もアメリカの町に、家に、現れる。それは自らの立場や歴史観、価値体系を脅しかねない〈亡霊〉である。デリダの述べたとおり、正義の名の下で亡霊に出会うこと、正しく亡霊をおそれることは、歴史の再審に、そして現在の再審につながっている。

また死や死者をめぐる語りは、記憶の継承の一形式でもあった。移民という不安定な生の中においては、記憶の引き継ぎもまた安定的にはなされえない。移民たちの文学的表象は、記憶の継承を願いながら、死者に由縁の事物を集めた私的な博物館を描き、追悼の言葉を連綿と書きとどめ、自分たちの生きた証しとしての文を手渡すための作品集を形作った。

口のない死者に代わって書き起こされた生者の言葉も、時の経過の中で、また埋もれていく運命にある。埋没を進行させる時の流れに逆らい、遠く隔てられた空間をも飛び越えて、語られた過去の言葉を、死者に託された怒りや異和や悲しみや不条理を、聞き取る。聞き取って、語り直す。それが今を生きる者の責任の一つであるだろう。亡霊と共に、生きよ。

注

（1）Garcez, Antonio R. "Betty Cornelius' Story." *American Indian Ghost Stories of the Southwest.* Truth or Consequences: Red Rabbit Press（2000）: 14-17.

（2）"Japanese Ghosts in the Arizona Desert." Website. SEEKS GHOSTS. 二〇一八年一月二九日アクセス〈http://seeksghosts.blogspot.jp/2014/04/japanese-ghosts-in-arizona-desert.html〉

（3）Dennis William Hauck. Sacamento's Haunted Hot Spots. 二〇一八年一月二六日アクセス〈http: //www.haunted-places.com/downloads/Sac%20Haunted%20Hot%20Spots.docx〉

（4）Leslie Rule. "The White Dog." *Ghosts Among Us: True Stories of Spirit Encounters.* Kansas City: Andrews McMeel Publishing（2004）.

（5）米国に住む「日本人」「日系人」の名称は混用されることがしばしばあるが、本論考では「日系人」という呼称で、日本国籍を有する定住者と、アメリカ国籍を有する日系市民の双方を指すものとする。なお、本論考冒頭の亡霊譚においては、原文の Japanese を日本人と訳している。

（6）ジャック・デリダ、増田一夫訳・解説『マルクスの亡霊たち　負債状況＝国家・喪の作業・新しいインターナショナル』藤原書店、二〇〇七年、一三頁。

（7）野本一平「伝承のない文芸」（藤田晃編『南加文芸選集 1965-1980』れんが書房新社、一九八一年、一七六頁。初出は『南加文藝』

一八号、一九七四年三月）。

（8）日比『ジャパニーズ・アメリカ　移民文学、出版文化、収容所』新曜社、二〇一四年。

（9）英語文学を含む日系移民の文学活動を見渡した最近の成果として水野真理子『日系アメリカ人の文学活動の歴史的変遷　一八八〇年代から一九八〇年代にかけて』風間書房、二〇一三年。

（10）山崎一心編『放浪之詩』放浪之詩社、一九二五年。引用は外川明「南加詩壇回顧（二）」『南加文藝』二号、一九六六年三月、二五頁。

（11）米国加州ロスアンゼルス市南詠会　泊良彦編『歌集　青雲』南詠会、一九三〇年。引用は奥泉栄三郎監修『初期在北米日本人の記録　北米編１０３』文生書院、二〇〇八年、三三六頁による。

（12）郷田雄幸「メリダを訪ねて」『南加文藝』四号、一九六七年三月、一七頁。／は原文改行。以下同。

（13）日系アメリカ移民二世のうち、日本に一時的に帰国し、日本式の教育を受けた後、米国に戻った者をいう。

（14）スタール富子は一九六二年に米国人の夫と結婚し渡米。一九八四年からサザンメソジスト大学専任講師。以上、篠田佐多江「『南加文藝』――ロサンゼルスに根づいた文芸誌」（『日系アメリカ文学雑誌研究――日本語雑誌を中心に』不二出版、一九九八年、一三九頁）による。「エイミイの博物館」は藤田晃編『南加文芸選集 1965–1980』（前掲）所収、書き下ろし。

（15）アライダ・アスマン、磯崎康太郎訳『記憶のなかの歴史――個人的経験から公的演出へ』松籟社、二〇一一年、二四〇頁。

（16）佐々木さゝぶね『抑留所生活記』羅府書店、一九五〇年。奥泉栄三郎監修『初期在北米日本人の記録　北米編57』（文生書院、二〇〇七年）による。佐々木さゝぶねには佐々木修一名義で『あめりか生活』（大衆社、一九三七年）もある。

（17）山倉明弘『市民的自由――アメリカ日系人戦時強制収容のリーガル・ヒストリー』彩流社、二〇一一年。

（18）抑留所内での生活は、前掲佐々木さゝぶね『抑留所生活記』に詳しい。

（19）前掲篠田「『南加文藝』――ロサンゼルスに根づいた文芸誌」。

（20）追悼記事の例をあげれば次の通りである。三好峯人「昔、昔、ずっと昔――芸術写真家加藤泰山兒のことなど」二号、外川明「三好峯人氏の死を悼みて」六号、外川明「唐津文夫氏の死を悼みて」八号、松江久志「杉町八重充博士一周忌に」（短歌）八号、山中眞知子「サクベエさんの葬式」（詩）八号、外川明「塚本嶺南翁の死を悼みて」一九号、森美那子「佐々木指月」二二号など。

（21）粂井輝子「在米日本人「移民地文芸」覚書（4）「太い根が必要だ」――外川明の自由詩戦前編」『白百合女子大学研究紀要』

四三、二〇〇七年一二月。

(22) 前山隆「異邦に死ぬものの心について」『南加文藝』第八号、一九六九年三月、五〇―五一頁。執筆時、前山はまだ在米の大学院生だった。

(23) 池上三十郎「異郷山河の同胞の遺霊」『海外移住』一一巻五号、一九三八年五月。

(24) 『紀ノ上一族』の初出、初刊などは次の通りである。「死の谷」『モダン日本』一九四二年一一月、「巴奈馬」『新青年』一九四二年七月、「大西洋日本島」『講談倶楽部』一九四二年一〇月。以上を改稿し『紀ノ上一族』(大道書房、一九四三年)に収録。その後「最後の一人」『青年読売』(一九四四年九月~一九四五年一月)を発表している。最近の版としては『紀ノ上一族』(沖積社、一九九〇年)があり、これは大道書房版に依りつつ、「最後の一人」を編集・収録して刊行したものである。本論考では大道書房版および「最後の一人」(『青年読売』掲載)を底本とする。先行研究としては川村湊「「鬼畜米英」論」(倉沢愛子ほか編『岩波講座アジア・太平洋戦争6　日常生活の中の総力戦』岩波書店、二〇〇六年)がある。

あとがき

本書は、日本の近世から近代にかけての怪異小説や怪異の表現について、「読む」「書く」の双方から迫ろうとしたものである。

怪異は作者だけのものではない。「読む」という行為を通じて、多くの人々に開かれたものとなる。現代の我々が持つ印象とは別の怖さを、当時の読み手は感じていたかもしれない。また、優れた読み手によって、数百年にわたって埋もれていた作品の真の姿が露わになることもあるだろう。文学作品とも言いがたい断片と断片とが、読み手によって紡ぎ合わされることによって、怪異の容貌を浮かび上がらせれば、それはもう、読み手の創作と言えるかもしれない。

いっぽう、怪異を「書く」とは、近世、近代においてどのような営みだったのであろうか。怪談の名手の奥義は奈辺に見定められ、どのように説明できるのか。また作者は、中国や日本の古典や伝説を踏まえて、いかなる独自の怪異を作り出したのだろうか。

こうした怪異をめぐる言葉のさまざまな可能性を求めて、近世文学、近代文学の研究者たちが論文の形で挑んだ。それぞれの論文をお読みいただければ分かる通り、題材も、手法も、結論も、千差万別である。しかしながら、怪異というテーマで、文学研究者の側から世に問われた論集としては、私が知る限りではじめてのものである。本書が文学研究者に限らず、怪異に関心を持つ多方面の方々に読まれ、議論を巻き起こすことを期待している。

じつは、本書にはもうひとつの目的がある。それは、平成三十年二月二十三日に逝去された日本近世文学研究者、木越治先生の霊前に捧げることである。

そもそも本書は、先生の古稀記念出版として計画したものであった。最年長の弟子である筆者が先生に声をかけたのは、手控えによれば、およそ四年前の平成二十六年十月。それから紆余曲折あって、国書刊行会の編集者・伊藤昂大氏とはじめて話し合いの場を持ったのが平成二十八年六月のことであった。先生のご意向に沿って執筆者を選定し、執筆依頼状を各氏にお送りしたのが平成二十八年八月。今から二年以上も前である。先生とは「古稀記念だからといって雑多な論文の寄せ集めではつまらないでしょう」「では怪異で書いてもらおう」「誕生日も兼ねた出版記念パーティーは派手にやりましょう」「じゃあ金沢の仲間をよんで太鼓でも披露しようかな」などと話が弾んだ。このように余裕と希望に満ちた船出であったのだが、すでに論文も集まり始めた今年になって、先生はあの世へ旅立ってしまわれた。

目標を失って一時は呆然としたが、予定通り先生の古稀誕生日に刊行することこそが何よりの供養になるだろうと思い直した。執筆者各位の同意を得て、そして編集伊藤氏の緻密な仕事に助けられ、こうして先生の古稀誕生日に一冊の書物として霊前へと捧げることができた。

先生が選んだ研究者の方々から熱のこもった論文が寄せられたことに、心から感謝したい。今後波紋を投げかけるだろう刺激的な論文、達意の論文、個人の研究者としての文脈に誠実な論文など、性格はさまざまである。しかしどの論文からも、それぞれが怪異について真剣に考え、答えを出して下さったことが伝わってくる。そして執筆者の顔ぶれを眺めると、いかにも木越先生の学問と人柄が偲ばれる顔ぶれだな、という感慨が押し寄せてくる。

まず、木越先生からたっての願いで、西田耕三氏、西村聡氏に執筆をお願いした。両氏の論文へのシンパシーが大きかった先生は、両氏にだけは直筆の手紙で執筆をお願いしておられた。

次に、長く教鞭を執られた金沢大学の学生たちがいる。筆者の在学中、先生は専門課程ではなく一般教養課程に在籍していた（のち日本語日本文学科へ移籍）。そのため、当時は近世文学で卒業論文を書く学生はほとんどいなかった。その一方で、学科の研究室にふらりといらしては、やる気のある学生にジャンルの隔てなく接しておられた。先生ご自身が金沢大学出身だったということもあり、先生であると同時に、お兄さん的な存在でもあったと記憶している。本書に寄稿している近代文学の研究者、権田、杉山、日比、穴倉、大木の各氏はみな、金沢大学でそのように薫陶を受けた元学生たちである。

そして北陸古典研究会のメンバー。高橋氏、奥野氏が論文を寄せてくださった。同会が発足してから三十年来、先生が北陸地方の古典研究にとって、学問的にも人間的にも大黒柱であったことに異論を挟む人はいないだろう。北陸古典研究会は、時代・ジャンルを問わず活発な議論が交わされて、それが懇親会まで止まらなかった。都心部の細分化された研究会にはない魅力を持つ会であった。先生が舌鋒鋭い論文を書く一方で、他人からの意見や反論へおおらかに耳を傾ける姿勢を保っておられたことは、多くの方々の記憶に残っているはずだ。北陸古典研究会が自由な議論の場であったのも、先生のそうした学問姿勢の賜物であった。

高田衛氏の学問に私淑していた先生にとって、氏とその弟子がよく参加する日本文学協会も、好きな場であった。早くからその門下生と好んで交流しておられたことを覚えている。ここからは風間、閻両氏がご寄稿くださった。

平成二十二年に上智大学へ転勤したのにともない、東京へ移住された先生は、さっそく上田秋成研究会を発足された。そこでのメンバーも、旺盛な論文を寄せてくださっている。井上、近衛、加藤、三浦、宍戸、高松の各氏である。

奥様の木越秀子氏とご子息の木越俊介氏も原稿を寄せてくださった。お二人がPh. Dを有した、その分野で替えの利かない近世小説研究者であることは強調しておかねばならないだろう。ただ、それにしても、こうした血縁の方々の研究者としての（それも近いジャンルでの）成功が、先生の家族愛の賜物であることは、誰もが認めるところではないだろうか。

最後に、木越門下生。金沢大学、上智大学に在籍して直接に教えを受けた直弟子というべきメンバーは、筆者、紅林、金、丸井、網野、李の六名である。これまで弟子として何かのお祝いをしたことも無く、古稀のお祝いが初めてのそれであるはずだったが、今となっては悔やまれるばかりである。

先生の書き下ろし原稿を掲載することもかなわなかった。代わりに書籍化されていない既発表論文の中から、筆者が一つ選んで掲載することになった。悩んだあげくに選んだのが「Long Distant Call」である。理由は、掲載誌が手に入りにくいこと、論文としていまだ意義を有していることもそうだが、何より、上田秋成『雨月物語』「吉備津の釜」のテキスト論という手法がいかにも先生らしく、その切れ味と口吻とを味わい、先生の面影を偲ぶのにふさわしいと思ったからである。

この論文の一風変わったタイトルは、音楽好きの先生のことだから歌謡曲の古い曲名から採ったのか、と思っていたのだが、ご子息によれば違うらしい。執筆当時、ちょうど米国ワシントンＤＣの議会図書館所蔵古典籍目録作成メンバーとして何度も渡米しておられた（わたしも末席に混ぜていただいた）。そこで日本に残した家族によく国際電話をかけていた経験を反映しているのだろう、とのことである。ここにも先生の面影を偲ぶよすががあった。

本書を先生に読んでいただけなかったことには、どうしても悔いが残る。しかし、せめて霊前に捧げよう。先生の亡霊がふらりと現れて、論文の合評会がはじまるかもしれないから。

平成三十年十一月二十日

勝又　基

木越治教授略年譜・著述目録

丸井　貴史編

一九四八年十一月二十日　石川県河北郡森本町字大場（現金沢市大場町）に生まれる

学歴・職歴等

一九五五年四月　石川県河北郡森本町立大場小学校入学
一九六一年三月　石川県河北郡森本町立大場小学校卒業
　　　　四月　石川県河北郡森本町立森本中学校入学
一九六四年三月　石川県河北郡森本町立森本中学校卒業
　　　　四月　石川県立金沢桜丘高等学校普通科入学
一九六七年三月　石川県立金沢桜丘高等学校普通科卒業
　　　　四月　金沢大学法文学部入学
一九七一年三月　金沢大学法文学部文学科国語国文学専攻課程卒業
　　　　四月　東京大学大学院人文科学研究科国語国文学専修課程修士課程入学
一九七四年三月　東京大学大学院人文科学研究科国語国文学専修課程修士課程修了
　　　　四月　東京大学大学院人文科学研究科国語国文学専修課程博士課程進学
　　　　四月　学校法人根津育英会武蔵高等学校教諭
一九七五年十月　東京大学大学院人文科学研究科国語国文学専修課程博士課程中途退学
　　　　十月　富山大学教養部講師

一九七九年四月　富山大学教養部助教授
一九八三年十月　金沢大学教養部助教授
一九九六年四月　金沢大学文学部助教授
一九九八年十月　金沢大学文学部教授
二〇〇八年四月　金沢大学人間社会研究域歴史言語文化学系教授
二〇一〇年四月　上智大学文学部教授
二〇一四年三月　上智大学定年退職
　　　　　四月　上智大学特別契約教授
　　　　　四月　金沢大学名誉教授
二〇一五年三月　上智大学特別契約教授退職
　　退職後、上智大学・清泉女子大学・武蔵中学校にて非常勤講師

二〇一八年二月二十三日　死去（享年69）

学位

博士（文学）　一九九六年三月　東京大学　学位論文「秋成論」

著書

秋成作品選（共編）　一九八五年四月　桜楓社
世間妾形気〈影印〉（編集）　一九八九年三月　和泉書院
マンガ雨月物語（画：岸田恋）（監修）　一九九〇年六月　河出書房新社
新日本古典文学大系79　本朝水滸伝・紀行・三野日記・折々草（共編）　一九九二年十月　岩波書店

叢書江戸文庫34　浮世草子怪談集（編集）　一九九四年十月　国書刊行会
秋成論　一九九五年五月　ぺりかん社
江戸怪異綺想文芸大系2　都賀庭鐘・伊丹椿園集（共編）　二〇〇一年五月　国書刊行会
米国議会図書館蔵古典籍目録（共編）　二〇〇三年二月　八木書店
西鶴――挑発するテキスト――〈国文学　解釈と鑑賞別冊〉（編集）　二〇〇五年三月　至文堂
秋成文学の生成（共編）　二〇〇八年二月　森話社
講談と評弾――伝統話芸の比較研究――（編集）　二〇一〇年三月　八木書店
上田秋成研究事典（共編）　二〇一六年一月　笠間書院
江戸怪談文芸名作選（1～5）（責任編集）　二〇一六年八月～　国書刊行会
江戸怪談文芸名作選1　新編浮世草子怪談集（校訂代表）　二〇一六年八月　国書刊行会

学術論文

海賊――「春雨物語」論覚書――　一九七一年一月　金沢大学国語国文　第4号
「血かたびら」の構想　一九七三年十月　近世文芸研究と評論　第5号
「春雨物語」の成立――稿本群の検討を通して――　一九七五年十月　近世文藝　第24号
「宮木が塚」と法然上人伝――近世における民間伝承について――　一九七七年三月　富山大学教養部紀要（人文・社会科学篇）　第9号
「宮木が塚」研究　一九七七年三月　国語と国文学　第54巻第3号
「二世の縁」試論――「春雨物語」の人間学――　一九七七年十二月　『芸能と文学〈井浦芳信博士華甲記念論文集〉』（笠間書院）
「海賊」の方法　一九七九年二月　日本文学　第28巻第2号
『蕣句冊』私注――第四篇を中心に――　一九七九年三月　富山大学教養部紀要（人文・社会科学篇）　第11号
春雨物語「天津処女」論　一九八〇年十月　『手崎政男教授退官記念論文集』（私家版）
『玉すだれ』をめぐって　一九八二年七月　日本文学　第31巻第7号

磯谷台陽翁遺文――佐藤良次氏の上田秋成研究ノートから―― 一九八三年三月 金沢大学国語国文 第9号
「菊花の約」私案 一九八四年九月 国語通信 第268号
春雨物語序説――諸本研究史の試み―― 一九八六年三月 金沢大学教養部論集（人文科学篇）第23巻第2号
「二世の縁」の場合――各稿本の本文を比較しながら―― 一九八六年七月 北陸古典研究 第1号
「仏法僧」断章 一九八七年三月 読本研究 初輯
近世小説と先行説話――「青頭巾」・ひとつの読み方―― 一九八七年六月『日本文学講座〈第5巻〉物語・小説Ⅱ』（大修館書店）
富岡本『春雨物語』における仮名字母の用法について 一九八七年九月 北陸古典研究 第2号
近世物語の方向――白話の受容と秋成―― 一九八八年四月 原道生・林達也編『日本文芸史・表現の流れ〈第4巻〉近世』（河出書房新社）
上田秋成自筆本『春雨物語』における仮名字母の用法について 一九八九年三月 金沢大学教養部論集（人文科学篇）第26巻第2号
『春雨物語』へ――文化五年本からの出発―― 一九八九年八月 日本文学 第38巻8号
対話形式による『春雨物語』論の試み 一九九〇年二月 江戸文学 第2号
十返舎一九と『東海道中膝栗毛』 一九九〇年三月 国文学 解釈と鑑賞 第55巻第3号
近世文学作品における字母の用法について――「ますらを物語」・『おくのほそ道』・『教訓私儘育』の場合―― 一九九二年九月 前田富祺編『国語文字史の研究〈一〉』（和泉書院）
『蕣句冊』第九話をめぐって 一九九三年六月 森川昭編『近世文学論輯』（和泉書院）
樊噲像の分裂 一九九三年十月 北陸古典研究 第8号
藩校の意味 一九九三年十一月 国語と国文学 第70巻第11号
上田秋成――はじまりの『雨月物語』―― 一九九四年八月 国文学 解釈と鑑賞 第59巻第8号
くり返しの修辞学――「浅茅が宿」試論―― 一九九四年十一月 高田衛編『共同研究 秋成とその時代』（勉誠社）
生成・変容するテクスト――本文研究史に関するメモ―― 一九九五年六月 国文学 解釈と教材の研究 第40巻第7号
いったいいつから『好色五人女』は西鶴作ということになったのだろうか？ 一九九六年十月 日本文学 第45巻第10号
小説の革新 一九九六年十二月『岩波講座日本文学史〈第9巻〉18世紀の文学』（岩波書店）

雅と俗——物語史・小説史の視点から——　一九九七年六月　Eiji Sekine ed. *Ga/Zoku Dynamics in Japanese Literature*（MAJLS）

読本の成立　一九九七年六月　『時代別日本文学史事典 近世編』（東京堂出版）

八文字屋本時代物と怪異小説——『都鳥妻恋笛』の場合——　一九九八年六月　近世文藝　第68号

Long Distant Call——深層の礒良、表層の正太郎——　一九九八年十一月　富士フェニックス論叢〈中村博保教授追悼特別号〉

五人女の一の筆——「中段に見る暦屋物語」論——　一九九九年一月　雅俗　第6号

大学の教育現場から　二〇〇〇年一月　日本文学　第49巻第1号

「夢」のあとに——「蛇性の婬」試論——　二〇〇〇年八月　国語と国文学　第77巻第8号

秋成における語りの問題・試論　二〇〇一年九月　国文学 解釈と鑑賞　第66巻第9号

瑞龍山下の老隠戯書——『春雨物語』と和歌——　二〇〇二年十一月　江戸文学　第27号

落語に見る江戸　二〇〇三年十二月　国文学 解釈と鑑賞　第69巻第11号

秋成の異国、宣長の異国　二〇〇五年六月　江戸文学　第32号

教えすぎないための提案二、三　二〇〇六年三月　日本文学　第55巻第3号

小説の作者、物語の作者　二〇〇六年三月　国語研究　第32号

怪異と伝奇Ⅰ・Ⅱ　二〇〇六年三月　揖斐高・鈴木健一編『日本の古典 江戸文学編』（放送大学教育振興会）

消えた「斎宮」——『伊勢物語』六九段と『古今集』及び業平家集——　二〇〇六年十月　北陸古典研究　第21号

ふたつの「誤り」から　二〇〇七年六月　江戸文学　第36号

よくわかる『春雨物語』　二〇〇八年二月　飯倉洋一・木越治編『秋成文学の生成』（森話社）

恋と死——西鶴作品の「語り」を通して——　二〇〇八年三月　国文学 解釈と鑑賞　第73巻第3号

「俗」への意志——「死首の咲顔」の意味——　二〇〇八年五月　国語と国文学　第85巻第5号

修辞のゆくえ——「浅茅が宿」再論——　二〇〇九年一月　文学　第10巻第1号

八文字屋本『風流宇治頼政』の典拠——藤岡作太郎の指摘を手がかりに——（校閲。福島万葉子礎稿）　二〇〇九年三月　金沢大学国語国文　第34号

巻五の意味——『好色五人女』と金銭——　二〇一〇年五月　西鶴と浮世草子研究　第3号

鏡花が好んだ「鬼気迫る」　二〇一〇年十二月　北國文華　第46号

藤岡作太郎と上田秋成・序説　二〇一一年一月　上智大学国文学論集　第43号
国文学的日常――明治の国文学者藤岡作太郎の日記から――　二〇一二年二月　上智大学国文学科紀要　第29号
『春雨物語』論のために――テキストの性格と改稿の問題をめぐって――　二〇一三年一月　近世文藝　第97号
秋成と西行　二〇一三年八月　西行学　第4号
怪談の倫理――鏡像としての『伽婢子』・『雨月物語』――　二〇一四年七月　文学　第15巻第4号
『雨月物語』論――不安定な怪談――　二〇一五年三月　上智大学国文学科紀要　第32号
現代語訳という批評――紀和鏡と長谷川四郎の訳業をめぐって――　二〇一五年六月　読本研究新集　第7集
連続講義　近世小説史論の試み――第一講・序説――　二〇一六年一月　上智大学国文学論集　第49号
明治国語教科書に学ぶ　二〇一六年三月　日本文学　第65巻第3号
よくわかる西鶴――『好色五人女』巻三文体分析の試み――　二〇一六年四月　文学・語学　第215号
蕪村の近代――近世文学の発見（一）――　二〇一七年一月　近世文学史研究　第1号
近世小説のジャンル――近世文学の発見（二）――　二〇一七年六月　近世文学史研究　第2号
「師」としての前期読本――『四方義草』を視座にして――　二〇一七年十月　日本文学　第66巻第10号
江戸の怪談――講談を交えて――　二〇一八年三月　文学研究　第29号

翻刻・注釈

玉すだれ〈翻刻〉（上・下）　一九八一年三・八月　富山大学教養部紀要（人文・社会科学篇）第13巻第2号・第14巻第1号
天理冊子本　春雨物語〈翻刻〉　一九八五年三月　金沢大学教養部論集（人文社会篇）第22巻第2号
『過目抄』の研究／同――第十一冊――／同――第二冊――（共著）　一九八六年八月・一九八八年二月・一九八九年十月　富山大学教養部紀要（人文・社会科学篇）第19巻第1号・第20巻第2号・第22巻第1号
多田南嶺『龍都俵系図』注釈（1～5）（共著）　一九九九年十月～二〇〇三年十月　北陸古典研究　第14～18号
『勧進能舞台桜』注釈（一～四）（共著）　二〇〇一年三月～二〇〇四年三月　金沢大学文学部論集（言語・文学篇）第21～24号
『風流宇治頼政』注釈（一～五）（共著）　二〇〇二年三月～二〇〇八年三月　石川工業高等専門学校紀要　第34・36・37・38・40号

仮名手本忠臣蔵（第五段・第六段）　二〇〇八年三月　国指定重要無形民俗文化財　尾口のでくまわし教本
出世景清　二〇〇八年三月　同右
酒呑童子・大江山　二〇〇八年三月　同右
源氏烏帽子折　二〇〇九年三月　同右
大職冠　二〇〇九年三月　同右
門出八島　二〇〇九年三月　同右
嫗山姥　二〇一〇年三月　同右
熊井太郎孝行之巻　二〇一〇年三月　同右
藤岡作太郎日記・明治三十八年一月～十一月（共著）　二〇〇八年三月　金沢大学市民大学院論文集別冊　第3号
藤岡作太郎日記・明治三十九年分（共著）　二〇〇九年三月　金沢大学市民大学院論文集別冊　第4号
藤岡作太郎日記・明治四十年（共著）　二〇一〇年三月　金沢大学市民大学院論文集別冊　第5号
藤岡作太郎日記・明治四十一年（共著）　二〇一一年三月　平成二十二年度科学研究費補助金基盤研究（C）研究成果報告書
藤岡作太郎日記・明治四十二年・四十三年（共著）　二〇一二年十月　平成二十三年度科学研究費補助金基盤研究（C）研究成果報告書
自筆李花亭蔵書目録――藤岡作太郎の自己形成・その一――　二〇一三年三月　上智大学国文学科紀要　第30号
新出上田秋成自筆「年のなゝふ」――影印と翻刻・異本との対校――　二〇一四年三月　上智大学国文学科紀要　第31号

研究報告書

諸藩旧蔵和書の研究（共著）　一九八三年三月　昭和五十七年度科学研究費・総合研究（A）研究成果報告書
近世諸藩歌集の総合的研究（共著）　一九九三年六月　平成四年度国文学研究資料館共同研究報告書
書林編纂書籍目録の研究――近世小説定位のための基礎作業として――　一九九八年三月　平成八～十年度科学研究費補助金基盤研究（C）研究成果報告書
わが国における『三言二拍』受容の研究（共著）　二〇〇三年五月　平成十四年度国文学研究資料館共同研究報告書

時代物浮世草子に基づく「世界」の記述的研究　二〇〇四年三月　平成十二～十五年度科学研究費補助金基盤研究（C）（1）研究成果報告書

白山麓東二口地区「でくまわし」字幕つき上演会（平成二十一年十二月二十日）報告書　二〇一〇年三月　金沢大学日中無形文化遺産プロジェクト報告書　第4集

いしかわ太鼓マップ2010　二〇一〇年三月　金沢大学日中無形文化遺産プロジェクト報告書　第5集

索引・目録

秋成の著作に見える書名索引稿　一九七八年三月　金沢大学国語国文　第6号

宗家文庫和書分類目録（共編）　一九八三年三月　対馬風土記　第19号

「春雨物語」参考文献目録（共編）　一九八三年四月　浅野三平編『春雨物語　付春雨草紙』（桜楓社）

黒川村公民館所蔵和書分類目録（共編）　一九八五年三月　私家版

読本一般に関する研究文献目録（共編）　一九九三年十月　横山邦治監修『読本研究文献目録』（渓水社）

前期読本研究文献目録（共編）　一九九三年十月　同右

上田秋成研究文献目録（共編）　一九九三年十月　同右

石川県白山市浅野家所蔵文書（共編）　二〇〇五年十月　私家版

書評・解説

森山重雄著『近世文学の溯源』　一九七七年二月　日本文学　第26巻第2号

浅野三平著『上田秋成の研究』　一九八六年二月　国語と国文学　第63巻第2号

深沢秋男編『桜山本春雨物語』　一九八六年八月　週刊読書人　第1644号

高田衛著『江戸幻想文学誌』　一九八七年九月　国文学　解釈と教材の研究　第32巻第11号

野口武彦著『秋成幻戯』　一九八九年三月　週刊読書人　第1775号

森山重雄著『秋成　言葉の辺境と異界』のために　一九九〇年七月　日本文学　第39巻第7号
佐藤深雪著『秋成と綾足と　十八世紀国学への批判』　一九九四年三月　国語と国文学　第71巻第3号
近世説話学のために――堤邦彦著『近世仏教説話の研究　唱導と文芸』書評――　一九九七年八月　日本文学　第46巻第8号
風間誠史『近世和文の世界　蒿蹊・綾足・秋成』　一九九九年二月　日本文学　第48巻第2号
中村博保著『上田秋成の研究』　二〇〇〇年三月　国文学研究　第130集
高田衛著『江戸文学の虚構と形象』　二〇〇一年十二月　日本文学　第50巻第12号
元田與市著『秋成綺想　十八世紀知識人の浪漫と現実』　二〇〇四年七月　日本文学　第53巻第7号
田中厚一著『雨月物語の表現』　二〇〇四年七月　国文学　解釈と鑑賞　第69巻第11号
飯倉洋一著『秋成考』　二〇〇六年七月　国語と国文学　第83巻第7号
内村和至著『上田秋成論　国学的想像力の圏域』　二〇〇七年十一月　日本文学　第56巻第11号
大高洋司著『京伝と馬琴　〈稗史もの〉読本様式の形成』　二〇一一年八月　日本文学　第60巻第8号
濱田啓介著『近世文学・伝達と様式に関する私見』　二〇一二年一月　日本文学　第61巻第1号
高田衛著『上田秋成研究序説』復刊によせて――若く新しい読者のために――　二〇一二年十月　高田衛『定本　上田秋成研究序説』（国書刊行会）解説
一戸渉著『上田秋成の時代　上方和学研究』　二〇一二年十一月　北陸古典研究　第27号
中村綾著『日本近世白話小説受容の研究』　二〇一二年十二月　日本文学　第61巻第12号
勝又基著『落語・講談に見る「親孝行」』　二〇一三年十一月　北陸古典研究　第28号
西田耕三著『怪異の入口　近世説話雑記』　二〇一三年十二月　日本文学　第62巻第12号
その他、一九七六～八二年、富山新聞・北國新聞書評委員として多くの書評を執筆

辞典・事典等

市古貞次編『国文学研究書目解題』（「上田秋成年譜考説」ほか）　一九八二年二月　東京大学出版会
中村幸彦他編『角川古語大辞典』（た～の）　一九八二年六月～一九九九年三月　角川書店

小池正胤他編『日本伝奇伝説大事典』（「崇徳院」ほか）　一九八六年十月　角川書店
市古貞次編『日本文学大年表』（「近世前期」）　一九八六年十一月　桜楓社
朝倉治彦他編『世界人物逸話大事典』（「上田秋成」ほか）　一九九六年二月　角川書店
西沢正史・徳田武編『日本古典文学研究史大事典』（「藩校」ほか）　一九九七年十二月　勉誠社
大曽根章介他編『日本古典文学大事典』（「雨月物語」ほか）　一九九八年六月　明治書院
長谷川強監修『浮世草子大事典』（「都鳥妻恋笛」ほか）　二〇一七年十月　笠間書院

対談・座談・インタビュー

マンガ世代のサブカルチャー（大塚英志・木越治）　二〇〇五年一月　渡辺憲司編『江戸文化とサブカルチャー〈国文学　解釈と鑑賞別冊〉』（至文堂）
西鶴研究の現在、そして未来へ（木越治・篠原進）　二〇〇五年三月　木越治編『西鶴――挑発するテキスト――〈国文学　解釈と鑑賞別冊〉』（至文堂）
遊女を描く、遊郭を描く（木越治・もりもと崇）　二〇〇五年三月　同右
秋成研究の道のり（飯倉洋一・木越治）　二〇〇八年二月　飯倉洋一・木越治編『秋成文学の生成』（森話社）
上田秋成（木越治・稲田篤信・飯倉洋一・長島弘明）　二〇〇九年一月　文学　第10巻第1号
文学的想像力を駆使して著された不朽の二書――高田衛著『定本　上田秋成研究序説』（国書刊行会）、『完本　上田秋成年譜考説』（ぺりかん社）刊行によせて――（木越治・長島弘明）　二〇一三年六月　図書新聞　第3112号

その他

合理・非合理の同居――秋成と宣長にみる近世の本質――　一九七六年八月十七日　北日本新聞
北国志向の世相　一九七七年一月十九日　富山新聞
山本周五郎のこと　一九七八年十一月　富山大学生協「書籍部ニュース」第6号

「青頭巾」典拠のこと　一九七九年十月　近世部会会報　第2号
近世（一九七〇年～一九七九年）　一九八一年二月　国文学　解釈と鑑賞　第45巻第2号
雨月物語「青々たる春の柳……」「思ふ心のはしばかり……」「心放せば妖魔となり……」／胆大小心録「三井は浪人もの……」「芝居も芸技も、……」「義士烈女の……」　一九八一年七月　国文学　解釈と教材の研究　第26巻第10号
俗説・俗伝　一九八一年十月　近世部会会報　第4号
上田秋成／雨月物語／春雨物語　一九八三年十月　『研究資料日本古典文学〈第4巻〉近世小説』（明治書院）
「文学」選択の第一歩　一九八四年十一月二十日　北國新聞
『雨月物語』をどう読むか――「青頭巾」を例に――　一九八五年四月　えきりぶれ　第4号
富岡本『春雨物語』字母研究始末記　一九八七年七月　情報処理語学文学研究会会報　第2号
草の根の天皇制――ある筆禍事件から――　一九八七年九月　日本語通信　第9号
李花亭文庫の秋成資料　一九八九年三月　金沢大学国語国文　第14号
国文学研究におけるパーソナル・コンピュータ使用の実際――秋成字母研究を例に――　一九八九年三月　『人文・社会科学系分野における情報処理機器の利用と実践』（一九八八年年度金沢大学特定研究成果報告書）
昭和63年国語国文学界の展望・近世（散文）　一九九〇年二月　文学・語学　第１２４号
本文校訂の理論――イギリスの書誌学者ギャスケルの理論――　一九九〇年三月　『深井一郎教授退官記念論文集』（私家版）
秋成の仮名　一九九〇年十一月　『上田秋成全集〈第1巻〉国学篇』（中央公論社）月報
〈平成古典講座〉好色五人女（1～25）　一九九一年一～六月　北國新聞
〈平成古典講座〉雨月物語（1～27）　一九九一年七～十二月　北國新聞
字母の研究を通して――わたしのパソコン体験――　一九九二年七月　情報処理語学文学研究会会報　第11号
〝縁起〟のようなもの――上田秋成研究文献目録について――　一九九三年十月　横山邦治監修『読本研究文献目録』（渓水社）
研究の道具としての電子掲示板・電子会議・電子メール――SIG「オリエント」のことなど――　一九九三年十二月　日本語学　第12巻第13号
本文を校訂するということ　一九九五年四月　日本文学　第44巻第4号
虚実　一九九五年九月　国文学　解釈と教材の研究　第40巻第9号

五年目の電子文庫　一九九六年七月　情報処理語学文学研究会会報　第15号
本邦文学史の嚆矢　一九九六年十月　金沢大学附属図書館報こだま　第１２３号
編年体古典文学一三〇〇年史・一七六一～一七七〇／一七七一～一七八〇　一九九七年八月　国文学　解釈と教材の研究　第42巻第10号
古典文学大系本文データベースがもたらしたもの　二〇〇一年一月　文学　第2巻第1号
文学教育と映像メディア　二〇〇二年三月　国際日本文学研究集会会議録　第25号
文学を「研究する」ということ　二〇〇二年三月　金沢大学文学部編『人文科学の発想とスキル』
建部綾足の紀行と小説――加賀・能登を往く――　二〇〇二年三月　石川県史だより　第41号
『仏像図彙』『増補仏像図彙』解題　二〇〇二年十二月　渡辺憲司監修『江戸時代図説百科　訓蒙図彙の世界』（大空社）
カレル大学日本学科にて　二〇〇三年三月　金沢大学文学部広報　第67号
『米国議会図書館蔵古典籍目録』刊行始末　二〇〇三年六月　日本古書通信　第８８７号
カレル大学訪問　二〇〇四年五月　金沢大学国際交流後援会 NEWS LETTER　第4号
太鼓をたたこう！――90分でわかる和太鼓講座――　二〇〇四年十一月「金沢大学サテライトプラザ」ミニ講演記録　第5巻第8号
〈文学のジョーシキ〉石川の源平伝説　二〇〇四年十二月十九日　北國新聞
西鶴を読むこと・西鶴を研究すること　二〇〇五年六月　日本文学　第54巻第6号
市民大学院同窓会によせて　二〇〇六年五月　金沢大学市民大学院同窓会 NEWS LETTER　第1号
常徳寺の古典籍――国書を中心に――　二〇〇八年三月　森雅秀編『能登半島地震ボランティア活動報告書　常徳寺所蔵藤懸得住関連資料の調査報告』
人文学類が期待するもの――まえがきにかえて――　二〇〇八年三月　金沢大学人間社会学域人文学類編『人文学序説』
文学史の現場へ　二〇〇八年三月　同右
吉本さんから学んだ二つのこと　二〇〇八年十二月　猫々だより　第78号
上田正行先生を送る　二〇〇九年三月　金沢大学国語国文　第34号
近世中期のボヘミアン（上・下）　二〇〇九年四・五月　日本古書通信　第９５７・９５８号

秋成逍遙（1～30）　二〇〇九年六月～二〇一一年十一月　日本古書通信　第959～988号
リベンジ　二〇一一年一月　上智大学国文学会報　第31号
体験的太鼓論　二〇一一年三月　金沢大学日中無形文化遺産プロジェクト報告書　第15集
私たちは、本を「自炊」できるだろうか？　二〇一一年六月　西鶴と浮世草子研究　第5号
外国人研究者のための文献案内 研究必携（近世文学の部）　二〇一一年十二月　上智大学国文学科紀要別冊
「大江戸」考　二〇一二年二月　近世部会誌　第6号
使える文語　二〇一三年一月　上智大学国文学会報　第33号
似せ絵の趣向ということ　二〇一三年三月　近世部会誌　第7号
『八犬伝』の隠微　二〇一四年三月　近世部会誌　第8号
都賀庭鐘の読書筆記『過目抄』のことなど　二〇一四年五月　書物学　第2号
シュトルム・ウント・ドランクの時代に　二〇一四年七月　近世文藝　第100号
「まほろばの会」のことなど　二〇一四年十一月　リポート笠間　第57号
退職にあたって　二〇一五年一月　上智大学国文学会報　第35号
「近世文藝」一〇〇号記念行事の報告　二〇一五年一月　近世文藝　第101号
近世文学研究と自筆資料　二〇一五年二月　日本近代文学館編『近代文学草稿・原稿研究事典』（八木書店古書出版部）
明治三十七年の『春雨物語』　二〇一五年三月　近世部会誌　第9号
現代語訳と研究　二〇一五年十一月　リポート笠間　第59号
北陸古典研究30号記念大会について　二〇一五年十一月　北陸古典研究　第30号
疱瘡神のイメージ　二〇一六年三月　近世部会誌　第10号
文学・歴史資料のデジタル加工入門　二〇一六年六月～二〇一七年四月　八木書店ホームページ
日本文学（古典）　二〇一六年六月『文藝年鑑 二〇一六』（新潮社）
飯倉洋一氏へ――作品論のために――　二〇一六年十一月　リポート笠間　第61号
亡き子のために――怪談の効用ということ――　二〇一六年十二月　幽　第26号
「椰子の実」用語存疑　二〇一七年三月　近世部会誌　第11号

怪異を読む・書く

徳田武氏の『列仙伝』『雅仏小夜嵐』は「上田秋成作ならん」という考察について　二〇一八年三月　近世部会誌　第12号

その他、コラム・エッセイ等多数

学会等の活動

日本近世文学会・日本文学協会・俳文学会・北陸古典研究会・金沢大学国語国文学会・上智大学国文学会・東京大学国語国文学会・近世文芸研究と評論の会

論者略歴（執筆者順）

西村聡（にしむらさとし）

一九五四年滋賀県生まれ。金沢大学大学院文学研究科修士課程修了。現在、金沢大学教授。専攻、中世文学・能楽史。

著書に『能の主題と役造型』（三弥井書店、一九九九年）、共編著に『金沢能楽会百年の歩み』上・下（金沢能楽会、二〇〇〇年・二〇〇一年）、『大鼓役者の家と芸—金沢・飯島家十代の歴史—』（飯嶋調寿会、二〇〇五年）、『文学海を渡る〈越境と変容〉の新展開』（三弥井書店、二〇一六年）など。

西田耕三（にしだこうぞう）

一九四二年石川県生まれ。東京大学文学部卒。東京都立大学院中退。熊本大学教授を経て、近畿大学文芸学部教授。二〇一一年退職。

編著書に『啓蒙の江戸』（ぺりかん社、二〇一七年）、『怪異の入口　近世説話雑記』（森話社、二〇一三年）、『近世の僧と文学　妙は唯その人に存す』（ぺりかん社、二〇一〇年）、『主人公の誕生　中世禅から近世小説へ』（ぺりかん社、二〇〇七年）、『人は万物の霊　日本近世文学の条件』（森話社、二〇〇七年）、『生涯という物語世界　説経節』（世界思想社、一九九三年）、『仏教説話集成（一）（二）』（国書刊行会・一九九〇年・一九九八年）。

高橋明彦（たかはしあきひこ）

一九六四年新潟県生まれ。東京都立大学大学院博士課程退学。現在、金沢美術工芸大学教授。専攻、日本近世文学・出版史、およびマンガ研究。

専門の浮世草子研究を中心に、書誌学からメディア論、作家作品論までを広く文献学として綜合的に展望している。

著書に『楳図かずお論』（青弓社、二〇一五年）、論文に「浮世草子における《やつし》の変奏」（『金沢美術工芸大学紀要』六二、二〇一八年）、「何を藩版として認めるのか」（『シリーズ本の文化史　書籍の宇宙』平凡社、二〇一五年）など。

丸井貴史（まるいたかふみ）

一九八六年岐阜県生まれ。上智大学大学院博士後期課程修了。現在、就実大学人文科学部講師。専攻、日本近世文学。

近世日本における白話小説受容を中心に研究。

著書に『上田秋成研究事典』（笠間書院、二〇一六年、共著）、論文に「吉文字屋本浮世草子と白話小説」（『雅俗』第一七号、二〇一八年）、「庭鐘読本の男と女—白話小説との比較を通して—」（『国語と国文学』第九四巻第一一号、二〇一七年）など。

風間誠史（かざませいし）

一九五八年東京都生まれ。東京都立大学大学院博士課程修了。相模女子大学教授。

日本近世文学を題材として言語（文章）表現のあり方を研究テーマとしている。

著書に『近世和文の世界』（森話社、一九九八年）、『春雨物語という思想』（森話社、二〇一一年）、『近世小説を批評する』（森話社、二〇一八年）、編著に『建部綾足全集』（国書刊行会、一九八六年〜一九九〇年、共編）、『伴蒿蹊集』（国書刊行会、一九九三年）、『多田南嶺集』（国書刊行会、一九九七年）など。

紅林健志（くればやしたけし）

一九八二年静岡県生まれ。総合研究大学院大学博士後期課程修了。現在、国文学研究資料館機関研究員。専攻、日本近世文学。

論文に「近世の真名本出版と『旧本伊勢物語』」(『日本文学』第六七巻第一号、二〇一八年一月)、「仮作軍記と『本朝水滸伝』」(『国語と国文学』第九四巻第一一号、二〇一七年一一月)、「『本朝水滸伝』改題考」(『近世文藝』第九五号、二〇一二年一月)など。

木越俊介(きごししゅんすけ)

一九七三年石川県生まれ。神戸大学博士課程修了。現在、国文学研究資料館准教授。専攻、日本近世文学。

江戸時代後期の小説・出版の研究を中心に、井原西鶴の小説の研究なども行う。

著書に『江戸大坂の出版流通と読本・人情本』(清文堂出版、二〇一三年)、論文に「前期読本における「世話」」(『日本文学』六四巻一〇号、二〇一五年一〇月)、「『新斎夜語』第八話「嵯峨の隠士三光院殿を詰る」と『源氏物語』註釈」(『江戸の学問と文藝世界』森話社、二〇一八年二月)など。

加藤十握(かとうとつか)

一九六九年生まれ。立教大学大学院文学研究科日本文学専攻博士前期課程修了。現在、私立武蔵高等学校中学校教諭。専攻、日本古典文学。

共著に『上田秋成研究事典』(笠間書院、二〇一六年)、『新編浮世草子怪談集』(国書刊行会、二〇一六年、校訂)。論文に「近江の猿田彦―『春雨物語』「目ひとつの神」小考」(『読本研究新集』第六集、二〇一四年六月)、「孤独を超克する「信義」―『雨月物語』「菊花の約」小考」(『武蔵高等学校中学校紀要』第一号、二〇一六年一〇月)など。

杉山欣也(すぎやまきんや)

一九六八年静岡県生まれ。金沢大学文学部文学科卒業。筑波大学大学院博士課程文芸・言語研究科修了。博士(文学)。現在、金沢大学人間社会研究域歴史言語文化学系教授。専攻、日本近現代文学。

三島由紀夫、文学とメディア、ブラジル日系文学などを研究。

著書に『「三島由紀夫」の誕生』(翰林書房、二〇〇八年)、共著書に『文学海を渡る』(三弥井書店、二〇一六年)、『改造社のメディア戦略』(双文社出版、二〇一三年)など。

穴倉玉日(あなくらたまき)

一九七三年福井県生まれ。金沢大学大学院博士課程単位取得満期退学。現在、泉鏡花記念館学芸員。専攻、日本近代文学。

主に泉鏡花に関する研究に従事。

共著に『大正期の泉鏡花』(おうふう、一九九九年)、『昭和期の泉鏡花』(おうふう、二〇〇二年)、『別冊太陽　泉鏡花　美と幻想の魔術師』(平凡社、二〇一〇年)、『論集泉鏡花　第五集』(和泉書院、二〇一一年)、『絵本　化鳥』(国書刊行会、二〇一二年、企画編集)、『A Bird of a Different Feather』(国書刊行会、二〇一七年、企画編集)など。

権田和士(ごんだかずひと)

一九六四年群馬県生まれ。金沢大学文学部卒。東京大学大学院人文社会研究科満期退学。現在、群馬県立女子大学文学部教授。

専門は日本近代文学。

著書に『言葉と他者―小林秀雄試論』(青簡舎、二〇一三年)、論文に「「小林秀雄の本棚から」―太田善麿『古代日本文学思潮論』について―」(『群馬県立女子大学国文学研究』第三七号、二〇一七年三月)など。

閻小妹（えんしょうまい）
一九五三年中国西安市生まれ。中国黒龍江大学卒。東京都立大学大学院博士課程単位取得満期退学。現在、信州大学教授。専攻、日本近世文学、中国古典小説。翻訳書に『東洋的理想』（岡倉天心『東洋の理想』中国商務印書館、二〇一八年）、『日本人的心理結構』（土居健郎『甘えの構造』中国商務印書館、二〇〇六年）、『奥州小道』（松尾芭蕉『奥の細道』中国陝西人民出版社、二〇〇四年、共訳）、『雨月物語・春雨物語』（上田秋成『雨月物語・春雨物語』中国人民出版社、一九九〇年）、論文に「唐代伝奇「離魂記」の虚と実」（『信州大学人文社会科学研究』九号、二〇一五年三月）、「再論『剪灯新話』の対偶構成」（『近世部会誌』六号、二〇一二年二月）など。

木越治（きごしおさむ）
一九四八年石川県生まれ。東京大学大学院博士課程中退。元・金沢大学名誉教授。二〇一八年二月没。専攻、日本古典文学。上田秋成・井原西鶴等の近世小説に関する論文を発表するほか、落語・講談などの話芸の研究、また、明治期の国文学者及び美術史家藤岡作太郎に関する研究に従事。著書に『秋成論』（ぺりかん社、一九九五年）、『講談と評弾』（八木書店、二〇一〇年）、編著に『新日本古典文学大系　本朝水滸伝　紀行三野日記　折々草』（岩波書店、一九九二年、共編）、『新編浮世草子怪談集』（国書刊行会、二〇一六年、代表校訂）、『秋成文学の生成』（森話社、二〇〇八年、共編）、『上田秋成研究事典』（笠間書院、二〇一六年）など。

金永昊（きむよんほ）
一九七三年韓国生まれ。韓国外国語大学卒。金沢大学大学院博士後期課程修了。現在、東北学院大学教養学部言語文化学科准教授。専攻、日本近世文学。著書に『浅井了意文学の成立と性格』（ジェイエンシー、二〇一二年、韓国）、『諸国百物語訳注』（人文社、二〇一三年、韓国、訳注）、『日本江戸時代に花開いた中国白話小説の世界―『英草紙』―』（ジェイエンシー、二〇一六年、韓国、訳注）『新編浮世草子怪談集』（国書刊行会、二〇一六年、校訂）、論文に「浅井了意の『三綱行実図』翻訳」（『近世文藝』九一号、二〇一〇年一月）など。

李奕諄・クラレンス（リーイジュン・クラレンス）
一九八四年シンガポール生まれ。シンガポール国立大学日本研究学科卒業、コーネル大学アジア研究学科修士博士課程修了。現在、コロラド大学ボルダー校助教授。専門は、近世文学、国学、医学史。業績に「外国語に翻訳された秋成」（木越治と共編。『上田秋成研究事典』笠間書院、二〇一六）、『江戸怪談文芸名作選　第五巻　諸国奇談集』（共編。国書刊行会、近刊）など。

勝又基（かつまたもとい）
一九七〇年静岡県生まれ。一九九三年金沢大学文学部卒業、二〇〇一年九州大学大学院博士後期課程修了。博士（文学）。明星大学日本文化学部専任講師、同准教授、ハーバード大学ライシャワー日本研究所客員研究員を経て、現在、明星大学人文学部教授。日本の孝子伝、落語・講談、江戸時代の写本文化、江戸から現代にかけての昔話絵本などを専門とする。著書に『落語・講談に見る「親孝行」』（ＮＨＫ出版、二〇一三年）、『孝子をたずねる旅』（三弥井書店、二〇一五年）、『親孝行の江戸文化』（笠間書院、二〇一七年）など。

木越秀子（きごしひでこ）
石川県生まれ。金沢大学大学院博士課程修了。専攻、日本古典文学。主に都賀庭鐘の小説について研究。
著書に『清涼井蘇来集』（国書刊行会、二〇一八年、校訂）、論文に「樵夫横尾時陰―『英草紙』第三篇再考―」（『近世文藝』第九一号、二〇一〇年）、「『蕣句冊』第三篇と「酒色財気」」（『読本研究新集』第七集、二〇一五年）、「『蕣句冊』第五篇を読む」（『北陸古典研究』第三二号、二〇一七年）など。

近衛典子（このえのりこ）
お茶の水女子大学大学院人間文化研究科比較文化学専攻中退。博士（人文科学）。現在、駒澤大学教授。専攻、日本近世文学。
上田秋成の小説や和歌・和文を中心に、近世中期の大坂騒壇との関わりや、京都や河内の人々との交流の中に秋成の文藝を位置づける研究などを行う。
著書に『上田秋成新考―くせ者の文学―』（ぺりかん社、二〇一六年）、『秋成研究資料集成』（クレス出版、二〇〇三年、監修）、『動物怪談集』（国書刊行会、二〇一八年、校訂代表）、『上田秋成研究事典』（笠間書院、二〇一六年、共著）、論文に「秋成文藝の魅力―小説・和歌・俳諧―」（『女子大国文』第一六二号、二〇一八年一月）など。

奥野美友紀（おくのみゆき）
一九七一年富山県生まれ。東京都立大学大学院人文科学研究科単位取得満期退学。博士（文学）。現在、富山大学・富山県立大学非常勤講師。専攻、日本近世文学。
論文に「岩城司鱸覚書――綾足の俳友――」（『都大論究』四〇号、二〇〇三年六月）、「『綾足家集』と和文紀行――『梅日記　桜日記　卯の花日記』を中心に――」（『鈴屋学会報』二六号、二〇〇九年一二月）、「『すずみぐさ』の諸本」（『近世文藝』一〇〇号、二〇一四年七月）など。

井上泰至（いのうえやすし）
一九六一年京都市生まれ。上智大学大学院博士後期課程満期退学。現在、防衛大学校教授。専攻、近世文学・思想史・近代俳句。
著書に『雨月物語論』（笠間書院、一九九九年）、『雨月物語の世界』（角川選書、二〇〇九年）、『春雨物語』（角川ソフィア文庫、二〇一〇年）、『子規の内なる江戸』（角川学芸出版、二〇一一年）、『近世刊行軍書論』（笠間書院、二〇一四年）など。編著に『江戸の文学史と思想史』（ぺりかん社、二〇一一年、共編）、『近世日本の歴史叙述と対外意識』（勉誠出版、二〇一七年）、『清涼井蘇来集』（国書刊行会、二〇一八年、校訂代表）、『武家義理物語』（三弥井書店、二〇一八年、共著）など。

網野可苗（あみのかなえ）
一九八七年埼玉県生まれ。上智大学大学院博士後期課程満期退学。専攻、日本近世文学。お伽草子の近世期受容について、物くさ太郎を中心に研究。
著書に『動物怪談集』（国書刊行会、二〇一八年、校訂）、論文に「物くさ太郎の一代記――『物種真考記』にみる手法としての「実録」」（『近世文藝』第一〇四号、二〇一六年七月）、「『物くさ太郎』享受の一側面――黒本における物くさ太郎像を中心に」（『上智大学国文学論集』第四七号、二〇一四年一月）など。

宍戸道子（ししどみちこ）

一九七五年福島県生まれ。早稲田大学文学研究科博士課程単位取得退学。明治大学非常勤講師。

上田秋成の作品・思想を中心に、近年は主に秋成の浮世草子について研究を行う。

著書に『清涼井蘇来集』（国書刊行会、二〇一八年、校訂）、論文に「上田秋成の学問姿勢と「不可測」の認識」（『近世文芸研究と評論』六八、二〇〇五年六月）、「『諸道聴耳世間狙』巻一の一の素材―道修町の小西家と当代―」（『国文学研究』一六五、二〇一一年一〇月）など。

三浦一朗（みうらいちろう）

一九七三年北海道生まれ。東北大学大学院博士後期課程単位取得退学。現在、武蔵野大学教授。専攻、日本近世文学。

主に上田秋成の作品をはじめとする読本作品を対象として研究するほか、『おくのほそ道』に関する論文なども執筆。

著書に『三弥井古典文庫　春雨物語』（三弥井書店、二〇一二年、共著）、『上田秋成研究事典』（笠間書院、二〇一六年、共著）、論文に「文化五年本『春雨物語』「死首の咲顔」論」（『読本研究新集』第七集、二〇一五年六月）、「伊達政宗―近世軍書に描かれたその姿の多様性」（『アジア遊学２１２　関ヶ原はいかに語られたか』勉誠出版、二〇一七年八月）など。

高松亮太（たかまつりょうた）

一九八五年新潟県生まれ。立教大学大学院博士後期課程中退。現在、県立広島大学専任講師。専攻、日本近世文学。

上田秋成の諸活動や賀茂真淵を中心とした近世和学の研究を行う。

著書に『秋成論攷―学問・文芸・交流―』（笠間書院、二〇一七年）、『上田秋成研究事典』（笠間書院、二〇一六年、共著）、『動物怪談集』（国書刊行会、二〇一八年、校訂）、論文に「賀茂真淵の実朝研究」（『国語国文』第八四巻第六号、二〇一五年六月）など。

大木志門（おおきしもん）

一九七四年東京都生まれ。立教大学大学院博士後期課程満期退学。博士（文学）。現在、山梨大学准教授。専攻、日本近現代文学。

徳田秋聲を中心に自然主義文学・私小説を研究するとともに、水上勉・三島由紀夫など戦後文学の論文を発表、文学館運動や文学顕彰の歴史研究も行っている。

著書に『徳田秋聲の昭和―更新される「自然主義」』（立教大学出版会、二〇一六年）、編著に『下萌ゆる草・オレンジエート　山田順子作品集』（龜鳴屋、二〇一二年）、『21世紀日本文学ガイドブック6　徳田秋聲』（ひつじ書房、二〇一七年、共編）、『「私」から考える文学史―私小説という視座』（勉誠出版、二〇一八年、共編）など。

日比嘉高（ひびよしたか）

一九七二年名古屋市生まれ。金沢大学文学部卒、筑波大学大学院文芸・言語研究科修了。博士（文学）。現在、名古屋大学大学院人文学研究科准教授。

専門分野は、日本の近現代文学・文化論、とりわけ小説とプライヴァシーの問題、移民文学、出版文化論などに関心がある。

著書に『文学の歴史をどう書き直すのか　二〇世紀日本の小説・空間・メディア』（笠間書

院、二〇一六年)、『いま、大学で何が起こっているのか』(ひつじ書房、二〇一五年)、『ジャパニーズ・アメリカ　移民文学・出版文化・収容所』(新曜社、二〇一四年)、『〈自己表象〉の文学史　自分を書く小説の登場』(翰林書房、二〇〇二年)など。

怪異《かいい》を読《よ》む・書《か》く

木越治・勝又基＝編

2018年11月20日　初版第1刷　発行

ISBN　978-4-336-06320-5

発行者　佐藤今朝夫

発行所　株式会社国書刊行会

〒174-0056　東京都板橋区志村1-13-15

TEL　03-5970-7421

FAX　03-5970-7427

HP　http://www.kokusho.co.jp

Mail　info@kokusho.co.jp

乱丁・落丁本はお取り替えいたします。

印刷　三報社印刷株式会社

製本　株式会社ブックアート

装丁　長井究衡

木越治 責任編集

江戸怪談文芸名作選 全五巻

四六判・上製函入

*

第一巻 新編浮世草子怪談集

校訂代表：木越治（金沢大学名誉教授）

収録作品＝「玉櫛笥」「玉箒子」「都鳥妻恋笛」

近世怪異小説の鼻祖浅井了意の衣鉢を継ぐ林義端の手になる奇譚集の至宝『玉櫛笥』『玉箒子』と、隅田川物伝奇長編の傑作『都鳥妻恋笛』を収める。

第二巻 前期読本怪談集

校訂代表：飯倉洋一（大阪大学教授）

収録作品＝「垣根草」「新斎夜語」「続新斎夜語」「唐土の吉野」

都賀庭鐘作の可能性が浮上している佳品『垣根草』、早くから名を知られながら本文紹介の遅れていた『唐土の吉野』、高踏的な内容を有する『新斎夜語』正・続二編を収。

第三巻 清涼井蘇来集

校訂代表：井上泰至（防衛大学校教授）

収録作品＝「古実今物語（正・続）」「当世操車」「今昔雑冥談」

清涼井蘇来は、後期江戸戯作の成立を考えるためには欠かせない作家である。これまでほとんど紹介されたことのない彼の作品を一巻にまとめ、読者にその精髄を知らしめる。

第四巻 動物怪談集

校訂代表：近衞典子（駒澤大学教授）

収録作品＝「雉鼎会談」「風流狐夜咄」「怪談記野狐名玉」「怪談名香富貴玉」「怪談見聞実記」

殺された鼠が人間に化けて復讐する話、猿に変じた人間がもとに戻る話等、動物が怪異の主体として活躍するファンタスティックな物語を多く収録するユニークな一巻。

第五巻 諸国奇談集

校訂代表：勝又基（明星大学教授）／木越俊介（国文学研究資料館准教授）

収録作品＝「向燈賭話」「続向燈吐話」「虚実雑談集」「閑栖劇話」「玉婦伝」「四方義草」

地域色豊かな多彩な怪談・奇談を一挙に集成して怪談が成立するまでのプロセスを辿り、諸国奇遊の旅へといざなう一巻。